Schwerpunkte von Arnauld • Klausurenkurs im Völkerrecht

Klausurenkurs im Völkerrecht

Ein Fall- und Repetitionsbuch für
den Schwerpunktbereich

von

Dr. Andreas von Arnauld
o. Professor an der Christian-Albrechts-Universität zu Kiel
Direktor des Walther-Schücking-Instituts für Internationales Recht

3. neu bearbeitete und erweiterte Auflage

Bibliografische Information der Deutschen Nationalbibliothek
Die Deutsche Nationalbibliothek verzeichnet diese Publikation in der Deutschen Nationalbibliografie;
detaillierte bibliografische Daten sind im Internet über http://dnb.d-nb.de abrufbar.

ISBN 978-3-8114-9414-5

E-Mail: kundenservice@cfmueller.de
Telefon: +49 89 2183-7923
Telefax: +49 89 2183-7620

www.cfmueller.de
www.cfmueller-campus.de

© 2018 C.F. Müller GmbH, Waldhofer Straße 100, 69123 Heidelberg

Dieses Werk, einschließlich aller seiner Teile, ist urheberrechtlich geschützt. Jede Verwertung außerhalb
der engen Grenzen des Urheberrechtsgesetzes ist ohne Zustimmung des Verlages unzulässig und strafbar.
Dies gilt insbesondere für Vervielfältigungen, Übersetzungen, Mikroverfilmungen und die Einspeicherung und Verarbeitung in elektronischen Systemen.

Satz: TypoScript, München
Druck: Kessler Druck + Medien, Bobingen

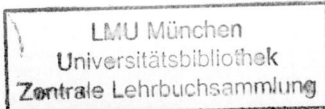

Vorwort

Die dritte Auflage dieses Klausurenkurses bot mir Gelegenheit zu einer gründlichen Überarbeitung und Erweiterung. Fünf Jahre nach der Vorauflage gab es manches zu aktualisieren. Der eine oder andere Fehler konnte beseitigt, Verbesserungen konnten vorgenommen werden. Die signifikanteste Neuerung ist der neue Fall zu Cyberangriffen und -manipulationen (Fall 6); gelegentlich haben schon in der Vorauflage enthaltene Fälle Abwandlungen oder Zusatzfragen erhalten, um neuere Entwicklungen aufzugreifen. Besonderes Augenmerk habe ich auf die optimale Abstimmung mit meinem Lehrbuch gelegt, das inzwischen ebenfalls in 3. Auflage vorliegt. Damit präsentiert sich die Neuauflage der Fallsammlung generalüberholt und „vermehrt".

Mit konstruktiver Kritik, klugen Anregungen und vorbildlicher Recherche haben mir *Henning Büttner*, *Isabelle Haßfurther* und *Arne Reißmann* die Arbeit an der Neuauflage wesentlich erleichtert – dafür danke ich von Herzen! Dank gebührt auch meiner studentischen Hilfskraft *Isabell Waldmann*. Fall 15 stammt, wie schon in der Vorauflage, von *Stefan Martini*, *Sarah Schadendorf* und *Markus Spörer* (erneut danke!); da es hier nichts zu verbessern gab, konnte ich mich auf Aktualisierungen beschränken. Ein letzter Dank geht an den Verlag C.F. Müller für die wie gewohnt exzellente Zusammenarbeit.

Dem Autor bleibt die Hoffnung, dass das Buch auch in seiner 3. Auflage positive Resonanz findet und Studierenden bei der Lösung völkerrechtlicher Fälle eine Hilfestellung geben kann. Anregungen und Kritik nehme ich unter lehrbuch.voelkerrecht@wsi.uni-kiel.de gern entgegen.

Kiel, im November 2017 *Andreas von Arnauld*

Inhaltsverzeichnis

	Rn.	Seite
Vorwort		V
Abkürzungsverzeichnis		XI
Verzeichnis der abgekürzt zitierten Literatur		XVII
Einleitung	1	1

Allgemeiner Teil

Fall 1
Immer wieder Heringe 30 11
Schwerpunkt: Rechtsquellenlehre
Verhältnis Vertragsrecht und Gewohnheitsrecht – *desuetudo* – Qui-tacet-Grundsatz – *acquiescence* – einseitige Verpflichtung

Fall 2
Kaufrausch 46 20
Schwerpunkt: Rechtsquellenlehre
Wiener Vertragsrechtskonvention (WVK) – innerstaatliche Grenzen der Vertragsschlusskompetenz – Verstoß gegen *ius cogens* – Rücktritt vom Vertrag – *clausula rebus sic stantibus*

Fall 3
Erklärungswütig 67 29
Schwerpunkt: Rechtsquellenlehre
Begriff des Vorbehalts – Zulässigkeit von Vorbehalten zu Menschenrechtsverträgen – Folgen unzulässiger Vorbehalte

Fall 4
Chaotische Zustände 101 42
Schwerpunkt: Völkerrechtssubjekte
Gebietshoheit – Interventionsverbot – Staatsbegriff – *failed state* – Staatenverantwortlichkeit – Entführung von Straftätern – *male captus bene detentus*

Fall 5
Gefährliche Reisen 125 55
Schwerpunkt: Staatenverantwortlichkeit
diplomatischer Schutz – Zurechnung – *due diligence* – Wiedergutmachung – Verantwortlichkeit Internationaler Organisationen

	Rn.	Seite

Fall 6
Auf allen Kanälen 160   73
Schwerpunkt: Cyberoperationen
Interventionsverbot – Spionage – Zurechnung – *due diligence*

Fall 7
Doppelt hält besser 182   84
Schwerpunkt: Verhältnis Völkerrecht/nationales Recht
allgemeine Regeln des Völkerrechts (Art. 25 GG) – *ne bis in idem* –
gesetzlicher Richter – Vorlage nach Art. 100 Abs. 2 GG

Besonderer Teil

Fall 8
Mission impossible 216   97
Schwerpunkt: Diplomatenrecht
Wiener Diplomatenrechts-Übereinkommen (WÜD) – diplomatisches Asyl
– Kuriergepäck – Unverletzlichkeit der Mission – *self-contained regime* –
diplomatisches Personal – *ius cogens* – Missbrauch/Verwirkung

Fall 9
Riskante Investitionen 239   109
Schwerpunkt: Fremdenrecht
diplomatischer Schutz – Staatszugehörigkeit juristischer Personen –
Calvo-Klausel & -Doktrin – fremdenrechtlicher Mindeststandard –
Enteignung von Ausländern – *Hull*-Formel

Fall 10
Schnurlos verschwunden 274   123
Schwerpunkt: EMRK
Individualbeschwerde nach EMRK – Auslegungsgrundsätze – Beurteilungsspielraum – Mithören von Telefongesprächen – Unverletzlichkeit
der Wohnung – effektiver Rechtsschutz

Fall 11
Betanken verboten 322   139
Schwerpunkt: Seevölkerrecht
Seerechtsübereinkommen – Flaggenstaat – diplomatischer Schutz –
Ausschließliche Wirtschaftszone – Betanken auf offener See *(offshore bunkering)* – Nacheile

	Rn.	Seite

Fall 12
Ein Grenzfall 353 154
Schwerpunkt: Umweltvölkerrecht
IGH-Gutachtenverfahren – Harmon-Doktrin – Nachbarrecht – *Trail Smelter*-Fall – *ultra-hazardous activities* – Vorsorgeprinzip – Gefährdungshaftung – Nachbarrecht

Fall 13
Schmutzige Kleidung 389 171
Schwerpunkt: Welthandelsrecht
GATT – Abgrenzung Art. III:4 und Art. XI:1 – Meistbegünstigung – gleichartige Produkte – *Process and Production Methods* (PPM) – Kinderarbeit – Menschenrechte – *public morals* – Extraterritorialität – Fragmentierung

Fall 14
Shock and Awe 434 189
Schwerpunkt: Friedenssicherungsrecht
Gewaltverbot – militärische Sanktionen – *material breach* – *Uniting for Peace Resolution* – Selbstverteidigung – Caroline-Fall – *self-help* – Terrorismus

Fall 15
Arabischer Herbst in Disyen 464 208
Schwerpunkt: Humanitäres Völkerrecht
Gewaltverbot – Ermächtigungsgrenzen einer Sicherheitsrats-Resolution – Besatzung – unterschiedsloser Angriff – Chemiewaffen – menschliche Schutzschilder – Verhältnismäßigkeit – *urban warfare*

Fall 16
Ausgeliefert? 505 227
Schwerpunkt: Völkerstrafrecht
Bewaffneter Konflikt – Völkerstrafrecht – IStGH – *third party jurisdiction* – völkerrechtliche Normenhierarchien – Pflichtenkollision – Intervention im Bürgerkrieg – Drohung mit Gewalt

Anhang
I. Völkerrechtliches Delikt: Prüfungsaufbau 534 241
II. ILC-Artikel zur Staatenverantwortlichkeit (2001) 535 243

Sachregister 536 251

Abkürzungsverzeichnis

a. A.	andere(r) Ansicht
a. a. O.	am angegebenen Ort
Abs.	Absatz
a. E.	am Ende
AEMR	Allgemeine Erklärung der Menschenrechte
AJIL	American Journal of International Law
AKW	Atomkraftwerk
AmUnivLR	American University Law Review
Anm.	Anmerkung
AnnIDI	Annuaire de l'Institut de Droit International
AöR	Archiv des öffentlichen Rechts
APuZ	Aus Politik und Zeitgeschehen
ARIO	(Draft) Articles on the Responsibility of International Organizations
Art.	Artikel
ASR	Articles on State Responsibility
Aufl.	Auflage
AVR	Archiv des Völkerrechts
AWZ	Ausschließliche Wirtschaftszone
Bd.	Band
BDGVR	Berichte der Deutschen Gesellschaft für Völkerrecht
BGBl.	Bundesgesetzblatt
BVerfG	Bundesverfassungsgericht
BVerfGG	Gesetz über das Bundesverfassungsgericht
BVerfGE	Entscheidungen des Bundesverfassungsgerichts, amtliche Sammlung
BVerfGK	Kammerentscheidungen des Bundesverfassungsgerichts, amtliche Sammlung
BYIL	British Yearbook of International Law
bzw.	beziehungsweise
CMLR	Common Market Law Review
CWC	Übereinkommen über das Verbot der Entwicklung, Herstellung, Lagerung und des Einsatzes chemischer Waffen und über die Vernichtung solcher Waffen (Chemiewaffenkonvention)
DDR	Deutsche Demokratische Republik
ders.	derselbe
d. h.	das heißt
dies.	dieselbe(n)

DSU	Dispute Settlement Understanding (WTO)
DVBl.	Deutsches Verwaltungsblatt
EGMR	Europäischer Gerichtshof für Menschenrechte
EGMR-E	Europäischer Gerichtshof für Menschenrechte, Entscheidungssammlung (in deutscher Sprache)
eigtl.	eigentlich
EJIL	European Journal of International Law
EMRK	Europäische Menschenrechtskonvention
EPIL	Encyclopedia of Public International Law (siehe Verzeichnis der abgekürzt zitierten Literatur)
EU	Europäische Union
EuGRZ	Europäische Grundrechte-Zeitschrift
EuZW	Europäische Zeitschrift für Wirtschaftsrecht
f, ff	folgende
Fn.	Fußnote
FolterÜbk	Übereinkommen der Vereinten Nationen gegen Folter und andere grausame, unmenschliche oder erniedrigende Behandlung oder Strafe (UN-Antifolterkonvention)
FS	Festschrift
FW	Die Friedens-Warte
GA	General Assembly (UNO)
GATT	General Agreement on Tariffs and Trade
GeorgeJIL	Georgetown Journal of International Law
GG	Grundgesetz für die Bundesrepublik Deutschland
GK	Genfer (Rotkreuz-)Konvention
GoJIL	Goettingen Journal of International Law
grds.	grundsätzlich
GS	Gedächtnisschrift
GYIL	German Yearbook of International Law
HarvILJ	Harvard International Law Journal
HarvNSJ	Harvard National Security Journal
Hg.	Herausgeber
HLKO	Haager Landkriegsordnung
h. M.	herrschende Meinung
HRLR	Human Rights Law Review
Hs.	Halbsatz
HuV-I	Humanitäres Völkerrecht – Informationsschriften
HVR	Humanitäres Völkerrecht
HYIL	Hungarian Yearbook of International Law

IAEA	International Atomic Energy Agency
IAGMR	Interamerikanischer Gerichtshof für Menschenrechte
ICJ Rep.	International Court of Justice, Reports of Judgments, Advisory Opinions and Orders
ICLQ	International and Comparative Law Quarterly
ICTY	International Criminal Tribunal for the Former Yugoslavia
IDI	Institut de Droit International
i. E.	im Einzelnen / im Ergebnis / im Erscheinen
i. e. S.	im engeren Sinne
IGH	Internationaler Gerichtshof
IJCR	International Journal of Children's Rights
IJGLS	Indiana Journal of Global Legal Studies
IKRK	Internationales Komitee vom Roten Kreuz
ILA	International Law Association
ILC	International Law Commission
ILR	International Law Reports
ILO	International Labour Organization
inkl.	inklusive
insbes.	insbesondere
IntAff	International Affairs
IPBPR	Internationaler Pakt über bürgerliche und politische Rechte
IPRax	Praxis des Internationalen Privat- und Verfahrensrechts
IRG	Gesetz über die internationale Rechtshilfe in Strafsachen
IRRC	International Review of the Red Cross
i. S. d.	im Sinne des/der
ISGH	Internationaler Seegerichtshof
IStGH	Internationaler Strafgerichtshof
i. S. v.	im Sinne von
i. Ü.	im Übrigen
i. V. m.	in Verbindung mit
i. w. S.	im weiteren Sinne
JA	Juristische Arbeitsblätter
JBÖS	Jahrbuch Öffentliche Sicherheit
JCSL	Journal of Conflict and Security Law
jdf.	jedenfalls
JIEL	Journal of International Economic Law
JITLP	Journal of International Trade Law and Policy
JUFIL	Journal on the Use of Force and International Law
Jura	Juristische Ausbildung (Zeitschrift)
JuS	Juristische Schulung
JWT	Journal of World Trade
JZ	Juristenzeitung
Kap.	Kapitel

lit.	litera (Buchstabe)
LJIL	Leiden Journal of International Law
MelbJIL	Melbourne Journal of International Law
MichJIL	Michigan Journal of International Law
MPEPIL	Max Planck Encyclopedia of Public International Law (siehe Verzeichnis der abgekürzt zitierten Literatur)
MPUNYB	Max Planck United Nations Yearbook
m. w. N.	mit weiteren Nachweisen
NATO	North Atlantic Treaty Organization
NILR	Netherlands International Law Review
NJOZ	Neue Juristische Online-Zeitschrift
NJW	Neue Juristische Wochenschrift
NordÖR	Zeitschrift für Öffentliches Recht in Norddeutschland
NorJIL	Nordic Journal of International Law
Nr.	Nummer(n)
NStZ	Neue Zeitschrift für Strafrecht
NuR	Natur und Recht
NYIL	Netherlands Yearbook of International Law
ÖJZ	Österreichische Juristen-Zeitung
ÖZöR	Österreichische Zeitschrift für öffentliches Recht
o. g.	oben genannt
OLG	Oberlandesgericht
PCIJ	Permanent Court of International Justice siehe: StIGH
PCIJ Ser.	Report of Series (Entscheidungssammlung des StIGH)
PPM	Process and Production Methods (GATT)
RabelsZ	Rabels Zeitschrift für ausländisches und internationales Privatrecht
RdC	Recueil des Cours de l'Académie de droit international de la Haye/ Collected Courses of the Hague Academy of International Law
Rep.	Report
Res.	Resolution
RGDIP	Révue Générale de Droit International Public
RIAA	Reports of International Arbitral Awards
RIW	Recht der Internationalen Wirtschaft
Rn.	Randnummer(n)
RTDH	Revue trimestrielle des droits de l'homme
S.	Satz
SchweizJIR	Schweizerisches Jahrbuch für Internationales Recht
s. o.	siehe oben
SOFA	Status of Forces Agreement

sog.	sogenannt
SRÜ	Seerechtsübereinkommen
Staat	Der Staat (Zeitschrift)
std. Rspr.	ständige Rechtsprechung
StIGH	Ständiger Internationaler Gerichtshof
StPO	Strafprozessordnung
str.	strittig
SWP	Stiftung Wissenschaft und Politik
SZIER	Schweizerische Zeitschrift für internationales und europäisches Recht
TexasLR	Texas Law Review
UN(O)	United Nations (Organization)
UNCh	United Nations Charter/UN-Charta
UNCLOS	United Nations Convention on the Law of the Sea: siehe SRÜ
URP	Umweltrecht in der Praxis
U.S., USA	United States (of America)
UtrechtLR	Utrecht Law Review
u. U.	unter Umständen
u. v. m.	und vieles mehr
v.	von/vom; versus
v. a.	vor allem
VerfGH	Verfassungsgerichtshof
VerfO	Verfahrensordnung
vgl.	vergleiche
VirginiaJIL	Virginia Journal of International Law
VJTL	Vanderbilt Journal of Transnational Law
VN	Vereinte Nationen
Vol.	Volume
VRÜ	Verfassung und Recht in Übersee
WTO	World Trade Organization
WÜD	Wiener Übereinkommen über diplomatische Beziehungen
WÜK	Wiener Übereinkommen über konsularische Beziehungen
WVK	Wiener Übereinkommen (Konvention) über das Recht der Verträge
YBILC	Yearbook of the International Law Commission
YIHL	Yearbook of International Humanitarian Law
YJIL	Yale Journal of International Law
ZaöRV	Zeitschrift für ausländisches öffentliches Recht und Völkerrecht
z. B.	zum Beispiel
ZEuS	Zeitschrift für Europarechtliche Studien
ZIS	Zeitschrift für internationale Strafrechtsdogmatik

Abkürzungsverzeichnis

ZJS	Zeitschrift für das juristische Studium
ZÖR	Zeitschrift für Öffentliches Recht
ZP	Zusatzprotokoll
z. T.	zum Teil
ZUR	Zeitschrift für Umweltrecht

Verzeichnis der abgekürzt zitierten Literatur

v. Arnauld	A. v. Arnauld, Völkerrecht, 3. Aufl. 2016
Berber	F. Berber, Lehrbuch des Völkerrechts, 3 Bände: Band 1: Allgemeines Friedensrecht, 2. Aufl. 1975; Band 2: Kriegsrecht, 2. Aufl. 1969; Band 3: Streiterledigung, Kriegsverhütung, Integration, 2. Aufl. 1977
Dahm/Delbrück/Wolfrum	G. Dahm/J. Delbrück/R. Wolfrum, Völkerrecht: Band I/1: Die Grundlagen; Die Völkerrechtssubjekte, 2. Aufl. 1989; Band I/2: Der Staat und andere Völkerrechtssubjekte; Räume unter internationaler Verwaltung, 2. Aufl. 2002; Band I/3: Die Formen des völkerrechtlichen Handelns; Die inhaltliche Ordnung der internationalen Gemeinschaft, 2. Aufl. 2002
Doehring	K. Doehring, Völkerrecht: Ein Lehrbuch, 2. Aufl. 2004
Dörr	O. Dörr, Kompendium völkerrechtlicher Rechtsprechung, 2. Aufl. 2014
Dörr/Schmalenbach	O. Dörr/K. Schmalenbach (Hg.), Vienna Convention on the Law of Treaties: A Commentary, 2012 (2. Aufl. 2017 i. V.)
EPIL	R. Bernhardt (Hg.), Encyclopedia of Public international Law: Band I: A-D, 1992; Band II: E-I, 1995; Band III: J-P, 1997, Bd. IV: Q-Z, 2000
Herdegen	M. Herdegen, Völkerrecht, 16. Aufl. 2017
Hobe	S. Hobe, Einführung in das Völkerrecht, 10. Aufl. 2014
Ipsen	K. Ipsen (Hg.), Völkerrecht, 6. Aufl. 2014
Krajewski	M. Krajewski, Völkerrecht, 2017
Kunig/Uerpmann-Wittzack	P. Kunig/R. Uerpmann-Wittzack, Übungen im Völkerrecht, 2. Aufl. 2006
Menzel/Pierlings/Hoffmann	J. Menzel/T. Pierlings/J. Hoffmann (Hg.), Volkerrechtsprechung, 2005
MPEPIL	R. Wolfrum (Hg.), Max Planck Encyclopedia of Public International Law, Online-Ressource, ab 2008 (www.mpepil.com)
Simma	B. Simma (Hg.), The Charter of the United Nations: A Commentary, 2 Bände, 3. Aufl. 2012
Stein/v. Buttlar/Kotzur	T. Stein/C. v. Buttlar/M. Kotzur, Völkerrecht, 14. Aufl. 2016
Verdross/Simma	A. Verdross/B. Simma, Universelles Völkerrecht. Theorie und Praxis, 3. Aufl. 1984
Vitzthum/Proelß	W. Graf Vitzthum/A. Proelß (Hg.), Völkerrecht, 7. Aufl. 2016

Einleitung

I. Vom Völkerrecht

Völkerrecht ist anders. Wer im nationalen öffentlichen Recht, zumal dem deutschen, geschult ist, wird im Völkerrecht, dem *Public International Law*, manchen Eigentümlichkeiten begegnen. Diese beziehen sich nicht allein auf die schwächer ausgeprägten Möglichkeiten effektiver Durchsetzung des Rechts gegenüber dem Rechtsbrecher, die für die lange Zeit verbreiteten Zweifel am Rechtscharakter des Völkerrechts verantwortlich waren.[1] Aus den **Besonderheiten des Völkerrechts**[2] seien drei (weitere) herausgegriffen, die als besonders signifikant betrachtet werden können, obgleich sie seit einigen Jahrzehnten einem Wandel unterliegen:

1. Genossenschaftlicher Charakter

Zunächst **fehlt** es dem Völkerrecht an einer **zentralen Rechtsetzungsinstanz**, die schnell und bedarfsgerecht neues Recht schaffen könnte. Das klassische Völkerrecht ist ein **genossenschaftliches Recht**, bei dem jeder Rechtsgenosse nur solche Pflichten zu erfüllen hat, die er zuvor selbst freiwillig übernommen hat.[3] Dies führt dazu, dass das Völkerrecht vielfach **fragmentarisch** erscheint, weil am Ende u. U. der Rückzug auf die insoweit (noch) nicht beschränkte Souveränität der Staaten steht,[4] welche *de lege lata* (d. h. nach geltendem Recht) ein Verhalten gestattet, das man „eigentlich" für missbilligenswert hält.

In ihrem traditionellen Verständnis ist die Völkerrechtsordnung **keine Werteordnung**, in der moralische Kategorien in gewissem Grade verrechtlicht wären. Mehr als im innerstaatlichen Recht begegnet einem im Völkerrecht die fast sprichwörtliche „**normative Kraft des Faktischen**"[5] und damit die Umkehrung des Satzes, wonach aus einem Rechtsbruch kein Recht entstehen könne. Gerade wenn sich eine neue Norm des Gewohnheitsrechts herausbildet, werden die ersten Anwendungsfälle in aller Regel gegen das bisherige Recht verstoßen: *ex iniuria ius oritur* („geht aus Unrecht Recht hervor")?

Freilich gibt es in der Entwicklung des Völkerrechts nach 1945 **Anzeichen eines Wandels**, der durch das Ende des Ost-West-Konflikts noch beschleunigt worden ist.[6] Ver-

---

1 Hierzu sowie zur Suche nach dem Geltungsgrund des Völkerrechts m. w. N. *v. Arnauld*, Rn. 5 ff; *Doehring*, Völkerrecht, § 1 Rn. 1 ff, 31 ff; *Ipsen*, Ipsen, Völkerrecht, § 1 Rn. 18 ff; *Schweisfurth*, 630 ff.
2 Vgl. näher *v. Arnauld*, Rn. 38 ff im Anschluss an *Berber*, I, 16 ff.
3 Zum genossenschaftlichen Charakter des Völkerrechts *v. Arnauld*, Rn. 39 ff; *Berber*, I, 16 ff.
4 Vgl. die sog. Lotus-Regel nach dem Lotus-Fall des StIGH (Urteil v. 7.9.1927, PCIJ Series A, Nr. 10), wonach wegen der staatlichen Souveränität eine Vermutung dafür besteht, dass ein Verhalten erlaubt ist, solange nicht eine völkerrechtliche Regel nachgewiesen werden kann, die das betreffende Verhalten untersagt. Siehe *v. Arnauld*, Rn. 40 und Fall (Anhang) Nr. 3; näher *A. v. Bogdandy/M. Rau*, Lotus, The, MPEPIL (6/2006); *Kunig/Uerpmann*, Jura 1994, 186.
5 Die berühmte Wendung stammt von *Georg Jellinek* (Allgemeine Staatslehre, 3. Aufl. 1914, 333 ff, 338 ff).
6 Dazu *v. Arnauld*, Rn. 29 ff, 38 ff, 66 ff, 1304 ff; *Herdegen*, §§ 4–5; *Hobe*, 57 ff.

stärkt werden universelle moralische Grundsätze durch vielfältige Vertragspraxis und Erklärungen von Staaten und Internationalen Organisationen in den Rang von Recht erhoben und als rechtlich bindend betrachtet: **Universelle Menschenrechte** oder die Kategorie der völkerrechtlichen Verbrechen können als Keimzellen einer völkerrechtlichen Werteordnung angesehen werden.[7]

5 Kennzeichnend hierfür ist vor allem die Figur des *ius cogens*, des **zwingenden Völkerrechts**.[8] Dieses ist nach der Definition in Art. 53 WVK „eine Norm, die von der internationalen Staatengemeinschaft in ihrer Gesamtheit angenommen und anerkannt wird als eine Norm, von der nicht abgewichen werden darf und die nur durch eine spätere Norm des allgemeinen Völkerrechts derselben Rechtsnatur geändert werden darf". Die im Nachsatz angesprochene Möglichkeit der Ablösung fügt die Rechtsfigur technisch zwar in das genossenschaftliche Modell ein; der Sache nach aber ist die Einwilligung aller Staaten in solche Vorschriften, die heute als „zwingendes Völkerrecht" gehandelt werden, eher Theorie als Praxis – der Idee wohnt ein gewisses utopisches Potenzial inne. Es steckt in ihr aber auch das Potenzial, oberste werthaltige Grundsätze des Völkerrechts (z. B. Genozidverbot, Verbot des Sklavenhandels, Gewaltverbot) gegen abweichende Staatenpraxis weitgehend zu immunisieren. Über die Dimension **erga omnes**, also allen anderen Staaten gegenüber obliegender, Pflichten, die vor allem bei solchen Verpflichtungen angenommen wird, die als *ius cogens* qualifiziert sind, wird der Gemeinschaftsgedanke im an sich lockeren völkerrechtlichen Verbund stärker betont.[9]

6 Soweit zumindest die Theorie. Die Hoffnungen, dass die **Vereinten Nationen** sich als eine Art „Weltregierung" würden etablieren können, die, mit Zwangsgewalt ausgestattet, auch schnell reagieren kann, wo ein Rechtsbruch den Frieden und die internationale Sicherheit gefährdet, hat sich nur teilweise erfüllt.[10] Hier bleibt abzuwarten, ob die seit langem geplante Reform der UNO gelingt und ob sie Entscheidungsprozesse effektiver zu gestalten vermag.

2. Politischer Charakter

7 Völkerrecht ist ein zutiefst „politisches" Recht. Während aber im deutschen öffentlichen Recht der **Übergang von der Politik zum Recht** sich vergleichsweise deutlich an bestimmten Formen der Rechtsakte festmachen lässt, stellt das Völkerrecht vor größere Probleme:[11] Kann man die Zuordnung von völkerrechtlichen Verträgen zum Recht noch ohne Schwierigkeiten vornehmen, so ist es mit dem sog. **soft law** (Entschließungen, Erklärungen auf Konferenzen u. v. m.) schon schwieriger: Es handelt sich nicht um Recht, bewegt sich aber im „Dunstkreis" des Rechts. Auch **einseitige Erklärungen** können rechtlich verbindlich sein, wenn sich dies aus den Umständen der Erklärung

---

7 *v. Arnauld*, Rn. 307 ff.
8 Näher *v. Arnauld*, Rn. 287 ff.
9 Zum Verhältnis von *ius cogens* und Pflichten *erga omnes v. Arnauld*, Rn. 291 ff.
10 *v. Arnauld*, Rn. 1092 ff.
11 Zu der Abgrenzung von Völkerrecht und internationaler Politik und den damit verbundenen Schwierigkeiten *Berber*, I, 24 ff; *Herdegen*, Völkerrecht, § 6; *Ipsen*, Ipsen, § 3 Rn. 2 ff.

ergibt. Vor allem aber das **Gewohnheitsrecht** ist schwer zu fassen: Die Grenze zwischen bloß politisch motivierter Praxis und dem Völkergewohnheitsrecht wird durch die wenig greifbare *opinio iuris*, die Rechtsüberzeugung der Rechtsakteure, markiert. Zusätzlich erschwert wird die Grenzziehung dadurch, dass Staaten durchaus auch wiederholt gegen eine Regel des Gewohnheitsrechts verstoßen können, ohne dass dies die Geltung dieser Norm in Frage stellen würde. Gewohnheitsrecht ist mehr als eine Verhaltensregelmäßigkeit, die ein Marsbewohner anhand bloßer Beobachtung von Häufigkeiten rein äußerlich bestimmen könnte.[12]

Politisch motiviert und nicht zuletzt durch das faktische Kräfteverhältnis bestimmt sind auch die **Reaktionen auf Rechtsbrüche**. Wenn sich gerade kleine und wenig einflussreiche Staaten beklagen, im Völkerrecht gelte, dass man die Kleinen hänge, die Großen aber laufen lasse, so steckt hierin gewiss nicht selten eine bittere Wahrheit.

Auch hier schafft das **UN-System** teilweise Abhilfe. Solange sich aber mächtige Staaten als ständige Mitglieder des Sicherheitsrats mit einem Veto selbst vor verbindlichen Resolutionen der Vereinten Nationen schützen können, hängt die Beachtung des Völkerrechts für diese Staaten von ihrer Bereitschaft ab, sich in die Völkerrechtsgemeinschaft einzuordnen.[13] Zwar kann auch ein mächtiger Staat nicht eigenmächtig das geltende Recht verändern; das Problem der Einhaltung der Spielregeln des internationalen Miteinander aber bleibt (vgl. Fall 14). Der Übergang von einer nach dem Ende des Ost-West-Konflikts kurzzeitig unipolaren zu einer multipolaren Weltordnung – mit aufstrebenden regionalen Führungsmächten, zunehmender regionaler politischer und rechtlicher Integration und Erweiterung der Akteure (gestärkte Rolle von Nichtregierungsorganisationen und netzbasierter Öffentlichkeit) – drängt indes die Gefahr konfrontativer Alleingänge zurück und wird die Institutionen des Völkerrechts als Grundlage des verlässlichen Miteinander mittelfristig eher stärken.

3. Indirekter Charakter

Die Rolle des Individuums im Völkerrecht ist eine untergeordnete: Zwar sind es Menschen, die handeln, unterlassen, dulden, und auch völkerrechtliche Regeln beziehen sich vielfach auf menschliches Verhalten; sie erfassen dieses aber meist nur mittelbar. Das klassische Völkerrecht endet an der Hülle des Staates. Es betrachtet den Staat als einheitliches Rechtssubjekt und ist **„blind" für Vorgänge im Innern des Staates** (weswegen auch eine verfassungsrechtlich unabhängige Justiz für den Staat handelt und dessen völkerrechtliche Verantwortlichkeit auslösen kann).

---

12 Dies berücksichtigt – bei aller Berechtigung seiner Kritik im Ansatz – *Bodansky*, IJGLS 3 (1995), 105, insbes. 112 ff, 116 ff, nicht hinreichend, der in Bezug auf das Gewohnheitsrecht von einem „deklarativen" Recht spricht, das wohl dem entspreche, was Staaten sagten, aber oftmals nicht dem, was sie tatsächlich täten. Das Bild des Marsbewohners stammt von *Franck*, The Power and Legitimacy Among Nations, 1990, 41 ff.

13 Zur wichtigen Rolle innerstaatlicher Institutionen vgl. insbesondere die Guantánamo-Urteile des U.S. Supreme Court: *Rasul v. Bush*, Urteil v. 28.6.2004, 542 U.S. 466; *Hamdi v. Rumsfeld*, Urteil v. 28.6.2004, 542 U.S. 507; *Hamdan v. Rumsfeld*, Urteil v. 29.6.2006, 548 U.S. 557. Dazu auch *v. Arnauld*, Fall (Anhang) Nr. 50.

11 Dass aus dieser Perspektive der Mensch nur als Glied eines Staates in Erscheinung tritt (Stichwort: **Mediatisierung des Individuums**), hat weitere Folgen: Sofern er als Staatsorgan tätig ist, wird sein Verhalten dem Staat zugerechnet. Bei Privaten indes tauchen **Zurechnungsprobleme** auf (hierzu Fälle 5 und 6);[14] hier verlagert sich die Verantwortung des Staates primär auf die Ebene von „Überwachen und Strafen", d. h. der Staat muss durch innerstaatlich wirksame Maßnahmen dafür sorgen, dass völkerrechtliche Standards nicht durch privates Verhalten verletzt werden. Dort, wo der Einzelne Opfer der rechtswidrigen Handlung eines anderen Staates wird, muss sein Heimatstaat dessen Anliegen im Wege des **diplomatischen Schutzes** aufgreifen, um die Rechtsverletzung gegenüber dem „mediatisierten" Individuum auf die völkerrechtliche Ebene zu bringen (Fälle 5 und 9).[15]

12 Auch hier zeichnet sich in Teilbereichen ein Wandel ab;[16] dort nämlich, wo **Menschenrechtsverträge** den Einzelnen als unmittelbaren Träger der vertraglich niedergelegten Rechte betrachten und ihn mit eigenen Durchsetzungsrechten ausstatten (z. B. Individualbeschwerde nach EMRK oder IPBPR: Fall 10) oder wo der Einzelne wegen eines Verstoßes gegen völkerrechtliche Normen (das sog. **Völkerstrafrecht**) vor ein internationales Gericht gestellt wird (Fall 16).

13 Insgesamt lässt sich in den letzten Jahrzehnten ein **Aufweichen der souveränitätsbewehrten Hülle des Staates** beobachten: Menschenrechtsverträge schützen nicht allein die Fremden (so noch das klassische Fremdenrecht: hierzu Fall 9), sondern auch die Staatsangehörigen gegenüber der eigenen Staatsgewalt; das humanitäre Völkerrecht erfasst auch nicht internationale bewaffnete Konflikte; die Vereinten Nationen widmen sich verstärkt auch Krisen und Unruhen innerhalb von Staaten (Fall 15). Dies ist teils Folge der bereits beschriebenen Entwicklung hin zu einer Wertegemeinschaft, die in einen Selbstwiderspruch geriete, wenn sie Verstöße gegen ihre Werte im innerstaatlichen Bereich zuließe; zum Teil geht es auch um Prävention, d. h. um die Verhinderung von Friedensgefährdungen im Vorfeld. Da internationale Krisen ihren Ausgang heute vielfach in innerstaatlichen Konflikten nehmen, z. B. durch sich auflösende Staatsgewalt (sog. *failed* oder *failing states*: Fall 4), nimmt das Völkerrecht auch innerstaatliche Vorgänge zunehmend in den Blick.[17]

---

14 Vertiefend *v. Arnauld*, Rn. 407 ff.
15 *v. Arnauld*, Rn. 590 ff.
16 Hierzu eingehend *Peters*, Jenseits der Menschenrechte, 2014 sowie Beiträge in *d'Aspremont* (Hg.), Participants in the International Legal System, 2011; *Bianchi* (Hg.), Non-State Actors and International Law, 2009; *Hofmann* (Hg.), Non-State Actors as New Subjects of International Law, 1999; *Marauhn* (Hg.), Die Rechtsstellung des Menschen im Völkerrecht, 2003; *Noortmann/Reinisch/Ryngaert* (Hg.), Non-State Actors in International Law, 2015. Siehe auch ILA, Non State Actors, Draft Final Report (Veronika Bilkova), 2016.
17 Zur Praxis des UN-Sicherheitsrates *v. Arnauld*, Rn. 1047; *de Wet/Wood*, Peace, Threat to, MPEPIL (6/2009), jeweils m. w. N. Vertiefend und mit Beispielen aus der UN-Praxis *Dicke*, in: Delbrück (Hg.), New Trends in International Lawmaking, 1997, 145 (150 ff); *Gading*, Der Schutz grundlegender Menschenrechte durch militärische Maßnahmen des Sicherheitsrates – das Ende staatlicher Souveränität?, 1996, 91 ff; *Schäfer*, Der Begriff „Bedrohung des Friedens" in Artikel 39 der Charta der Vereinten Nationen, 2006, insbes. 263 ff.

II. Von der völkerrechtlichen Falllösung

Diese Besonderheiten wirken sich naturgemäß auch auf die völkerrechtliche Falllösung 14
aus. Und so verwundert es nicht, wenn selbst im Klausurschreiben hinlänglich Geübte sich vielfach unsicher fühlen, sehen sie sich vor die noch ungewohnte Aufgabe gestellt, einen völkerrechtlichen Fall „klausurmäßig" zu lösen. Die zwei vermutlich zentralen Probleme sollen hier etwas eingehender beleuchtet werden.

1. Besonderheiten beim Aufbau

Da ist zunächst die Frage des **Aufbaus**. Es gibt nicht den einen verbindlichen Aufbau 15
für völkerrechtliche Klausurlösungen. Mehr noch als im nationalen Recht gilt, dass man **nicht stur an einem Schema festhalten** darf. So ist die bei Studierenden beliebte Deliktsprüfung als Grundgerüst hilfreich, aber eben nur dort, wo auch danach gefragt ist, ob ein Rechtsverstoß vorliegt.[18] Wo etwa nach Gebietsansprüchen eines Staates gefragt wird, hilft ein solcher Aufbau offenkundig nicht weiter. Ferner sind nicht stets alle Punkte eines solchen Prüfungsschemas relevant. Wenn die Aufgabenstellung sich nicht auf die sekundären Rechtsbeziehungen der Beteiligten erstreckt, wird man auch keine Punkte dafür erhalten, dass man sich zu der Pflicht zur Wiedergutmachung bei völkerrechtswidrigem Verhalten äußert (anders, wenn z. B. ganz allgemein nach der „Rechtslage" gefragt ist). Man kennt es i. Ü. auch aus dem nationalen Recht: Wer nach den Erfolgsaussichten einer Klage gefragt wird und bei einem rein innerstaatlichen Sachverhalt die Prüfung damit beginnt, dass er die Zuständigkeit der deutschen Gerichtsbarkeit problematisiert, „klebt" zu sehr an einem erlernten Schema und steht unter dem Verdacht, Schwerpunkte nicht setzen zu können.

Dass es **nicht den einen** Aufbau für das Völkerrecht geben kann, liegt auf der Hand, 16
wenn man bedenkt, dass das Völkerrecht eine **Rechtsordnung** – und **kein Rechtsgebiet** – darstellt. Es kann um vertragliche Ansprüche gehen, um den Einsatz militärischer Gewalt mit oder ohne Mandat der Vereinten Nationen, um umweltrechtlich relevante Vorhaben, um Piraterie oder die Bekämpfung des internationalen Terrorismus. Das Völkerrecht kann sich praktisch jedes nur erdenklichen Rechts- und Lebensbereichs bemächtigen: Voraussetzung ist nur, dass die Staaten meinen, einem Problem besser begegnen zu können, wenn man sich auf zwischenstaatlicher Ebene über Wege zu seiner Lösung verständigt. In einer im Zeichen der „Globalisierung" näher zusammenrückenden Welt liegt es in der Natur der Entwicklung, wenn immer weitere Bereiche „internationalisiert", also gewissermaßen **„vervölkerrechtlicht"** werden.[19] Diese Vielfalt sollte aber kein Grund zur Beunruhigung sein; denn im Grundansatz wird wer sich im Lösen nationalrechtlicher Fälle hinlänglich auskennt, in völkerrechtlichen Fällen viel Bekanntes wiederentdecken:

---

18 Siehe Anhang I. Eingehend zu diesem Aufbau und den im Zusammenhang mit dem völkerrechtlichen Delikt zu beachtenden „Standardproblemen" *Kunig*, Jura 1986, 344; *Kunig/Uerpmann-Wittzack*, 1 ff. Vgl. auch *v. Arnauld*, § 5.
19 Zu dieser Entwicklung *v. Arnauld*, Rn. 29 ff.

Einleitung

17 Auch wenn das Völkerrecht gemeinhin als „Internationales *Öffentliches* Recht" bezeichnet wird, ähnelt es in seiner **genossenschaftlichen Struktur** eher dem **Zivilrecht**:[20] Einander im Grundsatz gleichberechtigte Partner vereinbaren sich durch Vertrag oder Gewohnheit über die wechselseitigen Rechte und Pflichten und verpflichten sich nur soweit selbst, als sie sich freiwillig eine solche Pflicht auferlegen. Wie im Zivilrecht geht es auch im Völkerrecht vielfach um eine **Prüfung vertraglicher Ansprüche** und um die **Verletzung vertraglicher Pflichten** (z. B. Fall 2). Die Regeln über das Zustandekommen und die Beendigung völkerrechtlicher Verträge, die in der WVK vorgesehen sind, folgen dem aus dem deutschen Zivilrecht vertrauten Grundmuster „Anspruch (wirksam) entstanden? Anspruch untergegangen?" und kennen dementsprechend rechtshindernde (wie die fehlende Vertretungsbefugnis, Zwang oder Irrtum) und rechtsvernichtende Einreden (z. B. Unmöglichkeit, Wegfall der Geschäftsgrundlage).[21] In dieser Perspektive weist auch das **völkerrechtliche Delikt** Parallelen zum Zivilrecht auf, nämlich zum zivilrechtlichen Deliktsrecht: Man erkennt bekannte Kausalitäts- und Zurechnungsprobleme, Fragen des Schadens (haftungsbegründende und haftungsausfüllende Kausalität etwa) usw.

18 **Innerhalb von Vertragswerken** tauchen ebenso, abhängig von dem jeweiligen Vertragsgegenstand, Denkmuster und damit Prüfungsraster auf, die aus dem nationalen Recht vertraut sind: z. B. die Prüfung von **Grund- und Menschenrechtsverletzungen**, die dem abwehrrechtlichen Muster im deutschen Verfassungsrecht ähneln (1. Eingriff in den Schutzbereich, 2. Eingriffsrechtfertigung: Fall 10). Wird das **Organ einer Internationalen Organisation** gegenüber einem Mitgliedstaat tätig, so ist zu prüfen, ob die tatbestandlichen Voraussetzungen für einen solchen Eingriff vorlagen, ob die Grenzen der Befugnisse beachtet wurden etc. (vgl. Fälle 14 und 15): Gedankengänge, die sich innerstaatlich im Bereich der Eingriffsverwaltung finden. Im Rahmen des **Völkerstrafrechts**, wie es vertraglich im Römischen Statut des Internationalen Strafgerichtshofs geregelt ist, findet sich glasklares materielles Strafrecht neben genuinem Strafverfahrensrecht: Die Regeln über den Erlass von Haftbefehlen nach StPO und nach dem Römischen Statut weisen weitgehende Parallelen auf (Fall 16).

19 Natürlich gibt es immer wieder **Besonderheiten**, die man nicht übersehen darf, um nicht das nationale Recht fälschlicherweise „eins zu eins" auf das Völkerrecht zu projizieren; die Grundstruktur völkerrechtlicher Falllösungen ist aber nicht gar so fremd, wie es zunächst scheinen mag. Nur muss man sich klar machen, dass völkerrechtliche Fälle Parallelen zu praktisch allen Rechtsgebieten des nationalen Rechts aufweisen können, nicht bloß (und noch nicht einmal in erster Linie) zum öffentlichen Recht.[22]

---

20 *v. Arnauld*, Rn. 35 ff. Näher *Kunig*, in: GS Grabitz 1995, 325.
21 Vertiefend *v. Arnauld*, Rn. 237 ff.
22 Mit aller Vorsicht gegenüber solchen Faustregeln mag man sich vor Augen führen, dass die Grundkonstellation im zwischenstaatlichen Verkehr dem Privatrecht ähnelt (Gleichordnung der Partner), die spezifische Über- und Unterordnung im Verhältnis von Organen Internationaler Organisationen gegenüber ihren Mitgliedstaaten Parallelen zum Öffentlichen Recht aufweist, und dort, wo der Einzelne als Rechts- oder Pflichtenträger vom Völkerrecht wahrgenommen wird (Menschenrechte, Völkerstrafrecht), die grundrechtliche bzw. strafrechtliche Grundkonstellation vorliegt.

2. Besonderheiten bei den Rechtsquellen

Eine zweite große klausurtechnische Schwierigkeit betrifft nicht selten die im Fall anwendbaren **Rechtssätze**.[23] Eine Zusammenstellung der anerkannten Rechtsquellen des Völkerrechts findet sich in Art. 38 Abs. 1 des IGH-Statuts. Danach können das Vertragsrecht (lit. a), das Gewohnheitsrecht (lit. b) und „die von den Kulturvölkern anerkannten allgemeinen Rechtsgrundsätze" (lit. c) unterschieden werden, als Hilfsmittel zur Feststellung vor allem von Gewohnheitsrecht Gerichtsentscheidungen und „die Lehrmeinung der fähigsten Völkerrechtler der verschiedenen Nationen" dienen (lit. d). Nicht ausdrücklich erwähnt werden in Art. 38 IGH-Statut bindende Beschlüsse Internationaler Organisationen und verbindliche einseitige Rechtsakte.[24]

20

a) Völkerrechtliche Verträge

Die Feststellung des Norminhalts stellt für das Vertragsrecht vor keine besonderen Probleme. Die **Auslegungsregeln** im Völkerrecht, die sich in den Art. 31 ff WVK kodifiziert finden, stimmen im Wesentlichen mit den *Canones* der Auslegung überein, die auch aus dem deutschen Recht bekannt sind. Allerdings bedarf die Vertragsgeltung der Aufmerksamkeit und gegebenenfalls einiger Ausführungen, sofern etwas problematisch sein sollte. Hinsichtlich des **Geltungsbereichs völkerrechtlicher Verträge** sind drei Dimensionen zu unterscheiden: die persönliche, die sachliche und die zeitliche. Die **persönliche** Anwendbarkeit (oder Anwendbarkeit *ratione personae*) stellt in der Regel kein Problem dar: Welche Verträge die im Klausurfall auftretenden Staaten unterzeichnet und/oder ratifiziert haben, wird im Sachverhalt meist mitgeteilt werden.[25] Die **sachliche** Anwendbarkeit (Anwendbarkeit *ratione materiae*) erfordert die Bestimmung des Vertragsgegenstandes, nötigenfalls per Auslegung. Die **zeitliche** Anwendbarkeit (Anwendbarkeit *ratione temporis*) schließlich zielt auf den Grundsatz des sog. intertemporalen Völkerrechts, wonach ein völkerrechtlicher Vertrag erst mit seinem Inkrafttreten für den jeweiligen Staat die Rechtslage bestimmt.

21

b) Gewohnheitsrecht

Der Umgang mit Gewohnheitsrecht in völkerrechtlichen Klausurfällen bereitet wohl die größten Schwierigkeiten. Völkergewohnheitsrecht besteht aus einer hinlänglich gefestigten **Staatenpraxis** *(consuetudo)* und einer dieser Praxis stützenden **Rechtsüberzeu-**

22

---

23 Zu rechtsquellenspezifischen Problemen bei der Feststellung völkerrechtlicher Regeln *Menzel*, JuS 1963, 41 (43 ff), sowie, wenn auch nicht aus Sicht der Klausurbearbeitung, *Jennings*, SchweizJIR 37 (1981), 59. Dieser „What is International Law and How Do We Tell It When We See It?" betitelte Aufsatz verdeutlicht die praktischen Schwierigkeiten bei der Handhabung völkerrechtlicher Rechtsquellen sehr gut und erklärt, warum der Griff zu den „Hilfsquellen" des Art. 38 Abs. 1 lit. d) IGH-Statut und die vertragliche Festlegung von Rechtspflichten helfen, Unklarheiten über das nichtschriftliche Völkerrecht zu reduzieren – ungeachtet dessen, ob solche vertraglichen Regelungen rein kodifikatorischen Charakter haben oder auch innovative Züge tragen.
24 Eingehend *v. Arnauld*, § 3.
25 Dies liegt schon daran, dass es sich, um einerseits ein gewisses Vorverständnis auszuschließen und andererseits die Komplexität realer Lebensverhältnisse zu reduzieren, in aller Regel um fiktive Staaten mit oft recht seltsamen Namen handelt.

gung *(opinio iuris sive necessitatis)*.²⁶ Wie aber soll man eine gefestigte Übung in einer Klausur darstellen und wie eine Rechtsüberzeugung der Staaten begründen, ohne sie bloß zu behaupten? Hierauf gleich eine auf den ersten Blick ketzerisch anmutende Antwort: Es ist unmöglich, in einer Klausurlösung eine Norm des Völkergewohnheitsrechts in einer Weise zu begründen, die den Anforderungen an den Nachweis von Gewohnheitsrecht genügen würde.²⁷ Dies verlangt auch niemand. Sieht man sich an, wie die Völkerrechtskommission der Vereinten Nationen (*International Law Commission*, ILC) in ihren Arbeiten umfangreiches Fallmaterial zusammenträgt (das seinerseits regelmäßig aber auch nur eine kleine Auswahl der Staatenpraxis umfasst und beileibe nicht repräsentativ sein muss), wird einem schnell klar, dass Vergleichbares nicht einmal annähernd von Studierenden verlangt werden kann, die eine Klausur im Völkerrecht schreiben.

23 Für derartige Klausurlösungen erlangen die in Art. 38 Abs. 1 lit. d) IGH-Statut genannten Hilfsquellen zur Ermittlung gewohnheitsrechtlicher Regeln besondere Bedeutung (**Rechtserkenntnisquellen**): Gerichtsentscheidungen oder Stimmen in der völkerrechtlichen Literatur.²⁸ Hinzu kommen bestimmte besonders markante **Beispiele von Staatenpraxis**. Auch **Entwürfe der ILC**, an sich dem **soft law** zugehörige Resolutionen, vor allem auch **völkerrechtliche Verträge**, die zumindest in Teilen als Kodifikation von Gewohnheitsrecht angesehen werden (als Beispiele seien hier die WVK, das WÜD oder Teile des SRÜ genannt), sind hilfreiche Bausteine einer „klausurgerechten" Begründung gewohnheitsrechtlicher Regeln des Völkerrechts. Um für Klausuren gerüstet zu sein, sollte man daher über bestimmte Grundkenntnisse verfügen: Wesentliche Aussagen klassischer gerichtlicher oder schiedsgerichtlicher Entscheidungen gehören dazu,²⁹ ebenso wichtige völkerrechtsrelevante zeitgeschichtliche und zeitgenössische Ereignisse und Entwicklungen.

24 Natürlich muss nicht das ganze Arsenal an Begründungselementen für jede Norm des Gewohnheitsrechts mobilisiert werden, die es im Zuge einer Klausurbearbeitung heranzuziehen gilt. Gefordert ist vielmehr eine **differenzierende Begründungsökonomie**: Es hängt davon ab, ob es sich um ein Schwerpunktproblem des Falles handelt oder um eine Detailfrage, die eher beiläufig überwunden werden sollte, um zielstrebig zu den eigentlichen Problemen des Falles vorzudringen. Wenn z. B. ein Staatsorgan handelt, braucht man auf die Herleitung der Zurechnung von Organhandeln zum Staat kaum Mühe zu verwenden, sondern kann sich auf die bloße Feststellung beschränken, dass die Zurechnung von Organhandeln Gewohnheitsrecht ist (evtl. noch verbunden mit dem

---

26 Vertiefend *v. Arnauld*, Rn. 249 ff.
27 Zu den Schwierigkeiten, Gewohnheitsrecht überzeugend nachzuweisen *Jennings* (Fn. 23), 65 ff. Eingehend zu den Mitteln des Nachweises von Gewohnheitsrecht *Bos*, GYIL 25 (1982), 9 (insbes. 22 ff, 30 ff); *Degan*, Sources of International Law, 1997, 179 ff; *Mendelson*, RdC 272 (1998), 155. Zur „pragmatischen" Methodik des IGH kritisch *Talmon*, EJIL 26 (2015), 417.
28 Allgemein *Jennings* (Fn. 23), 77, 78 f, für den Völkerrecht weitgehend *case law* ist (73) und der die Rechtswissenschaft und Rechtslehre gewissermaßen in der Verantwortung von Lotsen in der Informationsflut sieht (78).
29 Eine Zusammenstellung wichtiger Entscheidungen und Schiedssprüche findet sich im Anhang zu *v. Arnauld*, Völkerrecht, 3. Aufl. 2016.

Hinweis, dass, weil Staaten überhaupt nur durch Organe handeln können, eine Staatenverantwortlichkeit ansonsten auch gar nicht denkbar wäre). Sind aber Zurechnungsfragen, u. U. in Abgrenzung zueinander, ein Hauptgegenstand des Falles, so kann man etwas eingehender darlegen, warum welche Zurechnungsgrundsätze als Bestandteil des Völkergewohnheitsrechts gelten können (hierzu Fall 5). Die Bandbreite der Begründungsmöglichkeiten reicht von reinen Autoritätsargumenten („Wie der IGH im X-Fall festgestellt hat, ist gewohnheitsrechtlich anerkannt, dass...") bis hin zur eingehenden Darlegung der Herausbildung eines Völkerrechtssatzes und der verschiedenen Stufen seiner Entwicklung. Meist wird man einen Mittelweg beschreiten, der mal mehr in die eine, mal mehr in die andere Richtung führt.

Ebenfalls möglich ist, **Ableitungen** aus allgemein anerkannten Grundsätzen des Gewohnheitsrechts (gilt entsprechend für Ableitungen aus allgemeinen Rechtsgrundsätzen) vorzunehmen: Man begründet den Ausgangsrechtssatz (weiß möglichst auch eine Gerichtsentscheidung, die diesen Satz stützt) und leitet aus ihm einen weiteren Rechtssatz her. Gewiss ist richtig, dass „die logische Ableitung von Völkerrechtssätzen *eine* Sache, die Anerkennung solcher Sätze in der Staatenpraxis eine andere ist"[30]; im Idealfall wird man den so gewonnenen Rechtssatz daher anhand von Staatenpraxis oder durch Gerichtsentscheidungen abzusichern versuchen, also eine **Kombination aus Deduktion** (= Argumentation vom Allgemeinen zum Besonderen) **und Induktion** (= Argumentation vom Besonderen zum Allgemeinen) anstreben.[31] Nicht immer wird dies gelingen. Letztlich geht es darum, Inhalt und Geltung eines Rechtssatzes jedenfalls plausibel und möglichst überzeugend darzulegen. Zudem geht es in Klausuren um den Nachweis, dass man den Lernstoff „drauf hat". 25

c) **Allgemeine Rechtsgrundsätze**

Allgemeine Rechtsgrundsätze werden in Klausuren bestenfalls in Form von Autoritätsargumenten auftauchen können – oft wird man sich sogar auf Behauptungen beschränken müssen. Der Nachweis, dass eine Regel „von den Kulturvölkern" (und das sind nach allgemeiner Ansicht zumindest alle Mitglieder der Vereinten Nationen) anerkannt ist, würde umfangreiche rechtsvergleichende Darlegungen verlangen, die in einer Klausur unmöglich sind. Selbst die für einen „Plausibilitätstest" immer noch notwendigen Kenntnisse verschiedener wichtiger nationaler Rechtsordnungen wird man nicht verlangen können. Allgemeine Rechtsgrundsätze wird man daher als solche benennen (damit der Leser weiß, mit welcher Art von Rechtsnorm er es zu tun hat), aber nicht begründen. 26

Gewisse Irritationen mag auch der Umstand auslösen, dass bei einigen Rechtsgrundsätzen die **tatbestandliche Abgrenzung** schwer fallen kann. Die Differenzierung zwischen Treu und Glauben, *venire contra factum proprium*, *estoppel* und Vertrauensschutz z. B. ist alles andere als leicht und wohl auch müßig (Fall 1): Es handelt sich um Grundsätze mit vielen Familienähnlichkeiten, die alle ihren eigenen Kontext im jeweiligen 27

---

30 *Gündling*, ZaöRV 45 (1985), 273.
31 Zum Verhältnis der deduktiven zur induktiven Methode im Völkerrecht *Menzel* (Fn. 23), 45 ff. Näher auch *v. Arnauld*, Rn. 297 ff.

nationalen Recht besitzen. Der gemeinsame Kerngedanke kennt viele Namen, feinere Unterschiede tun sich erst in Randbereichen auf.

d) Weitere Rechtsquellen

28 **Beschlüsse Internationaler Organisationen** (z. B. Resolutionen des UN-Sicherheitsrates) bringen keine besonderen klausurrelevanten Probleme mit sich. Geltungstechnisch hat man, da es sich um völkerrechtliches „**Sekundärrecht**" handelt (also um Recht, das vermöge einer völkerrechtlich eingeräumten Befugnis geschaffen wird), zu prüfen, ob der Adressat des fraglichen Beschlusses Mitglied der betreffenden Internationalen Organisation ist, ob das Organ befugt ist, rechtsverbindliche Beschlüsse zu fassen und ob es sich im Rahmen dieser Befugnis gehalten hat. Insbesondere bei Resolutionen des UN-Sicherheitsrates können auch **Auslegungsfragen** auftauchen, die im Wesentlichen unter entsprechender Anwendung der in der WVK niedergelegten Grundregeln (die WVK betrifft ja nur Verträge zwischen Staaten, nicht Resolutionen von Organen Internationaler Organisationen) beantwortet werden können (Fälle 14 und 15).

29 Auch **einseitige Rechtsakte** schließlich sind in gewissem Sinne „Sekundärrecht" (der Begriff ist hier aber ungebräuchlich), da bereits die Möglichkeit, sich mittels einseitiger Akte selbst zu binden, teils über Gewohnheitsrecht, teils über allgemeine Rechtsgrundsätze begründet wird. Inhaltlich wird man die Erklärung zu **interpretieren** haben. Was die Möglichkeit einer einseitigen Selbstverpflichtung und deren **Voraussetzungen** betrifft, ist vor allem auf den Ostgrönland-Fall des StIGH und die Nukleartest-Fälle des IGH aus dem Jahre 1974 als klassische Leitentscheidungen zu verweisen (zu einseitigen Akten Fall 1).[32]

---

[32] StIGH, Urteil v. 5.4.1933, Ostgrönland, PCIJ Ser. A/B, No. 53 (1933), 71; IGH, Urteile v. 20.12.1974, Nuclear Tests, ICJ Rep. 1974, 253 (Australia v. France), §§ 42 ff, und 457 (New Zealand v. France), §§ 45 ff. Siehe auch v. *Arnauld*, Rn. 268 ff.

Allgemeiner Teil

Fall 1
Immer wieder Heringe

Im Februar 2017 gibt es erneut Streit zwischen Aloa und Beloa. Schon wieder fangen beloische Fischer Heringe vor der Küste Aloas. Beloa erkennt zwar an, dass sich die Fanggründe in den Küstengewässern von Aloa befinden, beruft sich aber auf einen völkerrechtlichen Vertrag aus dem Jahre 1786, in dem den Fischern von Beloa Fischereirechte vor der Küste Aloas eingeräumt wurden. Aloa hält diesen Vertrag für „null und nichtig". Schließlich sei er seinerzeit unter militärischem Druck abgeschlossen worden. Außerdem hätten die beloischen Fischer im Jahre 1922 die Fischerei vor der aloischen Küste eingestellt und erst im Jahre 2012 wieder aufgenommen, nachdem die beloischen Gewässer nahezu überfischt gewesen seien, und damit den immer noch andauernden Streit ausgelöst. Im Übrigen habe sich Beloa auch nicht gerührt, als Aloa im Jahre 1990 eine Ausschließliche Wirtschaftszone erklärt habe. Damals hatte Aloa zugleich bekannt gegeben, dass es in seinen Küstengewässern „unbeschränkte souveräne Rechte" beanspruche. Auf Nachfrage der Regierung von Celoa, welche Rechte anderer Staaten damit ausgeschlossen sein sollten, hatte die Regierung Aloas seinerzeit in einem Notenwechsel erklärt, das Recht aller Staaten auf friedliche Durchfahrt durch das aloische Küstenmeer bleibe unbestritten. Die Erklärung beziehe sich in erster Linie auf ausländische Fischer, die allerdings ohnehin seit vielen Jahrzehnten nicht mehr vor der Küste von Aloa gefischt hätten. Beloa beruft sich nun hingegen auf den Vertrag und macht zudem Gewohnheitsrecht geltend: Immerhin würden beloische Fischer, wenn auch mit einer gewissen Unterbrechung, seit „hunderten von Jahren" in aloischen Gewässern Heringe fangen. Schließlich beruft sich Beloa auf eine Erklärung des Fischereiministers von Aloa. Am Rande einer internationalen Konferenz, die 2015 wegen des Fischereistreits zwischen beiden Staaten einberufen wurde, habe der Minister gegenüber Journalisten zugesagt, man werde gegen die Fischer aus Beloa nicht einschreiten. Unterstellt, dass der Tatsachenvortrag zutreffend ist:

Dürfen die Fischer aus Beloa in den aloischen Küstengewässern fischen?

Fall 1 *Immer wieder Heringe*

Lösungsskizze

A. Grundsatz: küstenstaatliche Souveränität
   → Rechtsgrundlage für Fischereirecht erforderlich
B. Ausnahme: Fischereirecht für Beloa
   I. Vertragliches Recht
      1. Wirksames Zustandekommen des Vertrags?
         → militärischer Druck (Art. 52 WVK)? (-), 1786 noch kein Gewaltverbot
      2. Erlöschen der vertraglichen Rechte?
         → Einordnung der fehlenden Vertragspraxis 1922–2007
         → Problem durchgängig: kein B zurechenbares Verhalten (private Fischer!)
         a) Verwirkung
         b) Derogierendes Gewohnheitsrecht
         c) Desuetudo
         d) Einvernehmliche Beendigung des Vertrages
            → ausdrücklich (-)
            → stillschweigend über *acquiescence*? (+): vgl. Erklärung von A 1990, Nachfrage von C
   II. Gewohnheitsrechtlich begründetes Recht
      → Fischer aus B fischen „seit hunderten von Jahren" vor der Küste von A
      → (-), fehlende Praxis nach 1922; Praxis ab 2012 umstritten
   III. Recht aus einseitiger Erklärung?
      → Möglichkeit der Rechtsbindung durch einseitige Erklärung
      → Zuständigkeit: Fischereiminister (+); Ernsthaftigkeit: öffentliche Erklärung (+); inhaltliche Bestimmtheit und Rechtsbindungswille: (-), Nichteinschreiten ist nicht Anerkennung

Lösung

A. Grundsatz: küstenstaatliche Souveränität

Gemäß Art. 2 SRÜ besitzt der Küstenstaat vorbehaltlich des Rechts der friedlichen Durchfahrt volle Souveränität über das Küstenmeer in einer Breite von maximal 12 Seemeilen. Insbesondere ist die Meeresnutzung in dieser Zone allein dem Küstenstaat zugewiesen. Ob das SRÜ Anwendung findet, lässt sich dem Sachverhalt nicht entnehmen. Der Grundsatz ist jedoch seit langem als eine fundamentale Regel des Seevölkerrechts anerkannt. Ein Fischereirecht müsste den beloischen Fischern daher von Aloa eingeräumt worden sein.

B. Ausnahme: Fischereirecht für Beloa

> **Hinweis:** Die Fallfrage lautet, ob die Fischer von Beloa vor der aloischen Küste fischen dürfen, ob also insoweit ein *Fischereirecht* besteht. Als Quelle eines solchen Rechts kommen im vorliegenden Fall ein *Vertrag* (der Fischereivertrag von 1786), *Gewohnheitsrecht* (von Beloa behauptet) und ein *einseitiger Rechtsakt* (Äußerung des Fischereiministers) in Betracht. Zwischen den verschiedenen Quellen des Völkerrechts gibt es keine Hierarchie im Sinne eines Rangunterschieds. Zumeist empfiehlt es sich aber, mit den vertraglichen Rechten zu beginnen, weil diese regelmäßig spezieller sind als das allgemeine Gewohnheitsrecht (und in Klausuren leichter „handhabbar"). Da im vorliegenden Fall das Schicksal des Vertrages eine Rolle spielt, empfiehlt sich eine chronologische Anordnung, wie sie sich im Sachverhalt bereits abzeichnet.

I. Vertragliches Recht

1. Wirksames Zustandekommen des Vertrags?

Ein Fischereirecht Beloas könnte sich aus dem Vertrag von 1786 ergeben. Dem Sachverhalt ist nicht zu entnehmen, dass dieser Vertrag seinerzeit unwirksam zustande gekommen wäre. Allerdings beruft sich Aloa darauf, der Vertrag sei „null und nichtig", weil er unter militärischem Druck abgeschlossen worden sei. Nach Art. 52 WVK sind Verträge nichtig, wenn ihr Abschluss durch Androhung oder Anwendung von Gewalt erzwungen wurde.[1] Ganz abgesehen davon aber, dass nicht bekannt ist, ob Aloa und Beloa Parteien der WVK sind, finden diese Bestimmungen nur auf Verträge Anwendung, die nach dem Inkrafttreten der WVK für die betreffenden Staaten abgeschlossen wurden (Art. 4 WVK). Zwar kodifiziert die WVK viele Regeln, die schon zuvor gewohnheitsrechtliche Geltung hatten,[2] das Gewaltverbot indes, das hinter der Regelung des Art. 52 WVK steht, ist eine Errungenschaft des 20. Jahrhunderts und kann in seinem heutigen Verständnis erst auf die Zeit nach dem Ende des Zweiten Weltkriegs

---

[1] Vertiefend *Schmalenbach*, Dörr/Schmalenbach, Art. 52.
[2] Eingehend zur WVK zwischen Kodifikation bestehenden Gewohnheitsrechts und Weiterentwicklung des seinerzeit geltenden Völkerrechts *Sinclair*, The Vienna Convention on the Law of Treaties, 2. Aufl. 1984, 10 ff.

datiert werden.³ Im Jahre 1786 war militärische Gewalt als Mittel der Politik noch nicht ausgeschlossen, so dass es unerheblich für die Wirksamkeit eines solchen historischen Vertrages ist, ob er unter militärischem Druck abgeschlossen wurde. Da allenfalls der Abschluss, nicht aber der Inhalt des Vertrages die Anwendung militärischer Gewalt involvierte, spielt es auch keine Rolle für die Fortgeltung des Vertrages (entsprechend Art. 64 WVK), dass inzwischen das völkerrechtliche Gewaltverbot als *ius cogens* gilt. Das Fischereirecht ist somit wirksam begründet worden.

35 **Hinweis:** Wie bei einer zivilrechtlichen Anspruchsprüfung, folgt auch die Prüfung vertraglicher Ansprüche im Völkerrecht dem Schema „Anspruch (wirksam) entstanden? Anspruch untergegangen? Anspruch durchsetzbar?" Nachdem das wirksame Zustandekommen geprüft wurde, wird gleich der Untergang des Anspruchs zu prüfen sein. Dass die WVK auf den vorliegenden Vertrag keine Anwendung findet, ist zwar offensichtlich; die Heranziehung dient hier indes dazu, einen „Aufhänger" für das Argument von Aloa zu finden. Die Erwähnung von Art. 64 WVK gehört zwar zur Frage, ob der Anspruch untergegangen ist, wurde hier aber aus „dramaturgischen" Gründen vorgezogen: zum einen, weil es gerade um einen möglichen Verstoß gegen das Gewaltverbot ging; zum anderen, um dem – im vorliegenden Fall offensichtlich irrelevanten – Argument keinen allzu prominenten Platz als eigenständigem Grund zur Beendigung des Fischereivertrags einzuräumen.

2. Erlöschen der vertraglichen Rechte?

36 Fraglich indes ist, ob dieses vertragliche Recht erloschen ist, nachdem es seit 1922 nicht mehr genutzt und der Fischfang erst im Jahre 2012 wieder aufgenommen wurde. Eine dauerhafte Übung ist Geltungsvoraussetzung nur beim Völkergewohnheitsrecht; ein Vertrag hingegen gilt kraft Zustimmung der Parteien, gebunden zu sein. Dennoch ist es möglich, dass auch ein Vertrag, der lange Zeit keine Anwendung gefunden hat, seine Rechtswirkungen verliert.⁴

37 **Hinweis:** Ein Erlöschen der Rechte kommt nach dem Sachverhalt durch zwei Umstände in Betracht – zum einen dadurch, dass jahrzehntelang kein beloischer Fischer vor der aloischen Küste gefischt hat; zum anderen dadurch, dass Aloa 1990 seine unbeschränkten Rechte proklamiert und Beloa hiergegen bis 2012 nichts unternommen hat. Zunächst ist – getreu dem hier gewählten chronologischen Ansatz – die zwischenzeitliche Aufgabe der Küstenfischerei zu betrachten. Unter d) wird dann das Stillhalten Beloas nach der Erklärung von 1990 untersucht. Bei a) bis c) geht es jedes Mal darum, völkerrechtlich anerkannte Konstruktionen zu finden, warum die Nichtübung zu einer Beendigung der vertraglichen Bindung geführt haben könnte. Dabei gibt es zum einen gewisse Überschneidungen, da die Figuren nicht so exklusiv sind, dass sie immer scharf voneinander zu trennen sind; zum anderen gibt es keine zwingende Reihenfolge. Da zwischen dem derogierenden Gewohnheitsrecht und der *desuetudo* gewisse Parallelen bestehen (positive Gewohnheit versus negative Gewohnheit) und die unter d) behandelte stillschweigende einvernehmliche Vertragsbeendigung z.T. ihrerseits als *desuetudo* bezeichnet wird (die Terminologie ist uneinheitlich), wurde die vorliegende Reihenfolge gewählt. Eine andere Abfolge wäre möglich.

---

3 *Schmalenbach*, Dörr/Schmalenbach, Art. 52 Rn. 54. Zur Entwicklung des völkerrechtlichen Gewaltverbots v. *Arnauld*, Rn. 1022 ff. Näher *Randelzhofer/Dörr*, Simma, Art. 2 (4), Rn. 4 ff.
4 Zum Ganzen v. *Arnauld*, Rn. 283 f. Siehe auch allgemein *Aust*, Treaties, Termination, MPEPIL (6/2006).

a) Verwirkung

Zum Teil wird angenommen, dass vertragliche Rechte als verwirkt anzusehen sind, wenn **38** eine Vertragspartei sie über einen längeren Zeitraum nicht in Anspruch genommen hat und bei der anderen Partei der Eindruck entstehen durfte, dass auch in Zukunft von einer Geltendmachung dieser Rechte abgesehen werden würde.[5] Eine solche Verwirkung aus Gründen des Vertrauensschutzes beruht letztlich auf den Gedanken des *estoppel* und des *venire contra factum proprium*.[6] Voraussetzung ist aber jedenfalls, dass das Vertrauen an ein Verhalten der Vertragspartei anknüpft. Im vorliegenden Fall waren es jedoch die beloischen Fischer, die davon absahen, in den Küstengewässern Aloas zu fischen. Auch wenn der Vertrag allein ihren Interessen diente, kann aus dem Verhalten der privaten Fischer nicht darauf geschlossen werden, dass Beloa als Vertragspartei auf die Geltendmachung der Fischereirechte verzichtet hat oder verzichten würde.

b) Derogierendes Gewohnheitsrecht

Vertragliche Rechte können auch durch entgegenstehendes Gewohnheitsrecht erlö- **39** schen.[7] Sollte der Vertrag von 1786 durch derogierendes Gewohnheitsrecht abgelöst worden sein, so müsste an seine Stelle eine abweichende Übung getreten sein, die von einer entsprechenden Rechtsüberzeugung getragen wird. Eine gewandelte Rechtsüberzeugung hat zumindest Aloa durch seine Erklärung von 1990 zum Ausdruck gebracht, wonach es sich als Inhaber „unbeschränkter" Rechte im Küstenmeer betrachtete. Unabhängig von der Position Beloas aber fehlt es an einer abweichenden Übung, welche diese Rechtsüberzeugung in völkerrechtliche Praxis übersetzt hätte. Nach den Umständen war es Aloa gar nicht möglich, eine neue Übung von sich aus ins Werk zu setzen, ohne dass ein beloischer Fischer begehrt hätte, in den aloischen Küstengewässern zu fischen. Die unbeschränkten Rechte konnten sich erst in der Praxis behaupten, als der erste beloische Fischer sich im Jahre 2012 auf die vertraglichen Beschränkungen dieser Rechte berief. Seitdem aber gibt es Streit zwischen beiden Staaten. Eine abweichende Übung, welche die Fischereirechte Beloas zu Gunsten der unbeschränkten küstenstaatlichen Souveränität Aloas abgelöst hätte, ist nicht ersichtlich.

c) Desuetudo

Es ist aber auch möglich, dass ein Vertrag mangels Praxis außer Kraft tritt, ohne dass **40** es der Herausbildung einer positiven Völkerrechtsnorm bedürfte. Ein Vertrag kann danach bereits durch dauerhafte Nichtübung (sog. *desuetudo*) erlöschen.[8] Ob die Nicht-

---

5 *Heintschel v. Heinegg*, Ipsen, § 16 Rn. 108; *Müller*, Vertrauensschutz im Völkerrecht, 1971, 67 ff, inbes. 73 ff.
6 Vgl. hierzu *Heintschel v. Heinegg*, Ipsen, § 19 Rn. 7. Zum Estoppel-Grundsatz näher *Bowett*, BYIL 33 (1957), 176, insbes. 188 ff; *Müller/Cottier*, Estoppel, MPEPIL (4/2007); *Kulick*, AVR 52 (2014), 522. Zu beiden Grundsätzen auch *Herdegen*, § 17 Rn. 3.
7 *Heintschel v. Heinegg*, Ipsen, § 16 Rn. 111.
8 *Aust*, Modern Treaty Law and Practice, 3. Aufl. 2013, 270; *Doehring*, Rn. 296; *Heintschel v. Heinegg*, Ipsen, § 6 Rn. 112; *Kolb*, RGDIP 111 (2007), 577; *Verdross/Simma*, § 823; *Wolfrum*, Dahm/Delbrück/ Wolfrum, I/3, 722 ff; *Wouters/Verhoeven*, Desuetudo, MPEPIL (11/2008). Z. B. österreichischer VerfGH am 13.3.1973 zum österreichisch-deutschen Handelsvertrag vom 12.4.1930. Kritisch zu dieser Figur *Kohen*, in: Cannizzaro (Hg.), The Law of Treaties Beyond the Vienna Convention, 2011, 350.

übung als solche ausreicht oder ob diese quasi das Spiegelbild des positiv derogierenden Gewohnheitsrechts darstellt und daher ebenfalls von einer *opino iuris* getragen sein muss,⁹ kann hier dahinstehen, denn jedenfalls muss die Nichtübung von den Vertragsparteien ausgehen.¹⁰ Wie dargelegt ist aber die fehlende Nutzung der Fischereirechte durch die beloischen Fischer Beloa nicht zuzurechnen. Der Vertrag ist nicht durch Nichtübung erloschen.

d) Einvernehmliche Beendigung des Vertrages

41 In Betracht könnte aber eine einvernehmliche Vertragsbeendigung kommen (vgl. den Grundsatz in Art. 54 lit. b WVK). Zwar liegt keine Erklärung Beloas vor, wonach es den Vertrag als beendet betrachte. Ein Vertrag kann jedoch auch stillschweigend beendet werden.¹¹ Bisweilen wird gerade dieser Fall als *desuetudo* bezeichnet bzw. die *desuetudo* als Fall der stillschweigenden einvernehmlichen Vertragsbeendigung verstanden.¹² Die Möglichkeit, dass auch ein qualifiziertes Schweigen Rechtswirkungen haben kann, bringt es mit sich, dass ein Staat unter Umständen verpflichtet sein kann, das Fortbestehen des Vertrags zu betonen, um dessen Rechtsgültigkeit zu bewahren. Hierin kommt der allgemeine Rechtsgrundsatz *qui tacet consentire videtur si loqui debuisset ac potuisset* („wer schweigt, scheint zuzustimmen, wenn er hätte reden müssen und können") zum Ausdruck. Der IGH hat diesen Grundsatz in seiner spezifischen völkerrechtlichen Ausprägung der *acquiescence* im britisch-norwegischen Fischerei-Fall dahingehend präzisiert, dass ein Protest zur Rechtswahrung nötig ist, wenn die Haltung des anderen Staates bekannt ist und wenn auf Grund der eigenen Interessen vom betroffenen Staat eine Reaktion erwartet werden durfte.¹³ Auch wenn es dort um die Behauptung gewohnheitsrechtlicher Rechte gegen einen Wandel des Gewohnheitsrechts ging, betreffen diese Voraussetzungen doch den allgemeinen Grundsatz des *qui tacet* und sind damit auch auf die stillschweigende Beendigung von Verträgen übertragbar. So ist z. B. anerkannt, dass durch stillschweigende Hinnahme der Erklärung von 1990, in der Österreich zum Ausdruck brachte, dass es die Rüstungsbeschränkungsklauseln des

---

9 *Kolb* (Fn. 8), 605; *Wouters/Verhoeven* (Fn. 8), Rn. 10, 14; wohl auch *Le Floch*, RGDIP 111 (2007), 609 (635 ff). Ähnlich *Heintschel v. Heinegg*, Ipsen, § 16 Rn. 112: Parteien müssen zu erkennen geben, dass die Bindungswirkung entfallen ist. Kritisch gegenüber einem solchen Erfordernis *Wolfrum*, Dahm/Delbrück/Wolfrum, I/3, 722 Fn. 45.
10 So der Schiedsspruch des Hamburger Senats von 1861 im Fall *Yuille, Shortridge & Co.* Hierzu *Kolb* (Fn. 8), 599 f, 603; *McNair*, The Law of Treaties, 1961, 517 f; *Verdross/Simma*, § 823; *Wolfrum*, Dahm/Delbrück/Wolfrum, I/3, 724. Der Fall gehört nicht zum völkerrechtlichen Standardwissen; auf das Problem, dass hier Private den Vertrag nicht nutzen (vgl. auch schon oben bei der Verwirkung), sollte man auch durch eigenes Nachdenken kommen.
11 *Degan*, Sources of International Law, 1997, 452 ff.
12 Vgl. *Berber*, I, 492; *Giegerich*, Dörr/Schmalenbach, Art. 54 Rn. 41; *Heintschel v. Heinegg*, Ipsen, § 16 Rn. 112 m. w. N. Wohl auch *Wolfrum*, Dahm/Delbrück/Wolfrum, I/3, 723.
13 IGH, Urteil v. 18.12.1951, Fisheries Jurisidiction (Great Britain v. Norway), ICJ Rep. 1951, 116 (139). Siehe auch noch IGH, Urteil v. 15.6.1962, ICJ Rep. 1962, Temple of Preah Vihear (Cambodia v. Thailand), 6, 23 (27 ff). Zur *acquiescence*: *Antunes*, MPEPIL (9/2006); *Degan* (Fn. 11), 348 ff (speziell zum stillschweigenden Rechtsverzicht: 322 ff); *MacGibbon*, BYIL 33 (1957), 115 ff; *Müller/Cottier*, EPIL I, 1992, 14 ff. Zum Verhältnis von *acquiescence* und *estoppel* (Überschneidungen, aber keine Identität) *Bowett* (Fn. 6), 197 ff.

österreichischen Staatsvertrags von 1955 als obsolet betrachte, die Klauseln auch mit Wirkung gegenüber den Vertragsparteien als erloschen anzusehen sind.[14]

Aloa beanspruchte in seiner Erklärung von 1990 „unbeschränkte souveräne Rechte" in seinen Küstengewässern. Dies konnte nur so verstanden werden, dass Aloa der Auffassung war, in der Ausübung seiner souveränen Rechte nicht, d. h. auch nicht durch völkerrechtliche Verträge beschränkt zu sein. Auch Celoa, von dem nicht mitgeteilt ist, ob es Beloa vergleichbare Fischereirechte einmal besessen hat, hat die Erklärung in diesem Sinne gedeutet und sich durch Nachfrage bei Aloa vergewissert, ob dies tatsächlich die Position sei. Zwar dürfte der Notenwechsel zwischen Aloa und Celoa Beloa nicht bekannt geworden sein; die Erklärung als solche aber ließ allenfalls eine Vergewisserung, nicht aber Zweifel darüber zu, dass Aloa sich in seinen Nutzungsrechten „unbeschränkt" sah. Hierdurch wurde ein deutliches Zeichen gesetzt, dass Aloa sich nicht länger an den Vertrag gebunden sah. Wie die Nachfrage von Celoa zeigt, ist die Erklärung auch öffentlich bekannt geworden. Angesichts der besonderen Interessen von Beloa ist zu unterstellen, dass es von der Proklamation Kenntnis erlangt hat. Es kommt nun darauf an, ob von Beloa unter den konkreten Umständen eine Reaktion erwartet werden durfte. Im vorliegenden Fall existieren „historische" Vertragsrechte, die 90 Jahre lang ungenutzt geblieben waren. Auch wenn diese fehlende Nutzung nicht als Verhalten Beloas angesehen werden kann (s. o.), so konnte doch von Beloa erwartet werden, dass es seinen Willen, an dem Vertrag festzuhalten, zum Ausdruck bringt, wenn Aloa diesen Vertrag durch öffentliche Erklärung als nicht mehr gültig behandelt. Die 22 Jahre später erfolgende Einforderung der historischen Rechte kam zu spät. Es ist davon auszugehen, dass der Vertrag erloschen ist (a. A. gut vertretbar). **42**

Hinweis: Die Schwierigkeit besteht hier darin, das Stillhalten Beloas einzuordnen. Für die rechtliche Deutung wurde hier ein deduktives Vorgehen gewählt: Zunächst einmal ist anerkannt, dass man auch stillschweigend einen Vertrag einvernehmlich beenden kann. Hieraus folgt, dass es qualifiziertes Schweigen gibt. Das qualifizierte Schweigen öffnet die Möglichkeit, auf den allgemeinen Rechtsgrundsatz des *qui tacet* und hierüber auf den Grundsatz der *acquiescence* zuzugreifen. Hier kann mit der IGH-Entscheidung im britisch-norwegischen Fischereistreit sichereres Terrain gewonnen werden. Der auf diese Weise herauspräparierte Rechtssatz muss dann nur noch auf den Fall angewendet werden. Der Verweis auf die Erklärung Österreichs von 1990 dient in der Argumentation dazu, das durch Deduktion erzielte Zwischenergebnis durch Bezugnahme auf entsprechende Staatenpraxis abzusichern. **43**

II. Gewohnheitsrechtlich begründetes Recht

Ein gewohnheitsrechtliches Fischereirecht, auf das sich Beloa ebenfalls beruft, bestünde nur, wenn sich eine dauerhafte Übung (sog. *consuetudo*) nachweisen ließe, die von einer entsprechenden Rechtsüberzeugung (sog. *opinio iuris*), vgl. Art. 38 Abs. 1 lit. b IGH-Statut, getragen ist.[15] Zwar ist denkbar, dass aus erloschenen Vertragsrechten **44**

---
14 Hierzu v. *Arnauld*, Rn. 272; *Aust* (Fn. 8), 270; *Wolfrum*, Dahm/Delbrück/Wolfrum, I/3, 723.
15 Näher zu den Elementen des Gewohnheitsrechts und zu dessen Feststellung v. *Arnauld*, Rn. 250 ff.

gewohnheitsrechtliche Rechte und Pflichten entstehen, etwa, wenn ein befristeter Vertrag erlischt, die bisherige vertragliche Praxis aber fortgesetzt wird, weil sich die Staaten insoweit einander verpflichtet sehen. Hier aber ist der Vertrag von 1786 gerade durch Nichtübung erloschen. Selbst wenn die Einlassung von Beloa, seine Fischer hätten seit „hunderten von Jahren" in aloischen Gewässern gefischt, so zu verstehen sein sollte, dass es schon vor 1786 traditionelle Fangrechte gegeben habe, wären diese erst recht durch die fehlende Übung und durch die anlässlich der Erklärung von 1990 zum Ausdruck gekommene Haltung der Parteien erloschen. Zwar liegt der Einwand nahe, dass es nicht Beloa, sondern die beloischen Fischer waren, die das Fischen in den aloischen Gewässern mehrere Jahrzehnte lang aufgegeben hatten; anders als oben jedoch geht es nicht um die Beendigung eines Vertrages, welcher den Fischern das Fischen ermöglicht, sondern um die Begründung eines gewohnheitsrechtlichen Fischereirechts als solchem. Diese Begründung aber ist auf eine Praxis angewiesen, die nur von den Fischern ausgehen kann; die staatliche Bindung folgt sodann aus der Duldung des Fischens auf Grundlage einer Rechtsüberzeugung. Während der Vertrag auf die Verschaffung einer Möglichkeit gerichtet sein kann, ist das Bestehen einer Möglichkeit für die Begründung von Gewohnheitsrecht nicht ausreichend. Beim Gewohnheitsrecht gehört die fortgesetzte Übung schließlich gerade zu den Geltungsvoraussetzungen der Norm. Eine Praxis gibt es zwar wieder seit 2012; da diese aber gerade zu dem Streit zwischen beiden Staaten geführt hat, handelt es sich um keine gemeinsame Übung; auch kann von einer gemeinsamen Rechtsüberzeugung nicht die Rede sein.

III. Recht aus einseitiger Erklärung?

45 Ein Fischereirecht für Beloa und seine Fischer könnte sich schließlich noch aus der Erklärung des aloischen Fischereiministers ableiten. Ob und unter welchen Voraussetzungen einseitige Akte völkerrechtlich verbindlich sein können, wird nach wie vor nicht einheitlich beantwortet. Die Aufzählung der Völkerrechtsquellen in Art. 38 Abs. 1 des IGH-Statuts enthält sie nicht. Der IGH hat in den Nukleartest-Fällen von 1974 die Möglichkeit einer Bindung an einseitige Erklärungen bejaht und mit dem Grundsatz von Treu und Glauben begründet.[16] Vielfach wird inzwischen angenommen, dass die Möglichkeit, durch einseitige Akte völkerrechtliche Verpflichtungen einzugehen, seitdem durch Staatenpraxis und verbreitete Rechtsüberzeugung ihrerseits gewohnheitsrechtliche Geltung erlangt habe.[17] Bei der Annahme einseitiger Verpflichtungen ist freilich Zurückhaltung geboten, um nicht vorschnell aus politischen Erklärungen Rechtsbindungen abzuleiten. Aus der Rechtsprechung des IGH lassen sich folgende Voraussetzungen für eine Bindung entnehmen: Zunächst muss die Äußerung von einer zuständigen Stelle in einem Rahmen erfolgen, der auf die Ernsthaftigkeit schließen lässt. Sie muss zudem hinreichend bestimmt sein und einen Rechtsbindungswillen erkennen lassen. Eine bestimmte Form indes ist nicht nötig. So hat der StIGH im Ost-

---

16 IGH, Urteile v. 20.12.1974, Nuclear Tests, ICJ Rep. 1974, 253 (Australia v. France), §§ 42 ff und 457 (New Zealand v. France), §§ 45 ff. Dazu *v. Arnauld*, Rn. 269 f; *Krajewski*, § 4 Rn. 155.
17 *Doehring*, Rn. 323 ff; *Heintschel v. Heinegg*, Ipsen, § 19 Rn. 6; *Herdegen*, § 18 Rn. 1 ff; *Hobe*, 231 ff; *Wolfrum*, Dahm/Delbrück/Wolfrum, I/3, 764 ff.

grönland-Fall[18] eine mündliche Äußerung des norwegischen Außenministers als bindendes Versprechen bewertet. Im vorliegenden Fall darf der Fischereiminister als für Fischereifragen zuständig angesehen werden. Man könnte anzweifeln, dass bindende Erklärungen vor Journalisten abgegeben werden können; doch hat sich der Minister mit seiner Äußerung gegenüber Medienvertretern gezielt an die Öffentlichkeit gewandt und damit eine öffentliche Stellungnahme abgegeben. Dass diese Stellungnahme am Rande einer Konferenz erfolgte, die sich ausgerechnet mit dem Fischereistreit befasste, verstärkt den Schluss, dass die Äußerung ernst gemeint war. Ob diese auch als rechtsverbindliche Zusage zu verstehen war, mag man ohne nähere Angaben bereits bezweifeln. Jedenfalls gab der Minister nur an, man werde nicht gegen die beloischen Fischer einschreiten. Selbst wenn dies als verbindliche Zusage zu verstehen sein sollte, ließe diese sich inhaltlich nur darauf beziehen, dass die aloische Regierung gegen die Fischer aus Beloa (zumindest bis auf weiteres) „nicht einschreiten", also keine Sanktionen ergreifen, würde. Über die Anerkennung eines Rechts zur Fischerei in den aloischen Küstengewässern hat er damit nichts gesagt.

Die Fischer aus Beloa haben kein Recht, in den aloischen Küstengewässern zu fischen.

Zur Vertiefung

Leitentscheidungen: StIGH, Urteil vom 5.4.1933, Legal Status of Eastern Greenland (Denmark v. Norway), PCIJ Ser. A/B, No. 53 (1933), 71 (*v. Arnauld*, Nr. 4; *Dörr*, Kompendium, Nr. 8); IGH, Urteile vom 20.12.1974, Nuclear Tests, ICJ Rep. 1974, 253 (Australia v. France), §§ 42–52, und 457 (New Zealand v. France), §§ 45–55 (*v. Arnauld*, Nr. 15; *Dörr*, Nr. 23)

Literatur zur Vertiefung: *N. Antunes*, Acquiescence, MPEPIL (9/2006); *D. Bowett*, Estoppel Before International Tribunals, and Its Relation to Acquiescence, BYIL 33 (1957), 176–202; *V. Degan*, Sources of International Law, 1997, 316–325, 348–354, 452–455 und 515–524; *W. Fiedler*, Unilateral Acts in International Law, EPIL IV, 2000, 1018–1023; *M. Kohen*, Desuetude and Obsolence of Treaties, in: Cannizzaro (Hg.), The Law of Treaties Beyond the Vienna Convention, 2011, 350–359; *R. Kolb*, La désuétude en droit international public, RGDIP 111 (2007), 577–608; *A. Kulick*, Estoppel im Völkerrecht, AVR 52 (2014), 522–544; *G. Le Floch*, La désuétude en droit international public, RGDIP 111 (2007), 609–642; *A. McNair*, The Law of the Treaties, 1961, 516–518; *J. P. Müller*, Vertrauensschutz im Völkerrecht, 1971, 67–76; *J. P. Müller/T. Cottier*, Acquiescence, EPIL I, 1992, 14–16; *dies.*, Estoppel, MPEPIL (4/2007); *J. Wouters/S. Verhoeven*, Desuetudo, MPEPIL (11/2008).

---

18 Urteil v. 5.4.1933, Legal Status of Eastern Greenland (Denmark v. Norway), PCIJ Ser. A/B, No. 53 (1933), 71.

Fall 2

Kaufrausch

46 König Fridolin von Araukarien liebt den Luxus. Bei einem Staatsbesuch in Baobab beeindruckt ihn die Königin des Landes mit den eleganten Limousinen des königlichen Fuhrparks. Als die Königin ihm eröffnet, dass zehn dieser Wagen zum Verkauf stünden, zögert Fridolin nicht. Noch am selben Tag unterzeichnen die Königin und er einen Vertrag über die Lieferung von fünf Limousinen für den königlich-araukarischen Fuhrpark zu einem Preis von umgerechnet 1,8 Millionen Araukarischen Pfund (APf). Beide einigen sich darauf, den Vertrag mit Unterzeichnung als verbindlich anzusehen. Vor der Lieferung soll allerdings in der Werkstatt statt des Wappens von Baobab dasjenige des Königreichs Araukarien auflackiert werden.

Wenig später kommt es in Araukarien zur Revolution, bei der Fridolin gestürzt wird. Der neuen araukarischen Regierung gegenüber beharrt die Regierung von Baobab auf der Einhaltung der Vereinbarung. Araukarien allerdings hält sich nicht für gebunden. Zum einen hätte König Fridolin eine solche Vereinbarung nach der seinerzeit geltenden Verfassung nicht treffen dürfen, so dass sie unwirksam sei. Danach habe der König für Transaktionen mit einem Volumen über 500.000 APf der Zustimmung des Schatzkanzlers und des Parlamentspräsidenten bedurft. Überdies könne das durch die Eskapaden des früheren Königs verarmte Araukarien sich eine derartige Ausgabe nicht leisten. Zur Erfüllung der Vereinbarung müsse sich das Land noch weiter verschulden, was es in die wirtschaftliche Abhängigkeit treibe und letztlich das Existenzrecht des Staates bedrohe. Des weiteren sei die Vereinbarung mit dem Königreich Araukarien, nicht mit der nun ausgerufenen Republik getroffen worden, die an Luxuslimousinen kein Interesse habe, schon gar nicht, wenn diese das verhasste Wappen des untergegangenen Königreichs trügen. Hinzu käme, dass dem Vertrag zufolge vor der Auflackierung noch die Größe des Wappenschildes hätte abgestimmt werden müssen. Dies habe Baobab unterlassen und dadurch seinerseits gegen die Vereinbarung verstoßen. Vorsorglich erklärt die Regierung von Araukarien den Rücktritt vom Vertrag.

Muss Araukarien die Limousinen abnehmen?

Bearbeitungshinweis: Beide Staaten sind Parteien der Wiener Vertragsrechtskonvention von 1969 (WVK).

Lösungsskizze

I. Anwendbarkeit der WVK   47
→ v.a. sachlich *(ratione materiae)*: Vereinbarung zwischen Monarchen als Privatpersonen? (-), königlicher Fuhrpark, Staatswappen (nicht Familienwappen), Haltung der Regierung von A; Anwendung nationalen oder UN-Kaufrechts nicht vereinbart

II. Wirksamer Vertragsschluss
1. Vertragsschluss
   → vgl. Art. 7 Abs. 2 lit. a, Art. 12 Abs. 1, Art. 24 Abs. 2 WVK
2. Wirksamkeit
   a) Verstoß gegen verfassungsrechtliche Beschränkungen der Vertragsschlusskompetenz
      → Verstoß offenkundig im Sinne von Art. 46 WVK? (-), eher ungewöhnliche Regelung
   b) Verstoß gegen zwingendes Völkerrecht
      → (-), wirtschaftliches Selbstbestimmungsrecht kein *ius cogens*

III. Beendigung des Vertrags?
1. Beendigung durch Untergang eines Vertragspartners
   → (-), Systemwechsel kein Fall der Staatennachfolge
2. Beendigung durch Rücktritt
   → einseitiges Rücktrittsrecht weder implizit vereinbart (Art. 56 Abs. 1 lit. a WVK) noch aus der Natur des Vertrages (Art. 56 Abs. 1 lit. b WVK)? (-), Kaufvertrag
3. Beendigung infolge Vertragsverletzung
   → (-), unterlassene Abstimmung beim Wappenschild keine „erhebliche" Verletzung im Sinne von Art. 60 Abs. 3 lit. b WVK
4. Beendigung infolge nachträglicher Unmöglichkeit
   → (-), Finanzknappheit keine Unmöglichkeit
5. Beendigung wegen grundlegender Änderung wesentlicher Umstände
   → grundlegende Änderung von Umständen: (+), Revolution, Systemwechsel; nicht vorhergesehen: (+); wesentlich für den Vertragsschluss: (-), Kaufvertrag (objektive Sicht!), Wagen auch anderweitig verwendbar

Lösung

48 Araukarien muss die Limousinen abnehmen, wenn der Kaufvertrag wirksam zwischen Araukarien und Baobab abgeschlossen und nicht zwischenzeitlich beendet oder suspendiert worden ist. Dies richtet sich nach den Vorschriften der WVK, soweit diese anwendbar ist.

I. Anwendbarkeit der WVK[1]

49 Araukarien und Baobab sind beide Parteien der WVK, so dass die Anwendbarkeit *ratione personae* gegeben ist. Gemäß Art. 1 findet die WVK Anwendung auf Verträge zwischen Staaten, wobei Verträge in diesem Sinne gemäß Art. 2 Abs. 1 lit. a WVK schriftliche und vom Völkerrecht bestimmte internationale Übereinkünfte sind. Auf den ersten Blick ist denkbar, dass die Vereinbarung zwischen den beiden Monarchen als Privatpersonen getroffen worden sein könnte und damit nicht in den Anwendungsbereich der WVK fällt. Fridolin ordert die Limousinen für den „königlich-araukarischen Fuhrpark". Dies legt nahe, dass es sich um Dienstwagen des Königs handeln soll. Hierfür spricht auch, dass nicht ein Familienwappen, sondern das Staatswappen aufflackert werden soll. Schließlich scheint auch die neue Regierung von Araukarien davon auszugehen, dass es sich um einen Vertrag zwischen beiden Staaten handelt, da sie u. a. auf die verfassungsrechtlich beschränkten Befugnisse des damaligen Königs beim Abschluss von Verträgen mit anderen Staaten verweist. Dass der Vertrag nach dem innerstaatlichen Recht eines der Staaten oder nach UN-Kaufrecht behandelt werden sollte,[2] ist nicht ersichtlich. Schließlich wurde der Vertrag auch schriftlich geschlossen. Die WVK findet somit auch der Sache nach *(ratione materiae)* Anwendung. Schließlich ist mangels abweichender Sachverhaltsangaben davon auszugehen, dass der Vertragsschluss zeitlich *(ratione temporis)* unter der Geltung der WVK für beide Staaten erfolgte. Damit ist die WVK auch nach Art. 4 WVK auf den Kaufvertrag anwendbar.

II. Wirksamer Vertragsschluss

1. Vertragsschluss[3]

50 Ein Vertrag im Sinne zweier übereinstimmender Willenserklärungen liegt fraglos vor. Den Vertrag müssten aber auf beiden Seiten Personen geschlossen haben, die als Vertreter ihrer Staaten gelten durften. Gemäß Art. 7 Abs. 2 lit. a WVK werden Staatsoberhäupter kraft ihres Amtes als Vertreter ihrer Staaten angesehen, ohne dass es der Vorlage einer Vollmacht bedürfte. Der König von Araukarien und die Königin von Baobab waren als Staatsoberhäupter somit als bevollmächtigt anzusehen.

---

[1] Siehe Art. 1 ff WVK.
[2] Zu dieser Option *Schmalenbach*, Dörr/Schmalenbach, Art. 2 Rn. 25. *Krajewski*, § 4 Rn. 24 sieht bei Kaufverträgen zwischen Staaten allgemein „keine Rechte und Pflichten auf dem Gebiet des Völkerrechts" involviert und nennt diese „privatrechtlich". Unklar bleibt dabei indes, nach welchem „Privatrecht" sich solche Verträge bemessen sollen, wenn (wie hier) eine Unterstellung unter eine nationale Rechtsordnung oder z. B. UN-Kaufrecht unterbleibt.
[3] Siehe Art. 6 ff WVK. Näher *Klabbers*, Treaties, Conclusion and Entry into Force, MPEPIL (9/2006).

> **Hinweis:** Es wäre vertretbar, bereits an dieser Stelle zu erörtern, ob die verfassungsrechtliche Beschränkung der Vertragsschlusskompetenz Fridolins völkerrechtlich relevant ist. Dies wird hier, der Systematik der WVK folgend, aber erst im Zusammenhang mit möglichen Ungültigkeitsgründen erörtert.

51

Beide waren sich einig, dass der Vertrag mit Unterzeichnung verbindlich sein solle. Damit ist die Bindungswirkung gemäß Art. 12 Abs. 1 WVK (der Sachverhalt lässt nicht genau erkennen, welche der drei dort genannten Möglichkeiten vorliegt) mit der Unterzeichnung eingetreten. Es ist nicht ersichtlich, dass die noch ausstehende Verzierung der Limousinen mit dem araukarischen Staatswappen Einfluss auf das Inkrafttreten des Vertrages haben sollte; gemäß Art. 24 Abs. 2 WVK ist der Vertrag mit Unterzeichnung daher auch in Kraft getreten.

52

2. Wirksamkeit[4]

Der Vertrag ist aber nur dann für beide Parteien verbindlich geworden, wenn er auch wirksam zustande gekommen ist. Dem könnte einer der in Art. 46 ff WVK geregelten Ungültigkeitsgründe entgegenstehen.[5]

53

a) Verstoß gegen verfassungsrechtliche Beschränkungen der Vertragsschlusskompetenz

Der Wirksamkeit des Vertrages könnte entgegenstehen, dass Fridolin einen Vertrag abgeschlossen hat, den er nach der damaligen araukarischen Verfassung nicht hätte abschließen dürfen. Gemäß Art. 46 Abs. 1 WVK ist ein Verstoß gegen innerstaatliche Rechtsvorschriften für die völkerrechtliche Wirksamkeit eines Vertrags unerheblich, sofern die Verletzung nicht offenkundig war und eine innerstaatliche Rechtsvorschrift von grundlegender Bedeutung betraf. Dass es sich bei der fraglichen Regelung um eine Rechtsvorschrift von grundlegender Bedeutung handelte, mag man bereits bezweifeln; schließlich ging es lediglich um eine finanzielle Beschränkung der Vertragsschlusskompetenzen des Königs, nicht um politische Restriktionen. Andererseits ist das Verhältnis zwischen Monarch und Regierung in einer konstitutionellen Monarchie durchaus systemrelevant.[6]

54

Die fehlende Kompetenz hätte aber darüber hinaus für Baobab auch offenkundig gewesen sein müssen. Offenkundig ist gemäß Art. 46 Abs. 2 WVK eine Verletzung, wenn sie nach Treu und Glauben für jeden Staat objektiv erkennbar ist. Maßgeblich ist, ob der andere Staat Kenntnis von der Vorschrift hatte oder ob er nach den Umständen des Falles hätte Kenntnis haben müssen.[7] Auch wenn es nicht ungewöhnlich ist, dass die Vertragsschlusskompetenz des Staatsoberhauptes begrenzt ist, kann doch die konkrete Ver-

55

---

4 Siehe Art. 46 ff WVK. Näher *Schroeder*, Treaties, Validity, MPEPIL (1/2015).
5 Vertiefend hierzu *Rozakis*, AVR 16 (1973/75), 150.
6 Näher zur „grundlegenden Bedeutung" im Sinne von Art. 46 WVK *Rensmann*, Dörr/Schmalenbach, Art. 46 Rn. 37 ff.
7 *Rensmann*, Dörr/Schmalenbach, Art. 46 Rn. 45 f.

teilung der innerstaatlichen Kompetenzen nicht als objektiv erkennbar eingestuft werden, schon gar nicht bei einer ungewöhnlichen Regelung wie derjenigen in der damaligen araukarischen Verfassung. Zudem betraf der Vertrag den königlichen Fuhrpark und damit die Haushaltung des Königs. Die Annahme, Fridolin sei zum Vertragsschluss befugt, war somit überdies naheliegend. Eine Verpflichtung, sich über das innerstaatliche Recht des Vertragspartners zu informieren, soll nach Art. 46 WVK gerade nicht bestehen. Dies würde nicht nur den zwischenstaatlichen Verkehr behindern, sondern könnte u. U. auch zu politischen Spannungen führen, wenn man die Befugnisse eines ausländischen Staatsoberhaupts bezweifelt.[8] Der Verstoß war somit jedenfalls nicht objektiv erkennbar und damit nicht offenkundig. Der Vertrag ist trotz des Verstoßes gegen die araukarische Verfassung wirksam zustande gekommen.[9]

56 **Hinweis:** Der klassische Streit über die Bedeutung von ultra-vires-Handeln beim Abschluss von Verträgen hat hier keinen Platz, da die WVK Anwendung findet. Wäre der Fall auf Basis des Gewohnheitsrechts zu lösen, so wäre der Streit kurz darzustellen (Relevanztheorie: Wenn das Völkerrecht dem nationalen Recht die Bestimmung der Vertragsschlusskompetenz überlässt, muss es diese auch völkerrechtlich zur Geltung bringen; Irrelevanztheorie: Das Völkerrecht ist blind gegenüber den innerstaatlichen Regelungen; ansonsten wären Rechtssicherheit und Völkerrechtsverkehr behindert). Herrschend ist seit einiger Zeit die „vermittelnde" Evidenztheorie, der Art. 46 WVK folgt.

b) Verstoß gegen zwingendes Völkerrecht

57 Araukarien macht weiter geltend, dass der Vertragsschluss wirtschaftlich ruinöse Folgen für das Land habe und dieses in „wirtschaftliche Abhängigkeit" treibe. Sofern der Hinweis auf das „Existenzrecht des Staates" so zu verstehen sein sollte, dass damit ein Verstoß gegen *ius cogens* behauptet wird, der einen Vertrag gemäß Art. 53 WVK (bzw. nach Art. 64 WVK, falls die Norm des zwingenden Völkerrechts erst nach Vertragsschluss entstanden ist) nichtig machen würde, so ist auf die erheblichen Zweifel hinzuweisen, die an der Geltung eines Rechts auf wirtschaftliche Selbstbestimmung als zwingendes Völkerrecht bestehen. Selbst wenn man nur den Schutz vor wirtschaftlicher Existenzvernichtung hierunter rechnen wollte, bliebe problematisch, dass damit ein Staat letztlich vor sich selbst geschützt werden würde. Auch die Staatenpraxis stützt ein solches Recht nicht. Der Entwicklungsländern gelegentlich gewährte Schuldenerlass wird von den Industrieländern nicht als Rechtspflicht aufgefasst und schon gar nicht als von zwingendem Recht geboten. Zudem bezieht sich der vorliegende Fall nicht auf einen Entwicklungskontext. Auf die Frage, wie schwer die 1,8 Millionen APf tatsächlich den araukarischen Haushalt belasten, kommt es daher nicht mehr an. Der Vertrag ist somit nicht wegen Verstoßes gegen völkerrechtliches *ius cogens* nichtig.

---

[8] *Rensmann*, Dörr/Schmalenbach, Art. 46 Rn. 47 ff.
[9] Zu Vertragsschlusskompetenzen im Völkerrecht *v. Arnauld*, Rn. 209, 238; *Berber*, I, 466 ff; *Doehring*, Rn. 339; *Krajewski*, § 4 Rn. 32 ff. Vertiefend *Geck*, ZaöRV 27 (1967), 429; *Meron*, BYIL 54 (1978), 175; *Zehetner*, ZaöRV 37 (1977), 244. Siehe auch *Aust*, Modern Treaty Law and Practice, 3. Aufl. 2013, 273 ff.

III. Beendigung des Vertrags?[10]

Der wirksam geschlossene Vertrag dürfte auch nicht nachträglich beendigt oder suspendiert worden sein. Da Araukarien sich überhaupt nicht mehr an den Vertrag gebunden sieht und „vorsorglich" den Rücktritt erklärt hat, kommt aus tatsächlichen Gründen nur eine Beendigung, nicht aber eine bloß vorübergehende Suspendierung in Betracht.[11]   58

Hinweis: Araukarien bemüht sich mit aller Macht, aus dem Vertrag herauszukommen und führt eine ganze Reihe von Argumenten auf, warum dieser, selbst wenn er wirksam geschlossen sein sollte, nicht länger verbindlich ist. Man kann diese Argumente in der Reihenfolge prüfen, in der sie vorgebracht werden, man kann aber auch der Systematik der WVK folgen und die Argumente den dort geregelten Fällen der Beendigung von Verträgen zuordnen. Dieser zweite Weg wird hier beschritten – ergänzt um den in der WVK nicht geregelten Fall des Untergangs eines Vertragspartners.   59

1. Beendigung durch Untergang eines Vertragspartners

Eine Beendigung könnte durch den Untergang eines der Vertragspartner eingetreten sein.[12] Hierauf zumindest deutet der Vortrag Araukariens hin, der Vertrag sei seinerzeit mit dem „untergegangenen" Königreich Araukarien, nicht mit der Republik geschlossen worden. Durch die Revolution in Araukarien und den damit verbundenen Übergang von der Monarchie zur Republik ist Araukarien aber nicht als Staat untergegangen, sondern besteht als Völkerrechtssubjekt fort.[13] Es stellen sich daher im vorliegenden Fall keine Probleme der Staatennachfolge.[14]   60

2. Beendigung durch Rücktritt

Eine Beendigung könnte aber durch den von der neuen Regierung „vorsorglich" ausgesprochenen Rücktritt vom Vertrag eingetreten sein. Mangels ausdrücklicher vertraglicher Regelung oder eines Einvernehmens zwischen den Parteien kommt eine Beendigung nach Art. 54 WVK nicht in Frage. Gemäß Art. 56 Abs. 1 WVK gibt es bei einem Vertrag, der wie im vorliegenden Fall eine Rücktritts- oder Kündigungsmöglichkeit nicht vorsieht, kein Recht zum Rücktritt, sofern nicht einer der beiden dort genannten Ausnahmefälle vorliegt. Dass die Vertragsparteien die Möglichkeit eines Rücktritts zuzulassen beabsichtigten (lit. a), ist nicht ersichtlich. Aus der Natur eines Kaufvertrages (lit. b) dürfte auch kaum ein Recht zu einem einseitigen Rücktritt zu folgern sein,   61

---

10 Siehe Art. 54 ff WVK. Näher *Aust*, Treaties, Termination, MPEPIL (6/2006).
11 Zur Beendigung völkerrechtlicher Verträge allgemein *Heintschel v. Heinegg*, Jura 1992, 289, sowie *v. Arnauld*, Rn. 241 ff; *Berber*, I, 483 ff; *Herdegen*, § 15 Rn. 36 ff; *Krajewski*, § 4 Rn. 99 ff; *Vitzthum*, Vitzthum, Völkerrecht, 1. Abschnitt, Rn. 127 ff; *Wolfrum*, Dahm/Delbrück/Wolfrum, I/3, 716 ff.
12 Zu dieser in der WVK nicht geregelten (vgl. Art. 73) Möglichkeit *v. Arnauld*, Rn. 247; *Aust* (Fn. 9), 270; *Heintschel v. Heinegg*, Ipsen, § 16 Rn. 110; *Verdross/Simma*, § 825.
13 Vgl. allgemein *Craven*, EJIL 9 (1998), 142 (159).
14 Zur Staatennachfolge in Verträge *v. Arnauld*, Rn. 107 ff; *Delbrück*, Dahm/Delbrück/Wolfrum, I/1, 157 ff; *Heintschel v. Heinegg*, Ipsen, § 13 Rn. 5 ff; *Krajewski*, § 7 Rn. 73 ff; *Krieger*, Dörr/Schmalenbach, Rn. 11 ff; *Stein/v. Buttlar/Kotzur*, Rn. 340 ff; *Verdross/Simma*, §§ 975 ff.

da dieser auf die einmalige gegenseitige Erbringung der vertraglich vereinbarten Leistungen gerichtet ist.[15]

3. Beendigung infolge Vertragsverletzung

62 Araukarien hält sich auch deswegen für berechtigt, den Vertrag für beendet zu erklären, weil Baobab sich seinerseits nicht an die Vereinbarung gehalten hat. In der Tat gestattet Art. 60 WVK die einseitige Lösung von einem bilateralen Vertrag, wenn die andere Partei eine erhebliche Vertragsverletzung zu verantworten hat. Eine solche „erhebliche" Verletzung liegt nach Art. 60 Abs. 3 lit. b WVK vor, wenn gegen eine nach Ziel und Zweck des Vertrages wesentliche Bestimmung verstoßen wird. Welche Bestimmung für die Erreichung von Ziel und Zweck des Vertrages wesentlich ist, muss durch Auslegung ermittelt werden.[16] Araukarien rügt die fehlende Abstimmung hinsichtlich der Größe des Wappenschildes als vertragswidriges Verhalten, was jedoch kaum als für den Kaufvertrag wesentlich betrachtet werden kann. Der Vertragszweck ist die Lieferung (und Bezahlung) der Limousinen. Der Verstoß gegen eine vertragliche Nebenpflicht hat zur Folge, dass Baobab nach den allgemeinen Regeln der Verantwortlichkeit Wiedergutmachung zu leisten hat (hier könnte zwischen den Parteien z. B. die gänzliche Entfernung des Wappenschildes vereinbart werden), berechtigt Araukarien aber nicht zum Rücktritt vom Vertrag.

4. Beendigung infolge nachträglicher Unmöglichkeit

63 Dass die Erfüllung Araukarien nachträglich unmöglich geworden wäre (vgl. Art. 61 WVK), ließe sich nur mit fehlenden Finanzmitteln begründen. Wirtschaftliche Probleme befreien indes nicht von der Verpflichtung zur Erfüllung einer vereinbarten Geldleistungspflicht.[17] Auch im zwischenstaatlichen Verkehr gilt, dass man „Geld zu haben hat".

5. Beendigung wegen grundlegender Änderung wesentlicher Umstände

64 **Hinweis:** Art. 62 WVK ist in seiner Regel-Ausnahme-Rückausnahme-Struktur etwas unübersichtlich gefasst. Voraussetzung für die Berufung auf die Klausel ist 1) eine grundlegende Änderung von Umständen, die bei Vertragsschluss vorlagen und die 2) von den Parteien nicht vorhergesehen wurden. Zudem müssen diese Umstände 3) wesentliche Grundlage für die Zustimmung aller (!) Parteien gewesen sein, und 4) die Änderung muss die noch ausstehenden Verpflichtungen in ihrem Ausmaß tiefgreifend umgestalten. Schließlich darf es sich 5) nicht um einen Grenzvertrag handeln, und 6) die Partei, die sich auf die Veränderung der Umstände beruft, darf diese Änderung nicht ihrerseits deliktisch herbeigeführt haben.

---

15 Diejenigen Delegierten, die die Einfügung dieser Klausel durchgesetzt haben, hatten v.a. Beistands- und Handelsverträge im Auge, siehe *Giegerich*, Dörr/Schmalenbach, Art. 56 Rn. 31 ff, und *Heintschel v. Heinegg*, Ipsen, § 16 Rn. 69, jeweils m. w. N. Ferner *Krajewski*, § 4 Rn. 107.
16 Zur Auslegung völkerrechtlicher Verträge siehe Art. 31 ff WVK. Näher *v. Arnauld*, Rn. 227 ff.
17 *Giegerich*, Dörr/Schmalenbach, Art. 61 Rn. 17.

Araukarien beruft sich schließlich noch auf eine grundlegende Änderung der Umstände **65** gegenüber dem Vertragsschluss (sog. *clausula rebus sic stantibus*, Art. 62 WVK).[18] Eine Änderung der bei Vertragsschluss vorliegenden Umstände kann gewiss in der araukarischen Revolution und dem Übergang zur Republik gesehen werden. Auch einen grundlegenden Charakter wird man diesem Ereignis nicht absprechen können; politische Gründe sind von der *clausula rebus sic stantibus* nicht *a priori* ausgenommen. Die Änderung der Umstände wurde von den Vertragsparteien bei Abschluss des Vertrags auch nicht vorausgesehen. Art. 62 WVK gestattet aber nur dann ausnahmsweise eine Lösung vom Vertrag, wenn der nun geänderte Umstand wesentliche Grundlage für die Zustimmung der Parteien war und eine tiefgreifende Umgestaltung der noch zu erfüllenden Vertragspflichten mit sich bringen würde. Zwar können politische Verhältnisse wesentliche Grundlage von Verträgen sein, etwa bei Verteidigungsbündnissen oder anderen „politischen" Verträgen;[19] bei einem Kaufvertrag indes ist die Verwendung der Kaufsache regelmäßig die Angelegenheit des Käufers und für den Verkäufer nicht von Interesse. Dass auf araukarischer Seite kein Interesse mehr an der Lieferung von Luxuslimousinen mit dem alten Staatswappen besteht, ist somit kein Grund, den Fortfall einer wesentlichen Grundlage für die Zustimmung der Parteien, beider Parteien, anzunehmen. Da insoweit eine objektive Sichtweise einzunehmen ist,[20] kann sogar nicht einmal für die araukarische Seite anerkannt werden, dass ein wesentlicher Grund für den Vertrag weggefallen ist, hatte der Vertrag doch keinen spezifischen Bezug zur Monarchie. Die Wagen können auch anderweitig als Dienstwagen eingesetzt werden; das Wappen ließe sich im Bedarfsfall wieder überlackieren. Schließlich ist bei einem Kaufvertrag nicht zu erkennen, worin die tiefgreifende Umgestaltung der Pflicht zur Lieferung der Kaufsache und zur Zahlung des Kaufpreises liegen soll, wenn es in einem der Vertragsstaaten zu einem Wandel der politischen Verhältnisse kommt. Auch aus Art. 62 WVK lässt sich kein Rücktrittsrecht Araukariens ableiten.

Weitere Gründe für eine mögliche Beendigung des Vertrages kommen nicht in **66** Betracht. Der Vertrag ist somit nach wie vor wirksam und Araukarien zur Abnahme der Limousinen und zur Zahlung des vereinbarten Kaufpreises verpflichtet.

---

18 Dazu näher *Berber*, I, 496 ff; *Giegerich*, Dörr/Schmalenbach, Art. 62; *Heintschel v. Heinegg*, Ipsen, § 16 Rn. 92 ff; *ders.*, Treaties, Fundamental Change of Circumstances, MPEPIL (8/2006); *Krajewski*, § 4 Rn. 117 ff; *Wolfrum*, Dahm/Delbrück/Wolfrum, I/3, 742 ff. Eingehend *Fitzmaurice/Elias*, in: dies. (Hg.), Contemporary Issues in the Law of Treaties, 2005, 173; *Haraszti*, RdC 146 (1975), 1.
19 Dazu *Giegerich*, Dörr/Schmalenbach, Art. 62 Rn. 40 f.
20 *v. Arnauld*, Rn. 246; *Heintschel v. Heinegg*, Ipsen, § 16 Rn. 93; *Verdross/Simma*, §§ 832 f.

Fall 2 *Kaufrausch*

Zur Vertiefung

Leitentscheidungen: IGH, Urteil v. 2.2.1973, Fisheries Jurisdiction (United Kingdom v. Iceland), ICJ Rep. 1973, 3, §§ 35–45; IGH, Urteil v. 25.9.1997, Gabčíkovo-Nagymaros Project (Hungary v. Slovakia), ICJ Rep. 1997, 7, §§ 92–115 (*v. Arnauld*, Nr. 22; *Dörr*, Nr. 33).

Literatur zur Vertiefung: *A. Aust*, Modern Treaty Law and Practice, 3. Aufl. 2013; *ders.*, Treaties, Termination, MPEPIL (6/2006); *Dörr/Schmalenbach* (Hg.), Vienna Convention on the Law of Treaties, 2012 (2. Aufl. 2017 i. V.); *W. Heintschel v. Heinegg*, Probleme der Vertragsbeendigung in der völkerrechtlichen Fallösung, Jura 1992, 289–297; *ders.*, Treaties, Fundamental Change of Circumstances, MPEPIL (8/2006); *C. L. Rozakis*, The Law on Invalidity of Treaties, AVR 16 (1973/75), 150–193; *M. Schroeder*, Treaties, Validity, MPEPIL (1/2015); *I. Sinclair*, The Vienna Convention on the Law of Treaties, 2. Aufl. 1984, 159–197; *F. Zehetner*, Staatliche Außenvertretungsbefugnis im Völkerrecht, ZaöRV 37 (1977), 244–275.

Fall 3
Erklärungswütig

Seit langem wird Sinistrien wegen seiner Menschenrechtspolitik international kritisiert. Als der Staat wegen einer Wirtschaftskrise auf finanzielle Hilfe anderer Staaten angewiesen ist, verlangen die Geldgeber im Gegenzug, einigen menschenrechtlichen Verträgen beizutreten. Sinistrien willigt ein. Seinen Beitrittsurkunden fügt es freilich diverse Erklärungen bei. So enthält die Beitrittserklärung zum Internationalen Pakt über bürgerliche und politische Rechte (IPBPR) eine „Stellungnahme", in der die Geltung von Art. 27 für Sinistrien ausgeschlossen wird, sowie folgende „Protokollerklärung": „Sinistrien versteht Art. 26 dieses Abkommens so, dass aus dieser Bestimmung keine Verpflichtung zu einer positiven Diskriminierung wegen eines der dort genannten Merkmale hergeleitet werden kann." Seiner Beitrittserklärung zur UN-Anti-Folter-Konvention gibt Sinistrien folgende „Interpretationserklärung" bei: „Sinistrien betrachtet nicht als Folter im Sinne des Übereinkommens Handlungen, die von Personen in amtlicher Eigenschaft vorgenommen werden, um Leben oder Gesundheit anderer oder sonstige wichtige Interessen des Staates zu schützen." Einem Abkommen mit seinem Nachbarstaat Tutelien, in dem sich Sinistrien verpflichtet hat, gegen sinistrische Staatsbürger, die aus Tutelien an ihre Heimat ausgeliefert werden, nicht die Todesstrafe zu verhängen, fügt Sinstrien bei Überreichung der Ratifikationsurkunde einen als „Vorbehalt" bezeichneten Zusatz bei, wonach sich Sinistrien in begründeten Ausnahmefällen vorbehält, die Todesstrafe zwar zu verhängen, aber einstweilen nicht zu vollstrecken. Jedenfalls zu der Erklärung zur Anti-Folter-Konvention liegt eine schriftliche Stellungnahme Kontrariens, einer anderen Vertragspartei, vor, wonach diese Erklärung unwirksam und Sinistrien einschränkungslos an den Vertrag gebunden sei.

Wie sind diese Erklärungen einzuordnen und welche Rechtsfolgen haben sie? Es ist davon auszugehen, dass die Vorschriften der WVK Anwendung finden.

Art. 26 IPBPR. Alle Menschen sind vor dem Gesetz gleich und haben ohne Diskriminierung Anspruch auf gleichen Schutz durch das Gesetz. In dieser Hinsicht hat das Gesetz jede Diskriminierung zu verbieten und allen Menschen gegen jede Diskriminierung, wie insbesondere wegen der Rasse, der Hautfarbe, des Geschlechts, der Sprache, der Religion, der politischen oder sonstigen Anschauung, der nationalen oder sozialen Herkunft, des Vermögens, der Geburt oder des sonstigen Status, gleichen und wirksamen Schutz zu gewährleisten.

Art. 27 IPBPR: In Staaten mit ethnischen, religiösen oder sprachlichen Minderheiten darf Angehörigen solcher Minderheiten nicht das Recht vorenthalten werden, gemeinsam mit anderen Angehörigen ihrer Gruppe ihr eigenes kulturelles Leben zu pflegen, ihre eigene Religion zu bekennen und auszuüben oder sich ihrer eigenen Sprache zu bedienen.

Fall 3 *Erklärungswütig*

Lösungsskizze

68 **A. Erklärung zu Art. 27 IPBPR**
   I. Rechtsnatur der Erklärung
      → Vorbehalt, da Ausschluss von Rechtswirkungen
   II. Wirksamkeitsvoraussetzungen
      1. Zulässigkeit des Vorbehalts
         → Vereinbarkeit mit Ziel und Zweck (Art. 19 lit. c WVK)?
         → Vorbehalte zu Menschenrechtsabkommen nicht generell unzulässig (str.)
         → kein Pauschalvorbehalt, kein nicht-derogierbares Recht, kein Verstoß gegen *ius cogens*; evtl. wegen engen Zusammenhangs mit Art. 26 IPBPR (Zentralnorm!) unzulässig? (-), Art. 27 von Art. 26 trennbar; i. E. zulässig
      2. Form und Verfahren
      3. Annahme
         → keine ausdrückliche Annahme erforderlich (auch nicht bei Menschenrechtsverträgen)
   III. Ergebnis zu A

B. Erklärung zu Art. 26 IPBPR
   I. Rechtsnatur
      → Interpretationserklärung! Keine ausdrückliche Garantie aus Art. 26 IPBPR; Ziel, Entwertung des Vorbehalts zu Art. 27 IPBPR durch Auslegung von Art. 26 IPBPR zu verhindern
   II. Ergebnis zu B

C. Erklärung zur Anti-Folter-Konvention
   I. Rechtsnatur
      → Abweichung von der Legaldefinition in Art. 1 Abs. 1 FolterÜbk: Vorbehalt
   II. Wirksamkeitsvoraussetzungen
      1. Zulässigkeit des Vorbehalts
         → kein Umkehrschluss aus Art. 28 Abs. 1, Art. 30 Abs. 1 FolterÜbk (nur prozedural)
         → Ziel und Zweck (Art. 19 lit. c WVK) verletzt: Umgehung des absoluten Verbots (vgl. Art. 2 Abs. 2 FolterÜbk)
      2. Wirksamkeit des unzulässigen Vorbehalts?
         → keine Annahme möglich, Wirksamkeit würde Art. 19 lit. c WVK entwerten (str.), kein Art. 19 WVK derogierendes Gewohnheitsrecht (Praxis uneinheitlich)
   III. Wirksamkeit des Beitritts?
         → (+), sofern nicht feststeht, dass Vorbehalt conditio *sine qua non* für Vertragsbindung war (vgl. ILC 2011; str.); Bestätigung durch Schweigen auf Stellungnahme von K *(acquiescence)*
   IV. Ergebnis zu C

D. Erklärung zum Abkommen mit Tutelien
   → „Vorbehalt" bei bilateralen Abkommen = Nichtratifikation + Angebot neuer Verhandlungen

Lösung

Bei den Erklärungen könnte es sich um Vorbehalte zu völkerrechtlichen Verträgen handeln, deren rechtliche Wirkungen sich nach den Art. 19 ff WVK bestimmen. Von den Vorbehalten abzugrenzen sind bloße Interpretationserklärungen. Dabei ist gemäß Art. 2 Abs. 1 lit. d WVK die Bezeichnung einer Erklärung unerheblich für die Einordnung als Vorbehalt, solange diese Erklärung von einem Staat einseitig bei der Unterzeichnung, Ratifikation etc.[1] eines Vertrags oder bei dem Beitritt zu einem Vertrag abgegeben wird und der Staat damit bezweckt, die Rechtswirkungen einzelner Bestimmungen für sich auszuschließen oder abzuändern. Es ist nun im Einzelnen zu untersuchen, welche der Erklärungen tatsächlich Vorbehalte im Sinne der WVK sind und ob diese rechtswirksam sind.

A. Erklärung zu Art. 27 IPBPR

I. Rechtsnatur der Erklärung

Mit der Ausnahme von Art. 27 IPBPR bezweckt Sinistrien, die Rechtswirkungen dieser Bestimmung für sich auszuschließen. Da die Bezeichnung insoweit irrelevant ist (Art. 2 Abs. 1 lit. d WVK), handelt es sich zweifelsfrei um einen Vorbehalt im Sinne der WVK.

II. Wirksamkeitsvoraussetzungen

Um wirksam zu sein, muss der Vorbehalt regelmäßig gemäß Art. 19 WVK zulässig sein, in Form und Verfahren Art. 23 WVK entsprechend angebracht werden und bedarf der Annahme nach Art. 20 WVK.

1. Zulässigkeit des Vorbehalts

Vorbehalte sind gemäß Art. 19 WVK grundsätzlich zulässig, sofern nicht der Vertrag den Vorbehalt verbietet oder nur bestimmte Vorbehalte zulässt oder der Vorbehalt mit Ziel und Zweck des Vertrags unvereinbar ist. Der IPBPR enthält keine Bestimmung, derzufolge das Anbringen von Vorbehalten unzulässig wäre. Auch existiert keine Vorschrift, die nur bestimmte Vorbehalte zuließe. Insofern kann es nur darauf ankommen, ob der Vorbehalt im Sinne von Art. 19 lit. c WVK mit Ziel und Zweck des IPBPR unvereinbar ist.

Teilweise wird angenommen, dass Vorbehalte zu menschenrechtlichen Verträgen generell unzulässig sind: Anders als sonstige völkerrechtliche Verträge würden menschenrechtliche Verträge nicht nur zwischenstaatliche Beziehungen betreffen, sondern normativ Schutz und Rechte für Individuen bestimmen. Hiermit seien die Regelungen der WVK, die auf Reziprozität der Bindungen zwischen Staaten ausgerichtet seien, nicht

---

1 Zu den verschiedenen Phasen des Vertragsschlusses v. *Arnauld*, Rn. 199 ff.

vereinbar.² In diesem Sinne hat Richter *Álvarez* in seinem abweichenden Votum zum IGH-Gutachten zur Völkermordkonvention ausgeführt, Menschenrechtsverträge seien als Teil der Verfassung der Internationalen Gemeinschaft von der Möglichkeit des – auch nur teilweisen – *opting-out* ausgenommen.³ Auch der UN-Menschenrechtsausschuss hat sich in seinen *General Comments* zum IPBPR dieser Sicht angeschlossen.⁴ Dem steht indes eine Vielzahl von Vorbehalten auch bei menschenrechtlichen Verträgen gegenüber.⁵ Diese deutliche Staatenpraxis lässt auf eine Rechtsüberzeugung schließen, dass es auch bei menschenrechtlichen Verträgen nicht *a priori* ausgeschlossen ist, Vorbehalte anzubringen. Wann Vorbehalte zu Menschenrechtsabkommen unzulässig sind, bedarf daher einer differenzierenden Antwort entlang der Linien, die die ILC 2011 in ihrem Praxisleitfaden gegeben hat.⁶ Danach sind solche Vorbehalte unvereinbar mit Sinn und Zweck menschenrechtlicher Abkommen, die vage oder allgemein gefasst sind (Pauschalvorbehalte) oder die eine Verpflichtung, die im Vertrag als unabdingbar ausgewiesen ist, oder eine Norm des zwingenden Völkerrechts *(ius cogens)* abbedingen sollen. Außerdem kann sich die Unzulässigkeit aus der untrennbaren Verbindung mit anderen Vertragsnormen ergeben, die ihrerseits von zentraler Bedeutung für das betreffende Abkommen sind.

74 Der Vorbehalt zu Art. 27 IPBPR schließt die Geltung einer konkret bezeichneten Paktpflicht für Sinistrien aus und stellt nicht die Paktpflichten insgesamt unter einen Pauschalvorbehalt. Art. 27 ist in Art. 4 Abs. 2 IPBPR auch nicht für unabdingbar im Notstandsfalle benannt (dort sind nur die Art. 6, 7, 8 Abs. 1 und 2, 11, 15, 16 und 18 angeführt); die dort genannte Pflicht, ethnischen, religiösen oder sprachlichen Minderheiten bestimmte Rechte einzuräumen, dürfte auch nicht zum Kanon des zwingenden Völkerrechts zu rechnen sein. Zwar können auch Gleichheitsrechte zu jenem Kanon gehören; dass z. B. Sklaverei und Apartheid gegen das völkerrechtliche *ius cogens* verstoßen, ist allgemein anerkannt. Zu jenen fundamentalen Garantien der Gleichheit aller Menschen weist Art. 27 IPBPR jedoch keinen so engen Bezug auf, dass aus der abgeleiteten Pflicht ihrerseits eine zwingende würde.

---

2 *Hilpold*, AVR 34 (1996), 376 (416 f, 417 ff). Kritisch auch *Krajewski*, § 4 Rn. 62, 70 („unangemessen" bei Verträgen zum Schutz öffentlicher Güter). Zu dieser Unterscheidung von *traités-lois* und *traités-contrats Simma/Hernández*, in: Cannizzaro (Hg.), The Law of Treaties Beyond the Vienna Convention, 2011, 60 (66 f), sowie allgemein *v. Arnauld*, Rn. 194.
3 *Álvarez*, in: ICJ Rep. 1951, 15 (50 ff); ihm folgend *Giegerich*, ZaöRV 55 (1995), 713 (718, 743 ff).
4 General Comment Nr. 24 vom 2.11.1994, CCPR/C/21/Rev.1/Add.6, http://www1.umn.edu/humanrts/gencomm/hrcom24.htm, insbes. § 17. Hierzu *Giegerich* (Fn. 3), 766 ff; *Hilpold* (Fn. 2), 418 ff; *Korkelia*, EJIL 13 (2002), 437 (449 ff); *Redgwell*, ICLQ 46 (1997), 390; *McCall-Smith*, GYIL 54 (2012), 521. Allgemein *v. Arnauld*, Rn. 222; *Delbrück*, Dahm/Delbrück/Wolfrum, I/3, 566 ff. Zum Thema vertiefend: *Ziemele* (Hg.), Reservations to Human Rights Treaties and the Vienna Convention Regime, 2004; *Fournier*, GoJIL 2 (2010), 437; *Ando*, in: FS E. Klein, 2013, 977; *Pellet*, in: Sheeran/Rodley (Hg.), Routledge Handbook of International Human Rights Law, 2013, 323; *Ziemele/Liede*, EJIL 24 (2013), 1135.
5 Im Falle des IPBPR waren dies nach Feststellung des Menschenrechtsausschusses am 1.11.1994 insgesamt 150 Vorbehalte von 46 der 127 Mitgliedstaaten. Von den derzeit 169 Vertragsstaaten haben 66 Vorbehalte eingelegt (Stand: August 2017).
6 ILC, Guide to Practice on Reservations to Treaties (2011), A/66/10/Add.1, § 75, 3.1.5. Dazu kommentierend und grundsätzlich zustimmend *Walter*, Dörr/Schmalenbach, Art. 19 Rn. 85 ff.

Am ehesten käme noch in Betracht, den Vorbehalt wegen einer untrennbaren Verbindung zu Art. 26 für unzulässig zu erklären. Art. 26 dürfte als Zentralnorm zur Gleichheit der Menschen im Rahmen des IPBPR durchaus besondere Bedeutung zugebilligt werden. Allerdings beschränkt sich Art. 26 darauf, Diskriminierungen wegen eines der dort genannten Merkmale zu verbieten. Art. 27 enthält im Gegensatz dazu eine ausdrückliche Verpflichtung zum „fördernden" Minderheitenschutz.[7] Auch wenn die Grenze zu einem Diskriminierungsverbot nicht immer ganz leicht zu ziehen ist, gehen die dort genannten Pflichten doch über das Verbot des Art. 26 erkennbar hinaus und unterscheiden sich von diesen. Art. 27 erscheint daher als eine abtrennbare Vorschrift. **75**

Sicherlich wird das Ziel des Vertrages, mit der menschlichen Würde den menschlichen Eigenwert zu schützen (vgl. Präambel), besser gefördert, wenn ein Staat ethnischen, religiösen und sprachlichen Minderheiten die öffentliche Pflege ihres gemeinsamen kulturellen Lebens, insbesondere die Nutzung der eigenen Sprache, ermöglicht; Art. 19 lit. c WVK verbietet einen Vorbehalt aber nicht bereits dann, wenn er zu einer weniger guten Förderung der Vertragsziele führt, sondern erst, wenn dieser mit den Vertragszielen unvereinbar ist. Ein Staat, der sich über Art. 26 IPBPR dazu verpflichtet hat, Minderheiten nicht zu diskriminieren, diesen aber keine Sonderrechte einräumen will, verletzt noch nicht gleich das Ziel, der menschlichen Würde zur Durchsetzung zu verhelfen. **76**

Der Vorbehalt ist daher als zulässig anzusehen (a. A. gut vertretbar).

2. Form und Verfahren

Gemäß Art. 23 Abs. 1 WVK bedarf der Vorbehalt der Schriftform und muss den Vertragsparteien und sonstigen Völkerrechtssubjekten, die berechtigt sind, Vertragsparteien zu werden, notifiziert werden. Hiervon ist mangels gegenteiliger Angaben im Sachverhalt auszugehen. Besondere Verfahrensvorschriften gelten für Vorbehalte bei einem Beitritt zu multilateralen Verträgen nicht. Zudem setzt Art. 2 Abs. 1 lit. d WVK für den Vorbehalt schon begrifflich voraus, dass dieser beim Beitritt zum Vertrag abgegeben wird. Dies ist hier der Fall. **77**

3. Annahme

Um rechtswirksam zu werden, bedarf der zulässige Vorbehalt regelmäßig der Annahme (Art. 20 WVK). Der IPBPR enthält insoweit keine abweichenden Regelungen (vgl. Art. 20 Abs. 1 bzw. Abs. 4 WVK). Man könnte erwägen, ob sich aus Ziel und Zweck des IPBPR als einem menschenrechtlichen Vertrag ergibt, dass gemäß Art. 20 Abs. 2 WVK zur Wirksamkeit des Vorbehalts die ausdrückliche oder stillschweigende Zustimmung aller Vertragsparteien erforderlich ist. Zwar wäre es wünschenswert, wenn alle Vertragsparteien eines menschenrechtlichen Vertrags gleichermaßen in vollem Umfang an den Vertrag gebunden wären; zwingend geboten ist dies jedoch nicht. Auf die Ausführungen zur Zulässigkeit des Vorbehalts zu Art. 27 IPBPR sei hier sinngemäß verwiesen. Das früher verbreitete Integritätsdogma, wonach nur bei Einstimmigkeit Vorbehalte **78**

---

7 Zu dieser Unterscheidung *v. Arnauld*, Rn. 777 ff.

angenommen werden konnten, ist nach 1945 im Zuge einer Ausweitung multilateraler Vertragssysteme aufgegeben worden.[8] Im Interesse größtmöglicher Durchsetzung multilateraler Verträge erscheint es besser, einen Staat zumindest in Teilen an einen Vertrag zu binden als überhaupt nicht.[9] Dies hat in seinem Gutachten zur Völkermord-Konvention der IGH auch für menschenrechtliche Verträge betont.[10] Auch die überwältigende Staatenpraxis führt vor Augen, dass Vorbehalte hier den allgemeinen Regeln der Art. 20 ff WVK folgen – mit der Konsequenz einer weitgehenden Bilateralisierung der Vertragsbeziehungen innerhalb multilateraler Vertragswerke.[11] Dem Sachverhalt sind keine Hinweise auf etwaige Annahmeerklärungen oder Einsprüche zu entnehmen. Allerdings gilt gemäß Art. 20 Abs. 5 WVK der Vorbehalt als angenommen, wenn bis zum Ablauf von zwölf Monaten ab Notifikation (oder bis zum Zeitpunkt der Zustimmung, selbst durch den Vertrag gebunden zu sein) von einem Staat kein Einspruch erhoben worden ist. Zu den Staaten, die Einspruch angemeldet haben sollten oder noch rechtzeitig anmelden sollten (der Sachverhalt trifft insoweit keine Aussagen), würde der Vertrag dann in dem durch Art. 21 Abs. 3 WVK bestimmten Umfang gelten.

III. Ergebnis zu A

79 Vorbehaltlich der Annahme nach Art. 20 WVK ist der Vorbehalt wirksam.

B. Erklärung zu Art. 26 IPBPR

I. Rechtsnatur

80 Die „Protokollerklärung" von Sinistrien bezieht sich auf die Auslegung von Art. 26 IPBPR. Es könnte sich daher um eine bloße Interpretationserklärung handeln, die zwar auslegungsleitenden, aber unverbindlichen Charakter besitzt und daher nicht den besonderen Rechtmäßigkeitsmaßstäben der WVK unterliegt.[12] Demgegenüber ist gemäß Art. 2 Abs. 1 lit. d WVK eine Erklärung unerheblich von ihrer Bezeichnung als Vorbehalt anzusehen, wenn der erklärende Staat damit bezweckt, die Rechtswirkungen einzelner Bestimmungen für sich auszuschließen oder abzuändern. Die Abgrenzung kann schwer fallen, weil auch Interpretationserklärungen rechtsbegrenzende Wirkungen intendieren, indem sie eine mögliche dynamische Fortbildung des Vertrages im Wege der Interpretation behindern sollen. Dies mag insbesondere dort problematisch erscheinen, wo die Vertragsparteien ein Gremium geschaffen haben, dem die Kompetenz zur

---

8 *Heintschel v. Heinegg*, Jura 1992, 457 (458); *Hilpold* (Fn. 2), 383 ff.
9 Zur Kollision von Universalitäts- und Integritätsinteresse *v. Arnauld*, Rn. 217; *Lorz*, Staat 41 (2002), 29 (32 ff); *Verdross/Simma*, § 732; *Walter*, Dörr/Schmalenbach, Art. 19 Rn. 2.
10 IGH, Gutachten v. 28.5.1951, Reservations to the Convention on the Prevention and Punishment of the Crime of Genocide, ICJ Rep. 1951, 15 (21 ff).
11 Deutlich *Martens*, in: FS Rauschning, 2001, 351 (353). Näher *v. Arnauld*, Rn. 215, 220; *Giegerich*, Treaties, Multilateral, Reservations to, MPEPIL (10/2010), Rn. 3. *Herdegen*, § 15 Rn. 23, spricht von einem „subtil gestuften Verhältnis von Rechtsbindungen".
12 *Doehring*, Rn. 353; *Heintschel v. Heinegg* (Fn. 8), 459 ff; *ders.*, Ipsen, § 15 Rn. 4; *Herdegen*, § 15 Rn. 21; *Tomuschat*, ZaöRV 27 (1967), 463 (464 f); *Verdross/Simma*, § 736.

Interpretation der Vertragsbestimmungen übertragen ist.[13] Wollte man jedoch den Staaten das Recht bestreiten, sich im Wege von Interpretationserklärungen gegen denkbare Auslegungen zu verwahren, so käme dies einer Stellung als alleiniger oder vorrangiger Interpret gleich, die dem UN-Menschenrechtsausschuss nicht eingeräumt wurde. Hinzu kommt, dass nach h. M. eine solche Erklärung für den Ausschuss zwar im Regelfall beachtlich, aber nicht bindend ist. Die von Sinistrien ausgeschlossene Interpretation ist kein notwendiger, sondern nur ein möglicher Inhalt von Art. 26 IPBPR. Sinistrien möchte nur ausschließen, dass sein (zulässiger, s. o.) Vorbehalt zu Art. 27 IPBPR leerläuft, weil die Aussage dieser Norm in Art. 26 IPBPR hineingelesen wird. Dieser systematische Zusammenhang zwischen den beiden Artikeln unterstreicht, dass es sich lediglich um eine Interpretationserklärung handelt, die ohne Weiteres zulässig ist (a. A. vertretbar).

Hinweis: Wer hier einen Vorbehalt annimmt, müsste als nächstes die Wirksamkeitsvoraussetzungen prüfen. Hinsichtlich der Zulässigkeit des Vorbehalts ist zu beachten, dass, wenn der Ausschluss einer Bindung an Art. 27 IPBPR zulässig ist (s. o. A.), konsequenterweise auch ein Vorbehalt zulässig sein muss, mit dem eine Interpretation von Art. 26 ausgeschlossen wird, die dieser Vorschrift einen Art. 27 gleichkommenden Inhalt beilegt.

II. Ergebnis zu B

Die „Protokollerklärung" ist kein Vorbehalt im Sinne der WVK und somit ohne Weiteres zulässig.

C. Erklärung zur Anti-Folter-Konvention

I. Rechtsnatur

Die Erklärung ist ausdrücklich als „Interpretationserklärung" abgefasst. Wie bereits gesagt, ist die Bezeichnung jedoch gemäß Art. 2 Abs. 1 lit. d WVK unbeachtlich für die Ermittlung der Rechtsnatur einer „vorbehaltsähnlichen" Erklärung. Angesichts der verbindlichen Definition von „Folter" in Art. 1 Abs. 1 der Anti-Folter-Konvention, die gerade auf amtliche Handlungen abzielt und keine Ausnahme der von Sinistrien angebrachten Art kennt, ist die Grenze zur bloßen Interpretation deutlich überschritten. Es handelt sich mithin um einen Vorbehalt.

---

13 Vgl. Human Rights Committee, a.a.O., § 19; *McCall-Smith* (Fn. 4). Hiervon ist die umstrittene Frage zu unterscheiden, ob ein solches Organ, sofern es wie der Menschenrechtsausschuss keine verbindlichen Beschlüsse fassen kann, über die Zulässigkeit (wird wegen der *implied powers* meist bejaht) und – insbesondere – die Rechtswirkungen bei Unzulässigkeit von Vorbehalten (wird überwiegend verneint) entscheiden darf. Da der Ausschuss im vorliegenden Fall nicht tätig geworden ist, kommt es auf diesen Streit nicht an. Zu diesem Streit *Baratta*, EJIL 11 (2000), 413 (415 f); *Giegerich* (Fn. 3), 758 ff; *Graefrath*, HuV-I 1996, 68; *Korkelia* (Fn. 4), 475 ff; *Stahn*, EuGRZ 2000, 607 (609 f).

II. Wirksamkeitsvoraussetzungen

1. Zulässigkeit des Vorbehalts

84 Auch diese Konvention enthält keinen Ausschluss von Vorbehalten. Allerdings enthält sie Regelungen zu bestimmten Vorbehalten in Art. 28 Abs. 1 und Art. 30 Abs. 2, die sich nur auf prozedurale, nicht auf sachliche Fragen beziehen. Dass diesen Bestimmungen *e contrario* entnommen werden kann, dass nur in diesen Fällen Vorbehalte zulässig sind, wie Art. 19 lit. b WVK dies vorsieht, kann nicht ohne Weiteres angenommen werden. Der Vorbehalt Sinistriens könnte jedoch mit Sinn und Zweck des Vertrags unvereinbar sein (Art. 19 lit. c WVK). Die zentralen sachlichen Gewährleistungen der Konvention finden sich in den Artikeln 1–3. Die Art. 4 ff dienen der effektiven Ahndung dieser so definierten Folterhandlungen in den Vertragsstaaten, die Art. 17 ff der Verifikation der Beachtung durch den UN-Ausschuss gegen Folter. In Art. 1 Abs. 1 werden alle amtlichen Folterhandlungen erfasst, unabhängig davon, welche Zwecke verfolgt werden; Art. 2 Abs. 2 stellt klar, dass „außergewöhnliche Umstände gleich welcher Art, sei es Krieg oder Kriegsgefahr, innenpolitische Instabilität oder ein sonstiger öffentlicher Notstand, [...] nicht als Rechtfertigung für Folter geltend gemacht werden" dürfen. In der Konvention geht es gerade darum, ein absolutes Folterverbot festzulegen. Die Rechtfertigungsklausel, die Sinistrien mit seinem Vorbehalt einzuführen versucht hat, ist unvereinbar mit Ziel und Zweck des Vertrages und mithin unzulässig.

2. Wirksamkeit des unzulässigen Vorbehalts?

85 **Hinweis:** Im Folgenden ist es erforderlich, die Vorschriften der WVK zu den Vorbehalten auszulegen. Dabei finden natürlich die Regeln der WVK auf die WVK selbst keine Anwendung. Es ist daher auf anerkannte Auslegungsregeln des Völkergewohnheitsrechts zurückzugreifen, die aber denen der Art. 31 ff WVK entsprechen.

86 Aus Art. 19 lit. c WVK ergibt sich allerdings lediglich, dass ein solcher Vorbehalt nicht angebracht werden darf, nicht ob dieser als unwirksam zu behandeln ist. Wie ein unzulässiger Vorbehalt rechtlich zu behandeln ist, ist umstritten.[14] Nach einer Ansicht sollen die Art. 20 ff WVK auch für unzulässige Vorbehalte gelten.[15] Diese Vorschriften differenzierten nicht zwischen unzulässigen und zulässigen Vorbehalten; auch entspreche allein diese Auslegung den Grundgedanken des Konsenses und der Souveränität, welche die Regelungen der WVK insgesamt durchzögen. Hiergegen spricht jedoch, dass bei einer solchen Interpretation Art. 19 WVK seinen Sinn verlöre. Unzulässige und zulässige Vorbehalte wären dann bereits nach der WVK exakt gleich zu behandeln. Eine solche *reductio ad absurdum* kann nicht überzeugen. Es ist vielmehr in den Regelungen der WVK zu Vorbehalten scharf zwischen Art. 19 und den Art. 20 ff zu trennen:

---

14 Hierzu *v. Arnauld*, Rn. 223 ff; *Baratta* (Fn. 13), 413 ff; *Giegerich* (Fn. 3), 771 ff; *Heintschel v. Heinegg* (Fn. 8), 461 ff; *ders.*, Ipsen, § 15 Rn. 14 ff; *Hilpold* (Fn. 2), 406 ff; *Krajewski*, § 4 Rn. 63 ff; *Simma*, in: FS Seidl-Hohenveldern, 1998, 659; *Stahn* (Fn. 13), 612 ff; *Walter*, Dörr/Schmalenbach, Art. 19 Rn. 104 ff.
15 *Graefrath* (Fn. 13), 69; *Heintschel v. Heinegg* (Fn. 8), 461 f.

Art. 19 betrifft die Frage der Zulässigkeit von Vorbehalten. Nur ein Vorbehalt, der diesen Test bestanden hat, kann nach Art. 20 WVK akzeptiert werden.[16]

Hinweis: Wer sich der Auffassung anschließt, dass unzulässige Vorbehalte Rechtswirkungen haben können, müsste noch auf Art. 20 und 21 WVK eingehen. Das Ob und Wie der Bindung zu den jeweiligen Vertragsparteien ergäbe sich dann aus deren Reaktion. Im Ergebnis allerdings ist die Bindung zwischen Parteien, die einen „an sich" unzulässigen Vorbehalt annehmen oder den Einspruch hiergegen unterlassen, und solchen, die Einspruch gegen den Vorbehalt erheben, aber nicht dem Inkrafttreten des Vertrags zwischen sich und dem den Vorbehalt anbringenden Staat widersprechen, dieselbe (vgl. Art. 21 Abs. 1 und 3 WVK): Der Vertrag findet im wechselseitigen Verhältnis der Parteien zueinander nur in dem nicht vom Vorbehalt erfassten Ausmaß Anwendung.

87

Damit ist freilich noch nicht gesagt, ob ein nach Art. 19 WVK unzulässiger Vorbehalt auch tatsächlich unwirksam ist. Es könnte insoweit eine Regelungslücke vorliegen, die unter Rückgriff auf das Völkergewohnheitsrecht zu schließen wäre.[17] Zwar enthält die WVK keine ausdrückliche Regelung über die Frage der Wirksamkeit unzulässiger Vorbehalte; zieht man indes den allgemeinen Auslegungsgrundsatz des *effet utile* heran (oder die gleichbedeutende Maxime *ut res magis valeat quam pereat*), wonach eine Norm so auszulegen ist, dass ihr Regelungszweck bestmöglich erreicht werden kann, so kann die Unzulässigkeit von Vorbehalten überhaupt nur dann rechtlichen Effekt haben, wenn sie auch die Unwirksamkeit solcher Vorbehalte zur Folge hat. Es ist daher der WVK im Wege der teleologischen Interpretation die Unwirksamkeit unzulässiger Vorbehalte zu entnehmen.[18]

88

Hiergegen könnte die Staatenpraxis stehen – wobei offen bleiben kann, ob als relevante Vertragspraxis entsprechend der in Art. 31 Abs. 3 lit. b WVK niedergelegten gewohnheitsrechtlichen Regel oder als Element derogierenden Gewohnheitsrechts.[19] Tatsächlich finden sich insgesamt nur relativ wenige Erklärungen zu fremden Vorbehalten in Menschenrechtsverträgen, was darauf hindeuten könnte, dass man auch an sich unzulässige Vorbehalte hinzunehmen bereit ist. Doch sind die Motive für dieses Unterlassen höchst unterschiedlich; zum Teil könnten sie sogar als Ausdruck dessen gedeutet werden, dass der unzulässige Vorbehalt ohnehin als unwirksam angesehen wird, so dass es einer Reaktion nicht bedarf. Zudem existieren eben doch eine Reihe von Erklärungen, in denen Vertragsstaaten fremde Vorbehalte als mit Ziel und Zweck des Vertrags unvereinbar und daher für unwirksam erklärt haben. Beispielhaft kann auf die Einsprüche verwiesen werden, die Schweden und Finnland gegen die Vorbehalte Qatars und der

89

---

16 Vgl. die Unterscheidung von „permissibility" und „opposability" bei *Bowett*, BYIL 48 (1976/77), 67 (77, 88). Siehe auch *Giegerich* (Fn. 3), 725 f; *Simma* (Fn. 14), 662 f; *Villiger*, Commentary on the 1969 Vienna Convention on the Law of Treaties, 2009, Art. 20 Rn. 10 ff; *Walter*, Dörr/Schmalenbach, Art. 19 Rn. 105 ff, 110 ff.
17 So wohl *Simma* (Fn. 14), 662 f.
18 *Giegerich* (Fn. 3), 725 f; ILC, Praxisleitfaden (Fn. 6), 4.5.3.
19 Ob es sich um „vertragsinterne" Gewohnheit oder um „vertragsexterne" Derogation qua Gewohnheitsrecht handelt, ist kaum befriedigend abgrenzbar.

Fall 3 *Erklärungswütig*

USA zum Anti-Folter-Übereinkommen erhoben haben. Insgesamt ist die Praxis zu uneinheitlich, um das Maß an Übereinstimmung zu zeigen, welches für die Annahme einer einheitlichen Vertragspraxis oder von derogierendem Gewohnheitsrecht erforderlich ist.[20] Der nach Art. 19 lit. c WVK unzulässige Vorbehalt Sinistriens ist demnach unwirksam.

90 **Hinweis zum Gang der Argumentation:** Im vorigen Abschnitt wurde untersucht, ob sich der WVK durch Auslegung eine Regelung über die Wirksamkeit unzulässiger Vorbehalte entnehmen lässt. Hierzu wurde zunächst geprüft, ob die Art. 20 ff unmittelbare Anwendung finden, was verneint wurde. Sodann wurde auch eine Vertragslücke verneint, vielmehr durch teleologische Interpretation des Art. 19 WVK die generelle Unwirksamkeit unzulässiger Vorbehalte begründet. Dieses so gefundene Ergebnis wurde abschließend an der Staatenpraxis überprüft, die mangels Eindeutigkeit kein Argument für oder gegen die Unwirksamkeitsthese brachte.

III. Wirksamkeit des Beitritts?

91 Es bleibt zu klären, welche Wirkungen die Unwirksamkeit des Vorbehalts auf den Beitritt Sinistriens zur Anti-Folter-Konvention hat. Auch hierzu enthält die WVK keine explizite Regelung. Da die Unzulässigkeit eines Vorbehaltes genauso gut zur Geltung kommt, wenn ein unzulässiger Vorbehalt zu Gunsten einer vollen Vertragsbindung entfällt, wie wenn der unzulässige Vorbehalt die Unwirksamkeit auch des Beitritts nach sich zieht, lässt sich Art. 19 WVK insoweit keine implizite Regelung entnehmen. Es liegt eine Lücke vor, die durch Rückgriff auf Völkergewohnheitsrecht zu schließen ist.[21]

92 Dass der Vorbehalt von der Beitrittserklärung (bzw. der Ratifikation o.Ä.) zu trennen ist und die Unwirksamkeit des Vorbehalts die insoweit uneingeschränkte Vertragsbindung zur Folge hat, ist eine Position, die v.a. vom EGMR seit der Rechtssache *Belilos* vertreten wird.[22] Dieser Auffassung hat sich auch der Menschenrechtsausschuss für den IPBPR angeschlossen.[23] Die Rechtsprechung des EGMR, der gemäß Art. 33 i. V. m. 46 Abs. 1 EMRK zur verbindlichen Interpretation der Konvention ermächtigt ist, lässt sich jedoch nicht im Hinblick auf andere Vertragssysteme verallgemeinern. Insbesondere dem UN-Menschenrechtsausschuss kommt eine vergleichbare Befugnis nicht zu, weswegen mehrere Staaten, darunter die USA, Großbritannien und Frankreich, gegen seine Auffassung, auch beim IPBPR ließen sich die Frage der Wirksamkeit von Vorbehalten und Beitritt bzw. Ratifikation trennen, scharf protestiert haben.[24] Zwar deuten in neuerer Zeit einige Einsprüche zu Vorbehalten – wie die bereits erwähnten schwedischen und finnischen Erklärungen – in eine andere Richtung, wonach der den unwirksamen Vorbehalt anmeldende Staat Vertragspartei bleibe, aber von der Unwirksamkeit

---

20 Vgl. ILC, Praxisleitfaden (Fn. 6), 3.3.2.; *Martens* (Fn. 11), 354 ff; *Simma* (Fn. 14), 664 ff; wohl auch *Lorz* (Fn. 9), 38 ff.
21 *Baratta* (Fn. 13), 413 ff; *Lorz* (Fn. 9), 36 ff; *Simma* (Fn. 14), 662 ff.
22 EGMR, Urteil v. 29.4.1988, Belilos/Schweiz, 10328/83, EGMR-E 4, 72, § 60. Hierzu *Hilpold* (Fn. 2), 421 ff; *Lorz* (Fn. 9), 40; *Richter*, Menzel/Pierlings/Hoffmann, Nr. 7.
23 CCPR/C/21/Rev.1/Add.6, General Comment No. 24 v. 4.11.1994, § 18. Hierzu *Hilpold* (Fn. 2), 418 ff; *Korkelia* (Fn. 4), 449 ff; *Lorz* (Fn. 9), 41.
24 *Delbrück* (Fn. 3), S. 572 ff; *Graefrath* (Fn. 13), 69 ff; *Martens* (Fn. 11), 357 ff; *Simma* (Fn. 14), 670 ff.

nicht profitieren könne; diese bleiben aber zu vereinzelt, um eine Änderung der Völkerrechtslage zu bewirken.

Ein allgemeines Trennungsprinzip stünde im Widerspruch zur Souveränität des den Vorbehalt anmeldenden Staates, der sich unter Umständen nur in dem durch den Vorbehalt abgesteckten Rahmen binden wollte. Das Trennungsmodell kann derzeit noch nicht als allgemeine Regel des Völkerrechts betrachtet werden.[25] Angesichts der uneinheitlichen Staatenpraxis kann aber auch nicht eindeutig festgestellt werden, dass – jenseits des Sonderfalls der EMRK – der Status als Vertragspartei stets automatisch das Schicksal des Vorbehalts teilt.[26] Es kann auch der Wille des Staates sein, sich ungeachtet der Unwirksamkeit des Vorbehalts am Vertrag festhalten zu lassen.[27] 93

In ihrem Praxisleitfaden von 2011 formuliert die ILC daher auch einen differenzierten Lösungsansatz: Danach ist von einer vorbehaltlosen Bindung des den unwirksamen Vorbehalt erklärenden Staates auszugehen, sofern nicht feststeht (ausdrücklich oder auf andere Weise), dass die Geltung des Vorbehalts *conditio sine qua non* seiner Ratifikation bzw. seines Beitritts war.[28] Eine ausdrückliche Erklärung in dieser Richtung hat Sinistrien nicht abgegeben. Zwar lassen die Umstände des Beitritts wie auch der schlechte Ruf des Landes vermuten, dass Sinistrien eine vorbehaltlose Bindung nicht wünschte; dies steht jedoch nicht mit an Sicherheit grenzender Wahrscheinlichkeit fest. Auch im Interesse der Rechtssicherheit im völkerrechtlichen Verkehr ist daher von einer vorbehaltlosen Bindung auszugehen. 94

Dieses (Zwischen-)Ergebnis wird gestützt durch das sinistrische Schweigen auf die Erklärung Kontrariens hin: Erklärt – wie hier Kontrarien – ein Staat einen mit Sinn und Zweck des Vertrages unvereinbaren Vorbehalt für unwirksam und betont, dass dieser die Vertragsbindung nicht beschränken könne, so ist es an dem Vorbehaltsstaat zu reagieren. Schließlich hat er den Widerspruch zwischen seiner Beitrittserklärung und dem mit Sinn und Zweck des Vertrags nicht vereinbaren Vorbehalt zu verantworten.[29] Er kann sich entscheiden, ob er den Vorbehalt zurückziehen oder modifizieren will (u. U. reicht auch eine Klarstellung) oder ob er von dem Vertrag insgesamt Abstand nehmen möchte.[30] Reagiert er nicht, so wird er nach den Grundsätzen der *acquiescence* so behandelt, als habe er stillschweigend in eine insoweit unbeschränkte Vertragsbindung eingewilligt.[31] Das Konsensprinzip ist insoweit gewahrt, da es Sinistrien überlassen bleibt, die seinen politischen Interessen entsprechende Reaktion zu wählen und sich somit zwischen vorbehaltloser Bindung oder aber der Nichtbindung zu entscheiden. 95

---

25 *Baratta* (Fn. 13), 416 ff; *Redgwell* (Fn. 4), 411 f; *Simma* (Fn. 14), 666 ff.
26 *Lorz* (Fn. 9), 38 ff; *Simma* (Fn. 14), 664 ff.
27 *Doehring* (Fn. 13), Rn. 351.
28 ILC, Praxisleitfaden (Fn. 5), 4.5.3. Zustimmend dazu bzw. zu dem zugrunde liegenden Entwurf *Simma/Hernández* (Fn. 2), 81 ff; *Walter*, Dörr/Schmalenbach, Art. 19 Rn. 120. Tendenziell weiter *Kunig/Uerpmann-Wittzack*, 241 f, die auf den objektivierten mutmaßlichen Willen des Staates abstellen.
29 Vgl. auch *Giegerich* (Fn. 3), 775 ff. *Stahn* (Fn. 13), 614, stellt auf eine „besondere Erklärungsverantwortung" des Vorbehaltsstaates ab.
30 *Baratta* (Fn. 13), 418 ff; *Korkelia* (Fn. 4), 475 ff; *Lorz* (Fn. 9), 43.
31 *Baratta* (Fn. 13), 421 ff; *Simma* (Fn. 14), 667 f.

Fall 3 *Erklärungswütig*

96 **Hinweis:** Der Grundsatz der *acquiescence* (Nämliches gilt für die *Effet-utile*-Regel) braucht hier nicht näher ausgeführt und hergeleitet zu werden. Es handelt sich um einen im Kern unbestrittenen völkerrechtlichen Grundsatz, der hier nicht einen Schwerpunkt des Falles darstellt, sondern nur ein Baustein im Lösungsmosaik ist.

97 Von einer Reaktion Sinistriens auf den Einspruch Kontrariens ist im Sachverhalt nichts mitgeteilt. Vorausgesetzt, dass eine angemessene Zeit seit diesem Einspruch verstrichen ist, innerhalb derer eine Reaktion von Sinistrien hätte erwartet werden können,[32] ist Sinistrien vorbehaltlos an die Bestimmungen der Anti-Folter-Konvention gebunden. Da Vorbehalte, die gegen Ziel und Zweck des Vertrages verstoßen, nicht einwilligungsfähig sind (Rn. 86), gilt diese insoweit vorbehaltlose Bindung nicht nur gegenüber Kontrarien, sondern gegenüber allen Vertragsstaaten. Ansonsten würde der unzulässige Vorbehalt auf dem Umweg über die bilaterale Annahme doch noch „gerettet" und Art. 19 WVK konterkariert.

98 **Hinweis:** Diese Lösung (die keineswegs zwingend ist: andere Ansichten sind hier besonders gut vertretbar!) „funktioniert" nur dort reibungslos, wo eine verbindliche Feststellung der Unzulässigkeit möglich ist (etwa durch ein Gericht oder – wie hier – in einem juristischen Gutachten). In der Praxis der Staaten untereinander ergibt sich das Problem, dass ein einzelner Staat nicht verbindlich für alle über die Unzulässigkeit befinden kann. Hier kommt man um eine Bilateralisierung kaum herum. Immerhin kann dort aber durch einen Einspruch und qualifiziertes Schweigen des „Vorbehaltsstaats" zumindest in diesem bilateralen Verhältnis eine vorbehaltlose Bindung entstehen, was bei zulässigen Vorbehalten nach Art. 21 Abs. 3 WVK gerade nicht möglich ist.

IV. Ergebnis zu C

99 Der Vorbehalt zur Anti-Folter-Konvention ist mit Ziel und Zweck des Vertrages unvereinbar und daher unwirksam. Sofern Sinistrien auf den Einspruch Kontrariens nicht durch eine Modifizierung seines Vorbehalts oder durch Abstandnehmen vom Vertrag reagieren sollte, ist es „vorbehaltlos" an die Konvention gebunden.

D. Erklärung zum Abkommen mit Tutelien

100 Auch bei der Erklärung zu dem Abkommen mit Tutelien geht es Sinistrien darum, die Rechtswirkungen des Abkommens, das bereits die Verhängung der Todesstrafe ausschließen soll, für Sinistrien zu begrenzen, indem es die Verhängung in besonderen Fällen gestattet und nur die Vollstreckung aussetzt. Während Vorbehalte in multilateralen Verträgen dazu dienen, durch differenzierte Gestaltung der Vertragsbindung in Randbereichen einen möglichst großen Kreis an Staaten zur Zeichnung und Ratifikation zu bewegen, geht es in bilateralen Verträgen um die Vereinbarung von Rechten und Pflich-

---

32 Die ILC schlägt – *de lege ferenda* – eine Frist von 12 Monaten vor, binnen derer ein Staat von einem Vertrag soll Abstand nehmen können, wenn sein Vorbehalt von einem Vertragsorgan als unzulässig zurückgewiesen wurde. Im vorliegenden Fall liegt allerdings nur der Einspruch eines anderen Vertragsstaates vor.

ten zwischen zwei Parteien. Hier verfehlen Vorbehalte ihren Sinn und machen nur deutlich, dass die den Vorbehalt anmeldende Partei sich an das Vereinbarte nicht halten will. Daher stellen vorbehaltsähnliche Erklärungen zu bilateralen Verträgen in aller Regel die Nichtratifikation, verbunden mit dem Angebot zur Eröffnung neuer Verhandlungen dar.[33] Das Abkommen mit Tutelien ist daher von Sinistrien nicht wirksam ratifiziert worden.

Zur Vertiefung

Leitentscheidungen: IGH, Gutachten v. 28.5.1951, Reservations to the Convention on the Prevention and Punishment of the Crime of Genocide, ICJ Rep. 1951, 15 (*v. Arnauld*, Nr. 8; *Dörr*, Nr. 13); EGMR, Urteil v. 29.4.1988, Belilos/Schweiz, 10328/83, EGMR-E 4, 72, §§ 40–60.

Literatur zur Vertiefung: *T. Giegerich*, Vorbehalte zu Menschenrechtsabkommen, ZaöRV 55 (1995), 713–782; *ders.*, Treaties, Multilateral, Reservations to, MPEPIL (10/2010); *W. Heintschel v. Heinegg*, Vorbehalte zu völkerrechtlichen Verträgen, Jura 1992, 457–463; *P. Hilpold*, Das Vorbehaltsregime der Wiener Vertragskonvention, AVR 34 (1996), 376–425; *E. Martens*, Unzulässige Vorbehalte zu Menschenrechtskonventionen, in: FS Rauschning 2001, 351–370; *M. Milanović/L.-A. Sicilianos*, Reservations to Treaties: An Introduction, EJIL 24 (2013), 1055–1059; *A. Pellet*, Reservations to Treaties and the Integrity of Human Rights, in: Sheeran/Rodley (Hg.), Routledge Handbook of International Human Rights Law, 2013, 323–338; *B. Simma/G. Hernández*, Legal Consequences of an Impermissible Reservation to a Human Rights Treaty: Where Do We Stand?, in: Cannizzaro (Hg.), The Law of Treaties Beyond the Vienna Convention, 2011, 60–85; *C. Stahn*, Vorbehalte zu Menschenrechtsverträgen, EuGRZ 2000, 607–614; *M. Villiger*, Commentary on the 1969 Vienna Convention on the Law of Treaties, 2009, Art. 19–23; *C. Walter*, in: Dörr/Schmalenbach (Hg.), Vienna Convention on the Law of Treaties, 2012, Art. 19–23.

---

33 *Heintschel v. Heinegg*, Ipsen, § 15 Rn. 7; *Hobe*, 200; *Krajewski*, § 4 Rn. 52; *Verdross/Simma*, § 732. A.A. *Degan*, Sources of International Law, 1997, 483 ff (der Art. 20 WVK für anwendbar hält, aber die hieraus erwachsenden Rechtsfolgen für nicht problemgerecht erachtet); *Walter*, Dörr/Schmalenbach, Art. 19 Rn. 6.

Fall 4

Chaotische Zustände

101 Eine Wirtschaftskrise dramatischen Ausmaßes stürzt Ampalien in Aufstände und Unruhen, denen gegenüber Polizei und Militär machtlos sind. Nach einem tödlichen Sprengstoffattentat auf den Staatspräsidenten und führende Mitglieder seines Kabinetts fliehen die übrigen Mitglieder der Regierung ins Ausland, mit Ausnahme der Innenministerin und des Sozialministers. Diese verkünden der Presse, sie würden nunmehr die Regierungsgeschäfte übernehmen und hätten die Lage im Lande unter Kontrolle. Auch wenn viele Staaten den Kontakt zur ampalischen Regierung halten, bezweifeln internationale Beobachter, dass diese tatsächlich das Land kontrolliert: Staatliche Einrichtungen und Gefängnisse im ganzen Land sind gestürmt und geplündert; die Kommandostrukturen von Polizei und Militär sind weitgehend zerfallen, Polizisten und Militärs haben sich verschiedenen marodierenden Banden angeschlossen, die durch die Gegend ziehen und sich gegenseitig in Bandenkriege verwickeln.

In der Hauptstadt Ampalia ist K untergetaucht. Er ist Staatsbürger von Beryllien und wird in seiner Heimat wegen Drogenhandels gesucht. Als die beryllische Regierung vom Aufenthalt des K erfährt, sendet sie vier Polizeibeamte als Touristen getarnt nach Ampalia, um K zu verhaften und nach Beryllien zu bringen. Vor der Ausreise der Beamten und des von ihnen in Gewahrsam genommenen K erfährt der ampalische Botschafter in Beryllien von dem Unternehmen. Er erhebt förmlichen Protest mit der Begründung, die Verhaftung sei völkerrechtswidrig. Beryllien müsse K freilassen. Die beryllische Regierung entgegnet, der Staat Ampalien existiere nicht mehr, so dass ein Völkerrechtsverstoß ihm gegenüber nicht möglich sei. Auch sei K beryllischer Staatsbürger, so dass es Beryllien zustehe, ihn zu verhaften. Auch müsse man sich fragen, für wen der Botschafter eigentlich noch spreche.

1. Verstößt die Verhaftung von K gegen Völkerrecht?

2. Wie wäre die Rechtslage, wenn K ein gesuchter Terrorist wäre? Es ist davon auszugehen, dass Ampalien und Beryllien Mitglieder der Vereinten Nationen sind.

3. Dürfte K nach erfolgreicher Entführung in Beryllien vor Gericht gestellt werden?

Lösungsskizze

Frage 1: Völkerrechtswidrigkeit der Verhaftung
  A. Verletzung von Rechten des K?
    → Verstoß gegen Menschenrechte? Frage der subjektiven Berechtigung des K kann offen bleiben; jedenfalls staatliche Verpflichtung, gewohnheitsrechtlich geltende Menschenrechte zu achten; hier: Schutz vor willkürlicher Verhaftung (-), keine Anzeichen von Willkür
  B. Völkerrechtsverletzung gegenüber Ampalien?
    I. Deliktsfähigkeit
      → *failed state* behält passive Deliktsfähigkeit
      → Anerkennung durch B irrelevant für Status als Völkerrechtssubjekt
    II. Zurechenbarer Normverstoß
      1. Zurechenbare Handlung
        → Organhandeln zurechenbar, vgl. Art. 4 ASR (zu Handeln *ultra vires* vgl. Art. 7 ASR)
      2. Verstoß gegen eine völkerrechtliche Pflicht
        → Interventionsverbot: Anmaßung von Hoheitsgewalt auf Territorium von A (vgl. Entführungsfälle *Eichmann, Argoud* u.a.)
        → kein Vorrang der Personalhoheit vor fremder Territorialhoheit
        → teleologische Reduktion bei *failed states* auf Verstöße gegen das Selbstbestimmungsrecht? (-), Frieden, Rechtssicherheit, fehlende Anerkennung in der Staatenpraxis
    III. Kein Ausschluss der Rechtswidrigkeit
      → Einwilligung (-); auch bei *failed state* nicht entbehrlich (str.; a.A. mutmaßliche Einwilligung)
      → Gegenmaßnahme (-): *failed state* nicht handlungs- und aktiv deliktsfähig
      → Notstand: (-), kein wesentliches Interesse von B („einfache" Kriminalität)

Frage 2: Rechtslage bei Verhaftung eines Terroristen
  → K als Völkerrechtssubjekt? Zweifelhaft, jedenfalls bleibt Gebietshoheit von A zu beachten
  → Gegenmaßnahme (-), s.o.
  → Selbstverteidigung (-), keine Unterstützung durch A, Harbouring-Doktrin nicht anerkannt, ebenso wenig die Doktrin des „unwilling or unable"
  → Notstand: wesentliches Interesse von B bei Terrorismus denkbar; schwere und unmittelbar drohende Gefahr? Kein Hinweis im Sachverhalt

Fall 4 *Chaotische Zustände*

Frage 3: Rechtmäßigkeit eines Gerichtsverfahrens gegen K
→ Verstoß gegen Pflicht zur Rücküberstellung? wohl (+), aber:
→ *male captus bene detentus*; *clean hands rule* allenfalls bei Verstößen gegen Auslieferungs- oder Menschenrechtsverträge; hier nicht mitgeteilt
→ Einschränkung bei Protest durch Territorialstaat und schwerer Menschenrechtsverletzung im Rahmen der Verhaftung/Entführung: jdf. Letzteres hier (-)

Lösung

Frage 1: Völkerrechtswidrigkeit der Verhaftung

A. Verletzung von Rechten des K?

Die Verhaftung des K könnte zunächst dessen Rechte verletzen. Das Völkerrecht ist traditionell von der Mediatisierung des Individuums geprägt, das nicht selbst Träger völkerrechtlicher Rechte und Pflichten ist. Dieser Grundsatz hat in den letzten Jahrzehnten im Rahmen des Menschenrechtsschutzes und des Völkerstrafrechts aber Durchbrechungen erfahren. Denkbar wäre es, dass die Verbringung gegen Menschenrechte des K verstößt. Ob diese als angeborene Rechte jeden Menschen unmittelbar kraft Völkerrechts berechtigen (und diesen somit zum Völkerrechtssubjekt machen) oder ob der Einzelne nur als Rechtsträger angesehen werden kann, wenn ein zwischenstaatliches Abkommen ihn mit eigenen Durchsetzungsrechten gegenüber staatlicher Hoheitsgewalt ausstattet (so die wohl noch h. M.),[1] kann hier offen bleiben. Zwar teilt der Sachverhalt nicht mit, dass Beryllien Vertragspartei eines Menschenrechtsabkommens ist, so dass allenfalls ein Verstoß gegen gewohnheitsrechtliche Menschenrechtsgarantien in Betracht kommt. Auch diese Garantien enthalten aber echte Verpflichtungen der Staaten – unabhängig von der Frage, ob diesen Pflichten ein subjektives Recht des Einzelnen entspricht. Im vorliegenden Fall könnte Beryllien gegen das Recht verstoßen haben, vor willkürlicher Verhaftung geschützt zu werden. Dieses in Art. 9 AEMR sowie Art. 9 IPBPR anerkannte Recht kann als gewohnheitsrechtlich etabliert betrachtet werden. Allerdings lässt der Sachverhalt nicht erkennen, dass das Verhalten der beryllischen Polizei willkürlich war. Ein Völkerrechtsverstoß durch die Verhaftung des K scheidet daher mit Blick auf menschenrechtliche Verpflichtungen Berylliens aus.

B. Völkerrechtsverletzung gegenüber Ampalien?

Die Verhaftung des K könnte aber Rechte von Ampalien verletzen.

I. Deliktsfähigkeit

Voraussetzung für ein völkerrechtliches Delikt[2] gegenüber Ampalien ist zunächst, dass sowohl Beryllien als auch Ampalien deliktsfähig sind. Dies setzt wiederum voraus, dass es sich bei beiden um Völkerrechtssubjekte, also um Träger völkerrechtlicher Rechte und Pflichten, handelt.[3] Während an der aktiven Deliktsfähigkeit von Beryllien als Staat keine Zweifel bestehen können, könnte die passive Deliktsfähigkeit von Ampalien fraglich sein, da der Staat weitgehend zerfallen scheint. Notwendig

---

1 v. Arnauld, Rn. 64 ff.
2 Für einen Überblick über die Prüfung siehe Anhang sowie näher v. Arnauld, Rn. 382 ff.
3 v. Arnauld, Rn. 383 ff.

für einen Staat sind nach der klassischen Drei-Elementen-Lehre das Vorhandensein eines Staatsgebiets, eines Staatsvolks sowie einer effektiven Staatsgewalt.[4] Staatsgebiet und Staatsvolk existieren nach wie vor; nur die Staatsgewalt ist durch die Unruhen erheblich beeinträchtigt. Zwar befinden sich noch zwei Regierungsmitglieder im Lande, die gewillt scheinen, den Betrieb aufrecht zu erhalten, doch die Regierung ist weitestgehend aufgelöst, die Lage nach Einschätzung internationaler Beobachter außer Kontrolle. Dass der Innenminister weder auf Polizei noch auf Militär zurückgreifen kann und staatliche Einrichtungen gestürmt und geplündert sind, bestätigt die Einschätzung, dass von einer Ausübung effektiver Staatsgewalt nicht mehr die Rede sein kann.

105 Im Interesse der Rechtssicherheit und der Kontinuität der Völkerrechtsbeziehungen geht das Völkerrecht jedoch bei Zerfall der Staatsgewalt nicht vom Untergang eines Staates aus. Ähnlich wie das Völkerrecht für die Entstehung eines Staates fordert, dass die vorhandene Staatsgewalt durch Festigung und Effektivität die Gewähr für eine Dauerhaftigkeit bietet, muss umgekehrt der Wegfall der Staatsgewalt dauerhaft sein, um vom Untergang eines Staates ausgehen zu können.[5] Dies lässt sich dem Sachverhalt für Ampalien nicht entnehmen. Auch der *failed state* bleibt Völkerrechtssubjekt. Allerdings fehlt seine Handlungsfähigkeit. Dies indes wirkt sich nur auf seine aktive Deliktsfähigkeit aus, nicht dagegen auf die passive Deliktsfähigkeit. Alles andere wäre eine Einladung zur Intervention und würde den *failed state* unter Umständen dem Zugriff mächtiger und gewaltbereiter Staaten preisgeben.[6]

106 Es bleibt zu prüfen, ob es hinsichtlich der Staatsqualität von Ampalien (und damit hinsichtlich seiner passiven Deliktsfähigkeit) von Bedeutung wäre, wenn Beryllien den Staat nicht mehr anerkennen würde. Hierauf zumindest könnte die an ampalischen Botschafter gerichtete Frage hindeuten, für wen er eigentlich noch spreche. Die Anerkennung eines Staates ist nach der überwiegenden Auffassung nicht konstitutive Voraussetzung für die Existenz eines Staates. Gegenteilige Stimmen in der Literatur haben sich in der Staatenpraxis nicht durchsetzen können. Die Anerkennung ist daher deklaratorischer Natur und ein politischer Akt. Aus dieser deklaratorischen Natur folgt, dass die Frage der Staatlichkeit unabhängig von der Anerkennung oder dem Widerruf der Anerkennung durch andere Staaten zu beantworten ist.[7] Hier ist bereits festgestellt worden, dass trotz des vorübergehenden Wegfalls effektiver Staatsgewalt Ampalien weiterhin als Staat zu betrachten ist. Auch Beryllien scheint hiervon eigentlich auszugehen, indem es nach wie vor diplomatische Beziehungen zu Ampalien unterhält. Zwar könnte Beryllien

---

4 *v. Arnauld*, Rn. 72.
5 *v. Arnauld*, Rn. 87; *Delbrück*, Dahm/Delbrück/Wolfrum, I/1, 143; *Kau*, Vitzthum, 3. Abschnitt, Rn. 85 f; *Herdegen*, BDGVR 34 (1996), 49 (50); *Hobe*, 105; *Krajewski*, § 7 Rn. 52 f; *Ziemele*, States, Extinction of, MPEPIL (5/2007). Kritisch zum Konzept insgesamt *v. Engelhardt*, VRÜ 45 (2012), 222.
6 Näher *Thürer*, BDGVR 34 (1996), 9 (13, 17, 31 ff). Siehe auch *Geiß*, „Failed States", 2005, 120 ff (zitiert: 2005a); *ders.*, GYIL 48 (2005), 457 (470 f) (zitiert: 2005b).
7 *v. Arnauld*, Rn. 96 ff; *Doehring*, Rn. 941 ff; *Krajewski*, § 7 Rn. 58. Wohl auch *Epping*, Ipsen, § 5 Rn. 164. Differenzierend *Wun*, HYIL 26 (2013), 316.

diese Beziehungen abbrechen;[8] auf die Staatsqualität von Ampalien hätte dies indes keinen Einfluss. Die passive Deliktsfähigkeit von Ampalien ist daher zu bejahen.

II. Zurechenbarer Normverstoß

Die Verhaftung und Verbringung von K nach Beryllien müsste die zurechenbare Verletzung einer völkerrechtlichen Verpflichtung darstellen, die Beryllien gegenüber Ampalien obliegt.

> **Hinweis:** Wenn hier die Zurechnung vor dem Rechtsverstoß geprüft wird, so folgt dieser Aufbau der Anordnung der ILC-Artikel zur Staatenverantwortlichkeit (ASR). Dies ist keineswegs zwingend, zumal die ASR als solche nicht rechtsverbindlich sind.

1. Zurechenbare Handlung

Gemäß Art. 4 ASR, der insoweit anerkanntes Gewohnheitsrecht wiedergibt, ist ein Staat vor allem für das Verhalten seiner Staatsorgane verantwortlich.[9] Dies gilt selbst dann, wenn das Staatsorgan seine Befugnisse überschreitet (*Ultra-vires*-Handeln, vgl. Art. 7 ASR), erst recht aber für weisungsgemäßes Handeln. Alles andere würde eine Staatenverantwortlichkeit von vornherein unmöglich machen, da ein Staat als juristische Person stets durch seine Organe handelt. Die Entsendung von vier Polizeibeamten als Staatsorgane mit dem gezielten Auftrag, K nach Beryllien zu bringen, stellt danach problemlos eine dem Staat Beryllien zurechenbare Handlung dar.

2. Verstoß gegen eine völkerrechtliche Pflicht

Der *failed state* ist insbesondere gegenüber Gewaltanwendungen anderer Staaten im Sinne von Art. 2 Nr. 4 UNCh geschützt.[10] Allerdings enthält der Sachverhalt keinen Hinweis auf eine Gewaltanwendung seitens der beryllischen Organe. In Betracht kommt daher nur ein Verstoß gegen den Anspruch Ampaliens auf Achtung seiner Gebietshoheit und, damit verbunden, gegen das Interventionsverbot.[11] Das Verbot der Einmischung in die inneren Angelegenheiten (den sog. *domaine réservé*) eines anderen Staates entspringt dem Grundsatz der souveränen Gleichheit der Staaten. Die Staaten haben gegenseitig ihr ausschließliches Recht zu achten, die eigenen Angelegenheiten im Vorbehaltsbereich zu regeln. Hierzu gehört auch das aus der territorialen Souveränität fließende exklusive Recht, auf dem eigenen Staatsgebiet Hoheitsakte *(acta iure*

---

8 *Herdegen* (Fn. 5), 57, will bei offenkundigem Wegfall der effektiven Staatsgewalt von einem Wegfall auch der Vertretungsbefugnisse des diplomatischen Personals ausgehen, aber die diplomatischen Privilegien hiervon unberührt lassen. Es erscheint demgegenüber aus Gründen der Rechtssicherheit vorzugswürdig die Entscheidung darüber, ob er einen Botschafter (noch) als legitimen Vertreter seines Entsendestaats ansieht, und damit die Entscheidung über die Fortsetzung der diplomatischen Beziehungen, dem Empfangsstaat zu überlassen.
9 Statt vieler *v. Arnauld*, Rn. 397 ff.
10 *Geiß* (Fn. 6: 2005a), 123 ff; *Herdegen* (Fn. 5), 88 ff; *Thürer* (Fn. 6), 17, 35 f.
11 Zum Interventionsverbot vertiefend *v. Arnauld*, Rn. 349 ff; *Heintschel v. Heinegg*, Ipsen, § 52 Rn. 41 ff; *Herdegen*, § 35 Rn. 1 ff; *Hobe*, 290 ff; *Krajewski*, § 8 Rn. 37 ff.

imperii) vorzunehmen (sog. Gebietsausschließlichkeit). Dieses Recht hat schon der StIGH im Lotus-Fall als einen der obersten Grundsätze im Völkerrecht bezeichnet.[12]

110 Die Verhaftung eines Menschen ist ein Akt der Polizeigewalt und als solcher nach dem Grundsatz der Gebietsausschließlichkeit dem Aufenthaltsstaat des zu Verhaftenden vorbehalten. Sofern Beryllien meint, seine Personalhoheit über den beryllischen Staatsbürger K habe Vorrang vor der Territorialhoheit von Ampalien, ist dies unrichtig. Regelmäßig geht die Gebietshoheit der Personalhoheit vor; den Interessen des Fremden und seines Heimatstaates wird durch das Fremdenrecht und die Möglichkeit diplomatischen Schutzes Rechnung getragen.[13] Möchte ein Staat einen Menschen verhaften, der sich auf dem Staatsgebiet eines anderen Staates befindet, so muss er sich der Mithilfe des Territorialstaates versichern, der den Betreffenden ausliefern oder dem ersuchenden Staat gestatten kann, die Verhaftung selbst vorzunehmen, was hier nicht geschehen ist. In dieser Missachtung des ausschließlichen Rechts zur Anwendung hoheitlichen Zwangs liegt zugleich eine zwangsweise Einmischung in die inneren Angelegenheiten des betroffenen Staates und somit ein Verstoß gegen das Interventionsverbot.[14] Insbesondere ist in der Staatenpraxis anerkannt, dass es gegen das Interventionsverbot verstößt, wenn ein anderer Staat eigenmächtig auf fremdem Staatsgebiet einen Menschen verhaftet und entführt.[15] So haben in den Fällen *Eichmann*, *Argoud* und *Alvarez-Machain* Argentinien, Deutschland bzw. Mexiko die Verhaftung und Entführung als schweren Rechtsbruch bezeichnet.[16]

111 Dass auch der *failed state* Inhaber der territorialen Souveränität ist und damit über das „einmischungsfeste" Recht verfügt, von Hoheitsakten fremder Staaten auf seinem Territorium verschont zu bleiben,[17] ergibt sich aus den bereits genannten Gründen. Nicht gefolgt werden kann dem Versuch, das Interventionsverbot bei *failed states* teleologisch zu reduzieren: Durch die Aufrechterhaltung der Staatlichkeit solle letztlich allein das Selbstbestimmungsrecht des Volkes geschützt werden, sich eine neue staatliche Ordnung zu geben; die Konservierung des *failed state* diene als „Platzhalter" für die Selbstbestimmungsentscheidung des Volkes. Damit seien nur solche Interventionsmaßnahmen verboten, welche gegen dieses Selbstbestimmungsrecht gerichtet seien.[18] Diese Auffassung übersieht, dass neben dem Selbstbestimmungsrecht auch die Rechtssicherheit im Völkerrecht ein maßgeblicher Grund für die Aufrechterhaltung der Staatlichkeit des *failed state* ist.[19] Diese wäre durch derartige Aufweichungen empfindlich beein-

---

12 StIGH, Urteil v. 7.9.1927, The Case of the S. S. "Lotus" (France v. Turkey), PCIJ Ser. A No. 10, 18.
13 *v. Arnauld*, Rn. 342 f.
14 Zum Zwang als normativem Begriff *v. Arnauld*, Rn. 359.
15 *v. Arnauld*, Rn. 366; *Baker/Röben*, ZaöRV 53 (1993), 657 (672 f); *Berber*, I, 309; *Epping*, Ipsen, § 5 Rn. 61; *Glennon*, AJIL 86 (1992), 746 (746 f); *Herdegen*, ZaöRV 47 (1987), 221 (238); *Krajewski*, § 7 Rn. 41; *Mann*, ZaöRV 47 (1987), 469 (470 ff zu Zurechnungsfragen sowie zum betrügerischen Aus-dem-Land-Locken); *Verdross/Simma*, § 456. Eingehend *Wilske*, Die völkerrechtswidrige Entführung und ihre Rechtsfolgen, 2000, 108 ff.
16 *Kuner*, EuGRZ 1993, 1 (2 f); *Mann*, NJW 1986, 2167; *Villalpando*, Eichmann Case, MPEPIL (2/2007).
17 So speziell zum Interventionsverbot auch *Isensee*, JZ 1995, 421 (424).
18 *Murswiek*, Staat 35 (1996), 31 ff, insbes. 36 ff.
19 Vgl. *Herdegen* (Fn. 5), 53 f; *Schiedermair*, JA 1984, 638 (640 f).

trächtigt. Hinzu kommt, dass sich eine entsprechende Regel gewohnheitsrechtlich nicht nachweisen lässt. Beryllien hat somit in das ausschließliche Recht Ampaliens, in Ampalien hoheitlich tätig werden zu dürfen, eingegriffen und damit das Interventionsverbot verletzt.

III. Kein Ausschluss der Rechtswidrigkeit

Hinweis: Im allgemeinen Völkerrecht (anders kann es im Vertragsrecht sein) findet die aus dem deutschen Recht bekannte Differenzierung zwischen tatbestandsausschließenden Umständen (Einwilligung) und „echten" Rechtfertigungsgründen keine Entsprechung. Die ASR behandeln vielmehr alle möglichen Gründe zusammengefasst als solche, die „die Rechtswidrigkeit ausschließen". Die in Art. 20–25 ASR niedergelegten „Rechtfertigungsgründe" umfassen: Einwilligung (Art. 20), Selbstverteidigung (Art. 21), Repressalie (Art. 22), Höhere Gewalt (Art. 23), (persönlicher) Notstand (*distress*, Art. 24), (Staats-)Notstand (*necessity*, Art. 25). Während Art. 20–22 unproblematisch als gewohnheitsrechtlich geltend angesehen werden können und Art. 23 zumindest als allgemeiner Rechtsgrundsatz aus dem nationalen Recht abgeleitet werden kann, ist die völkerrechtliche Basis für Art. 24 und 25 nicht gänzlich unproblematisch; allerdings hat der IGH im Gabčíkovo-Nagymaros-Fall der *necessity* grundsätzlich gewohnheitsrechtliche Geltung bescheinigt.[20]

112

Die Rechtswidrigkeit könnte ausgeschlossen sein. Von den Ausschließungsgründen, wie sie sich in Art. 20–25 ASR zusammengestellt finden, könnte zunächst über eine *Einwilligung* nachgedacht werden (vgl. Art. 20 ASR). Dass die Einwilligung die Rechtswidrigkeit von Interventionshandlungen ausschließt, ist gewohnheitsrechtlich anerkannt und folgt schon aus der Souveränität des Territorialstaates, die auch das Recht umfasst, anderen die Befugnis einzuräumen, auf dem eigenen Staatsgebiet hoheitlich tätig zu werden. Eine Einwilligung lag hier zwar nicht vor, allerdings ist in der Situation eines *failed state* auch keine Staatsgewalt vorhanden, die einwilligen oder die Einwilligung verweigern könnte. Im Zusammenhang mit humanitären Interventionen in *failed states* wird daher diskutiert, ob nicht im Sinne einer Art „völkerrechtlicher Geschäftsführung ohne Auftrag" bei fehlender Einwilligungsfähigkeit auf den mutmaßlichen Willen abgestellt werden könne.[21] Unabhängig davon, ob eine solche Regel völkerrechtliche Geltung beanspruchen kann, wird man nicht ohne Weiteres mutmaßen können, dass es dem Willen oder auch nur dem Interesse von Ampalien entspricht, den K zu verhaften, nur weil dieser in Beryllien gesucht wird.

113

Des Weiteren könnte eine *Gegenmaßnahme* (vgl. Art. 22 ASR) in Betracht kommen. An der gewohnheitsrechtlichen Geltung des Rechts, auf einen Völkerrechtsverstoß (unter Beachtung bestimmter Voraussetzungen) mit einem anderen Völkerrechtsverstoß antworten zu dürfen, besteht kein Zweifel.[22] Ob und unter welchen Umständen die Beherbergung von Personen ein völkerrechtswidriges Verhalten darstellen kann,

114

---

20 IGH, Urteil vom 25.9.1997, Gabčíkovo-Nagymaros Project (Hungary v. Slovakia), ICJ Rep. 1997, 7, § 51. Vgl. hierzu *v. Arnauld*, Rn. 416 ff; *Ipsen*, Ipsen, § 40 Rn. 53 ff.
21 *Herdegen* (Fn. 5), 61, 64 f.
22 Dazu *v. Arnauld*, Rn. 419.

braucht hier nicht erörtert zu werden: Zum einen ist Ampalien auf Grund entfallener völkerrechtlicher Handlungsfähigkeit nicht aktiv deliktsfähig (s. o.), zum anderen muss die Gegenmaßnahme darauf gerichtet sein, den anderen Staat zum Einlenken zu bringen (vgl. Art. 49 Abs. 1 ASR). Auch deswegen ist gegenüber einem *failed state* eine Repressalie nicht zulässig.[23] Wegen der Zielrichtung auf ein Einlenken des Gegenübers rechtfertigt sie auch tatbestandlich nicht, zur Selbsthilfe zu greifen.

115 Eine solche Selbsthilfe kann, wenn überhaupt, nur in den Grenzen anerkannt werden, die Art. 25 ASR – im Einklang mit dem Gewohnheitsrecht – für den Staatsnotstand umreißt.[24] Im vorliegenden Fall fehlt es bei der von einem „gewöhnlichen" Kriminellen ausgehenden Bedrohung aber schon von vornherein an der erforderlichen Schwere der Gefahr, die durch die an sich völkerrechtswidrige Maßnahme abgewendet werden soll.[25] Eine weiter gehende Berechtigung, seine Interessen auf eigene Faust und auf Kosten eines anderen Staates durchzusetzen, ist völkerrechtlich nicht anerkannt. Dies gilt auch für den Fall, dass der betroffene Staat mangels Handlungsfähigkeit nicht in der Lage ist, seinen völkerrechtlichen Verpflichtungen nachzukommen. Ganz abgesehen davon, dass sich dem Sachverhalt nicht entnehmen lässt, dass Ampalien auf Grund eines Auslieferungsabkommens oder eines Abkommens zur Bekämpfung des Drogenhandels verpflichtet wäre, K an Beryllien auszuliefern, würde selbst die Nichterfüllung dieser Verpflichtung nicht dazu ermächtigen, diese im Wege der Selbsthilfe durchzusetzen.[26]

116 Die Verhaftung des K stellt einen Eingriff in die Gebietshoheit von Ampalien dar, der völkerrechtlich nicht gerechtfertigt ist, und verstößt somit gegen das Interventionsverbot. Der Eintritt eines Schadens sowie ein Verschulden der handelnden Personen ist nicht notwendige Voraussetzung eines Völkerrechtsverstoßes.

Frage 2: Rechtslage bei Verhaftung eines Terroristen

117 Zunächst gilt hier dasselbe wie in der Ausgangskonstellation: Die Verhaftung des K würde eine Missachtung der Gebietshoheit von Ampalien und damit eine unzulässige Intervention darstellen. Die beschriebenen Versuche, das Interventionsverbot teleologisch zu reduzieren, überzeugen aus den o. g. Gründen nicht. Insoweit liegen keine Unterschiede zur Entführung eines „gewöhnlichen" Straftäters vor. Da von grenzüberschreitenden Terroraktivitäten eine besondere Gefahr für die nationale und internationale Sicherheit ausgeht, reklamieren Staaten im Rahmen der Terrorismusbekämpfung indes häufig weitergehende Interventionsbefugnisse. Die rechtliche Grundlage hierfür ist nicht selten unklar oder umstritten.[27] Vor allem für die militärische Bekämpfung von Terrorgruppen wird vertreten, dass das Recht jedes Staates zur Selbstverteidigung (vgl. Art. 51 UNCh, Art. 21 ASR) auch gegen private Gewaltakteure gerichtet werden kann;

---

23 *Herdegen* (Fn. 5), 63. Vgl. auch *Thürer*, FW 74 (1999), 275 (291). Zur Problematik unilateraler Rechtsdurchsetzung gegenüber *failed states* vertiefend *Geiß* (Fn. 6: 2005a), 286 ff.
24 Dazu *v. Arnauld*, Rn. 427.
25 So zutreffend zum Drogenhandel auch *Baker/Röben* (Fn. 15), 673.
26 So wohl auch *Isensee* (Fn. 17), 429 f (unklar 426 f).
27 Vertiefend zum Folgenden *v. Arnauld*, Rn. 1100 ff, insbes. 1109 ff.

teilweise wird Terroristen zu diesem Zweck ausdrücklich eine partielle Völkerrechtssubjektivität zugebilligt.[28] Es kann hier dahinstehen, ob ein solcher Ansatz zu überzeugen vermag. Selbst wenn sich Beryllien im Verhältnis zu K auf ein Selbstverteidigungsrecht berufen könnte (der Sachverhalt macht keine näheren Angaben über Art und Ausmaß der Anschläge, die ihm zur Last gelegt werden), wäre immer noch zu begründen, warum Ampalien die beryllische Polizeiaktion auf seinem Staatsgebiet zu dulden hat.[29] Auch ein sog. *failed state* hat aus den genannten Gründen Anspruch auf Achtung seiner Gebietshoheit.

Ein Recht zur Terrorbekämpfung auf fremdem Staatsgebiet ist anerkannt, wo ein Staat in Terroranschläge verwickelt ist. Im Nicaragua-Urteil (1986) hat der IGH hier eine regelrechte „Entsendung" privater Gewaltakteure durch den betreffenden Staat bzw. dessen „substanzielle Verwicklung" in Anschläge gefordert.[30] Ob diese Schwelle nach den Terroranschlägen in den USA vom 11. September 2001 abgesenkt wurde, wie vielfach behauptet, kann dahinstehen, weil Ampalien in keiner Weise in die Anschläge des K verwickelt ist. K nutzt lediglich ampalisches Staatsgebiet als Versteck. Die bloße Anwesenheit von Terroristen auf dem Territorium eines Staates gibt anderen Staaten dort nicht ohne Weiteres das Recht zu Anti-Terror-Einsätzen. Zwar hat der UN-Sicherheitsrat in der Resolution 1373 (2001) alle Mitglieder der Vereinten Nationen verbindlich (vgl. Art. 25 UNCh) verpflichtet, Terroristen keinen Unterschlupf zu gewähren; sie haben diese strafrechtlich zu verfolgen und einander „größtmögliche Hilfe" bei der Strafverfolgung zu leisten;[31] auch befand sich Ampalien mit dieser Pflicht nicht im Einklang. Ampalien kann aber völkerrechtlich nicht verantwortlich gemacht werden, da ihm die Handlungsfähigkeit und damit die aktive Deliktsfähigkeit fehlt. Daher scheidet eine Rechtfertigung des Einsatzes als Gegenmaßnahme aus (s. o.). **118**

Im Zuge des von US-Präsident Bush 2001 ausgerufenen „war on terror" brachten namentlich die USA die sog. Harbouring-Doktrin auf. Dieser zufolge soll die bloße Anwesenheit von Terroristen auf dem Gebiet eines Staates sogar gewaltsame Interventionen auf dessen Staatsgebiet rechtfertigen können. Diese Doktrin, die sich allzu unbekümmert über die Souveränität anderer Staaten hinwegsetzt, ist nicht Bestandteil des Völkerrechts. Seit einigen Jahren wird stattdessen eine neue Doktrin mit Nachdruck propagiert: Danach soll der Einsatz militärischer Gewalt (und erst recht eine Polizeiaktion wie im vorliegenden Fall) gegen Terroristen auf dem Gebiet eines anderen Staates zulässig sein, wenn dieser Staat unwillig oder unfähig („unwilling or unable") ist, gegen diese vorzugehen.[32] Ein solcher Ansatz vermengt auf höchst problematische Weise Tatbeteiligung (mit deutlichem Absenken der Schwelle gegenüber dem Nicaragua-Urteil) **119**

---

28 Siehe etwa *Bruha*, AVR 40 (2002), 383 (393 ff).
29 Vgl. allgemein *v. Arnauld*, Rn. 1117; *Tomuschat*, EuGRZ 2001, 535 (541).
30 IGH, Urteil v. 27.6.1986, Military and Paramilitary Activities in and against Nicaragua (Nicaragua v. USA), Merits, ICJ Rep. 1986, 14, § 195.
31 UN-Sicherheitsrat, Resolution 1373 v. 28.9.2001, § 2 lit. c und f. Nachdrücklich bekräftigt in Resolution 2178 v. 24.9.2014.
32 *Bethlehem*, AJIL 106 (2012), 769; *Deeks*, VirginiaJIL 52 (2012), 483. Vgl. auch Brief des Ständigen Vertreters der USA bei den Vereinten Nationen an die UNO v. 23.9.2014, UN-Dok. S/2014/695.

und fehlende Mittel zur effektiven Terrorismusbekämpfung.[33] Hier besteht dieselbe Gefahr wie bei der Harbouring-Doktrin: dass letztlich die bloße Anwesenheit von Terroristen auf dem Territorium eines anderen Staates den Anlass zu unilateralen Maßnahmen gibt. Ist ein Staat willig, fehlen ihm aber die Mittel für ein effektives Einschreiten, gibt dies anderen Staaten kein Recht zu einer Art „Selbstvornahme"; Beryllien hätte sich vorab um die Einwilligung der zwar selbst nur beschränkt handlungsfähigen, aber international anerkannten Regierung Ampaliens bemühen müssen. Dies ist nicht erfolgt. Eine solche Einwilligung erübrigt sich zwar, wenn ein Mandat des UN-Sicherheitsrates vorliegt; denn dessen Recht, Maßnahmen zu ergreifen, um gegen Terroristen vorzugehen, die sich in *failed states* aufhalten, bleibt unbenommen.[34] Eine Sicherheitsrats-Resolution, die Beryllien zur Durchführung einer Anti-Terror-Operation auf ampalischem Staatsgebiet ermächtigte, liegt aber ebenfalls nicht vor.

120 Allenfalls unter den engen Voraussetzungen, die in Art. 25 ASR niedergelegt sind, ließe sich eine – wie im vorliegenden Fall – gewaltfreie Operation noch als Notstand rechtfertigen: Im Unterschied zu „gewöhnlichen" Straftätern ist bei Terroristen nicht von vornherein ausgeschlossen, dass ihre Bekämpfung aus Gründen des Staatsnotstands gerechtfertigt sein kann. Die gewohnheitsrechtliche Geltung der Regel in Art. 25 ASR ist zwar nicht völlig unumstritten; allerdings hat der IGH diese in seinem *Gabčíkovo-Nagymaros*-Urteil grundsätzlich anerkannt. Dann müsste die Ergreifung des K die einzige Möglichkeit für Beryllien sein, ein wesentliches Interesse vor einer schweren und unmittelbar drohenden Gefahr zu schützen. Dies lässt sich dem Sachverhalt nicht entnehmen. Insbesondere fehlt es an einem Ersuchen an die ampalische Regierung, eine solche Aktion zu gestatten, so dass das eigenmächtige Vorgehen nicht als *ultima ratio* angesehen werden kann.

121 **Hinweis:** Das unabweisbare Bedürfnis, den grenzüberschreitenden Gefahren, die von *failed states* (oder auch von *failing states*) ausgehen können, zu begegnen, hat zu verschiedenen Versuchen geführt, einzelstaatliche Maßnahmen bis hin zur Gewaltanwendung zu rechtfertigen. Die hier vertretene Position ist gewiss nicht die einzig mögliche. Sie baut darauf, dass selbst bei einem weitgehenden Zusammenbruch der staatlichen Strukturen die internationale Gemeinschaft die von ihr anerkannte Regierung als Vertretung des Staates behandelt (Beispiel: Somalia), so dass ein Ansprechpartner existiert, der Einsätze auf dem Staatsgebiet legalisieren kann.

Frage 3: Rechtmäßigkeit eines Gerichtsverfahrens gegen K

122 Da das innerstaatliche Recht von Beryllien ebenso wenig bekannt ist wie die Geltung einschlägiger völkerrechtlicher Abkommen, kann nur geprüft werden, ob es eine allgemeine Regel des Völkerrechts gibt, wonach die Durchführung eines Strafverfahrens

---

33 Wie hier kritisch *Tladi*, AJIL 107 (2013), 570; *Starski*, ZaöRV 75 (2015), 455; *Corten*, LJIL 29 (2016), 777.
34 *Hobe*, 105; *Thürer* (Fn. 23), 282 ff, 298 ff. Näher *Geiß* (Fn. 6: 2005a), 299 ff; *ders.* (Fn. 6: 2005b), 494 ff. Zu der Diskussion um die mehrdeutig gefasste Syrien-IS-Resolution 2249 v. 20.11.2015 v. *Arnauld*, Rn. 1051, 1120 m. w. N.

gegen eine Person unzulässig ist, die unter Verletzung der Gebietshoheit eines fremden Staates in den Gerichtsstaat verbracht wurde. Die Unzulässigkeit könnte sich unmittelbar aus der Verwirklichung eines völkerrechtlichen Unrechtstatbestandes ergeben oder als Folge einer völkerrechtlichen Verantwortlichkeit des Staates, der die Person entführt hat. Wie festgestellt, hat Beryllien schon durch die Verhaftung des K in Ampalien ein völkerrechtliches Delikt begangen. Die Entführung aus Ampalien verstößt, wie anlässlich der Fälle *Eichmann*, *Argoud* und *Álvarez-Machaín* festgestellt wurde, gleichfalls gegen die aus dem Interventionsverbot fließende Pflicht zur Achtung der Gebietshoheit des Territorialstaats, hier Ampaliens. Als Folge dieses Delikts ist Beryllien zur Wiedergutmachung verpflichtet. Diese bedeutet regelmäßig die Pflicht zur *restitutio ad integrum*, d. h. zur Wiederherstellung des Zustandes, der ohne das deliktische Verhalten bestünde.[35] Der Entführte wäre demnach an Ampalien zu überstellen.[36]

123 Allerdings ist in der Staatenpraxis nach wie vor der Grundsatz *male captus bene detentus* verbreitet, wonach die Völkerrechtswidrigkeit der Verhaftung der Durchführung des Strafverfahrens nicht entgegensteht. Diesem Grundsatz entspricht vor allem die Ker-Frisbie-Doktrin des *U.S. Supreme Court*, die dieser im Fall *Álvarez-Machaín* 1993 bestätigt hat.[37] In jüngerer Zeit haben allerdings einige Untergerichte in den USA sowie Gerichte in England und Südafrika vom Staat verlangt, dass er einen Angeklagten dem Gericht mit „sauberen Händen" *(clean hands)* überantworten müsse. Meist wurde hierbei jedoch auf bestehende Auslieferungsverträge und auf menschenrechtliche Abkommen verwiesen (über deren Geltung im vorliegenden Fall nichts bekannt ist).[38] Dass der gewohnheitsrechtlich etablierte Grundsatz *male captus bene detentus* durch diese Entwicklung insgesamt abgelöst worden wäre, ist nicht ersichtlich.[39]

124 Auch das Bundesverfassungsgericht hat noch im Jahre 1985 eine völkerrechtliche Regel verneint, wonach die völkerrechtswidrige Entführung eines Straftäters einem Gerichtsverfahren entgegenstehe,[40] später aber (2003) eine Tendenz in der neueren Staatenpraxis ausgemacht, „dass der Grundsatz *male captus, bene detentus* jedenfalls dann abgelehnt wird, wenn sich der Gerichtsstaat des Verfolgten unter schweren Menschenrechtsverletzungen bemächtigte und der in seiner Gebietshoheit verletzte Staat gegen ein solches Vorgehen protestiert hat".[41] Laut Sachverhalt hat der Botschafter Ampaliens gegenüber der beryllischen Regierung förmlich gegen die Verhaftung des K auf ampalischem Staatsgebiet protestiert. Ob dieser für das handlungsunfähige Ampa-

---

35 Zu den Rechtsfolgen des Delikts allgemein *v. Arnauld*, Rn. 430 ff; *Ipsen*, Ipsen, § 29 Rn. 64 ff; *Kunig/ Uerpmann-Wittzack*, 27.
36 Vgl. *Baker/Röben* (Fn. 15), 674 f; *Herdegen* (Fn. 15), 239; *Mann* (Fn. 15), 474 f.
37 Deutsche Übersetzung des Urteils in EuGRZ 1993, 3. Zu dieser Doktrin *Baker/Röben* (Fn. 15), 660 ff; *Mann* (Fn. 15), 476 ff; *Wilske* (Fn. 15), 258 ff.
38 Ähnlich *Herdegen*, EuGRZ 1986, 1 (1 f).
39 *Herdegen* (Fn. 38), 1. Siehe auch *v. Arnauld*, Rn. 366. A. A. (zumindest in der Tendenz) *Wilske* (Fn. 15), 338 ff.
40 BVerfG, EuGRZ 1986, 18 ff m. w. N. Kritisch zu diesem Beschluss *Mann* (Fn. 16), 2167 f. Zur Rolle des Grundsatzes in der deutschen Rechtsordnung *Giegerich*, Jura 1995, 374. Wie das BVerfG *Verdross/ Simma*, § 1184.
41 BVerfGE 109, 38 (55).

lien wirksam Protest einlegen konnte (was Beryllien bezweifelt),[42] kann hier dahinstehen, da der Sachverhalt nicht erkennen lässt, dass es im Rahmen der Verhaftung des K zu schweren Menschenrechtsverletzungen gekommen ist (s. o. A.). K dürfte somit aus völkerrechtlicher Sicht in Beryllien vor Gericht gestellt werden.

Zur Vertiefung

Leitentscheidungen: BVerfG, Beschluss v. 17.7.1985, 2 BvR 1190/84, EuGRZ 1986, 18; BVerfG, Beschluss v. 5.11.2003, BVerfGE 109, 38.

Literatur zur Vertiefung: zum failed state: *R. Geiß*, „Failed states": Die normative Erfassung gescheiterter Staaten, 2005; *ders.*, Failed States: Legal Aspects and Security Implications, GYIL 48 (2005), 457–501; *M. Herdegen*, Der Wegfall effektiver Staatsgewalt im Völkerrecht, BDGVR 34 (1996), 49–85; *H. Schiedermair*, Effektive Herrschaftsgewalt und Rechtsfähigkeit im Völkerrecht, JA 1984, 638–641; *D. Thürer*, Der Wegfall effektiver Staatsgewalt, BDGVR 34 (1996), 9–47; *ders.*, Der „zerfallene Staat" und das Völkerrecht, FW 74 (1999), 257–306; *ders.*, Failing States, MPEPIL (2/2009). **Zu Entführungen:** *M. Glennon*, State-Sponsored Abduction, AJIL 86 (1992), 746–756; *M. Herdegen*, Die Achtung fremder Hoheitsrechte als Schranke nationaler Strafgewalt, ZaöRV 47 (1987), 221–242; *F. A. Mann*, Zum Strafverfahren gegen einen rechtswidrig Entführten, ZaöRV 47 (1987), 469–488; *S. Wilske*, Die völkerrechtswidrige Entführung und ihre Rechtsfolgen, 2000; *ders.*, Abduction, Transboundary, MPEPIL (10/2012). **Zur Terrorismusbekämpfung:** *D. Bethlehem*, Self-Defense Against an Imminent or Actual Armed Attack by Nonstate Actors, AJIL 106 (2012), 769–777; *T. Bruha*, Gewaltverbot und humanitäres Völkerrecht nach dem 11. September 2001, AVR 40 (2002), 383–421, insbes. 393–411; *P. Starski*, Right to Self-Defense, Attribution and the Non-State Actor – Birth of the "Unable or Unwilling" Standard?, ZaöRV 75 (2015), 455–501; *C. Tams*, The Use of Force against Terrorists, EJIL 20 (2009), 359–397; Literatur zu Fall 14.

---

42 Vgl. *Thürer* (Fn. 6), 13, der als „Schlüsselelement" des *failed state* herausstellt, dass „kein staatliches Organ vorhanden ist, das effektiv und rechtsgültig eine staatliche Bindung [...] herbeizuführen vermöchte".

Fall 5
Gefährliche Reisen

Erste Reise: Olympischer Ungeist 125

Sportfan F, karaffischer Staatsbürger, reist zu den Olympischen Sommerspielen nach Amphoria. Als er das Stadion betreten will, in dem die Leichtathletikwettkämpfe stattfinden, nehmen ihn zwei Polizisten zur Seite, die ihn für ein gesuchtes Mitglied der Minorischen Volksfront halten, einer Separatistenorganisation, die seit längerem Anschläge in Amphoria verübt. F wird in einen Kellerraum geführt, in dem er von den Polizisten verhört wird. Dabei schlagen und treten sie ihn wiederholte Male gegen Kopf und Körper. Als sich der Irrtum herausstellt, werfen ihn die Polizisten vor einem Krankenhaus aus dem Fahrzeug. Nachdem seine Wunden versorgt sind, wendet sich F an seine Botschaft und bittet um Rat, ob man nicht gerichtlich etwas unternehmen könne. Helfen Sie weiter! Hinweis: Beide Staaten sind Mitglieder der UNO.

Abwandlungen: Wie wäre die Rechtslage, wenn statt der beiden amphorischen Polizisten folgende Personen gehandelt hätten:

1. zwei Polizisten aus Phiolien, die von Amphoria zum Zwecke der Sicherung der Olympischen Spiele ausgeliehen wurden?

2. zwei zur Sicherung der Spiele vom Staat bezahlte private Wachleute?

3. zwei Mitglieder der Volksfront von Minoria, einer anderen Separatistenorganisation, die mit der Minorischen Volksfront verfeindet ist?

Zweite Reise: Hoher Besuch 126

König Karl von Karolien ist auf Staatsbesuch in Liberalien. Auch wenn Liberalien ein friedliches Land ist, werden strenge Sicherheitsvorkehrungen getroffen. Bei einem Empfang im Rathaus der Hauptstadt tritt ein Attentäter, der sich über ein offenes Fenster im hinteren Teil des Erdgeschosses Zutritt verschafft hat, auf König Karl zu und verletzt ihn mit einem Schuss in den Oberarm. Der Präsident von Liberalia drückt dem Monarchen sein tiefes Bedauern aus, weist aber jede Verantwortung für das Attentat zurück. Zu Recht? Wie wäre es, wenn das Attentat bei einem Bad in der Menge verübt worden wäre, dass auf ausdrücklichen Wunsch Karls stattgefunden hätte?

Dritte Reise: Kein Schutz vor der Schutztruppe? 127

Nach mehreren Jahren des Bürgerkrieges in Korovia einigen sich die Konfliktparteien auf ein Friedensabkommen. In einer auf Kapitel VII UNCh gestützten Resolution beschließt der UN-Sicherheitsrat, Blauhelme zur Unterstützung des Friedensprozesses zu entsenden. Militärisch untersteht die Operation dem *United Nations Force Commander* (UNFC) vor Ort (sog. *operational command*); ihre Befehle erhalten die Soldaten

Fall 5 *Gefährliche Reisen*

vom jeweiligen *National Contingent Commander* (NCC). Nach den Truppenstellungsabkommen mit der UNO sollen die NCC nationalen Weisungen nicht unterliegen, wo dies mit der Durchführung der Mission in Konflikt treten könnte, und sind dem UNFC gegenüber berichtspflichtig. Die Straf- und Disziplinargewalt liegt allein bei den truppenstellenden Staaten. Das Stationierungsabkommen (*Status of Forces Agreement*, SOFA) mit Korovia gibt den Blauhelmen Immunität vor korovischen Gerichten. Schon bald nach Beginn der Mission häufen sich Beschwerden über die Blauhelmtruppen. Unabhängige Beobachter berichten davon, dass Blauhelme aus Niarania „in großem Stil" in Menschenhandel und sexuellen Missbrauch von Mädchen und jungen Frauen verwickelt sind. Weder der niaranische NCC noch der UNFC und sein Stab unterstützten die Missbräuche oder duldeten diese; die Beobachter sprechen aber von einer „Kultur des Wegsehens" in der Truppe.

Wer ist völkerrechtlich für diese Menschenrechtsverstöße verantwortlich? Auf welchem Wege können etwaige Ansprüche auf Wiedergutmachung gerichtlich durchgesetzt werden? Beide Staaten sind Mitglieder der UNO und haben sich der Gerichtsbarkeit des IGH unterworfen. Niarania ist zudem Mitglied des Europarates.

Lösungsskizzen

A. Olympischer Ungeist 128
I. Gerichtliche Geltendmachung einer Rechtsverletzung
  → primär: Ausschöpfung der Rechtsmittel in A
  → danach diplomatischer Schutz durch K möglich; gerichtliche Schritte nur bei Unterwerfung durch A unter (Schieds-)Gerichtsbarkeit

II. Völkerrechtsverstoß von Amphorien gegenüber Karaffien
  1. Deliktsfähigkeit
  2. Zurechenbarer Völkerrechtsverstoß
    → Polizisten als Organe (vgl. Art. 4 ASR), auch Handeln *ultra vires* erfasst (vgl. Art. 7 ASR, Caire-Fall), sofern Zusammenhang mit Amt besteht; hier (+)
    → Verstoß gegen fremdenrechtlichen Mindeststandard (körperliche Unversehrtheit)
  3. Kein Ausschluss der Rechtswidrigkeit
  4. Verschulden?
    → evtl. fehlende Schuld der Polizisten würde A nicht aus der Verantwortlichkeit entlassen

III. Rechtsfolge: Wiedergutmachung
  → Grundsätze nach Art. 34 ff ASR und Chorzów-Urteil
  → hier: Schadensersatz und Genugtuung

Abwandlungen
→ Abwandlung 1: Organleihe (vgl. Art. 6 ASR); unklar, inwieweit in Befehls- und Kommandostrukturen von K eingegliedert; Zurechung von Handeln *ultra vires*
→ Abwandlung 2: De-facto-Organe (vgl. Art. 5 ASR)? Ausübung hoheitlicher Funktionen (+), aber „empowered by the law"? Abstellen auf formelles Gesetz (Montreux-Dokument 2008) ermöglicht *contracting-out*; daher Zurechnung (+), inkl. Handeln *ultra vires*
→ Abwandlung 3: grds. keine Verantwortlichkeit für Handeln Privater, Sonderverbindung hier (-); *due diligence* des Territorialstaates; Umstände des Falles: Olympische Spiele, Stadion, Auseinandersetzungen bekannt; Verstoß wohl (+)

B. Hoher Besuch
→ Verstoß gegen *due diligence*? hohe Sicherheitsanforderungen bei Staatsbesuch (vgl. Teheraner Geisel-Fall: erst recht!), Eindringen durch offenes Fenster im Erdgeschoss!
→ Abwandlung: erhöhte Gefahr durch Bad in der Menge, Restrisiko; keine konkreten Angaben zu Sicherheitsmaßnahmen, jedenfalls K zurechenbares Mitverschulden

Fall 5   *Gefährliche Reisen*

C. Kein Schutz vor der Schutztruppe?
  I. Verantwortlichkeit für die Menschenrechtsverstöße
    → Vorab: in jedem Fall auch Verantwortlichkeit für Handeln *ultra vires* (vgl. Art. 7 ASR, Art. 8 ARIO)
    → Maßstab für die Zurechnung: *effective control* (entgegen EGMR, *Behrami und Saramati*); exklusive Befehlskette zur UNO für konkretes Verhalten
    → Blauhelm-Einsätze: über Einschränkung nationaler Befehlsketten und Berichtspflicht in der Regel effektive Kontrolle (+)
    → Aber: Verstöße hier nicht in unmittelbarem Zusammenhang mit den Missionsaufgaben und daher außerhalb UN-Befehlskette (vgl. Straf- und Disziplinargewalt!); Verantwortlichkeit Niaranias für Handlungen seiner Staatsorgane (+)
    → Zudem: Organisationsverschulden des UNFC („Kultur des Wegsehens"); insoweit auch Verantwortlichkeit der UNO
  II. Durchsetzung von Wiedergutmachungsansprüchen
    → gegenüber UNO: Immunität vor staatlichen Gerichten (kein Verstoß gegen Art. 6 EMRK); keine internationale Gerichtsbarkeit über UNO
    → gegenüber Niarania: nicht in Korovia (Staatenimmunität, SOFA); nur vor Gerichten Niaranias; nach Erschöpfung des Rechtsweges: Individualbeschwerde zum EGMR bzw. diplomatischer Schutz durch Korovia

Lösung

A. Olympischer Ungeist

I. Gerichtliche Geltendmachung einer Rechtsverletzung

F ist zu raten, zunächst in Amphoria sein Recht zu suchen. Die Möglichkeiten – Straf- oder Disziplinarverfahren, Amtshaftung o.Ä. – und Voraussetzungen richten sich nach dem Recht von Amphoria. Erst wenn F den Rechtsweg in Amphoria erfolglos beschritten hat, kann sich Karaffien als Heimatstaat des Verletzten im Wege des diplomatischen Schutzes an Amphoria wenden.[1] Zwar gibt es keine allgemeine Regel im Völkerrecht, die einen Staat dazu verpflichten würde, vor einer Klage alternative Möglichkeiten der Streiterledigung zu nutzen (vertraglich könnte dies vereinbart werden), gleichwohl würde sich Karaffien vernünftigerweise zuerst auf diplomatischem Wege um eine Lösung bemühen.[2] Ob Karaffien hiernach ein Gericht anrufen kann, hängt davon ab, ob Amphoria sich Karaffien gegenüber einem internationalen Gericht (oder Schiedsgericht[3]) unterworfen hat. Eine obligatorische Gerichtsbarkeit über Staaten kennt das allgemeine Völkerrecht nicht. Als UN-Mitglieder sind beide Staaten zwar Parteien des IGH-Statuts (Art. 93 Abs. 1 UNCh), denen gemäß Art. 35 Abs. 1 IGH-Statut der Weg zum IGH offen steht. Zur Begründung der Jurisdiktion des IGH ist allerdings gemäß Art. 36 IGH-Statut noch eine besondere Unterwerfungserklärung beider Seiten nötig, und zwar durch eine allgemeine Unterwerfung unter die obligatorische Gerichtsbarkeit des IGH, durch eine kompromissarische Klausel in einem Vertrag oder auch durch eine beiderseitige Unterwerfung *ad hoc* für den konkreten Streit.[4] Fehlt es an einer solchen Unterwerfung, scheiden gerichtliche Möglichkeiten der Streitbeilegung aus. Karaffien bliebe hier nur der Rückgriff auf Mittel der (völkerrechtlich limitierten) Selbsthilfe: Retorsion oder – sofern Amphoria tatsächlich Völkerrecht verletzt haben sollte – Gegenmaßnahme.[5]

> **Hinweis:** Es ist hier zwar nur nach den gerichtlichen Möglichkeiten gefragt; da aber dem Sachverhalt kein eindeutiger Hinweis zu entnehmen ist, dass ein Streit zwischen Karaffien und Amphorien in die Jurisdiktion des IGH fällt und somit mangels anderweitiger Angaben keineswegs gesichert ist, dass ein gerichtliches Vorgehen überhaupt möglich ist, ist es gut vertretbar, kurz (!) anzudeuten, welche Möglichkeiten jenseits der gerichtlichen Streitbeilegung Karaffien bleiben, wenn die diplomatischen Mittel der Streiterledigung sich bereits als untauglich erwiesen haben.

---

1 Zu den Bedingungen der Ausübung diplomatischen Schutzes *v. Arnauld*, Rn. 593 ff; *Ipsen*, Ipsen, Völkerrecht, § 29 Rn. 48 ff. Siehe auch noch näher Fälle 9 und 11.
2 Zu den diplomatischen Verfahren der Streiterledigung *v. Arnauld*, Rn. 440 f; *Epping*, Ipsen, § 55 Rn. 6 ff. Vgl. auch Art. 33 Abs. 1 UNCh (zuzüglich der dort nicht genannten „Guten Dienste").
3 Zu Schiedsgerichten *v. Arnauld*, Rn. 440 ff; *Epping*, Ipsen, § 55 Rn. 17 ff.
4 Art. 36 Abs. 1 und 2 IGH-Statut. Näher *v. Arnauld*, Rn. 470 ff.
5 Zu Retorsion (völkerrechtmäßiger unfreundlicher Akt als Reaktion auf einen Völkerrechtsverstoß oder einen anderen unfreundlichen Akt) und Gegenmaßnahme (Repressalie) (an sich völkerrechtswidriger, aber gerechtfertigter Akt als Reaktion auf einen Völkerrechtsverstoß) *v. Arnauld*, Rn. 419 ff. Zum Recht der Gegenmaßnahme nach Art. 49 ff ASR *Bederman*, AJIL 96 (2002), 817 ff.

Fall 5 Gefährliche Reisen

II. Völkerrechtsverstoß von Amphorien gegenüber Karaffien

131 Auch wenn eine beiderseitige Unterwerfung vorliegt, wäre es für Karaffien nur dann ratsam, gerichtliche Schritte gegen Amphorien einzuleiten, wenn auch tatsächlich ein Völkerrechtsverstoß seitens Amphoriens vorliegt.

1. Deliktsfähigkeit

132 Die aktive bzw. passive Deliktsfähigkeit der beiden beteiligten Staaten steht außer Frage.

2. Zurechenbarer Völkerrechtsverstoß

133 **Hinweis:** Für die Lösung des Falles werden im Folgenden zum Einstieg die Artikel zur Staatenverantwortlichkeit herangezogen, die die UN-Völkerrechtskommission (ILC) im August 2001 verabschiedet hat und die am 12.12.2001 von der UN-Generalversammlung „dankend" „zur Kenntnis genommen" und den UN-Mitgliedern zur „Aufmerksamkeit" „empfohlen" wurden (im Folgenden: ASR). Diese Artikel sind zwar nicht völkerrechtlich verbindlich, stellen aber zumindest in ihren Grundzügen kodifiziertes Gewohnheitsrecht dar.[6] Die ILC hat ihren Artikeln umfangreiche Kommentare mit Nachweisen aus der Staatenpraxis beigegeben.[7] Die hier relevanten Fragen sind auf den Seiten 38–54 (Zurechnung: Art. 4–11) und 95–110 (Wiedergutmachung: Art. 34–39) behandelt.

134 Amphoria muss ein Völkerrechtsverstoß vorzuwerfen sein. Die Misshandlung ging im vorliegenden Fall von Polizisten aus, deren Verhalten Amphoria zurechenbar sein müsste. Gemäß Art. 4 Abs. 1 ASR ist das Verhalten eines jeden Staatsorgans als Handlung des Staates zu werten, ungeachtet der Position oder Aufgabe des Betreffenden. Wer Staatsorgan ist, richtet sich nach dem innerstaatlichen Recht (Art. 4 Abs. 2). Auch wenn die ASR selbst keine Völkerrechtsquelle sind, so reflektiert Art. 4 doch geltendes Gewohnheitsrecht, wie es seit langem zwischen den Staaten anerkannt ist.[8] Da Staaten durch ihre Organe handeln, wäre ansonsten eine Verantwortlichkeit des Staates niemals zu begründen. Dass die Polizisten nach amphorischem Recht als Staatsorgane anzusehen sind, darf angenommen werden. Sollte sich Amphoria darauf berufen, die Polizisten hätten ihre Befugnisse überschritten, weswegen die Misshandlungen dem Staat nicht zuzurechnen seien, so ist zu beachten, dass auch ein Handeln *ultra vires* den Zurechnungszusammenhang zwischen einem Staat und seinen Organen nicht durchbricht.[9] Aus völkerrechtlicher Sicht ist die Kompetenzverteilung nach innerstaatlichem Recht

---

6 Näher dazu wie zur Rolle der ILC *v. Arnauld*, Rn. 146, 378.
7 Im Internet unter: http://untreaty.un.org/ilc/texts/instruments/english/commentaries/9_6_2001.pdf.
8 ILC-Kommentar, Anm. 3 ff zu Art. 4. Siehe auch *v. Arnauld*, Rn. 397; *Herdegen*, § 58 Rn. 5; *Hobe*, 314; *Ipsen*, Ipsen, § 29 Rn. 3 ff; *Krajewski*, § 6 Rn. 21; *Kunig*, Jura 1986, 344 (348); *Schröder*, Vitzthum, 7. Abschnitt, Rn. 22; *Verdross/Simma*, §§ 1270 ff; *Wolfrum*, Dahm/Delbrück/Wolfrum, I/3, 890 ff. Generell zu Art. 4–11 ASR als kodifiziertem Gewohnheitsrecht Bodansky/Crook, AJIL 96 (2002), 773 (782 f).
9 *v. Arnauld*, Rn. 406; *Herdegen*, § 58 Rn. 5; *Ipsen*, Ipsen, § 29 Rn. 24 ff; *Krajewski*, § 6 Rn. 26; *Kunig* (Fn. 8), 348; *Schröder*, Vitzthum 7. Abschnitt, Rn. 24; *Verdross/Simma*, § 1274; *Wolfrum*, Dahm/Delbrück/Wolfrum, I/3, 891 f.

ohne Belang; es zählt allein, dass eine Handlung (oder ein Unterlassen) auf Grund der Organeigenschaft vorgenommen worden ist. Dieser Grundsatz hat sich im Laufe des 20. Jahrhunderts herausgebildet und wurde von der Mehrheit der Staaten auf der Haager Kodifikationskonferenz von 1930 geteilt. Zwar existiert keine Rechtsprechung des StIGH oder des IGH zu dieser Frage, jedoch haben andere Gerichte und internationale Schiedsgerichte diese Regel anerkannt; zu erwähnen ist vor allem der Caire-Fall[10]. Der Grundsatz ist auch in Art. 7 ASR aufgenommen worden. Amphoria ist das Verhalten der Polizisten zuzurechnen.

Da der Sachverhalt keine einschlägigen Verträge erwähnt, die zwischen Karaffien und Amphoria anwendbar wären, kann für die möglicherweise verletzte völkerrechtliche Pflicht nur auf das allgemeine Völkergewohnheitsrecht zurückgegriffen werden. Hier kommt der gewohnheitsrechtlich geltende fremdenrechtliche Mindeststandard in Betracht. Danach schulden die Staaten einander Achtung vor bestimmten Rechtsgütern ausländischer Staatsangehöriger, die sich auf ihrem Staatsgebiet befinden. Zu diesen Rechtsgütern zählen auch Leib und Leben.[11] Die Misshandlung des F, dessen Wunden im Krankenhaus versorgt werden mussten, stellt einen eindeutigen Verstoß gegen diese Pflicht dar. Ein Amphorien zurechenbarer Normverstoß gegenüber Karaffien liegt vor. **135**

3. Kein Ausschluss der Rechtswidrigkeit

Gründe, welche die Rechtswidrigkeit des Normverstoßes ausschließen könnten, sind nicht ersichtlich. **136**

4. Verschulden?

In strafrechtlicher Hinsicht könnte es möglicherweise an einem Verschulden der Polizisten fehlen (dies erscheint zwar wenig wahrscheinlich, der Sachverhalt enthält aber insgesamt kaum Hinweise). Ob die völkerrechtliche Verantwortlichkeit eines Staates schuldhaftes Handeln seiner Organe voraussetzt, war lange Zeit in der Völkerrechtslehre umstritten. Allerdings lässt sich in der Staatenpraxis nicht nachweisen, dass nur in Fällen schuldhaften Verhaltens Wiedergutmachung verlangt oder geleistet worden wäre.[12] Es geht bei der völkerrechtlichen Verantwortlichkeit um ein formales Einstehenmüssen für völkerrechtswidriges Verhalten des Staates. Zwar ist dabei das objektive Handeln seiner Organe dem Staat zuzurechnen, nicht aber deren subjektive Einstellung. Sofern auf Fälle des Unterlassens verwiesen wird, bei dem auf die Sorgfalt der Amtswalter abgestellt wird,[13] gilt es subjektive Fahrlässigkeit und objektive Verletzung einer Schutzpflicht auseinander zu halten.[14] Das Verschulden gehört nicht zum Deliktstatbestand. Ein etwa fehlendes Verschulden seitens der Polizisten könnte Amphoria nicht entlasten. **137**

---

10 Schiedsspruch v. 7.6.1929, RIAA V, 529 f (*v. Arnauld*, Rn. 406 und Anhang Nr. 36).
11 *v. Arnauld*, Rn. 592; *Ipsen*, Ipsen, § 38 Rn. 6.
12 *Ipsen*, Ipsen, § 28 Rn. 34 ff, 38. Differenzierend *Epiney*, Die völkerrechtliche Verantwortlichkeit von Staaten für rechtswidriges Handeln im Zusammenhang mit Aktionen Privater, 1992, 77 ff. Zum Streit auch *Doehring*, Rn. 846 ff; *Randelzhofer*, BDGVR 24 (1984), 35 (41 ff); *Verdross/Simma*, §§ 1265 ff.
13 Vgl. *Kunig/Uerpmann-Wittzack*, 26. Siehe auch *Verdross/Simma*, §§ 1265 ff.
14 Zutreffend *Wolf*, ZaöRV 43 (1983), 481 (521).

138 Hinweis: Der alte Streit um das Verschulden als Element des völkerrechtlichen Delikts ist nach wie vor nicht völlig ausgestanden, dürfte aber kaum den Schwerpunkt einer Klausur bilden (es sei denn, dem Sachverhalt lassen sich eindeutige Hinweise hierauf entnehmen, etwa weil die Parteien hierüber streiten). Ob und in welcher Ausführlichkeit man auf das Schuldproblem eingeht, hängt letztlich vom Zuschnitt des Falles ab. Da hier eine volle Deliktsprüfung klassischen Musters verlangt ist, liegt es nahe, sich kurz zum Verschulden zu äußern.

III. Rechtsfolge: Wiedergutmachung

139 Als Rechtsfolge schuldet Amphoria dem Heimatstaat von F Wiedergutmachung des entstandenen Schadens (vgl. Art. 31 ASR). In ihren Grundzügen können hier die in den Art. 34 ff ASR niedergelegten Regeln als Ausdruck von Gewohnheitsrecht angesehen werden, wie es sich im zwischenstaatlichen Verkehr etabliert hat.[15] Wie der StIGH im Chorzów-Fall grundlegend festgestellt hat, ist in erster Linie der Zustand wiederherzustellen, der ohne das völkerrechtswidrige Verhalten bestanden hätte.[16] Wo dies nicht möglich ist (Art. 35 ASR nennt zusätzlich den Fall des unverhältnismäßigen Aufwands), besteht die Möglichkeit, stattdessen Schadensersatz in Geld zu leisten. Das Recht des geschädigten Staates, Schadensersatz zu verlangen, hat auch der IGH im Gabčíkovo-Nagymaros-Urteil als gewohnheitsrechtlich etabliert bezeichnet.[17] Schließlich besteht, unter Umständen kumulativ, ein Anspruch des Geschädigten auf Genugtuung (vgl. Art. 37 ASR), wenn und soweit durch Restitution und/oder Schadensersatz die Rechtsverletzung nicht ausgeglichen werden kann.[18] Ob die „Hierarchie" der Wiedergutmachungsformen, die in Art. 34 ff ASR errichtet wird, gewohnheitsrechtlich begründet ist, ist fraglich. In der Praxis ist es der geschädigte Staat, der seine Forderungen an den Schädiger heranträgt.[19] Meist einigen sich die Parteien über Art und Umfang der Wiedergutmachung; wo dies nicht gelingt, sieht sich der IGH ohne Weiteres als befugt an, eine Entscheidung quasi als „Annex" zu einem anhängigen Rechtsstreit zu treffen.[20]

140 Im vorliegenden Fall käme eine Restitution allerdings ohnehin nicht in Frage, da die Körperverletzung nicht rückgängig gemacht werden kann. Bei Verletzung fremder Staatsangehöriger an Leib oder Leben ist daher die Vereinbarung von Schadensersatz

---

15 *Shelton*, AJIL 96 (2002), 833 (844 ff). Zu den Grundzügen der Wiedergutmachung *v. Arnauld*, Rn. 430 ff; *Doehring*, Rn. 838 ff; *Ipsen*, Ipsen, § 29 Rn. 64 ff; *Krajewski*, § 6 Rn. 49 ff; *Verdross/Simma*, §§ 1294 ff; *Wolfrum*, Dahm/Delbrück/Wolfrum, I/3, 956 ff. Zur uneinheitlichen Staatenpraxis in Hinblick auf die konkrete Ausgestaltung *Gray*, in: Romano/Shani/Alter (Hg.), The Oxford Handbook of International Adjudication, 2014, 871 ff.
16 StIGH, Urteil v. 13.9.1928, Factory at Chorzów (Merits), PCIJ 1928, Series A, No. 17 (*v. Arnauld*, Anhang Nr. 2); *Shelton* (Fn. 15), 835 f.
17 IGH, Urteil v. 25.9.1997, Gabčíkovo-Nagymaros Project (Hungary v. Slovakia), ICJ Rep. 1997, 3, § 152; *Shelton* (Fn. 15), 851 ff.
18 *v. Arnauld*, Rn. 433; *Verdross/Simma*, § 1299; *Ipsen*, Ipsen, § 29 Rn. 67.
19 *Shelton* (Fn. 15), 849.
20 *v. Arnauld*, Rn. 483; *Ipsen*, Ipsen, § 29 Rn. 66. Im Urteil v. 19.6.2012, Ahmadou Sadio Diallo (Guinea v. DR Congo), Compensation, ICJ Rep. 2012, 324, hat der IGH erstmals seit dem Korfu-Kanal-Fall (1949) selbst eine Entschädigungssumme festgesetzt (*v. Arnauld*, Anhang Nr. 31).

üblich,²¹ der sich regelmäßig an den von dem Privaten erlittenen Schäden orientiert,²² hier also den körperlichen Schäden des F, auch wenn der die Sekundärpflichten auslösende Völkerrechtsverstoß hier die Verletzung des Fremdenrechts gegenüber Karaffien war.²³ Da mit der Zahlung von Schadensersatz die grobe Missachtung des Fremdenrechts nur teilweise wiedergutzumachen ist, erscheint es als angemessen und zumutbar, von Amphoria eine Entschuldigung oder zumindest Worte des Bedauerns für den Vorfall zu verlangen. Dies dürfte auch den Gepflogenheiten innerhalb der Völkerrechtsgemeinschaft entsprechen und von einer korrespondierenden Rechtsüberzeugung getragen sein.

> **Hinweis:** Ob Ausführungen zu den Formen der Wiedergutmachung erforderlich sind, hängt von der Fragestellung ab. Diese ist hier denkbar offen gehalten, weil F pauschal wissen will, ob man „etwas" gegen Amphoria unternehmen könne. Dies impliziert bei lebensnaher Auslegung auch die Frage nach Wiedergutmachung.

141

Abwandlungen

Entscheidend ist in allen drei Fällen, ob das Verhalten der dort genannten Personen dem Staat Amphoria zurechenbar ist.

142

1) Hier handelt es sich um einen Fall der Organleihe, der gemäß Art. 6 ASR als Verhalten des Entleiherstaates zu werten ist, „wenn das Organ in Ausübung hoheitlicher Befugnisse des Staates handelt, dem es zur Verfügung gestellt wird". Die Polizisten aus Phiolien haben hier ihre amphorischen Kollegen bei der Sicherung der Olympischen Spiele unterstützt und damit auch hoheitliche Befugnisse für Amphoria ausgeübt. Art. 6 ASR bildet allerdings selbst wohl nicht geltendes Völkerrecht ab. Für die Annahme korrespondierenden Gewohnheitsrechts fehlt es an einer verbreiteten zwischenstaatlichen Praxis.²⁴ Organleihe kommt eher im Verhältnis zwischen Staaten und Internationalen Organisationen vor.²⁵ Allerdings könnte die in Art. 6 ASR niedergelegte Regel aus Sinn und Zweck der Zurechung von Organhandeln folgen, das als solches unbestritten Teil des Gewohnheitsrechts ist (s. o.). Der Staat soll danach für das Verhalten derjenigen einstehen, die er mit der Wahrnehmung hoheitlicher Aufgaben betraut. Was ihren Status betrifft, handelt es sich bei den beiden Polizisten zwar um Organe von Phiolien; funktional jedoch werden sie für Amphoria und damit als Organe dieses Staates tätig, so dass ihr Verhalten Amphoria zuzurechnen ist. Etwas anderes könnte gelten, soweit sich Phiolien ein Mitspracherecht bei der Erfüllung der Aufgaben vorbehalten haben sollte.²⁶

---

21 *Shelton* (Fn. 15), 852.
22 *v. Arnauld*, Rn. 433; *Ipsen*, Ipsen, § 29 Rn. 65. So bereits StIGH, Urteil v. 13.9.1928, Factory at Chorzów (Germany v. Poland), Merits, PCIJ 1928, Series A, No. 17. Eingehend zur Schadenskalkulation in Fällen diplomatischen Schutzes IGH, Urteil v. 19.6.2012, Ahmadou Sadio Diallo (Guinea v. DR Congo), Compensation, ICJ Rep. 2012, 324 (*v. Arnauld*, Anhang Nr. 31).
23 Zur umstrittenen Rechtsnatur der ursprünglich privaten Ansprüche, die im Wege des diplomatischen Schutzes vom Heimatstaat des Verletzten geltend gemacht werden, *v. Arnauld*, Rn. 594.
24 *v. Arnauld*, Rn. 402; *Ipsen*, Ipsen, § 29 Rn. 20 ff, 22.
25 Vgl. hierzu unten „Dritte Reise".
26 Zu einer insoweit möglichen doppelten Verantwortlichkeit ILC-Kommentar, Anm. 3 zu Art. 6.

Hierüber enthält der Sachverhalt keine Angaben. Das Verhalten der phiolischen Polizisten ist damit Amphorien zurechenbar. Auch insoweit entspricht es den Grundgedanken der Zurechnung, dass der Staat, der jemandem die Ausübung hoheitlicher Befugnisse überträgt, nicht durch ein Handeln *ultra vires* entlastet wird, wie dies auch darin zum Ausdruck kommt, dass Art. 7 auf die Art. 4–6 ASR insgesamt Bezug nimmt.

143 **Hinweis:** Da hinsichtlich der konkreten Zurechnungsnorm Gewohnheitsrecht nicht nachweisbar war, wurde stattdessen an einer unzweifelhaft gewohnheitsrechtlich akzeptierten allgemeinen Zurechnungsnorm angesetzt und diese durch Deduktion auf die zu entscheidende Konstellation übertragen. In Klausuren wird man sich oft in der Situation finden, dass man sich über die Existenz einer gewohnheitsrechtlichen Norm unsicher ist. Hier bietet sich dann dasselbe Verfahren an, u. U. ergänzt um ein Beispiel aus der Staatenpraxis oder eine (schieds-)gerichtliche Entscheidung, die einem bekannt ist.

144 2) Gemäß Art. 5 ASR ist der Staat auch für das Verhalten von De-facto-Organen verantwortlich, d. h. von Personen, die nach dem Recht des betreffenden Staates ermächtigt sind („empowered by the law of that State"), hoheitliche Aufgaben zu erfüllen, sofern sie in dieser Eigenschaft handeln. Erneut folgt diese Regel aus dem Sinn der Zurechnung von Organverhalten:[27] Aus Sicht des Völkerrechts ergibt sich kein Unterschied, wenn sich ein Staat entscheidet, hoheitliche Aufgaben, wie die Gewährleistung öffentlicher Sicherheit, nicht fest in den Staatsaufbau integrierten Personen zu überlassen, sondern gelegentlich oder dauerhaft auf Private zu übertragen. Nicht die förmliche Integration in den Staatsapparat, sondern die Wahrnehmung hoheitlicher Funktionen auf Grundlage staatlicher Ermächtigung ist maßgeblich für die Zurechnung. Aus diesem Grunde ist es problematisch, wenn im Dokument von Montreux (2008) die Unterzeichnerstaaten ihre Verantwortlichkeit in Bezug auf private Militär- und Sicherheitsunternehmen an die Übertragung hoheitlicher Befugnisse durch Gesetz („law" kann sowohl mit „Recht" als auch mit „Gesetz" übersetzt werden) geknüpft haben.[28] Eine solche Verengung des Zurechnungstatbestandes ermöglicht ein *contracting-out*, das mit der Grundidee der Zurechnung von Organhandeln unvereinbar ist: Dass den Staaten überlassen bleibt, wen sie zum Staatsorgan erklären (vgl. Art. 4 Abs. 2 ASR), darf nicht zur Umgehung der völkerrechtlichen Verantwortlichkeit führen. Auch im Rahmen vertraglicher Abreden werden private Sicherheitskräfte zur Wahrnehmung polizeilicher Aufgaben ermächtigt,[29] so dass auch in diesem Fall Amphoria für die F zugefügten Verletzungen einzustehen hat. Aus den oben genannten Gründen entlastet auch hier das Handeln *ultra vires* den Staat nicht, der den betreffenden Personen die Wahrnehmung von Hoheitsrechten übertragen hat.

145 3) Anders als in den beiden soeben genannten Fällen sind die Rebellen nicht im Auftrag von Amphoria unterwegs. Auch ist eine faktische Kontrolle durch den Staat nicht ersichtlich, wie sie gemäß dem in Art. 8 ASR niedergelegten, gewohnheitsrechtlich im

---

27 *v. Arnauld*, Rn. 400; *Verdross/Simma*, § 1278; *Ipsen*, Ipsen, § 29 Rn. 11 f. Näher *Epiney* (Fn. 12), 99 ff.
28 Dazu m. w. N. *v. Arnauld*, Rn. 400.
29 Vgl. ILC-Kommentar, Anm. 2 zu Art. 5.

Wesentlichen anerkannten Grundsatz ebenfalls zur Zurechnung führen würde. Auch die Regeln über die Verantwortlichkeit für das Verhalten Aufständischer in Art. 10 ASR passen auf den vorliegenden Fall nicht, da es nicht um die Übernahme von Regierungsgewalt im Staat oder in Teilen desselben durch die Rebellen der Volksfront von Minoria geht. Da auch eine nachträgliche Anerkennung im Sinne von Art. 11 ASR ausscheidet, kommt eine Zurechnung nach den Kriterien der ASR nicht in Betracht, ohne dass es im Einzelnen darauf ankäme, inwieweit diese bereits geltendes Gewohnheitsrecht reflektieren. Privates Verhalten, auch solches eigener Staatsangehöriger, ist dem Staat jenseits dessen jedenfalls nicht zurechenbar.[30]

Allerdings können dem Staat eigene Versäumnisse vorgeworfen werden: Die Zurechnung von Organverhalten umfasst nicht nur Handlungen, sondern auch Unterlassungen. Hierfür ist freilich maßgeblich, dass das Unterlassen eine völkerrechtliche Pflicht zum Handeln verletzt.[31] Im vorliegenden Fall könnte den amphorischen Behörden (und damit Amphoria) vorgeworfen werden, sie hätten notwendige Vorkehrungen zum Schutz ausländischer Besucher der Spiele unterlassen. Dem fremdenrechtlichen Mindeststandard wohnt grundsätzlich auch eine Pflicht des Aufenthaltstaates inne, für den Schutz des Ausländers vor Übergriffen zu sorgen. In seinem Schiedsspruch zur spanischen Zone in Marokko bemerkte *Max Huber*, dass die Nichtverantwortlichkeit für private Übergriffe den Territorialstaat nicht von der nötigen Wachsamkeit entbinde.[32] Dies kann jedoch nicht so verstanden werden, dass eine vollständige Sicherung erforderlich wäre. Der erforderlichen Sorgfalt *(due diligence)* bei der Wahrnehmung dieser Schutzpflicht genügt der Staat regelmäßig durch die Einrichtung allgemeiner Behörden zur Wahrung der inneren Sicherheit. Der Sorgfaltsmaßstab ist allerdings von den Umständen abhängig.[33] In besonderen Situationen können bei voraussehbaren Gefahren daher verstärkte Maßnahmen zum Schutz ausländischer Staatsangehöriger verlangt werden.[34] Im vorliegenden Fall richtet Amphoria die Olympischen Sommerspiele aus und bemüht sich damit besonders darum, ausländische Gäste ins Land zu holen. Für deren Sicherheit kann es gewiss nicht im ganzen Staatsgebiet durch besondere Maßnahmen garantieren; angesichts dessen, dass im Lande Rebellengruppen seit längerem Anschläge verüben, ist aber von Amphoria zu verlangen, dass jedenfalls die Veranstaltungsorte so weit als möglich gesichert werden. Ob dies der Fall war, darf bezweifelt werden, wenn es zwei Rebellen gelingt, einen Stadionbesucher am Eingang abzufangen und in einem

146

---

30 *v. Arnauld*, Rn. 407; *Ipsen*, Ipsen, § 29 Rn. 35; *Verdross/Simma*, 1281 ff; *Wolfrum*, Dahm/Delbrück/Wolfrum, I/3, 905 ff. Eingehend *Epiney* (Fn. 12), insbes. zusammenfassend 271 ff.
31 *Ago*, YBILC 1972 II, 95 ff, 119; *Ipsen*, Ipsen, § 29 Rn. 35 f; *Krajewski*, § 6 Rn. 34; *Kunig* (Fn. 6), 348; *Wolf* (Fn. 14), 486; *Wolfrum*, Dahm/Delbrück/Wolfrum, 909 ff. Ausführlich *Epiney* (Fn. 12); *Wolf*, Die Haftung der Staaten für Privatpersonen nach Völkerrecht, 1997.
32 Schiedsspruch v. 1.5.1925, RIAA II, 615 (641 f); *Ago* (Fn. 31), 103; *Wolf* (Fn. 14), 521 f.
33 Zur Staatenverantwortlichkeit aus Anlass von Übergriffen Privater auf fremde Staatsangehörige unter dem Gesichtspunkt der *due diligence* siehe *v. Arnauld*, Rn. 407; *Doehring*, Rn. 832; *Schröder*, Vitzthum, 7. Abschnitt, Rn. 25; *Verdross/Simma*, § 1281; *Wolfrum*, Dahm/Delbrück/Wolfrum, I/3, 911; *Koivurova*, Due Diligence, MPEPIL (2/2010). Vertiefend *Bäumler*, Das Schädigungsverbot im Völkerrecht, 2017; *Epiney* (Fn. 12), 205 ff, 217 ff, 243 ff; *Wolf* (Fn. 12), 520 ff.
34 Eingehend *Epiney* (Fn. 12), 243 ff.

Kellerraum zusammenzuschlagen. Von einer Verletzung der von Amphoria völkerrechtlich geschuldeten Sorgfalt ist daher auszugehen.

147 Hinweis: Anders als die Vorentwürfe[35] enthalten die ASR von 2001 keine Regelung zur Verantwortlichkeit aus Anlass des Verhaltens Privater, die in keiner Beziehung zum Staat stehen. Insoweit muss gleich auf die allgemeinen Regeln der Staatenverantwortlichkeit zurückgegriffen werden.

B. Hoher Besuch

148 Erneut geht es um die Frage der Verantwortlichkeit eines Staates aus Anlass des Verhaltens Privater. Dass Liberalien in irgendeiner Beziehung zu dem Attentäter stand, ist nicht ersichtlich, so dass sich die Frage danach stellt, ob Liberalien die erforderlichen Maßnahmen zum Schutz König Karls vor einem derartigen Übergriff getroffen hat. Dies ist erneut von einer bestehenden völkerrechtlichen Schutzpflicht abhängig. Dass schon auf Grund des Fremdenrechts der Aufenthaltsstaat unter besonderen Umständen zu gezielten Schutzmaßnahmen verpflichtet sein kann, wurde oben festgestellt. Diese gesteigerte Schutzpflicht kann sich nicht nur aus der besonderen Situation ergeben, sondern auch aus dem Status des Fremden. So ist es gewohnheitsrechtlich anerkannt, dass dem Aufenthaltsstaat eine besondere Pflicht obliegt, für die Sicherheit ausländischer Staatsangehöriger Sorge zu tragen, die Repräsentanten ihres Heimatstaates sind.[36] Dies hat der IGH für ausländische Botschaften und ihre Mitarbeiter in seinem Urteil zum Teheraner Geisel-Fall bestätigt, als er die iranische Regierung u. a. deswegen für Angriffe der Demonstranten verantwortlich gemacht hat, weil sie es unterlassen hatte, die „angemessenen Maßnahmen" zum Schutz der US-Botschaft und ihrer Mitarbeiter zu ergreifen.[37] Die Pflicht, effektive Schutzmaßnahmen zu treffen, gilt erst recht dort, wo ein Staatsoberhaupt als höchster Repräsentant seines Staates einen Staatsbesuch abstattet. Hier ist vom Gastgeber gefordert, so weit als möglich die Sicherheit des Gastes zu garantieren, um den Erfordernissen der *due diligence* zu genügen. Hiervon können auch keine Ausnahmen gemacht werden, wenn der Gastgeberstaat ein generell friedliches Land ist. Dies kann lediglich auf die konkret zu treffenden Vorkehrungen gewisse Auswirkungen haben. Zwar spricht der Sachverhalt von „strengen Sicherheitsvorkehrungen"; wenn es aber einem Attentäter gelingt, bewaffnet über ein offenes Fenster im Erdgeschoss des Veranstaltungsgebäudes einzudringen, wird eine Sicherheitslücke offenbar. Bei einem offiziellen Empfang zu Ehren des Staatsgastes wird man erwarten dürfen, dass der Gastgeber zumindest dafür Sorge trägt, dass keine ungeladenen Gäste und vor allem keine bewaffneten Personen in das Haus gelangen. Ein offen stehendes, unbeaufsichtigtes Fenster im Erdgeschoss ermöglicht es Attentätern ohne

---

35 Dazu m. w. N. *v. Arnauld*, Rn. 378.
36 *Ago* (Fn. 31), 108, 113 ff; *Epiney* (Fn. 12), 249 f; *Verdross/Simma*, § 1281.
37 IGH, Urteil v. 24.5.1980, U.S. Diplomatic and Consular Staff in Tehran (USA v. Iran), ICJ Rep. 1980, 3 (*v. Arnauld*, Rn. 415 und Anhang Nr. 17), §§ 62 f: Die Schutzpflicht folgerte der Gerichtshof hier nicht allein aus dem WÜD, sondern auch aus dem Gewohnheitsrecht. Zu den Grundsätzen der Staatenverantwortlichkeit nach den Maßstäben dieser Entscheidung *Wolf* (Fn. 14), 481 ff, insbes. 491 ff.

Weiteres, unbemerkt in das Gebäude einzudringen. Liberalien hat hier nicht der von ihm zu erwartenden Sorgfalt genügt. Das Unterlassen der für die Gebäudesicherheit verantwortlichen Personen ist Liberalien nach den o. g. Grundsätzen unabhängig davon zuzurechnen, ob es sich um Staatsbedienstete oder anderweitig vom Staat mit der Aufgabe betraute Personen handelte.

In der *Abwandlung* stellt sich die Frage, ob auch hier Liberalien ein Vorwurf wegen unterlassener Sorgfalt gemacht werden kann. Im Unterschied zum Ausgangsfall ist eine vollständige Sicherung bei einem Bad in der Menge nicht zu gewährleisten. Hier besteht eine ungleich größere Gefahr, dass jemand aus der Menge den Staatsgast angreift. Man wird es daher in der Regel für eine Pflicht des Gastgeberstaates ansehen dürfen, den Staatsgast vor derartigen Situationen zu bewahren und keine Veranstaltungen in das Programm aufzunehmen, bei denen für die Sicherheit des Gastes nicht gebürgt werden kann. Hier jedoch hat König Karl selbst auf dem Bad in der Menge bestanden. Er musste wissen, dass ein Restrisiko auch durch sorgfältige Vorkehrungen der Gastgeber nicht auszuschließen war. Der Sachverhalt spricht von strengen Sicherheitsmaßnahmen. Gleichwohl kann ohne nähere Kenntnis der Umstände nicht abschließend festgestellt werden, ob nicht doch auf Seiten von Liberalien nötige Sicherungen unterblieben sind, etwa durch unterlassene Personenkontrollen auf dem Weg zur Versammlung, um mitgeführte Waffen aufzuspüren. Jedenfalls wird man ein Mitverschulden Karls, das Karolien zuzurechnen ist, nicht ausschließen können, welches bei der Festsetzung etwaiger Wiedergutmachung zu berücksichtigen wäre (vgl. Art. 39 ASR).[38]

149

C. Kein Schutz vor der Schutztruppe?

I. Verantwortlichkeit für die Menschenrechtsverstöße

Dass sexueller Missbrauch und Menschenhandel schwere Verstöße gegen internationale Menschenrechtsgarantien darstellen, steht außer Frage. Hier genügt der Hinweis auf das Verbot der erniedrigenden Behandlung in Art. 5 AEMR, Art. 7 IPBPR oder Art. 3 EMRK. Unabhängig davon, ob Niarania oder die UNO (oder beide) für die Beteiligung der niaranischen Soldaten an diesen Menschenrechtsverstößen verantwortlich sind, ist zunächst festzuhalten, dass nach den Regeln der völkerrechtlichen Verantwortlichkeit Staaten und Internationale Organisationen auch für Handlungen ihrer Organe *ultra vires* einzustehen haben. Dieser von der ILC in Art. 7 ASR und Art. 8 ARIO niedergelegte Grundsatz ist gewohnheitsrechtlich fest verankert. Aus diesem Grunde spielt es keine Rolle, dass sich die Blauhelmsoldaten aller Wahrscheinlichkeit nach über Weisungen ihrer Vorgesetzten hinweggesetzt haben dürften, indem sie sich „in großem Stil" an jenen Menschenrechtsverletzungen beteiligten.

150

---

38 Zur völkerrechtlichen Anerkennung der Mitverschuldensregel ILC-Kommentar, Anm. 4 zu Art. 39.

151 **Hinweis:** Da der Schwerpunkt klar auf der Verteilung der Verantwortlichkeiten zwischen Niarania und der UNO liegt, wurde die Frage des Handelns *ultra vires* hier vor die Klammer gezogen. Auf diese Weise wird ein wenig elegantes „Abklappern" am Ende oder eine ebenfalls unschöne Inzidentprüfung vermieden.

152 Die zentrale Frage ist, ob Niarania, die UNO oder beide für das deliktische Verhalten der Blauhelme verantwortlich zu machen sind. Wo Staaten ihre Organe einer Internationalen Organisation zur Verfügung stellen, kommt es in aller Regel zu einer Abstufung in der Befehls- und Kommandogewalt.[39] Dabei reicht für eine Zurechnung zur UNO nicht schon der Umstand aus, dass die Kontrolle über die Gesamtoperation in Korovia beim UNFC liegt. Zwar hat der EGMR 2007 in der Rechtssache *Behrami und Saramati* in Bezug auf vom UN-Sicherheitsrat mandatierte Handlungen im Kosovo „operational command and control" für ausreichend gehalten;[40] das Urteil ist aber weithin auf Ablehnung gestoßen.[41] Handeln beeinflussen – und damit auch dafür verantwortlich gemacht werden – kann nur, wer es effektiv kontrolliert *(effective control)*. Inzwischen herrscht weitgehende Einigkeit, dass die Internationale Organisation für konkrete Handlungen oder Unterlassungen „under its exclusive direction and control, rather than on instruction from the sending State"[42] verantwortlich ist. Bei UN-Einsätzen kommt es daher darauf an, ob ein konkretes Verhalten unter einer „exklusiven Befehlskette" der UNO stand.[43] Hieran fehlt es regelmäßig bei vom UN-Sicherheitsrat lediglich autorisierten Einsätzen.[44]

153 Im Unterschied zu derartigen Einsätzen führt die UNO Blauhelm-Missionen wie diejenige in Korovia selbst durch. Gleichwohl findet keine vollständige Eingliederung der nationalen Kontingente in die Befehls- und Kommandostrukturen der UNO statt. Nicht nur verbleibt den truppenstellenden Staaten die exklusive Straf- und Disziplinargewalt; auch liegt – wie im Sachverhalt ausgeführt – der Befehl über die nationalen Kontingente beim NCC. Dass dieser lediglich keinen nationalen Befehlen unterliegen „soll", sofern dies zu Konflikten mit den Aufgaben der Mission führen kann, verdeutlicht, dass die nationalen Befehlsketten durchaus fortbestehen. Durch die Soll-Bestimmung und die Berichtspflicht gegenüber dem UNFC wird aber immerhin so weit als möglich abgesichert, dass der UNFC weitestgehende Kontrolle über die Einsätze erhält. Die UN-Befehlskette ist damit vielleicht nicht im strengen Sinne „exklusiv", reicht aber im Regelfall für die Annahme effektiver Kontrolle aus.

---

39 *v. Arnauld*, Rn. 403 f. Zum Folgenden im Überblick *v. Arnauld/Buszewski*, FW 88/3–4 (2013), 15 am Beispiel der juristischen Aufarbeitung des Massakers von Srebrenica.
40 EGMR, Urteil v. 2.5.2007, Behrami und Saramati/Frankreich u.a., 78166/01, EuGRZ 2007, 522.
41 Kritisch zur EGMR-Rechtsprechung bspw. *Klein*, in: Katz Cogan/Hurd/Johnstone (Hg.), The Oxford Handbook of International Organizations, 2016, 1026 (1032 f); *Sari*, HRLR 8/1 (2008), 151 (159).
42 Kommentar zu den ARIO, A/RES/66/100 v. 9.12.2011, Art. 7, Rn. 8 m. w. N.
43 Kommentar zu den ARIO, A/RES/66/100 v. 9.12.2011, Art. 7, Rn. 6; *Klein* (Fn. 41), 1031, nennt die UN Mission im Kosovo (UNMIK) oder UNPROFOR im früheren Jugoslawien als Beispiele.
44 Kommentar zu den ARIO, A/RES/66/100 v. 9.12.2011, Einleitung zu Chapter II, Rn. 5; *Montejo*, in: FS Brownlie, 2013, 389 (403).

Gefährliche Reisen **Fall 5**

154 Der vorliegende Fall ist insofern besonders gelagert, als das Verhalten der Soldaten nicht in unmittelbarem Zusammenhang mit ihren Dienstaufgaben stand – und insofern auch nicht in die UN-Befehlskette integriert war. Dass Niarania sich die exklusive Straf- und Disziplinargewalt über seine Blauhelmsoldaten vorbehalten hat, verdeutlicht, dass – unbeschadet des o. g. Grundsatzes, dass auch Handeln *ultra vires* die Verantwortlichkeit nicht entfallen lässt – es insofern nicht um die Erfüllung der Missionsaufgaben geht, die Blauhelme aus Niarania somit auch nicht in die UN-Befehlskette eingegliedert sind, sondern weiterhin als Staatsorgane Niaranias agieren. Somit sind die schweren Menschenrechtsverletzungen durch die Blauhelmsoldaten deren Heimatstaat zuzurechnen. Niarania trägt die völkerrechtliche Verantwortlichkeit und ist zur Wiedergutmachung verpflichtet.

155 **Hinweis:** Völkerrechtlich besteht diese Verpflichtung primär nur gegenüber dem Heimatstaat der Opfer, Korovia. Individuelle Entschädigungsansprüche bedürfen auf völkerrechtlicher Ebene ausdrücklicher Regelung (vgl. z. B. Art. 5 Abs. 5 EMRK bei unrechtmäßigen Freiheitsentziehungen); ansonsten bleiben sie dem anwendbaren nationalen Recht vorbehalten.[45]

156 Fragen der völkerrechtlichen Verantwortlichkeit lassen sich bei multinationalen Einsätzen unter dem Dach einer Internationalen Organisation nur unzureichend mit einem „Entweder–Oder" beantworten. Zunehmend wird daher gefordert, gerade in solchen Zusammenhängen über Modelle „geteilter Verantwortlichkeit" („shared responsibility") nachzudenken.[46] Dies gilt namentlich dort, wo mehr als ein Völkerrechtssubjekt über eine „power to prevent"[47] verfügt. Unterstellt, dass die unabhängigen Berichte zutreffen, geht es im vorliegenden Fall um Menschenrechtsverletzungen „im großen Stil". Es geht also nicht so sehr um eine konkrete Operation, die aus dem Ruder gelaufen ist; es geht vielmehr um ein System von Rechtsverstößen, das von der militärischen Führung wenn auch nicht geduldet, so doch zumindest nicht unterbunden wurde. Gerade wegen seiner operativen Leitung und seiner Verantwortung für die Mission insgesamt obliegt es dem UNFC, solche systematischen Rechtsbrüche – die hier zudem das Befriedungsziel der Mission untergraben können – abzustellen. Eine „Kultur des Wegsehens" deutet auf ein Organisationsversagen hin. Der UNFC hätte ein Aufsichts- und Berichtssystem etablieren können und müssen, das ein rechtzeitiges Einschreiten gegen solche Vorkommnisse ermöglicht. Auch durch einen Neuzuschnitt der dem niaranischen Kontingent zugedachten Aufgaben hätte u. U. wirksam gegengesteuert werden können. Auch wenn diese Versäumnisse nicht die Zurechnung der Missbrauchsfälle zur UNO tragen, ist die UNO

---

45 *v. Arnauld*, Rn. 430 m. w. N. Näher *Stöckle*, FW 88/3–4 (2013), 119 (121 ff); *Tomuschat*, in: Crawford/Pellet/Olleson (Hg.), The Law of Responsibility, 2010, 985.
46 *v. Arnauld*, Rn. 404 m. w. N.; *Klein*, in: Crawford/Pellet/Olleson (Fn. 45), 297 (306 ff). Konzeptionelle Grundlegung bei *Nollkaemper/Jacobs*, MichJIL 34 (2013), 359.
47 Berufungsgericht Den Haag (Gerechtshof 's-Gravenhage), Urteil v. 5.7.2011, Nr. 200.020.173/01, Mehida Mustafic-Mujic, § 5.9. *Tzevelekos*, MichJIL, 36 (2015), 129 (169 ff); *v. Arnauld/Buszewski* (Fn. 39), 27 f. So auch in Hinblick auf den UN-Sicherheitsrat, sofern dieser Beweise erhält, dass das von ihm erteilte Mandat überschritten wird, *Häußler*, in: Wouters u.a. (Hg.), Accountability for Human Rights Violations by International Organisations, 2010, 215 (243).

jedoch für das Unterlassen des UNFC verantwortlich und hat insofern Wiedergutmachung zu leisten.

II. Durchsetzung von Wiedergutmachungsansprüchen

1. Gegenüber der UNO

157 Die UNO genießt vor den Gerichten ihrer Mitgliedstaaten gemäß Art. 105 Abs. 1 UNCh Immunität (nähere Ausgestaltung im Übereinkommen vom 13.2.1946 über die Vorrechte und Immunitäten der Vereinten Nationen)[48]. Daher besteht keine Möglichkeit, sie vor den Gerichten Korovias oder Niaranias auf Wiedergutmachung zu verklagen. Zwar hat der EGMR in der Rechtssache *Waite und Kennedy* entschieden, dass die Einräumung von Immunität gegenüber Internationalen Organisationen ohne Absicherung von „reasonable alternative means"[49] gegen Art. 6 EMRK verstößt (an diesen ist Niarania als Mitglied des Europarats vertraglich gebunden); diese Grundsätze finden aber wegen des Vorrangs der Pflichten aus der UN-Charta (Art. 103 UNCh) keine Anwendung auf die Immunität der UNO vor den Gerichten der Konventionsstaaten.[50] Auch auf internationaler Ebene ist gegen Maßnahmen oder (wie hier) Unterlassungen der UNO kein Rechtsweg eröffnet.[51] Die UNO ist nicht Vertragspartei eines internationalen Menschenrechtsabkommens. Vor dem IGH kann sie nicht verklagt werden, da hier nur Staaten als Parteien auftreten können (Art. 34 Abs. 1 IGH-Statut).[52]

158 Hinweis: Art. 29 des UN-Immunitäten-Übereinkommens verpflichtet die UNO eigentlich, geeignete Verfahren zur Beilegung von Streitigkeiten zu etablieren, an denen UN-Bedienstete beteiligt sind, die Immunitätsschutz genießen. Auch sieht Ziffer 51 des *UN Model SOFA* die Einrichtung einer ständigen Entschädigungskommission vor. Diesen Pflichten ist die Organisation aber bislang nicht nachgekommen. In der Praxis behilft sich die UNO mit – wenig effektiven – *local claims review boards*[53]. Im Kosovo wurde darüber hinaus zunächst eine Ombudsperson eingesetzt; seit 2006 gibt es ein *Human Rights Advisory Panel*, das aber nur über begrenzte Kompetenzen verfügt[54].

---

48 BGBl. 1980 II 941. Näher *Schütze*, Die Zurechenbarkeit von Völkerrechtsverstößen im Rahmen mandatierter Friedensmissionen der Vereinten Nationen, 2011, 127 ff; *Ziegler*, Simma, Art. 105, Rn. 16 ff; eine kritische Analyse möglicher Ansatzpunkte für ein Abweichen von dieser Immunität findet sich bei *Lundahl*, FW 88/3–4 (2013), 77 (94 ff).
49 EGMR, Urteil v. 18.2.1999, Waite and Kennedy vs. Germany, 26083/94, EuGRZ 1999, 207, § 68.
50 EGMR, Urteil v. 11.6.2013, Stichting Mothers of Srebrenica v. The Netherlands, 65542/12, § 164; Oberster Gerichtshof der Niederlande (Hoge Raad der Nederlanden), Berufungsurteil v. 12.4.2012, Mothers of Srebrenica v. Netherlands and United Nations, LJN: BW1999; ILDC 1760 (NL 2012); *Reinisch*, in: Katz Cogan/Hurd/Johnstone (Fn. 41), 1067.
51 Für Reformen auf der Ebene der UN spricht sich *Stöckle* (Fn. 45), aus.
52 *Schütze* (Fn. 48), 219, schlägt vor, in solchen Fällen ein Rechtsgutachten des IGH zu fordern.
53 Näher dazu *Schmalenbach*, Die Haftung Internationaler Organisationen, 2004, 166–513; siehe auch *v. Arnauld/Buszewski*, FW 88/3–4 (2013), 15 (29 f); *Reinisch*, in: Katz Cogan/Hurd/Johnstone (Hg.), The Oxford Handbook of International Organizations, 2016, 1061, am Beispiel des vermutlich durch UN-Blauhelme ausgelösten Choleraausbruchs auf Haiti. Dazu kritisch auch *Lundahl*, FW 88/3–4 (2013), 77 (91 ff).
54 *Schütze* (Fn. 48), 130.

2. Gegenüber Niarania

Aufgrund der Staatenimmunität kann Niarania nicht vor den Gerichten Korovias verklagt werden.[55] Eine Klage unmittelbar gegen die beteiligten Soldaten scheitert in Korovia an der im SOFA eingeräumten Immunität.[56] Allerdings besteht die Möglichkeit, vor den Gerichten Niaranias auf Wiedergutmachung zu klagen;[57] der Erfolg hängt allerdings von den Voraussetzungen ab, unter denen das Recht Niaranias solche Ansprüche zuerkennt. Nach (erfolgloser) Erschöpfung des Rechtsweges in Niarania besteht für die Opfer die Möglichkeit der Individualbeschwerde zum EGMR.[58] Zudem könnte Korovia für seine Staatsangehörigen im Wege des diplomatischen Schutzes gegen Niarania vorgehen, einschließlich einer Klage vor dem IGH.[59] Eine Staatenbeschwerde vor dem EGMR kommt indes nicht in Betracht, da Korovia nicht selbst Konventionsstaat ist (vgl. Art. 33 EMRK).

159

Zur Vertiefung

Leitentscheidungen: StIGH, Urteil v. 13.9.1928, Factory at Chorzów (Germany v. Poland), Merits, PCIJ 1928, Series A, No. 17 (*v. Arnauld*, Nr. 2; *Dörr*, Nr. 4b); IGH, Urteil v. 24.5.1980, U.S. Diplomatic and Consular Staff in Tehran (USA v. Iran), ICJ Rep. 1980, 3 (*v. Arnauld*, Nr. 17; *Dörr*, Nr. 26); EGMR, Urteil v. 2.5.2007, Behrami und Saramati/Frankreich u.a., 78166/01, EuGRZ 2007, 522; IGH, Urteil v. 3.2.2012, Jurisdictional Immunities of the State (Germany v. Italy: Greece Intervening), ICJ Rep. 2012, 99, § 93 (*v. Arnauld*, Nr. 30); Oberster Gerichtshof der Niederlande (Hoge Raad der Nederlanden), Berufungsurteil v. 12.4.2012, Mothers of Srebrenica v. Netherlands and United Nations, LJN: BW1999; ILDC 1760 (NL 2012).

Literatur zur Vertiefung: *A. v. Arnauld/S. Buszewski*, Modes of Legal Accountability, FW 88/3–4 (2013), 15–44; *D. Bodansky/J. Crook*, The ILC's State Responsibility Articles: Introduction and Overview, AJIL 96 (2002), 773–791; *W. Czapliński*, UN Codification of law of state responsibility, AVR 41 (2003), 62–82; *A. Epiney*, Die völkerrechtliche Verantwortlichkeit von Staaten für rechtswidriges Verhalten im Zusammenhang mit Aktionen Privater, 1992, insbes. 98–112, 135–269 (Zusammenfassungen auf 202 f, 269 f), 271–277; *Koivurova*, Due Diligence, MPEPIL (2/2010); *K.*

---

55 IGH, Urteil v. 3.2.2012, Jurisdictional Immunities of the State (Germany v. Italy: Greece Intervening), ICJ Rep. 2012, 99, § 93 (*v. Arnauld*, Rn. 332 ff und Anhang Nr. 30).
56 Zur üblichen Praxis, solche Abkommen aufgrund der unsicheren Reichweite gewohnheitsrechtlicher Staatenimmunität abzuschließen vgl. *v. Arnauld*, Rn. 328.
57 Zu dieser Möglichkeit der Durchsetzung *Wittich*, LJIL 26 (2013), 643; siehe auch *v. Arnauld*, Rn. 430 m.w.N.
58 Zu den Voraussetzungen vgl. *v. Arnauld*, Rn. 736 ff.
59 Zu Durchsetzungsmöglichkeiten des Gaststaates *Schütze* (Fn. 48), 218 f; zum diplomatischen Schutz s.o. Rn. 129 und *v. Arnauld*, Rn. 593 f. Zu Ansätzen einer Prozessstandschaft des Heimatstaates zur internationalen Durchsetzung von Individualrechten u.U. auch unabhängig von eigenen Rechten IGH, Urteil v. 19.6.2012, Ahmadou Sadio Diallo (Guinea v. DR Congo), Compensation, ICJ Rep. 2012, 324, § 57 (*v. Arnauld*, Rn. 594 und Anhang Nr. 31); so auch z.B. *Seegers*, Das Individualrecht auf Wiedergutmachung, 2005, 223 ff.

Fall 5 *Gefährliche Reisen*

Schmalenbach, Die Haftung Internationaler Organisationen, 2004; *J. P. Schütze*, Die Zurechenbarkeit von Völkerrechtsverstößen im Rahmen mandatierter Friedensmissionen der Vereinten Nationen, 2011; *D. Shelton*, Righting Wrongs: Reparations in the Articles on State Responsibility, AJIL 96 (2002), 833–856; *P. Stöckle*, Victims Caught Between a Rock and a Hard Place: Individual Compensation Claims against Troop-Contributing States, FW 88/3-4 (2013), 119–141; *J. Wolf*, Die gegenwärtige Entwicklung der Lehre über die völkerrechtliche Verantwortlichkeit der Staaten, ZaöRV 43 (1983), 481–536.

Fall 6
Auf allen Kanälen

Analogien befindet sich im Wahlkampf für das Präsidentenamt. In sämtlichen Prognosen liegt der Kandidat der Opposition, Cooper Tino, klar vorn. Sein Hauptthema ist das Verhältnis zur ehemaligen Kolonialmacht, Bitland. Die „besonderen Beziehungen" zwischen beiden Staaten, die seit der Unabhängigkeit Analogiens bestehen und für deren Fortsetzung die amtierende Präsidentin Annie Linux eintritt, nennt Tino eine „Fortsetzung des Imperialismus mit anderen Mitteln". Die Handels- und Investitionsabkommen zwischen Analogien und Bitland würden einseitig bitländische Unternehmen begünstigen und gehörten auf den Prüfstand. In einer offiziellen Stellungnahme warnt die Regierung Bitlands, ein Wahlsieg Tinos würde die bilateralen Beziehungen zum Schaden Analogiens schwer belasten.

Drei Wochen vor der Wahl soll Tino in einer populären TV-Sendung auftreten und sich dort den Fragen der Zuschauer stellen. Gerade für Oppositionskandidaten ist der Auftritt in diesem TV-Format nach Auffassung der Wahlforscher von enormer Bedeutung, da sie nicht über dieselben Möglichkeiten zur Selbstdarstellung verfügen wie Mitglieder der Regierung. Die Sendung wird zur Hauptsendezeit auf allen Kanälen des analogischen Staatsfernsehens live ausgestrahlt. Kurz nach Beginn der Sendung setzt eine Bildstörung ein. Wie sich herausstellt, sind sämtliche Server der wichtigsten Telekommunikationsunternehmen Analogiens abgestürzt, so dass keine weitere Fernsehausstrahlung möglich ist. In der Folgezeit ist über eine Woche lang der normale Fernsehempfang landesweit gestört. Die Störung wurde durch eine so genannte DDoS-Attacke[1] ausgelöst. Bei einer solchen Attacke lastet ein globales Netzwerk infizierter Computer (ein sog. Botnet) die angegriffenen Server mit exzessivem Datenverkehr über ihre Bandbreite hinaus aus, was deren Zusammenbruch herbeiführt. Auch wenn Computer auf der ganzen Welt involviert waren, kann Bitland als Ausgangspunkt für die Cyber-Operation ausgemacht werden. Jenseits dessen, dass auch mehrere Computer des bitländischen Verteidigungsministeriums Teil des Botnets waren, kann eine Beteiligung der bitländischen Regierung jedoch nicht nachgewiesen werden.

Eine Woche später veröffentlicht die Enthüllungsplattform „Un[der]cover" private E-Mails von Cooper Tino, die dessen Homosexualität offenbaren. Zwar ist Homosexualität in Analogien nicht strafrechtlich geächtet; allerdings bestehen verbreitete gesellschaftliche Vorbehalte. In Umfragen sinkt nach der Enthüllung die Popularität Tinos erheblich. Eine wahre Flut an Postings in Onlineforen und sozialen Netzwerken nennt ihn als Präsidenten moralisch untragbar und ruft zur Wiederwahl von Linux auf. Die dauernden Angriffe auf Cooper Tino zeigen schließlich Wirkung: Bei den Wahlen siegt Annie Linux, wenn auch knapp. Die Regierung Bitlands gratuliert als erste zu diesem „Sieg der Vernunft".

---

1 DDos steht für „Distributed Denial of Service", vgl. *Keromytis*, in: Springer (Hg.), Encyclopedia of Cyber Warfare, 2017, 91 f.

Fall 6 *Auf allen Kanälen*

Kurz nach der Wahl stellt sich heraus, dass Tinos E-Mails vom bitländischen Geheimdienst abgefangen und an „Un[der]cover" weitergegeben wurden. Auch die Spur der Internetkampagne gegen Tino führt nach Bitland. Hinter den Profilen, von denen die Postings ausgingen, steckten sog. Social Bots, Computerprogramme, die weitgehend automatisch die politischen Botschaften ihrer Auftraggeber im Internet verbreiteten. Eine unabhängige Kommission ermittelt, dass die Aktion von Bitland aus gesteuert wurde und dass die bitländische Regierung mit hoher Wahrscheinlichkeit ihr Urheber war, zumindest aber Kenntnis von ihr hatte.

Diese Neuigkeiten sorgen für Empörung in Analogien. Es kommt zu Großkundgebungen gegen Linux und ihre angeblichen Bitland-Kontakte. Repräsentative Umfragen ergeben, dass bei einer Wiederholung der Wahl Tino den Sieg davontragen würde. Präsidentin Linux reagiert mit einer Pressekonferenz, in der sie sich von Bitland distanziert. Sollte die bitländische Regierung hinter den Kampagnen gegen Tino stecken, wäre dies ein Angriff auf die analogische Demokratie und Unabhängigkeit, die nach klaren Antworten rufe. Sie habe ein Gutachten in Auftrag gegeben, das die Vorkommnisse unvoreingenommen auf mögliche Verletzungen des Völkerrechts prüfen solle.

Erstellen Sie dieses Gutachten!

Bearbeitungsvermerk: Menschenrechtliche Fragen sind nicht zu erörtern.

Lösungsskizze

I. Stellungnahme der Regierung   **161**
→ verbotene Intervention (-): kein Zwang, keine konkrete Androhung völkerrechtlich missbilligter Reaktion

II. DDoS-Attacke auf das Staatsfernsehen
1. Verletzung des Gewaltverbots
   → Notwendigkeit der Anpassung an Cyberkontext; bloße Blockierung der Server ohne physische Schäden; kein militärischer Charakter des Angriffs: Gewalt (-)
2. Verletzung des Interventionsverbots
   → Zwangswirkung (+), vgl. Sabotageakte; Funktionsfähigkeit des Fernsehens als geschütztes staatliches Interesse: Eingriff in den *domaine réservé* (+)
   → zusätzlich: Einmischung in Wahlkampf als verbotene Intervention? Hier: Urheber der Aktion unbekannt; daher unklar, ob Beeinflussung des Wahlkampfs bezweckt, (-)
   → DDoS-Attacke Bitland zurechenbar? Laut Sachverhalt (-)
3. Verletzung von Sorgfaltspflichten
   → schwere nachteilige Folgen für Analogien? Str., ob bei Botnet-Attacken Gesamtbetrachtung oder Einzelbetrachtung geboten; für Gesamtbetrachtung („Akkumulierung"): besonderer Charakter von Botnet-Angriffen; Differenzierung bei Frage der Verletzung der *due diligence* möglich und geboten
   → hier: Attacke aus Bitland; Beteiligung gleich mehrerer Computer des Verteidigungsministeriums, einwöchige Dauer; Unkenntnis unwahrscheinlich, jedenfalls Kennenmüssen (+)
   → Sorgfaltspflicht verletzt

III. Abfangen und Weitergabe der E-Mails
→ Abfangen: kein allgemeines Verbot der Spionage; allenfalls Menschenrechtsverstoß: hier nicht zu prüfen
→ Weitergabe: Verstoß gegen Interventionsverbot? Einmischung in innere Angelegenheiten (Wahlen) (+); Zwang (-), bloße Information, freie Entscheidung der Wählerinnen und Wähler nicht beeinträchtigt

IV. Einsatz der Social Bots
→ Einmischung in innere Angelegenheiten (+), s. o.; kein Zwang i. e. S., aber durch Täuschung und Manipulation Beeinträchtigung der freien Wahlentscheidung, daher (+)
→ Zurechnung zu Bitland: Urheberschaft nicht bewiesen, keine Anerkennung nach Art. 11 ASR
→ jdf. Sorgfaltspflichtverletzung (+) wegen Kenntnis

V. Gesamtergebnis

Lösung

162 Vier Vorkommnisse im Rahmen des analogischen Präsidentschaftswahlkampfs, an denen Bitland in der einen oder anderen Weise beteiligt war, könnten Brüche des Völkerrechts darstellen: die offizielle Stellungnahme der bitländischen Regierung (I.), die DDoS-Attacke auf das Staatsfernsehen (II.), das Abfangen und „Leaken" der E-Mails von Cooper Tino (III.) sowie der Einsatz von Social Bots zur Beeinflussung der Wählerschaft (IV.).

I. Stellungnahme der Regierung

163 Mit ihrer klaren Wahlempfehlung für Präsidentin Linux und der Warnung vor Konsequenzen, die eine Wahl ihres Herausforderers, Cooper Tino, haben könnte, könnte sich die bitländische Regierung in unzulässiger Weise in die inneren Angelegenheiten Analogiens eingemischt haben. Freilich gilt es, bloße politische Einmischungen *(interference)* von verbotenen Interventionen *(intervention)* zu unterscheiden. Erst wenn die Einmischung mit Zwang einhergeht oder auf andere Weise die souveräne Entscheidungsfreiheit eines anderen Staates beeinträchtigt, ist das gewohnheitsrechtlich geltende und in der souveränen Gleichheit der Staaten (vgl. Art. 2 Nr. 1 UNCh) wurzelnde Interventionsverbot verletzt.[2] Möglich ist zwar, dass (ähnlich wie bei der nach Art. 2 Nr. 4 UNCh verbotenen Drohung mit militärischer Gewalt) auch eine Drohung mit empfindlichen Konsequenzen eine solche Zwangswirkung entfalten kann; die Warnung der bitländischen Regierung ist aber unspezifisch gefasst und stellt im Übrigen auch keine völkerrechtlich missbilligte Reaktion in Aussicht. Die offizielle Stellungnahme Bitlands verletzt somit das Völkerrecht nicht.[3]

II. DDoS-Attacke auf das Staatsfernsehen

164 *Hinweis:* Die ILC-Artikel zur Staatenverantwortlichkeit behandeln die Frage der Zurechenbarkeit eines Normverstoßes vor dem Normverstoß selbst. Aus dramaturgischen Gründen wird hier die Prüfungsreihenfolge umgedreht. Der Sachverhalt lässt erkennen, dass (wie oft im Cyberkontext) die Frage der Verwicklung Bitlands in den Angriff offen ist. Eine Zurechnung scheidet damit (wohl) aus, so dass allenfalls eine Verletzung staatlicher Sorgfaltspflichten bleibt. Diese setzt bei Cyberaktionen voraus, dass die Aktion, wäre sie von Staatsorganen ausgeführt worden, gegen Völkerrecht verstieße,[4] was hier zuerst geprüft werden soll. Hinzu kommt, dass eine Zurechnung zu Bitland nur aus Mangel an Beweisen ausscheidet, ein Verstoß gegen das Interventionsverbot also durchaus möglich ist. Daher erscheint es zumindest gut vertretbar, einen solchen Verstoß unabhängig von der Zurechnungsfrage zu prüfen.

---

2 *v. Arnauld*, Rn. 349 ff.
3 Vgl. *Ohlin*, TexasLR 95 (2017), 1579 (1588). Allgemein zu politischen Stellungnahmen *v. Arnauld*, Rn. 357.
4 Vgl. *Schmitt* (Hg.), Tallinn Manual 2.0, 2017 on the International Law Applicable to Cyber Operations, Anm. 22 zu Regel 6.

1. Verletzung des Gewaltverbots

Vorbehaltlich der Frage einer Zurechnung zu Bitland könnte die Cyberattacke einen Verstoß gegen das zwischenstaatliche Gewaltverbot darstellen. Das in Art. 2 Nr. 4 UNCh geregelte Verbot gilt, wie der IGH im Nicaragua-Urteil von 1986 festgestellt hat, gewohnheitsrechtlich;[5] es kommt daher nicht darauf an, ob Analogien und Bitland UN-Mitglieder sind oder nicht. Das Gewaltverbot untersagt in seinem Ausgangspunkt die Anwendung bewaffneter Gewalt. Cyberangriffe unterscheiden sich in der Art und Weise ihrer Ausführung zwar von Angriffen mit konventionellen Waffen; sie können allerdings dann das Gewaltverbot verletzen, wenn sie solchen Angriffen in ihren Wirkungen vergleichbar sind und einen militärischen Charakter haben.[6] Im vorliegenden Fall hat die DDoS-Attacke durchaus erhebliche Auswirkungen: über eine Woche lang blieb der normale Fernsehempfang in ganz Analogien gestört. Allerdings handelte es sich lediglich um eine Blockierung der Server. Von physischen Schäden ist im Sachverhalt nicht die Rede. Damit fehlt es an einem konventionellen Angriff vergleichbaren Wirkungen. Auch der fehlende militärische Charakter spricht dagegen, in der DDoS-Attacke einen Verstoß gegen das völkerrechtliche Gewaltverbot zu sehen.[7]

165

2. Verletzung des Interventionsverbots

Die Störung des Sendebetriebs des Staatsfernsehens über einen Zeitraum von mehr als einer Woche könnte allerdings gegen das Interventionsverbot verstoßen. Dazu müsste eine Einmischung in die inneren Angelegenheiten Analogiens vorliegen, die unter Anwendung oder Androhung von Zwang erfolgt ist. Das Blockieren derjenigen Server, die für den Sendebetrieb des staatlichen Fernsehens erforderlich sind, ist Ausübung von Zwang und Sabotageakten vergleichbar, die typologisch dem Interventionsverbot unterfallen.[8] Dass sich die Aktion hier gegen das staatliche Fernsehen richtet, spricht ebenfalls dafür, eine verbotene Intervention im Rechtssinne anzunehmen. Schließlich gehört im Kommunikationszeitalter das Funktionieren der Massenmedien zu den vitalen Interessen eines Staates, die vor Störungen durch andere Staaten geschützt sind.[9]

166

Dass der DDoS-Angriff in unmittelbarem zeitlichen Zusammenhang mit dem TV-Auftritt Cooper Tinos ausgeführt wurde und die Fortführung des Wahlkampfes im staatlichen Fernsehen Analogiens unmöglich gemacht hat, lässt vermuten, dass über die Schädigung der Kommunikationsinfrastruktur hinaus der Angriff auch bezweckte, auf die analogische Innenpolitik einzuwirken. Indem das Interventionsverbot in seinem Kern Staaten vor Versuchen schützt, ihre souveräne Entscheidungsfreiheit durch Zwang oder

167

---

5 IGH, Urteil v. 27.6.1986, Military and Paramilitary Activities in and against Nicaragua (Nicaragua v. USA), Merits, ICJ Rep. 1986, 14, §§ 187 ff.
6 v. Arnauld, Rn. 1033; Hobe, 298 f. Zu weiteren Kriterien Tallinn Manual 2.0 (Fn. 4), Anm. 9 zu Regel 69.
7 Schmahl, BDGVR 47 (2016), 159 (181).
8 Dazu v. Arnauld, Rn. 360. Speziell zu DDoS-Attacken Schmahl (Fn. 7), 171.
9 Vgl. Tallinn Manual 2.0 (Fn. 4), Anm. 11 zu Regel 63, zur extraterritorialen Störung von Rundfunksendern. Zur Störung staatlicher digitaler Infrastruktur als Souveränitätsverletzung auch Henriksen, NorJIL 84 (2015), 323 (337 ff).

Druck zu beschneiden,[10] gehören auch innenpolitische Prozesse zum sog. *domaine réservé*, in den einzugreifen anderen Staaten verwehrt ist.[11] Dies ist letztlich Ausdruck der Freiheit zur Wahl des eigenen politischen Systems, das in der UN-Prinzipienerklärung, der *Friendly Relations Declaration* von 1970, ausdrücklich anerkannt ist.[12] Dass hier eine Erheblichkeitsschwelle überschritten ist, verdeutlicht der Hinweis im Sachverhalt auf die große Bedeutung der TV-Auftritte gerade für Oppositionspolitiker, ergibt sich aber auch aus der allgemeinen Bedeutung des Fernsehens im Wahlkampf.[13] Da allerdings der Urheber der DDoS-Attacke unbekannt ist und eine Urheberschaft der bitländischen Regierung nur vermutet werden kann, lässt sich nicht mit Gewissheit feststellen, dass der Angriff auf eine Einmischung in den Präsidentschaftswahlkampf abzielte.

168 **Hinweis:** Die unklare Urheberschaft der DDoS-Attacke wirkt sich hier unterschiedlich aus. Während die Sabotage des staatlichen Fernsehens als geschützter Infrastruktur eine verbotene Intervention darstellt, sofern sie einem Staat *zurechenbar* ist, kommt es für die Frage der Einmischung in den Wahlkampf auf die Zielrichtung der Attacke und damit auf die Motivlage an. Da diese wegen der ungewissen Urheberschaft nicht positiv festgestellt werden kann, fehlt es insoweit bereits *tatbestandlich* an einer Intervention im Rechtssinne.

169 Zumindest der Angriff auf das staatliche Fernsehen als geschützte Infrastruktur stellt tatbestandlich eine völkerrechtlich verbotene Intervention dar – sofern diese einem Staat, hier Bitland, zuzurechnen ist. Private Sabotageakte mögen Straftaten sein, lösen aber nur bei Zurechnung die völkerrechtliche Verantwortlichkeit wegen eines Verstoßes gegen das Interventionsverbot aus.[14] Es kommt daher entscheidend darauf an, ob und inwieweit Bitland für die DDoS-Attacke verantwortlich gemacht werden kann. Auch wenn ermittelt werden konnte, dass der Angriff in Bitland seinen Ausgang nahm, liegen über eine Verwicklung bitländischer Staatsorgane keine Erkenntnisse vor. Zwar waren auch Computer des bitländischen Verteidigungsministeriums Teil des Botnets; insoweit könnte es sich jedoch um die Folge eines Computervirus handeln, mit dem die betroffenen Rechner infiziert waren. Eine Zurechnung der DDoS-Attacke zu Bitland bloß aufgrund dieses Umstands und der politischen Interessenlage[15] kommt nicht in Betracht.

---

10 *v. Arnauld*, Rn. 350.
11 *Walter*, JZ 2015, 685 (687). Zum *domaine réservé* im Zusammenhang mit Computer-Netzwerk-Operationen näher *Woltag*, Cyber Warfare, 2014, 112 ff. *Ohlin* (Fn. 3), 1594 ff stellt hier auf das Recht zur (demokratischen) Selbstbestimmung als Teil staatlicher Souveränität ab, *Barela*, Just Security v. 12.1.2017, https://perma.cc/UKH6-JDSQ (Oktober 2017) auf die Legitimität demokratischer Institutionen als Schutzgut.
12 GA Res. 2625 (XXV) v. 24.10.1970, Nr. 1 (zur souveränen Gleichheit aller Staaten).
13 Vgl. *Ohlin* (Fn. 3), 1587 ff zu dem Hackerangriff im US-Präsidentschaftswahlkampf 2016, hinter dem Russland vermutet wurde.
14 *v. Arnauld*, Rn. 352.
15 Für die Relevanz eines *Cui bono*-Tests hingegen *Knake*, Untangling Attribution: Moving to Accountability in Cyberspace, 2010, 8 f; *Libicki*, Cyberdeterrence and Cyberwar, 2009, 43 f.

Hinweis: Teilweise wird bei schädigenden Netzaktivitäten, die von staatlichen Computern ausgehen, eine Umkehr der Beweislast gefordert, weil es dem geschädigten Staat praktisch unmöglich ist, die Urheberschaft zu beweisen. Bis zu einer Entkräftung des Anscheinsbeweises sei von einer Zurechnung auszugehen.[16] Abgesehen davon, ob ein solcher Ansatz bereits geltendes Völkerrecht wiedergibt, scheint die Verbindung dort nicht eng genug, wo staatliche Computer lediglich als Teil eines weit größeren Botnets in eine Netzattacke involviert sind.

170

3. Verletzung von Sorgfaltspflichten

Allerdings könnte Bitland wegen der Verletzung von Sorgfaltspflichten völkerrechtlich verantwortlich sein. Alle Staaten haben im Rahmen der angemessenen Sorgfalt *(due diligence)* dafür zu sorgen, dass von ihrem Territorium keine Cyberattacken auf andere Staaten ausgehen, die schwere nachteilige Folgen („serious adverse consequences") haben.[17] Dass die landesweite Störung des Fernsehempfangs über einen Zeitraum von einer Woche den nötigen Schweregrad erreicht, kann kaum zweifelhaft sein. Fraglich ist aber, ob diese Konsequenzen im Rahmen einer möglichen Sorgfaltspflichtverletzung jedem Staat zugerechnet werden können, auf dessen Hoheitsgebiet Computer lokalisiert sind, die Teil einer Botnet-Attacke waren.[18] Hiergegen spricht, dass die Verbindung zu dem Vorfall gering ist, wenn es sich nur um einzelne individuelle Rechner handelt, die sich mehr oder weniger zufällig auf dem Staatsgebiet befinden – zumal ein effektiver Schutz hier kaum zu gewährleisten ist. Auch hieße es, einen Staat wegen der Versäumnisse anderer Staaten in die Verantwortung zu nehmen. Andererseits bestünde ohne eine Akkumulierung der einzelnen Attacken die Gefahr, dass das Völkerrecht keinen Regulierungsansatz bietet, um Botnet-Angriffen zu begegnen, die typischerweise Computer, die in einer Vielzahl von Staaten lokalisiert sind, zu einem virtuellen Netzwerk zusammenfassen. Der Sorge vor einer Überspannung von Pflichten des Territorialstaates kann begegnet werden, wenn die Frage, ob die Sorgfaltspflicht verletzt wurde, für jeden Staat individuell danach bestimmt wird, in welchem Ausmaß sein Staatsgebiet genutzt wurde und welche zumutbaren effektiven Vorkehrungen er unterlassen hat.

171

Im vorliegenden Fall war Bitland Ausgangspunkt der Botnet-Attacke, was für eine qualifizierte „Verwicklung" in den Vorfall spricht. Vor allem aber waren Computer des Verteidigungsministeriums in die DDoS-Attacke involviert. Grundsätzlich kann erwartet werden, dass Staaten ihre eigene staatliche Computerinfrastruktur, zumindest in so sensiblen Bereichen wie der Verteidigung, schon im eigenen Interesse vor Angriffen schützen. Es besteht aber auch völkerrechtlich eine Pflicht, im Rahmen des Möglichen Sorge dafür zu tragen, dass Regierungscomputer nicht durch Infizierung „gekapert"

172

---

16 *Walter* (Fn. 11), 690.
17 Tallinn Manual 2.0 (Fn. 4), Regel 6. Siehe auch *Dörr*, GYIL 58 (2015), 87 (92 ff); *Henriksen* (Fn. 9), 333 ff; *Krieger*, AVR 50 (2012), 1 (16 ff); *Ney/Zimmermann*, GYIL 58 (2015), 51 (61 ff); *Schmahl* (Fn. 7), 175 f. Kritisch *Walter* (Fn. 11), 687 ff, der vor der Gefahr einer Überwachung von Netzaktivitäten warnt.
18 Zum Folgenden Tallinn Manual 2.0 (Fn. 4), Anm. 29 ff. zu Regel 6. Hier wird der Minderheit innerhalb der Expertenkommission gefolgt, um ein Leerlaufen des Schutzes gegenüber Botnet-Attacken zu vermeiden.

werden, um Schäden in anderen Staaten zu verursachen.[19] Ein vollkommener Schutz kann zwar nicht geboten werden; wenn aber mehrere Computer des Verteidigungsministeriums in eine Botnet-Attacke involviert sind, die über eine Woche lang andauert, spricht dies für eine Verletzung der Sorgfalt, die Bitland völkerrechtlich schuldet. Selbst wenn keine positive Kenntnis seitens der bitländischen Regierung vorliegen sollte, hätte diese doch zumindest innerhalb der einen Woche Kenntnis davon erlangen müssen, dass mehrere Computer des Verteidigungsministeriums infiziert und Teil einer DDoS-Attacke sind. Somit ist Bitland für die Verletzung von Sorgfaltspflichten gegenüber Analogien verantwortlich.

III. Abfangen und Weitergabe der E-Mails

173 Zunächst ist zu prüfen, ob das Abfangen der privaten E-Mails von Cooper Tino durch den bitländischen Geheimdienst Völkerrecht verletzt hat. Geheimdienstoperationen sind nicht als solche völkerrechtswidrig. Das Völkerrecht kennt kein Verbot der Spionage, erlaubt es Staaten aber zugleich, Spione nach ihrem nationalen Strafrecht zu verfolgen.[20] Allerdings kann die Art und Weise der Gewinnung der Informationen gegen Völkerrecht verstoßen. Wie der Geheimdienst an die E-Mails gelangt ist, ist nicht mitgeteilt; allenfalls kommt insoweit ein Verstoß gegen Menschenrechte in Betracht.[21] Ob Menschenrechte verletzt wurden, ist aber laut Bearbeitungsvermerk nicht zu untersuchen.

174 Auch die Weitergabe (das „Leaken") der E-Mails an „Un[der]cover" ist für sich genommen kein Völkerrechtsverstoß. Menschenrechtliche Fragen ausgeklammert, gibt es kein allgemeines Verbot der Weitergabe von Informationen über andere Staaten oder deren Politiker an Dritte. Denkbar ist es allerdings, dass Bitland mit der Weitergabe an eine Enthüllungsplattform gegen das Interventionsverbot verstoßen hat. Anders als im Fall der Sabotage des staatlichen Fernsehens steht hier fest, dass der bitländische Geheimdienst gehandelt hat. Dessen Handlungen sind Bitland über den Grundsatz der Verantwortlichkeit für das Handeln von Staatsorganen (vgl. Art. 4 ASR) zuzurechnen. Auch liegt klar auf der Hand, dass mit der Aktion Einfluss auf den Ausgang der Präsidentschaftswahl in Analogien genommen werden sollte. Insofern bezweckte die Aktion einen Eingriff in den *domaine réservé* Analogiens.

175 Fraglich ist allerdings, ob „Zwang" im Rechtssinne ausgeübt wurde. Dieser Begriff darf nicht im physischen Sinne eng verstanden werden, sondern ist – namentlich im Cyberkontext – vom Sinn und Zweck des Interventionsverbotes her zu deuten.[22] Wie ausgeführt, geht es um den Schutz der souveränen Entscheidungsfreiheit, was in einer Demokratie auch die Entscheidungsfreiheit des Volkssouveräns einschließt. Dies wird deutlich, wenn man sich

---

19 Vgl. *Walter* (Fn. 11), 690.
20 *v. Arnauld*, Rn. 328, 369. Vertiefend und m. w. N. *Matz-Lück*, in: Dietrich/Eiffler (Hg.), Handbuch des Rechts der Nachrichtendienste, 2017, 107 ff; *v. Morr/Haake*, Jura 2015, 789 (792 ff); *Schaller*, Spies, MPE-PIL (9/2015).
21 Näher *v. Bernstorff/Asche*, in: Dietrich/Eiffler (Fn. 20), 79 ff; *Peters*, Surveillance Without Borders? The Unlawfulness of the NSA-Panopticon, 2 Teile, EJIL Talk! v. 1.11.2013 und 4.11.2013 (Oktober 2017).
22 Näher dazu Tallinn Manual 2.0 (Fn. 4), Anm. 18 ff zu Regel 66; *Ohlin* (Fn. 3), 1587 ff.

vorstellt, ein Staat würde die Wählerschaft eines anderen Staates durch Androhung von Gewalt oder anderen empfindlichen Übeln zu einer bestimmten Wahlentscheidung zwingen wollen. Eine solche Drohung würde – gegebenenfalls neben dem Gewaltverbot – gegen das Interventionsverbot verstoßen. Im vorliegenden Fall wird aber kein vergleichbarer Druck ausgeübt. Vielmehr wird durch das „Leaken" der E-Mails ein wahre Information verbreitet, auf welche die Wählerschaft in Analogien nach den jeweils eigenen Überzeugungen reagiert. Obgleich die bitländische Regierung mit einer solchen negativen Reaktion auf die Enthüllung gerechnet und diese in ihr Kalkül einbezogen hat, tritt doch eine freie Entscheidung der analogischen Wählerinnen und Wähler zwischen die Aktion des bitländischen Geheimdienstes und den Ausgang der Präsidentschaftswahl.[23]

Da es bereits an einer Zwangswirkung fehlt, kann offen bleiben, wie der Umstand einzuordnen ist, dass die Veröffentlichung nicht durch Bitland selbst erfolgt, sondern durch eine private und von Bitland unabhängige Internetplattform. Insoweit bestehen nämlich Zweifel an einer Zurechnung, weil es an einem Handeln im „Auftrag" fehlt, wie es Art. 8 ASR im Einklang mit dem Gewohnheitsrecht fordert.

176

IV. Einsatz der Social Bots

Beim Einsatz der Social Bots stellt sich erneut die Frage nach einer unzulässigen Einmischung in den analogischen Wahlkampf und damit nach einer verbotenen Beeinflussung demokratischer Prozesse in Analogien. Erneut steht dabei die Frage nach dem Vorliegen eines Zwangselements im Mittelpunkt. Der Einsatz der Bots unterscheidet sich von der offiziellen Wahlempfehlung für Annie Linux (oben I.) dadurch, dass nicht erkennbar die bitländische Regierung zur Wahl der Amtsinhaberin aufruft, sondern eine Vielzahl fingierter Personen aus Analogien. Dadurch werden die Empfänger über die Interessen und Motive des Urhebers getäuscht. Der Einsatz der Bots unterscheidet sich vom strategischen „Leaken" von Tinos E-Mails (oben III.) dadurch, dass nicht etwa wahre Tatsachen verbreitet werden, über die sich die Wählerinnen und Wähler eine eigene Meinung bilden können, sondern dass – fälschlich – suggeriert wird, es gebe in Analogien eine Protestbewegung gegen Tino, als deren Teil man sich fühlen kann. Selbst wenn die Wählerinnen und Wähler nach wie vor eine eigene Entscheidung treffen, ist diese durch die Social Bots manipuliert und damit, in einem wertenden Sinne, nicht mehr frei. Will man die Entscheidungsfreiheit nicht nur abstrakt, sondern auch konkret und effektiv schützen, muss eine solche Manipulation der Anwendung von Zwang gleichgestellt werden.[24] Dabei ist die Einmischung als solche bereits als unzulässig anzusehen;[25] dass die Social-Bot-Kampagne im Verein mit der Veröffentlichung

177

---

23 Vgl., *mutatis mutandis*, Tallinn Manual 2.0 (Fn. 4), Anm. 21 zu Regel 6 zur Weitergabe kritischer Informationen über andere Staaten. Im Ergebnis auch *Ohlin* (Fn. 3), 1593 f.
24 Diese Wertungen beschränken sich auf das Völkerrecht in Friedenszeiten. Im bewaffneten Konflikt unterliegen Desinformationskampagnen anderen Rechtmäßigkeitsanforderungen.
25 Ähnlich *Barela* (Fn. 11). Übereinstimmend bei einer Einmischung in freie demokratische Prozesse, allerdings gestützt auf das Selbstbestimmungsrecht (und nicht auf das Interventionsverbot) *Ohlin* (Fn. 3), 1594 ff.

der E-Mails[26] mit an Sicherheit grenzender Wahrscheinlichkeit Linux den knappen Wahlsieg gesichert hat, verstärkt nur den Grad der Einmischung.

178 Eine völkerrechtlich verbotene Einmischung liegt freilich nur dann vor, wenn tatsächlich ein Staat hinter dem Einsatz der Social Bots steckt. Laut Sachverhalt geht die unabhängige Kommission zwar „mit hoher Wahrscheinlichkeit" davon aus, dass die Aktion von der bitländischen Regierung gesteuert wurde; eindeutige Beweise für eine solche Steuerung von Staatsorganen (vgl. Art. 4 ASR) oder privaten Akteuren (vgl. Art. 8 ASR) liegen aber nicht vor. Denkbar wäre es, eine Zurechnung auf eine Anerkennung und Annahme der Aktion als eigene zu stützen, entsprechend der in Art. 11 ASR niedergelegten Regel. Inwieweit diese Regel tatsächlich Gewohnheitsrecht reflektiert, ist zwar nicht unumstritten; hier fehlt es aber bereits an einer Annahme bzw. Anerkennung. Die bitländische Regierung begrüßt lediglich den Ausgang der Wahl als „Sieg der Vernunft". Völkerrechtlich missbilligt ist aber nicht der Ausgang der Wahl, sondern die Manipulation des Wahlvorgangs. Zu dieser hat sich die bitländische Regierung nicht bekannt.

179 Aus diesem Grunde kommt allenfalls ein Verstoß gegen völkerrechtliche Sorgfaltspflichten in Betracht. Nach Erkenntnissen der unabhängigen Kommission hatte die bitländische Regierung Kenntnis von der Social-Bot-Aktion, die auch von ihrem Hoheitsgebiet ausging. Wie oben festgestellt, besteht eine Verpflichtung jedes Staates im Rahmen der angemessenen Sorgfalt *(due diligence)* dafür zu sorgen, dass von seinem Territorium keine Cyberattacken auf andere Staaten ausgehen, die schwere nachteilige Folgen haben. Zwar sind die Folgen der Social-Bot-Aktion hier nicht physischer oder finanzieller, sondern ideeller Natur. Die Manipulation demokratischer Wahlen jedoch wirkt auf das Recht jedes Staates zur freien Wahl des politischen, sozialen wirtschaftlichen und kulturellen Systems ein und kann somit als schwere nachteilige Folge in diesem Sinne gelten. Sollte die bitländische Regierung nicht selbst die Social Bots eingesetzt haben (was die Zurechnung begründen würde, s. o.), hätte sie wegen ihrer Kenntnis von der Aktion die analogische Regierung warnen müssen.[27] Indem sie dies unterlassen hat, hat sie in völkerrechtswidriger Weise ihren positiven Verpflichtungen nicht entsprochen und ist völkerrechtlich verantwortlich.

V. Gesamtergebnis

180 Bitland hat in zweifacher Hinsicht zumindest seine völkerrechtliche Pflicht verletzt, im Rahmen der angemessenen Sorgfalt zu verhindern, dass sein Hoheitsgebiet zu Cyberoperationen mit schweren nachteiligen Folgen für Analogien genutzt wird. Weder hat es die in seiner Macht stehenden Mittel genutzt, gegen die DDoS-Attacke auf das analogi-

---

26 Zur Notwendigkeit einer Gesamtbetrachtung im Fall vermuteter russischer Einmischung in den US-Präsidentschaftswahlkampf 2016 *Ohlin* (Fn. 3), 1581 f.
27 Vgl., *mutatis mutandis*, IGH, Urt. v. 9.4.1949, Corfu Channel (United Kingdom v. Albania), ICJ Rep. 1949, 4 (22). Hierauf verweisend Tallinn Manual 2.0 (Fn. 4), Anm. 37 zu Regel 6. So auch *Dörr* (Fn. 17), 96 ff. Übereinstimmend zu einer Warnpflicht bei Kenntnis von *cyber security incidents* auch *Walter* (Fn. 11), 689, allerdings gestützt auf das Konzept guter Nachbarschaft.

sche Staatsfernsehen einzuschreiten, noch hat es die analogische Regierung über die andauernde Manipulation des Wahlkampfes durch Social Bots informiert. Für beide Rechtsverstöße ist Bitland völkerrechtlich verantwortlich und hat Wiedergutmachung zu leisten.[28] Während im ersten Fall ein angemessener Schadensersatz (vgl. Art. 36 ASR) in Betracht kommt,[29] fehlt es im zweiten Fall an einem bezifferbaren Schaden. Insoweit kommt nur eine Pflicht zur Genugtuung (vgl. Art. 37 ASR) in Frage.

Hinweis: Rechtliche Grenzen von Cyberoperationen werden derzeit ebenso kontrovers diskutiert wie Fragen der Verantwortlichkeit, wo sich Urheber von Cyberangriffen nicht mit Gewissheit ermitteln lassen. Es sind daher praktisch durchweg andere Ergebnisse vertretbar als die hier vorgeschlagenen – immer vorausgesetzt, diese werden gut begründet.

181

Zur Vertiefung

Leitentscheidung: IGH, Urt. v. 9.4.1949, Corfu Channel (United Kingdom v. Albania), ICJ Rep. 1949, 4 (*v. Arnauld*, Nr. 5).

Literatur zur Vertiefung: *S. Barela*, Cross-Border Cyber Ops to Erode Legitimacy: An Act of Coercion, Just Security v. 12.1.2017, https://perma.cc/UKH6-JDSQ (Oktober 2017); *A. Henriksen*, Lawful State Responses to Low-Level Cyber-Attacks, NorJIL 84 (2015), 323–351; *Kurbalija*, State Responsibility in Digital Space, SZIER 26 (2016), 307–325; *J. D. Ohlin*, Did Russian Cyber Interference in the 2016 Election Violate International Law?, TexasLR 95 (2017), 1579–1598; *C. Schaller*, Internationale Sicherheit und Völkerrecht im Cyberspace, SWP-Studie, 2014; *S. Schmahl*, Cybersecurity, BDGVR 47 (2016), 159–190; *M. Schmitt*, Peacetime Cyber Responses and Wartime Cyber Operations Under International Law: An Analytical Vade Mecum, HarvNSJ 8 (2017), 239–282; *ders.* (Hg.), Tallinn Manual 2.0 on the International Law Applicable to Cyber Operations, 2017; *C. Walter*, Cyber Security als Herausforderung für das Völkerrecht, JZ 2015, 685–736; Focus-Section, GYIL 58 (2015), 51–185.

---

28 Vgl. allgemein *Dörr* (Fn. 17), 96.
29 Zur Bemessung des Schadensersatzes bei staatlichem Unterlassen im Cyberkontext *Schulze*, Cyber-„War" – Testfall der Staatenverantwortlichkeit, 2015, 161 ff. Dass insoweit die Rechtsentwicklung noch im Fluss ist, konstatiert mit Recht *Kurbalija*, State Responsibility in Digital Space, SZIER 26 (2016), 307 (324 f).

Fall 7
Doppelt hält besser

182 S ist Staatsbürger von Amnesien, einem Staat in Südostasien. Wegen Drogenschmuggels hat er in Nemesien, einem Nachbarstaat von Amnesien, eine Freiheitsstrafe verbüßt. Wegen desselben Vorfalls hat ein amnesisches Gericht ihn in Abwesenheit zu einer langjährigen Zuchthausstrafe verurteilt. S sitzt in Deutschland in Auslieferungshaft, nachdem Amnesien auf Grund eines bilateralen Abkommens seine Auslieferung verlangt hat. Die Anwälte des S machen geltend, dass dieser nicht an ein Land ausgeliefert werden dürfe, in dem er für eine Tat ins Gefängnis geschickt werde, für die er bereits eine Haftstrafe verbüßt habe. Die gegen eine Auslieferung des S eingelegten Rechtsmittel bleiben indes erfolglos. Das letztinstanzlich entscheidende Oberlandesgericht ist auch nach eingehender Auseinandersetzung mit gegenteiligen Stimmen im jüngeren Schrifttum sowie verschiedenen (im Fall nicht einschlägigen) völkervertraglichen Regelungen der Auffassung, dass das Verbot der Doppelbestrafung *(ne bis in idem)* keine zwischenstaatliche Geltung habe. Hierauf erhebt S Verfassungsbeschwerde vor dem Bundesverfassungsgericht.

Wie wird der zuständige Zweite Senat entscheiden?

Abwandlung: Wie würde es sich auf die Begründetheit der Verfassungsbeschwerde des S auswirken, wenn die Haftbedingungen in Amnesien zuverlässigen Quellen des Auswärtigen Amtes zufolge menschenunwürdig wären? Spielt es eine Rolle, ob die Regierung Nemesiens menschenwürdige Haftbedingungen für S zugesichert hat? Welche prozessualen Schritte könnte S ergreifen, sollte seine Verfassungsbeschwerde keinen Erfolg haben?

Lösungsskizze

A. Zulässigkeit
  I. Beschwerdefähigkeit
    → S als natürliche Person „jedermann"
  II. Beschwerdegegenstand
    → Beschluss des OLG als Akt der öffentlichen Gewalt
  III. Beschwerdebefugnis
    → S selbst, gegenwärtig und unmittelbar betroffen, Verletzung von Art. 2 Abs. 1 GG und Art. 101 S. 2 i. V. m. Art. 100 Abs. 2 GG möglich (auch für Ausländer)
  IV. Rechtswegerschöpfung (+)
  V. Form und Frist
  VI. Ergebnis zu A
B. Begründetheit
  I. Auslieferung: Art. 2 Abs. 1 GG
    → Subsidiarität sperrt nicht; Schutzbereiche von Art. 16 Abs. 2 GG, Art. 2 Abs. 2 S. 2 GG (-)
    1. Eingriff in den Schutzbereich
    2. Verfassungsrechtliche Rechtfertigung
      → Auslieferungsabkommen i. V. m. Zustimmungsgesetz = Bestandteil der „verfassungsmäßigen Ordnung", aber (-) bei Verstoß gegen Art. 25 GG (Vorrang vor Gesetzen!)
      → Verbot der Doppelbestrafung grds. nur vor Gerichten desselben Staates und vor internationalen Gerichten; i.Ü. nur innerhalb der EU, hier (-), A liegt in Südostasien
  II. Nichtvorlage: Art. 101 Abs. 1 S. 2 i. V. m. Art. 100 Abs. 2 GG
    1. Gesetzlicher Richter
      → BVerfG = gesetzlicher Richter, sofern Vorlagepflicht bestand und verletzt wurde
      a) Zweifel am Bestehen einer allgemeinen Regel des Völkerrechts
        → ernst zu nehmende Zweifel (objektive Sicht!)? OLG setzt sich selbst mit Schrifttum und völkerrechtlichen Verträgen auseinander: (+)
      b) Entscheidungserheblichkeit
        → (+), bei Existenz eines gewohnheitsrechtlichen Verbots Auslieferung unzulässig
    2. Entziehung
      → grds. durch Verstoß indiziert, kein Vertretbarkeitsspielraum; exzeptionelle Umstände nicht ersichtlich
      → muss auf dem Verstoß „beruhen" = abweichendes Ergebnis; hier: „Nachholung" der Vorlage durch Zweiten Senat des BVerfG möglich
      → keine allgemeine Regel des Völkerrechts (s. o.), „beruhen" (-), „Entziehung" (-)

Fall 7 *Doppelt hält besser*

C. Ergebnis
Abwandlung
→ menschenwürdewidrige Haftbedingungen als Verstoß gegen Art. 1 Abs. 1 GG, Art. 2 Abs. 1 i. V. m. Art. 25 GG; gilt auch für Auslieferung als bestimmende Mitwirkungshandlung; Pflicht zur verfassungskonformen Auslegung und Anwendung des Auslieferungsabkommens
→ Grundsatz: Vertrauen im Auslieferungsverkehr; hier: erschüttert durch zuverlässige Berichte
→ verbindliche Zusicherung beseitigt verfassungsrechtliche Bedenken, wenn nicht auch insoweit Vertrauen erschüttert
→ Einzelfallprüfung durch Behörden und Gerichte geboten
→ Bei erfolgloser Verfassungsbeschwerde: Individualbeschwerde zum EGMR möglich wegen Verletzung von Art. 3 EMRK

Lösung

Der Zweite Senat des BVerfG wird der Verfassungsbeschwerde stattgeben und den Beschluss des OLG gemäß § 95 Abs. 2 BVerfGG aufheben, wenn die Verfassungsbeschwerde des S nach Art. 93 Abs. 1 Nr. 4a GG i. V. m. §§ 13 Nr. 8a, 23 Abs. 1, 90 ff BVerfGG zulässig und begründet ist.

A. Zulässigkeit

Die Verfassungsbeschwerde müsste zunächst zulässig sein.[1]

I. Beschwerdefähigkeit

Als natürliche Person ist S Grundrechtsträger. Damit ist er „jedermann" im Sinne von § 90 Abs. 1 BVerfGG und beschwerdefähig.

II. Beschwerdegegenstand

Tauglicher Beschwerdegegenstand ist nach § 90 Abs. 1 BVerfGG ein Akt der öffentlichen Gewalt, hier der Beschluss des OLG als ein Akt der Judikative, mit dem letztinstanzlich die Auslieferung des S bestätigt wurde.

III. Beschwerdebefugnis

Um gemäß § 90 Abs. 1 BVerfGG beschwerdebefugt zu sein, müsste S behaupten, selbst, gegenwärtig und unmittelbar in einem seiner Grundrechte oder grundrechtsgleichen Rechte verletzt zu sein. Dies müsste zudem möglich erscheinen. Als Adressat eines belastenden Urteils ist S selbst und unmittelbar betroffen. Da seine Auslieferung unmittelbar droht, ohne dass S dies aufhalten könnte, ist er auch gegenwärtig betroffen. S könnte eine Verletzung seines Grundrechts aus Art. 2 Abs. 1 GG sowie seines grundrechtsgleichen Rechts aus Art. 101 Abs. 1 S. 2 i. V. m. Art. 100 Abs. 2 GG rügen.[2] Beide Rechte stehen auch Ausländern zu. Es ist nicht von vornherein auszuschließen, dass eine allgemeine Regel des Völkerrechts besteht, wonach eine Auslieferung unzulässig ist, wenn sie wegen einer Tat erfolgt, für die der Auszuliefernde bereits in einem anderen Staat bestraft wurde. Daher erscheint eine Verletzung des S in diesen beiden Rechten möglich. Die Beschwerdebefugnis liegt vor.

---

1 Zu den Zulässigkeitsvoraussetzungen der Verfassungsbeschwerde *Benda/Klein*, Lehrbuch des Verfassungsprozessrechts, 3. Aufl. 2012, Rn. 502 ff; *Goos*, in: Hillgruber/Goos, Verfassungsprozessrecht, 4. Aufl. 2015, Rn. 86 ff; *Schlaich/Korioth*, Das Bundesverfassungsgericht, 10. Aufl. 2015, Rn. 206 ff; *Spranger*, AöR 127 (2002), 27.
2 Zu diesen beiden verfassungsprozessualen „Einfallstoren" für Art. 25 GG *Hofmann*, in: FS Zeidler, 1987, Bd. 2, 1886.

IV. Rechtswegerschöpfung

188 Gem. § 90 Abs. 2 BVerfGG müsste S den Rechtsweg erschöpft haben. Über die Auslieferung und die Auslieferungshaft hat das OLG laut Sachverhalt letztinstanzlich entschieden. Hinsichtlich der Nichtvorlage durch das letztinstanzlich entscheidende Gericht steht kein Rechtsweg vor den Fachgerichten offen. Auch Möglichkeiten indirekten Rechtsschutzes, deren Wahrnehmung wegen der Subsidiarität der Verfassungsbeschwerde geboten wäre, sind nicht ersichtlich.

V. Form und Frist

189 Die Verfassungsbeschwerde muss gem. § 23 Abs. 1 BVerfGG schriftlich erhoben werden. Sie bedarf gemäß § 92 BVerfGG der Begründung. Dass S die 1-Monats-Frist des § 93 Abs. 1 BVerfGG beachtet hat, ist mangels anders lautender Angaben zu unterstellen.

VI. Ergebnis zu A

190 Die Verfassungsbeschwerde des S ist zulässig.

B. Begründetheit

191 Die Verfassungsbeschwerde ist begründet, wenn S durch den Beschluss tatsächlich in den genannten Rechten verletzt ist.

192 **Hinweis:** Das BVerfG stellt in den Auslieferungsfällen regelmäßig die Prüfung von Art. 101 Abs. 1 S. 2 GG voran und prüft danach erst die Verletzung von Grundrechten durch die Auslieferung selbst.[3] Da die Grundrechtswidrigkeit der Auslieferung selbst weiter geht als die Aufhebung der Entscheidung wegen eines bloßen Verfahrensverstoßes, liegt es aber näher, mit der Prüfung von Art. 2 Abs. 1 i. V. m. Art. 25 GG zu beginnen.[4] Diese Prüfungsfolge wird hier gewählt. Eine zwingende Reihenfolge gibt es nicht.

I. Auslieferung: Art. 2 Abs. 1 GG

193 Die drohende Auslieferung könnte gegen das Grundrecht des S aus Art. 2 Abs. 1 GG verstoßen. Dieses Grundrecht ist zwar gegenüber den speziellen Freiheitsrechten subsidiär; aber weder kann sich S als Ausländer auf Art. 16 Abs. 2 GG berufen, noch stellt die Auslieferung als solche einen Eingriff in das Grundrecht aus Art. 2 Abs. 2 S. 2 GG dar, das nur vor Freiheitsentziehung, nicht vor jedem zwangsweisen Eingriff in die individuelle Freiheit schützt. Die Subsidiarität des Grundrechts aus Art. 2 Abs. 1 GG sperrt hier daher nicht.

---

3 Z. B. BVerfGE 109, 38.
4 So z. B. BVerfGE 23, 288.

> **Hinweis:** Das BVerfG spricht in Auslieferungsfällen z. T. von „Art. 2 Abs. 1, Art. 2 Abs. 2 S. 2 **194**
> i. V. m. Art. 25 GG"[5] ohne genauer zu spezifizieren, ob es Art. 2 Abs. 2 S. 2 GG wegen der Mitwirkung an einer ausländischen Freiheitsentziehung für anwendbar hält und wie das Verhältnis zu Art. 2 Abs. 1 GG aussehen soll.[6] Grund dürfte sein, dass hier lediglich der Vortrag des Beschwerdeführers aufgegriffen wird, ohne diesen genauer zu prüfen. Eine umfangreiche Prüfung ist wegen der o. g. Prüfungsreihenfolge des BVerfG in der Regel an dieser Stelle auch nicht mehr nötig.

1. Eingriff in den Schutzbereich

Nach h. M. garantiert Art. 2 Abs. 1 GG die allgemeine Handlungsfreiheit in einem umfassenden Sinn. Offenkundig würde die zwangsweise Auslieferung des S in diese Freiheit eingreifen. **195**

2. Verfassungsrechtliche Rechtfertigung

Der Eingriff wäre nur gerechtfertigt, wenn er im Sinne von Art. 2 Abs. 1 GG als Bestandteil der „verfassungsmäßigen Ordnung" zu werten wäre. Er findet seine Rechtsgrundlage im deutsch-amnesischen Auslieferungsabkommen, das über das Zustimmungsgesetz nach Art. 59 Abs. 2 GG Bestandteil der verfassungsmäßigen Ordnung der Bundesrepublik Deutschland ist. Die Auslieferung auf Grundlage des Abkommens könnte jedoch gegen eine allgemeine Regel des Völkerrechts verstoßen, der gemäß Art. 25 GG Vorrang selbst vor den Bundesgesetzen zukommt.[7] Eine hoheitliche Maßnahme – hier die Auslieferung – ist nämlich dann nicht Bestandteil der verfassungsmäßigen Ordnung, wenn sie im Widerspruch zu allgemeinen Regeln des Völkerrechts im Sinne von Art. 25 GG steht.[8] Als allgemeine Regeln des Völkerrechts gelten jedenfalls die Regeln des universellen Völkergewohnheitsrechts sowie allgemeine Rechtsgrundsätze im Sinne von Art. 38 Abs. 1 lit. c IGH-Statut.[9] Es kommt für den vorliegenden Fall maßgeblich darauf an, ob es eine solche allgemeine Regel des Völkerrechts gibt, welche die Auslieferung eines Straftäters für eine Straftat verbietet, für die er bereits in einem anderen Staat bestraft worden ist. **196**

Nach herkömmlichem Verständnis gilt der Grundsatz *ne bis in idem* nur im innerstaatlichen Bereich. So ist für Art. 103 Abs. 3 GG ganz überwiegend anerkannt, dass er nur die doppelte Bestrafung durch deutsche Gerichte untersagt.[10] Hierin besteht nach wie vor weitgehende Übereinstimmung mit den Entscheidungen ausländischer Gerichte. Wegen dieser tatbestandlichen Beschränkung des innerstaatlichen Doppelbestrafungs- **197**

---

5 Vgl. BVerfGE 109, 38 (58).
6 Ähnlich jüngst BVerfG, NStZ 2017, 43, Rn. 39.
7 *v. Arnauld*, Rn. 515; *Geiger*, Grundgesetz und Völkerrecht, 6. Aufl. 2013, 159 f; *Sauer*, Staatsrecht III, 4. Aufl. 2016, § 6 Rn. 20; *Schweitzer/Dederer*, Staatsrecht III, 11. Aufl. 2016, Rn. 883 f.
8 Std. Rspr. seit BVerfGE 23, 288 (300).
9 BVerfGE 23, 288 (317); 94, 315 (328); 96, 68 (86); *v. Arnauld*, Rn. 514; *Hofmann* (Fn. 2), 1889 ff; *Kunig*, Jura 1989, 667 (669 f); *ders.*, Vitzthum, 2. Abschnitt, Rn. 137 ff.
10 Vgl. BVerfGE 75, 1 (21); *Specht*, Die zwischenstaatliche Geltung des Grundsatzes ne bis in idem, 1999, 24 ff m. w. N. (auf 182 ff, aber selbst a. A.); *Vogel/Norouzi*, JuS 2003, 1059 (1060).

verbots scheitert seine Übertragung auf die völkerrechtliche Ebene in Gestalt eines allgemeinen Rechtsgrundsatzes. Zugleich lässt sich dieser Haltung ein Indiz für eine entsprechende *opinio iuris* innerhalb der Völkerrechtsgemeinschaft entnehmen, wonach die Bestrafung in dem einen Staat einer Bestrafung in einem anderen Staat nicht entgegensteht. Dieses Verständnis bringt auch Art. 4 Abs. 1 des 7. Zusatzprotokolls zur EMRK deutlich zum Ausdruck, der die erneute Verfolgung „in einem Strafverfahren desselben Staates" untersagt.[11] Sachlich übereinstimmend bestimmt Art. 14 Abs. 7 IPBPR das Verbot erneuter Verfolgung, wenn jemand bereits nach dem Recht „des jeweiligen Landes" rechtskräftig verurteilt oder freigesprochen worden ist.[12] Folgerichtig hat das BVerfG im Jahre 1987 nach sorgfältiger Prüfung die gewohnheitsrechtliche Geltung eines zwischenstaatlichen Verbots der Mehrfachbestrafung verneint, wenn es auch erste Tendenzen einer transnationalen Ausdehnung des Grundsatzes feststellte.[13]

198 In jüngerer Zeit findet sich in den internationalen Beziehungen verstärkt der Ausschluss der Mehrfachbestrafung. So wurde in die Statuten der UN-Kriegsverbrechertribunale für Ruanda und Jugoslawien eine Regelung aufgenommen, die eine doppelte Bestrafung der Täter ausschließen soll.[14] Auch Art. 20 Abs. 3 IStGH-Statut untersagt grundsätzlich, jemanden für eine Tat vor dem IStGH zu belangen, derentwegen er bereits vor ein anderes Gericht gestellt wurde. Diese Regelungen sind jedoch auf das zwischenstaatliche Verhältnis nicht übertragbar. Sie dienen in erster Linie der Abgrenzung der Kompetenzen zwischen der staatlichen und der neu institutionalisierten internationalen Strafgewalt und folgen nicht aus der Einsicht, dass die Mehrfachbestrafung aus menschenrechtlichen Gründen absolut ausgeschlossen sein soll. Das mit einem Vorbehalt zu Gunsten von Tatort- und Opferstaat versehene Verbot der Mehrfachbestrafung in Art. 12 Abs. 2 lit. b des ILC-Entwurfs eines Kodizes über Verbrechen gegen den Frieden und die Sicherheit der Menschheit von 1996[15] ist als Versuch einer Rechtsfortbildung zu betrachten, der nicht die Praxis und Rechtsüberzeugung der Staatengemeinschaft reflektiert.[16] Dementsprechend hat das BVerfG 2007 und 2011 bekräftigt, dass ein transnational wirkendes Verbot der Doppelbestrafung im allgemeinen Völkerrecht noch immer nicht etabliert ist.[17] Hieran hat sich seither nichts geändert.

199 Echte zwischenstaatliche Geltung hat der Grundsatz *ne bis in idem* lediglich nach Art. 50 der EU-Grundrechte-Charta. Diese Bestimmung ist jedoch tatbestandlich auf das Binnenverhältnis der EU beschränkt und erfasst nicht die Beziehungen zu außereuropäischen Staaten wie Amnesien und Nemesien. Sie sind vor dem Hintergrund des europäischen Integrationsprozesses zu sehen. In dessen Kontext erscheinen solche unionsweiten Garantien eines *ne bis in idem* als „Hochzonung" der bisher auf den inner-

---

11 Hierzu *Specht* (Fn. 10), 47 ff.
12 So ausdrücklich der UN-Menschenrechtsausschuss *(Human Rights Committee)*, Entscheidung v. 2.11.1987, A.P. v. Italy, Communication 204/1986, (http://www.worldlii.org/int/cases/UNHRC/1987/12.html), Ziffer 7.3.; ferner *Specht* (Fn. 10), 44 ff.
13 BVerfGE 75, 1 (18 ff); *Vogel/Norouzi* (Fn. 10), 1060.
14 *Specht* (Fn. 10), 69 ff.
15 Im Internet unter http://untreaty.un.org/ilc/texts/instruments/english/draft%20articles/7_4_1996.pdf.
16 Hierzu *Specht* (Fn. 10), 66 ff.
17 BVerfGK 13, 7 (13 ff); BVerfGK 19, 265 (273).

staatlichen Bereich beschränkten Doppelbestrafungsverbote und damit zugleich als Anerkennung der Rechtsgültigkeit von Verurteilungen in den anderen EU-Mitgliedstaaten. Selbst wenn man davon ausgehen sollte, dass sich über die Grundrechte-Charta hinaus im Bereich der EU schon ein gewohnheitsrechtlicher Grundsatz des grenzüberschreitenden *ne bis in idem* herausgebildet hat,[18] so wäre dieser Grundsatz auf das Binnenverhältnis der EU-Mitgliedstaaten beschränkt. Auf den Streit, ob Art. 25 GG überhaupt regionales Völkergewohnheitsrecht umfasst, braucht für den vorliegenden Fall nicht näher eingegangen zu werden.

> **Hinweis:** Der Streit dreht sich darum, ob partikuläre (regionale, lokale etc.) Regeln „allgemein" sein können. Dies wird von der ehedem h. M. verneint, primär unter Hinweis auf den Wortsinn.[19] Die Folge wäre, dass regionales Völkergewohnheitsrecht (regionale allgemeine Rechtsgrundsätze kann es nicht geben, vgl. Art. 38 Abs. 1 lit. c IGH-Statut, der auf „die Kulturvölker" als Bezugsgröße abstellt) in der deutschen Rechtsordnung keinerlei Rolle spielen würde.[20] Deswegen und wegen der völkerrechtsfreundlichen Zielrichtung von Art. 25 GG sieht die inzwischen wohl überwiegende Auffassung auch partikuläres Gewohnheitsrecht als „allgemeine Regeln des Völkerrechts" an.[21] Eine abschließende Stellungnahme des BVerfG ist bislang nicht erfolgt, auch wenn bisweilen vom „universellen Völkergewohnheitsrecht" die Rede ist.[22]

200

Wenn die Mehrfachbestrafung als solche außerhalb der EU auf keine völkerrechtlichen Hindernisse stößt, so kann auch die Auslieferung nicht an Bedenken gegenüber einer solchen Mehrfachbestrafung durch verschiedene Staaten scheitern. Somit besteht derzeit noch keine allgemeine Regel des Völkerrechts, die einer Auslieferung des S an Amnesien im Wege stünde. Da andere Gründe für einen Verfassungsverstoß nicht ersichtlich sind, stünde die Auslieferung des S im Einklang mit der Verfassung.

201

> **Hinweis:** Wie so oft stellt sich die Frage, welche der vorstehenden Argumente man in einer Klausur parat haben sollte. Dass Art. 103 Abs. 3 GG nur vor einer Doppelbestrafung durch deutsche Gerichte schützt, gehört zum klausurrelevanten Wissen. Dass das BVerfG die völkergewohnheitsrechtliche zwischenstaatliche Geltung des Grundsatzes verneint hat, sollte man eben-

202

---

18 Von einem im Entstehen begriffenen regionalen Gewohnheitsrecht geht *Specht* (Fn. 10), 116 ff, 213, aus. Skeptisch und die fragmentarische Natur im Europarecht hervorhebend aber *Vervaele*, Utrecht LR 9 (2013), 211 (227 ff).
19 *Jarass*, in: ders./Pieroth, Grundgesetz, 14. Aufl. 2016, Art. 25 Rn. 8; *Kunig*, Vitzthum/Proelß, 2. Abschnitt, Rn. 140 ff; *Rojahn*, in: v. Münch/Kunig, Grundgesetz-Kommentar, Bd. 1, 6. Aufl. 2012, Art. 25 Rn. 15; *Rudolf*, Völkerrecht und deutsches Recht, 1976, 275 ff; *Schorkopf*, Grundgesetz und Überstaatlichkeit, 2007, 172 f.
20 Anders allerdings *Herdegen*, in: Maunz/Dürig (Hg.), Grundgesetz (Loseblatt), Art. 25 Rn. 19, 32 ff, der Art. 25 S. 1 GG analog anwenden will. Dem folgend *Krajewski*, § 5 Rn. 27.
21 *v. Arnauld*, Rn. 514; *Calliess*, Staatsrecht III, 2014, 104; *Hobe*, in: Friauf/Höfling (Hg.), Grundgesetz (Loseblatt), Art. 25 Rn. 21; *Proelß*, Bundesverfassungsgericht und überstaatliche Gerichtsbarkeit, 2014, 33; *Schweitzer/Dederer* (Fn. 7), Rn. 868 ff; *Tomuschat*, Bonner Kommentar zum Grundgesetz (Loseblatt), Art. 25 Rn. 19; *Wollenschläger*, in: Dreier (Hg.), Grundgesetz-Kommentar, Bd. II, 3. Aufl. 2015, Art. 25 Rn. 24.
22 So BVerfGE 94, 315 (328) unter Verweis auf BVerfGE 23, 288, dort aber mit dem Zusatz „jedenfalls"; ohne einen solchen Zusatz auch BVerfG, DÖV 2013, 946, Rn. 42. Eine vereinzelt gebliebene Kammerentscheidung bezieht sich hingegen auf „regionales Völkergewohnheitsrecht im Sinne des Art. 25 GG": BVerfG, NJW 2001, 3534.

falls gehört haben, ebenso, dass es innerhalb der EU ein transnationales *ne bis in idem* gibt. Die relevanten Bestimmungen der EU-Grundrechte-Charta, der EMRK, des IPBPR und des IStGH-Statuts wird man mit einiger Geistesgegenwart in der Klausur selbst finden können. Alles andere ist hilfreiches, aber nicht zu erwartendes Zusatzwissen.

II. Nichtvorlage: Art. 101 Abs. 1 S. 2 i. V. m. Art. 100 Abs. 2 GG

203 Wenn auch die von S behauptete allgemeine Regel des Völkerrechts nicht besteht, so könnte es zumindest gegen sein grundrechtsgleiches Recht auf den gesetzlichen Richter aus Art. 101 Abs. 1 S. 2 GG verstoßen, dass das OLG es unterlassen hat, dem Bundesverfassungsgericht die Frage gemäß Art. 100 Abs. 2 GG zur Entscheidung vorzulegen.

1. Gesetzlicher Richter

204 Zunächst müsste das BVerfG im Verfahren nach Art. 100 Abs. 2 GG überhaupt „gesetzlicher Richter" im Sinne von Art. 101 Abs. 1 S. 2 GG sein. Dies nimmt das BVerfG in ständiger Rechtsprechung an.[23] Um gesetzlicher Richter *des S* zu sein, hätte eine Pflicht bestehen müssen, das BVerfG mit seinem Fall zu befassen. Es ist daher zu prüfen, ob im Ausgangsrechtsstreit eine Vorlagepflicht nach Art. 100 Abs. 2 GG bestand. Hierfür kommt es darauf an, ob im Rechtsstreit vor dem OLG das Bestehen der fraglichen „allgemeinen Regel" im Sinne von Art. 25 GG „zweifelhaft" war. Ferner müsste die Frage für den Ausgangsrechtsstreit entscheidungserheblich gewesen sein.[24]

a) Zweifel am Bestehen einer allgemeinen Regel des Völkerrechts

205 Stellt man auf die Sicht des OLG ab, so hatte dieses keine Zweifel daran, dass die fragliche Regel des Völkerrechts nicht bestand. Schon aus dem Wortlaut („Ist [...] zweifelhaft" im Gegensatz zu Art. 100 Abs. 1 GG: „Hält ein Gericht [...] für verfassungswidrig") folgt jedoch, dass es nicht auf die subjektive Sicht des Gerichts, sondern auf eine objektive Beurteilung ankommt. Diese Auslegung entspricht auch dem Sinn und Zweck der Regelung, durch die die Erkenntnis ungeschriebener (und daher schwerer zu bestimmender) Regeln des Völkerrechts im Interesse der Rechtssicherheit beim BVerfG gebündelt werden soll, das allgemeinverbindlich hierüber entscheiden kann (vgl. § 83 Abs. 1 BVerfGG). Daher sind die Fachgerichte bereits bei ernst zu nehmenden Zweifeln zur Vorlage verpflichtet.[25] Das OLG hat sich in seinem Beschluss mit Argumenten auseinandergesetzt, die für eine zwischenstaatliche Geltung des Grundsatzes *ne bis in idem* vorgebracht werden. Damit hat es mögliche Zweifel selbst thematisiert, ohne die Frage dem BVerfG vorzulegen.

---

23 BVerfGE 23, 288 (319); 64, 1 (12); 96, 68 (77).
24 BVerfGE 15, 25 (30); 64, 1 (17); 75, 1 (12); 96, 68 (79). Näher zu den Voraussetzungen des Normverifikationsverfahrens nach Art. 100 Abs. 2 GG *Paulus*, Staatsrecht III, 2010, 35 ff.
25 BVerfGE 23, 288 (316 f); 96, 68 (77).

b) Entscheidungserheblichkeit

Die Existenz eines zwischenstaatlich anwendbaren Verbotes der Doppelbestrafung stünde einer Auslieferung zum Zwecke einer erneuten Strafverfolgung wegen derselben Tat entgegen, sofern die bereits verbüßte Strafe nicht angerechnet oder anderweitig berücksichtigt wird. Schließlich sind deutsche Behörden und Gerichte „gehindert, an einer gegen die allgemeinen Regeln des Völkerrechts verstoßenden Handlung nichtdeutscher Hoheitsträger bestimmend mitzuwirken".[26] Die Frage war somit entscheidungserheblich; die Voraussetzungen des Art. 100 Abs. 2 GG lagen vor.

2. Entziehung

Zu klären ist nun, ob der Verstoß gegen die Vorlagepflicht auch zugleich als Entziehung des gesetzlichen Richters zu werten ist. Während das BVerfG dies in seiner früheren Rechtsprechung erst dann angenommen hat, wenn die Nichtvorlage willkürlich war,[27] räumt es den Fachgerichten bei Verfahren nach Art. 100 Abs. 2 GG inzwischen keinen „Vertretbarkeitsspielraum" bei der Bewertung der Zweifel mehr ein.[28] Ansonsten wäre die Durchsetzung des Völkerrechts in der innerstaatlichen Rechtsordnung, die Art. 25 und 100 Abs. 2 GG als Ziel verfolgen, bedroht. „Für lediglich rechtsirrtümliche Verstöße gegen die Vorlagepflicht, die nicht Art. 101 Abs. 1 S. 2 GG verletzen, bleibt hiernach nur ein geringer Raum."[29] Ein Verstoß gegen die Vorlagepflicht nach Art. 100 Abs. 2 GG stellt daher in aller Regel sogleich eine Entziehung des gesetzlichen Richters dar. Besondere Umstände, die zu einer anderen Bewertung Anlass geben könnten, sind im vorliegenden Fall nicht ersichtlich.

Dass jemand seinem gesetzlichen Richter entzogen wurde, setzt nach Ansicht des BVerfG zusätzlich voraus, dass die Entscheidung auf dem Verstoß *beruht*, dass sich also der Verstoß auf das Ergebnis des Verfahrens ausgewirkt hat.[30] Dies kann abschließend nur durch dasjenige Gericht entschieden werden, das „gesetzlicher Richter" gewesen wäre und an dessen Stelle sich das BVerfG normalerweise nicht setzen darf. Etwas anderes könnte jedoch in der vorliegenden Konstellation gelten: Gemäß Art. 100 Abs. 2 GG, § 13 Nr. 12, § 14 Abs. 2 BVerfGG wäre für das Verfahren nach Art. 100 Abs. 2 GG der Zweite Senat des BVerfG zuständig gewesen, der auch über die Verfassungsbeschwerde des S zu entscheiden hat. Der erkennende Senat ist genau der „gesetzliche Richter", dem die Frage hätte vorgelegt werden müssen. Das BVerfG hält es unter diesen Umständen aus Gründen der Prozessökonomie für zulässig, die unterbliebene Normverifikation im Verfassungsbeschwerdeverfahren gleichsam „nachzuholen".[31] Daher wird der Senat im Verfassungsbeschwerdeverfahren feststellen, dass aus den o. g. Gründen eine allgemeine Regel des Völkerrechts nicht besteht, weswegen die ange-

---

26 BVerfGE 75, 1 (19).
27 BVerfGE 23, 288 (319 f.).
28 BVerfGE 96, 68 (77 f.).
29 BVerfGE 64, 1 (21); 96, 68 (78).
30 BVerfGE 109, 13 (27).
31 BVerfGE 64, 1 (21 f.); 96, 68 (86); BVerfGE 109, 38 (53). Kritisch *Benda/Klein* (Fn. 1), Rn. 954.

fochtene Entscheidung nicht anders hätte ausfallen dürfen, wenn Art. 101 Abs. 1 S. 2 GG beachtet worden wäre. Die Entscheidung beruht daher nicht auf dem Verstoß gegen die Vorlagepflicht. Auch das Recht des S aus Art. 101 Abs. 1 S. 2 GG ist daher nicht verletzt.

C. Ergebnis

209 Die Verfassungsbeschwerde des S ist zulässig, aber unbegründet. Das BVerfG wird ihr daher nicht stattgeben.

Abwandlungen

210 Die Garantie der Menschenwürde ist gleich mehrfach verfassungsrechtlich abgesichert. Zum einen gehört die Ächtung von grausamer, unmenschlicher und erniedrigender Behandlung zum menschenrechtlichen Mindeststandard (vgl. Art. 3 EMRK und Art. 7 IPBPR), der über Art. 25 GG Bestandteil des Bundesrechts ist;[32] zum anderen zählt die Garantie der Menschenwürde gemäß Art. 1 Abs. 1 i. V. m. Art. 79 Abs. 3 GG zum unveränderlichen Kernbestand des Verfassungsrechts, der allen gesetzlichen Verpflichtungen vorgeht und auch etwaigen völkerrechtlichen Verpflichtungen der Bundesrepublik Deutschland unübersteigbare Grenzen errichtet. S könnte mit seiner Verfassungsbeschwerde also zum einen rügen, dass seine Auslieferung an Nemesien gegen Art. 1 Abs. 1 GG verstößt (hier kann auch Art. 3 EMRK als Auslegungsrichtlinie dienen[33]), zum anderen, dass sie mit Art. 2 Abs. 1 GG i. V. m. Art. 25 GG unvereinbar ist, wenn ihm dort eine Behandlung droht, die den völkerrechtlichen Mindeststandard verletzt.

211 „Nach ständiger Rechtsprechung des BVerfG sind die deutschen Gerichte bei der Prüfung der Zulässigkeit der Auslieferung von Verfassungs wegen gehalten, zu prüfen, ob die erbetene Auslieferung die (gemäß Art. 79 Abs. 3 GG i. V. m. Art. 1 und Art. 20 Abs. 3 GG) unabdingbaren verfassungsrechtlichen Grundsätze beziehungsweise das unabdingbare Maß an Grundrechtsschutz verletzt. Sie sind zudem – insbesondere im Auslieferungsverkehr mit Staaten, die nicht Mitgliedstaaten der Europäischen Union sind – verpflichtet, zu prüfen, ob die Auslieferung und die ihr zugrunde liegenden Akte den nach Art. 25 GG in der Bundesrepublik Deutschland verbindlichen völkerrechtlichen Mindeststandard wahrt. Gemäß Art. 25 GG sind bei der Auslegung und Anwendung von Vorschriften des innerstaatlichen Rechts durch Verwaltung und Gerichte die allgemeinen Regeln des Völkerrechts zu beachten. Hieraus folgt insbesondere, dass die Behörden und Gerichte grundsätzlich daran gehindert sind, innerstaatliches Recht in einer Weise auszulegen und anzuwenden, welche die allgemeinen Regeln des Völkerrechts verletzt. Sie sind auch verpflichtet, alles zu unterlassen, was einer unter Verstoß gegen allgemeine Regeln des Völkerrechts vorgenommenen Handlung nichtdeutscher Hoheitsträger im Geltungsbereich des Grundgesetzes Wirksamkeit verschafft, und sind

---

32 BVerfGK 3, 159, Rn. 16.
33 *Kromrey*, Haftbedingungen als Auslieferungshindernis, 2017, 164 ff.

gehindert, an einer gegen die allgemeinen Regeln des Völkerrechts verstoßenden Handlung nichtdeutscher Hoheitsträger bestimmend mitzuwirken."[34]

Demnach wäre der Vertrag mit Nemesien von Verfassungs wegen so auszulegen, dass er im Falle drohender menschenwürdewidriger Behandlung eine Auslieferung nicht gestattet.[35] Selbst wenn das Abkommen ausdrücklich etwas anderes bestimmte, käme eine Auslieferung nicht in Betracht. Der Vertrag gilt kraft Zustimmungsgesetzes nur im Range eines einfachen Bundesgesetzes (vgl. Art. 59 Abs. 2 S. 1 GG), dem gegenüber die allgemeinen Regeln des Völkerrechts den Vorrang genießen. Wichtiger noch ist, dass auch eine Abbedingung dieser allgemeinen Regeln durch Vertrag verfassungsrechtlich unzulässig wäre, weil sie zugleich Inhalt unabdingbarer Garantien des Grundgesetzes sind.[36]   **212**

S müsste somit darlegen, dass die Behörden und Gerichte (in letzter Instanz das OLG) ihrer Pflicht zur verfassungskonformen Auslegung und Anwendung des Vertrags nicht nachgekommen sind. „Zwar ist im Auslieferungsverkehr dem ersuchenden Staat im Hinblick auf die Einhaltung der Grundsätze des unabdingbar gebotenen Grundrechtsschutzes sowie des Völkerrechts grundsätzlich Vertrauen entgegen zu bringen. [...] Dieses Vertrauen kann jedoch durch entgegenstehende Tatsachen erschüttert werden. Dies ist dann der Fall, wenn konkrete Anhaltspunkte dafür vorliegen, dass im Fall einer Auslieferung die unabdingbaren verfassungsrechtlichen Grundsätze beziehungsweise das unabdingbare Maß an Grundrechtsschutz oder der verbindliche völkerrechtliche Mindeststandard gemäß Art. 25 GG nicht eingehalten werden."[37] Hier beruhen die Berichte über die Zustände in Nemesien auf Quellen des Auswärtigen Amtes, die ausdrücklich als zuverlässig bezeichnet sind. Wenn nach der Rechtsprechung des BVerfG zum Europäischen Haftbefehl schon das Vertrauen in die Einhaltung der Grundsätze der Rechtsstaatlichkeit und des Menschenrechtsschutzes durch andere EU-Mitgliedstaaten erschüttert werden kann,[38] dann erst recht das Vertrauen in Staaten, mit denen keine vergleichbare enge Rechts- und Wertegemeinschaft besteht.   **213**

Zu beachten ist allerdings, dass nach der ständigen Rechtsprechung des BVerfG vom ersuchenden Staat im Auslieferungsverkehr gegebene völkerrechtlich verbindliche Zusicherungen in aller Regel geeignet sind, etwaige Bedenken hinsichtlich der Zulässigkeit der Auslieferung auszuräumen, sofern nicht im Einzelfall zu erwarten ist, dass die Zusicherung nicht eingehalten wird.[39] Zweifel an der Zusicherung können sich allenfalls dann ergeben, wenn in der Vergangenheit abgegebene Zusicherungen und Garantien durch Nemesien nicht eingehalten wurden. Allgemeine Bedenken bezüglich   **214**

---

34 BVerfG, NStZ 2017, 43, Rn. 40.
35 Vgl. auf Ebene des einfachen Gesetzesrechts § 73 IRG, der ausdrücklich bestimmt, dass die Leistung von Rechtshilfe unzulässig ist, wenn sie wesentlichen Grundsätzen der deutschen Rechtsordnung widersprechen würde, sog. *ordre public*-Vorbehalt.
36 Vgl. Übersicht bei *v. Arnauld*, Rn. 533.
37 BVerfG, NStZ 2017, 43, Rn. 41 f.
38 BVerfGE 140, 317 (350 f), Rn. 73 f.
39 BVerfGE 63, 215 (224); 109, 38 (62).

der Situation in den nemesischen Haftanstalten reichen demgegenüber nicht aus.[40] Auch in Bezug auf die Einhaltung von Zusicherungen müsste also das Vertrauen erschüttert sein.

215 Sollte eine Überprüfung, ob im individuellen Fall des S eine menschenwürdewidrige Behandlung in nemesischer Haft droht, unterblieben sein, verletzte die gerichtlich bestätigte Auslieferung dessen Rechte aus Art. Abs. 1 und aus Art. 2 Abs. 1 i. V. m. Art. 25 GG.[41] Eine zulässige Verfassungsbeschwerde wäre begründet. Sollte das BVerfG ihr gleichwohl nicht stattgeben, hätte S die Möglichkeit, wegen einer Verletzung von Art. 3 EMRK Individualbeschwerde zum EGMR zu erheben.[42]

Zur Vertiefung

Leitentscheidungen: BVerfG, Beschluss v. 14.5.1968, BVerfGE 23, 288 (v.a. 315–320); Beschluss v. 31.3.1987, BVerfGE 75, 1 (18–34); Beschluss v. 5.11.2003, BVerfGE 109, 38 (47–58); Beschluss v. 15.12.2015, BVerfGE 140, 317 (334–342). Zur „Völkerrechtsfreundlichkeit" des Grundgesetzes und zur Stellung des Völkervertragsrechts in der deutschen Rechtsordnung Beschluss v. 14.10.2004, BVerfGE 111, 307 (315–330) (*v. Arnauld*, Nr. 46); Urteil v. 4.5.2011, BVerfGE 128, 326 (366–372); Beschluss v. 15.12.2015, BVerfGE 141, 1 (15–35).

Literatur zur Vertiefung: *R. Geiß,* Ne bis in idem, MPEPIL (7/2013); *R. Hofmann*, Zur Bedeutung von Art. 25 GG für die Praxis deutscher Gerichte und Behörden, FS Zeidler, 1987, Bd. 2, 1885–1898 (zu Art. 25 GG); *B. Specht*, Die zwischenstaatliche Geltung des Grundsatzes ne bis in idem, 1999; *J. Vervaele*, *Ne Bis In Idem:* Towards a Transnational Constitutional Principle in the EU?, UtrechtLR 9 (2013), 211–229; *J. Vogel/A. Norouzi*, Europäisches „ne bis in idem", JuS 2003, 1059–1062.

---

40 Vgl. BVerfG, Beschluss vom 28.7.2016 – 2 BvR 1468/16, juris Rn. 51 f.
41 Zu dieser Pflicht zur Einzelfallprüfung vgl. BVerfGE 140, 317 (351), Rn. 74.
42 Zur Rolle von Art. 3 EMRK in Auslieferungsverfahren *v. Arnauld*, Rn. 641, 671 m. w. N.

Besonderer Teil

Fall 8
Mission impossible

Buenaventura Bombasto, Botschafter der südamerikanischen Republik Allegra in dem **216** europäischen Königreich Cosmopolitana ist eine reichlich dubiose Figur. Schon seit längerer Zeit verdächtigt ihn der cosmopolitanische Geheimdienst, die Rebellenorganisation „Vereinigte Organisierte Guerilla" (VOGue) zu unterstützen, die Cosmopolitana das Leben schwer macht. Bei einem Großeinsatz der Polizei gegen die VOGue kann einer der Anführer, Rico Rebello, cosmopolitanischer Staatsbürger, entkommen und sich in die allegrische Botschaft flüchten. Bombasto erklärt den Polizisten, Rebello genieße diplomatisches Asyl und weist sie an der Tür ab.

Kurze Zeit darauf erhalten cosmopolitanische Behörden aus vertrauenswürdiger Quelle einen Hinweis, dass Waffen für die VOGue als diplomatisches Kuriergepäck getarnt über die Botschaft von Allegra ins Land geschmuggelt werden. Als am Flughafen der Hauptstadt mehrere als Kuriergepäck deklarierte Kisten angeliefert werden, öffnen Grenzbeamten in Gegenwart eines Mitarbeiters der allegrischen Botschaft die Kisten, die tatsächlich Waffen enthalten. Bombasto protestiert empört bei der Regierung von Cosmopolitana gegen die Öffnung des Gepäcks. Cosmopolitana habe das geltende Völkerrecht mit Füßen getreten.

Nach diesen Vorkommnissen ist die Geduld der cosmopolitanischen Regierung am Ende. Sie schickt einen Polizeitrupp in die Botschaft von Allegra, der Rico Rebello verhaftet. Bombasto protestiert wütend: Das Botschaftsgelände sei Territorium von Allegra; Cosmopolitana habe daher kein Recht, Verhaftungen in der Botschaft vorzunehmen. Außerdem habe er, Bombasto, in Gegenwart der Polizisten Rebello zum Kulturattaché im diplomatischen Rang ernannt. Dieser genieße nun Immunität und habe auch deswegen nicht verhaftet werden dürfen. Erneut trete Cosmopolitana das Völkerrecht in den Schmutz.

Einige Wochen später veröffentlicht der „Cosmopolitan Standard" die Lebensgeschichte einer jungen Frau, die von Bombasto im Botschaftsgebäude wie eine Sklavin gehalten wurde. Noch immer soll eine Leidensgefährtin von ihr in der allegrischen Botschaft leben. Die Regierung von Cosmopolitana fordert Bombasto auf, die Frau umgehend freizulassen. Dieser verwahrt sich tobend gegen jede Einmischung in die inneren Angelegenheiten der Botschaft. Die Publikation im „Standard" führt zu Massenprotesten vor dem Botschaftsgelände. Als Demonstranten das Gebäude stürmen, bleibt die Polizei untätig. Die cosmopolitanische Regierung übermittelt einem vor Zorn schäu-

Fall 8 *Mission impossible*

menden Bombasto, er selbst habe betont, die cosmopolitanische Polizei hätte auf dem Botschaftsgelände nichts zu suchen. Im Übrigen sei dies die einzig angemessene Reaktion auf Bombastos anhaltenden Missbrauch diplomatischer Vorrechte.

Wie ist die Rechtslage?

Bearbeitungsvermerk: Allegra und Cosmopolitana sind Vertragsparteien des Wiener Übereinkommens über diplomatische Beziehungen vom 18.4.1961 (WÜD).

Lösungsskizze

I. Gewährung diplomatischen Asyls
→ Verstoß gegen Art. 41 Abs. 3 WÜD? nicht von Aufgaben aus Art. 3 WÜD erfasst
→ gewohnheitsrechtliche Anerkennung? (+) für humanitäres Asyl? hier jedenfalls (-); str., ob regionales Gewohnheitsrecht in Südamerika; aber: gilt jedenfalls nur zwischen (!) südamerikanischen Staaten

II. Öffnung des Kuriergepäcks
→ Verstoß gegen Art. 27 Abs. 3 WÜD? Spannungsverhältnis zu Art. 27 Abs. 4 Halbs. 2 WÜD! Wie aufzulösen?
→ Tatbestandsreduktion oder Verwirkung? Problem: Umgehung
→ Staatsnotstand? Diplomatenrecht als *self-contained régime*
→ Analogie zum Diplomatengepäck? keine planwidrige Regelungslücke
→ praktische Konkordanz (vgl. ILC Draft 1989): schwerer Fall von Missbrauch (+), triftige Gründe (+) („vertrauenswürdige Quelle", Unterschlupf für R); Kontrolle in Anwesenheit eines Vertreters der Botschaft; hier: (+)

III. Betreten der Botschaft
→ Verstoß gegen Art. 22 Abs. 1 WÜD? aber: Missbrauch durch Zuflucht für R
→ Verwirkung (-) wegen Umgehungsgefahr (s. o.)
→ Ausnahme zur Immunität von Diplomaten (IGH 1980) übertragbar? (-), Mission als „Herzstück", keine Gefahr im Verzug, keine schwere Gefahr für Leib und Leben
→ Gegenmaßnahme (-) wegen Charakters als *self-contained régime*

IV. Verhaftung von Rico Rebello
1. Verstoß gegen Art. 22 Abs. 1 WÜD
→ Botschaft nicht „extraterritorial", Einwilligung fehlte, s. o.
2. Verstoß gegen Art. 29 Abs. 2 WÜD
→ R Diplomat? Kulturattaché (+); wirksam bestellt?
→ grds. Notifizierung gem. Art. 10 Abs. 1 lit. a WÜD; Ausnahme bei Staatsangehörigen des Empfangsstaates (Art. 8 Abs. 2 WÜD); C Heimatstaat von R; Zustimmung (-)

V. Sklavenhaltung in der Botschaft?
→ Verstoß gegen *ius cogens*, durchbricht Vorrechte des WÜD

VI. Aufforderung an Bombasto
→ innere Angelegenheiten von A? (-), bilaterale Beziehungen aus diplomatischem Verkehr, Sklavereiverbot gilt *erga omnes*
→ u. U. dürfte C sogar zum Schutz der jungen Frau einschreiten (offen lassen)

VII. Nichteinschreiten der Polizei
→ Verstoß gegen Art. 22 Abs. 2 WÜD? (-) bei Demonstrationen im üblichen Rahmen; hier: Massenproteste, Eindringen → Verstoß gegen Schutzpflicht
→ Pflicht aus Art. 22 Abs. 2 WÜD, Störung zu beenden; Zustimmung von B wohl erteilt (implizit)

Fall 8 *Mission impossible*

Lösung

218 **Hinweis:** Die Frage nach der Rechtslage überlässt es dem Bearbeiter, einen Aufbau zu wählen. Denkbar ist eine Ordnung nach den Akteuren oder, wenn mehrere Handlungen aufeinander folgen, eine chronologische Prüfung. Sofern man die Wahl hat, sollte man sich das Leben nicht durch Inzidentprüfungen unnötig schwer machen, sondern „abschichtend" vorgehen. Hier wird daher ein chronologischer, „handlungsorientierter" Aufbau gewählt. Im Mittelpunkt der Prüfung stehen mögliche Rechtsverstöße von Allegra und Cosmopolitana, mithin mögliche völkerrechtliche Delikte. Eine allzu schulmäßige Deliktsprüfung würde hier freilich Selbstverständliches thematisieren (dass die Staaten deliktsfähig sind, ist ebenso offensichtlich wie die Zurechenbarkeit der Handlungen und Unterlassungen) und außerdem in einer Klausur zu viel Zeit in Anspruch nehmen, die man angesichts der Vielzahl an möglichen Völkerrechtsverstößen, die zu prüfen sind, nicht haben wird.

I. Gewährung diplomatischen Asyls

219 Die Gewährung von Unterschlupf für Rebello könnte gegen das in Art. 41 Abs. 3 WÜD bestimmte Verbot verstoßen, die Räumlichkeiten der Botschaft in einer mit den Aufgaben der Mission unvereinbaren Weise zu nutzen. Wann dies der Fall ist, ergibt sich nach Art. 41 Abs. 3 WÜD u. a. aus dem WÜD und aus den Regeln des allgemeinen Völkerrechts. Betrachtet man die Aufgaben der Mission, wie sie in Art. 3 WÜD formuliert sind,[1] sowie die in Art. 41 Abs. 1 WÜD bestimmte Pflicht zur Beachtung der Gesetze des Empfangsstaates, so erscheint die Aufnahme gesuchter Straftäter, zumindest wenn diese nicht die Staatsangehörigkeit des Entsendestaates besitzen, als nicht vereinbar mit den Zwecken der Mission. Ein Recht zur Aufnahme gesuchter Straftäter wird daher auch allgemein nicht anerkannt.[2]

220 Etwas anderes könnte indes gelten, wenn einem Verfolgten im Botschaftsgebäude diplomatisches Asyl gewährt wird. Ein solches Recht ist im WÜD nicht vorgesehen, ist aber in verschiedenen bilateralen Abkommen zwischen südamerikanischen Staaten enthalten und wird für Südamerika zum Teil auch als (regionales) Gewohnheitsrecht angenommen.[3] Außerhalb Südamerikas indes ist ein Recht auf Gewährung diplomatischen Asyls nach wie vor nicht anerkannt.[4] An den Feststellungen des IGH aus dem Jahr 1950[5] hat sich nichts geändert. Der Sonderfall des ungarischen Kardinals *Mindszenty*, der 15 Jahre lang in der US-Botschaft in Budapest Aufnahme fand, wurde von der Staa-

---

1 Hierzu näher *v. Arnauld*, Rn. 548.
2 *Richtsteig*, Wiener Übereinkommen über diplomatische und konsularische Beziehungen, 2. Aufl. 2010, 101.
3 Das Gewohnheitsrecht wird aus einer Serie von Verträgen zwischen 1889 und 1954 abgeleitet, vgl. IAGMR, Urteil v. 25.11.2013, Pacheco Tineo Family v. Plurinational State of Bolivia, Series C No. 272, Rn. 40. Vertiefend *Behrens*, MichJIL 35 (2014), 319 (330 ff).
4 *v. Arnauld*, Rn. 583; *Berber*, I, 289 f; *Heintze*, in Ipsen, § 24 Rn. 27 f; *Hobe*, 361; *Seidenberger*, Die diplomatischen und konsularischen Immunitäten und Privilegien, 1994, 272 ff; *Shah*, Asylum, Diplomatic, MPEPIL (4/2007), Rn. 5 ff; *Verdross/Simma*, § 896; *Wolfrum*, Dahm/Delbrück/Wolfrum, I/1, 290 f. Eingehend *Behrens* (Fn. 3), 319 ff; *Carrie*, Das diplomatische Asyl im gegenwärtigen Völkerrecht, 1994; *Klepper*, Diplomatisches Asyl, 2009. Ohne Angabe von Gründen a. A. *Krajewski*, § 8 Rn. 119.
5 IGH, Urteil v. 20.11.1950, Asylum (Colombia v. Peru) („Haya de la Torre I"), ICJ Rep. 1950, 266 (274).

tengemeinschaft nicht als Präjudiz akzeptiert. Zwar beherbergte 1989 im Zuge von Massenfluchten aus der DDR die bundesdeutsche Botschaft in Prag zeitweilig über 4000 Flüchtlinge. Dabei wurde aber stets Einvernehmen mit den tschechoslowakischen Behörden gesucht, und ein Recht auf Gewährung diplomatischen Asyls nicht behauptet. Auch das sog. diplomatische Asyl, das der Wikileaks-Gründer Julian Assange seit 2012 in der Botschaft Ecuadors in London genießt, wird von der britischen Regierung konsequent für illegal erklärt.[6] Allenfalls finden sich Stimmen, die ein humanitäres Asyl in Missionsgebäuden für zulässig erachten, um einen Menschen vor unmittelbarer Gefahr für Leib und Leben zu schützen, z. B. wenn und solange dieser von einem wütenden Mob verfolgt wird[7] oder wenn (insoweit schon weit umstrittener) ihm akut schwere Menschenrechtsverletzungen drohen.[8] Ein solcher Fall liegt aber bei dem polizeilich gesuchten Rebello nicht vor.

221 Selbst wenn im südamerikanischen Allegra das diplomatische Asyl als Rechtsinstitut anerkannt sein sollte, so berechtigt und verpflichtet eine solche Norm des regionalen Gewohnheitsrechts nur im Verhältnis zu anderen Staaten der Region (sofern diese nicht als *persistent objector* einzustufen sind). Im Verhältnis zum europäischen Staat Cosmopolitana kann sich Allegra auf ein solches Recht nicht berufen. Somit verstößt die Gewährung „diplomatischen Asyls" an Rico Rebello gegen Art. 41 Abs. 3 WÜD.

II. Öffnung des Kuriergepäcks

222 Die Öffnung von Kuriergepäck verstößt gegen die ausdrückliche Anordnung des Art. 27 Abs. 3 WÜD. Zwar schreibt Art. 27 Abs. 4 Halbs. 2 WÜD dem Entsendestaat vor, dass das Kuriergepäck nur diplomatische Schriftstücke oder für den amtlichen Gebrauch bestimmte Gegenstände enthalten darf; im Unterschied zu Art. 36 Abs. 2 WÜD (der nicht diplomatisches Kurier-, sondern Diplomatengepäck betrifft; eine entsprechende Regelung enthält Art. 35 Abs. 3 WÜK zum konsularischen Kuriergepäck) existiert aber keine Ausnahmebestimmung, wonach das Gepäck ausnahmsweise geöffnet werden darf, sofern „triftige Gründe für die Vermutung vorliegen", dass es unerlaubte Gegenstände enthält. Durch einen Missbrauch des diplomatischen Kuriergepäcks können freilich erhebliche Sicherheitsinteressen des Empfangsstaates beeinträchtigt sein, wie der vorliegende Fall des Waffenschmuggels zeigt. Es stellt sich daher die Frage, ob das Verbot des Art. 27 Abs. 4 Halbs. 2 WÜD nicht doch gegenüber dem Entsendestaat durchgesetzt werden kann.[9]

---

6 Zur Völkerrechtswidrigkeit auch *Marauhn/Simon*, ZJS 5 (2012), 593; den *Heijer*, LJIL 26 (2013), 399; *Schiffbauer*, Julian Assange und das Völkerrecht, 2013.
7 So z. B. *v. Arnauld*, Rn. 583; *Berber*, I, 290; *Richtsteig* (Fn. 2), 182; *Verdross/Simma*, § 896 (die hier ebenfalls von „diplomatischem Asyl" sprechen); *Wolfrum*, Dahm/Delbrück/Wolfrum, I/1, 291. Zweifelnd *Heintze*, Ipsen, § 24 Rn. 28; *Stein/v. Buttlar/Kotzur*, Rn. 748. Zu dem Streit *Seidenberger* (Fn. 4), 279 ff.
8 So die Argumentation der USA, als sie 2012 dem chinesischen Menschenrechtsaktivisten Chen Guangcheng kurzzeitig Zuflucht in der US-Botschaft in Peking gewährten. Zu diesem umstrittenen Vorkommnis *Stone*, AmUnivLR 28 (2013), 905.
9 Hierzu m. w. N. *Puppe*, Jura 1986, 527; *Seidenberger* (Fn. 4), 191 ff. Ferner *Wolfrum*, Dahm/Delbrück/Wolfrum, I/1, 272 f.

223 Zunächst ließe sich argumentieren, dass der Schutz des Art. 27 Abs. 3 WÜD sich tatbestandlich nur auf Gepäck bezieht, das den Vorgaben von Art. 27 Abs. 4 Halbs. 2 WÜD entspricht, so dass eine Öffnung nur dann widerrechtlich wäre, wenn das – ordnungsgemäß deklarierte[10] – Gepäck tatsächlich nur diplomatische Schriftstücke oder Gegenstände zum amtlichen Gebrauch enthält. Dass für das Diplomatengepäck eine besondere Ausnahmeregelung eingeführt wurde, um das Öffnen zu gestatten, spricht freilich gegen eine solche Konstruktion. Ob das Kuriergepäck den Schutz von Art. 27 Abs. 3 WÜD genießt oder nicht, lässt sich erst durch Öffnung feststellen; damit aber wäre einem Missbrauch Tür und Tor geöffnet, der durch das Verbot des Art. 27 Abs. 3 WÜD gerade ausgeschlossen werden soll.[11] Dieselben Bedenken sprechen gegen die Idee einer Verwirkung der Schutzrechte bei Missbrauch des Kuriergepäcks oder gegen den Einwand unzulässiger Rechtsausübung, wenn, wie im vorliegenden Fall, ein „ertappter" Entsendestaat gegen die Öffnung protestiert.[12]

224 Eine Rechtfertigung dieser Vertragsverletzung über den Staatsnotstand (vgl. Art. 25 ASR) oder als Selbstverteidigung (vgl. Art. 25 ASR bzw. Art. 51 UNCh) scheitern, ganz abgesehen von erheblichen Zweifeln, ob die tatbestandlichen Voraussetzungen vorliegen,[13] am Charakter des WÜD als *self-contained regime*[14]. Verstöße gegen das Diplomatenrecht dürfen nur mit anerkannten Mitteln des Diplomatenrechts beantwortet werden: der Einbestellung des Botschafters, der Erklärung von Mitgliedern der Mission zu unerwünschten Personen *(personae non gratae)* oder dem Abbruch der diplomatischen Beziehungen.[15]

225 Bedenken begegnet auch der Vorschlag, die Regelung, die Art. 36 Abs. 2 WÜD für das Diplomatengepäck trifft, auf Kuriergepäck analog anzuwenden.[16] Im Unterschied zum Diplomatengepäck, das in erster Linie dem Schutz der Person des Diplomaten dient, schützt Art. 27 Abs. 3 WÜD unmittelbar die Arbeit der Mission und ist daher gegen Eingriffe des Empfangsstaates stärker abgeschirmt. Art. 36 Abs. 2 WÜD macht zudem deutlich, dass die Möglichkeit sehr wohl gesehen wurde, dass der diplomatenrechtliche Schutz von Gepäckstücken missbraucht werden kann; es wurde aber gerade eine differenzierte Regelung getroffen, die im Übrigen von der seinerzeit geltenden gewohnheitsrechtlichen Rechtslage abwich und auch abweichen sollte. Nicht nur seitens des Entsendestaats, auch seitens des Empfangsstaats droht ein Missbrauch, wenn man diesem einen Anspruch auf Öffnung des Gepäcks einräumt. An einer planwidrigen Regelungslücke, die eine Analogie ermöglichen könnte, fehlt es daher.[17]

---

10 Hierin lag die Rettung des ehemaligen nigerianischen Verkehrsministers *Dikko*, der 1984 in einer nicht ordnungsgemäß deklarierten Kiste aus London herausgeschmuggelt werden sollte. Die Kiste wurde im Beisein eines Attachés der nigerianischen Botschaft durch die britischen Behörden geöffnet.
11 *Higgins*, AJIL 79 (1985), 641 (647).
12 So aber *Kokott*, in: FS Bernhardt, 1995, 135 (146 ff). Wie hier *Higgins* (Fn. 11), 647.
13 Vgl., *mutatis mutandis*, *Brown*, ICLQ 37 (1988), 53 (85 ff.).
14 Zur Figur des *self-contained régime* siehe *Simma*, NYIL 16 (1985), 111.
15 IGH, Urteil v. 24.5.1980, U.S. Diplomatic and Consular Staff in Tehran (USA v. Iran), ICJ Rep. 1980, 3, § 86; *Seidenberger* (Fn. 4), 172 ff. Kritisch *Herdegen*, ZaöRV 46 (1986), 734 (739).
16 Hierfür z. B. *Richtsteig* (Fn. 2), 63.
17 *Seidenberger* (Fn. 4), 199 f.

Gleichwohl bleibt eine Spannung zwischen den Absätzen 3 und 4 des Art. 27 WÜD, die **226** eines Ausgleichs im Sinne der Herstellung praktischer Konkordanz bedarf.[18] Liegen triftige Gründe für die Annahme eines schweren Falls von Missbrauch vor,[19] erscheint das Verlangen des Empfangsstaates nach Kontrolle des Gepäckstücks berechtigt. Dass eine Unterstützung von Rebellen durch Mitglieder einer ausländischen Mission ein gravierender Verstoß gegen die allgemeine Pflicht in Art. 41 Abs. 1 WÜD ist, sich an die Gesetze des Empfangsstaates zu halten, kann nicht fraglich sein. Cosmopolitana verfügte hier über Informationen aus „vertrauenswürdiger Quelle", dass eine Waffenlieferung für die Rebellen bevorstand. Dass Bombasto einem Anführer der VOGue Unterschlupf gewährt hat, verstärkt die Verdachtsmomente. Triftige Verdachtsgründe lagen also vor. Cosmopolitana durfte daher, entsprechend Art. 36 Abs. 2 WÜD, eine Kontrolle im Beisein eines allegrischen Vertreters verlangen. Anders als beim Diplomatengepäck, für das eine solche Kontrolle ausdrücklich vorgesehen ist, musste Allegra dem Kontrollverlangen nicht entsprechen. In diesem Falle hätte Cosmopolitana die Kisten zurückweisen dürfen. Darin hätte zwar ein Zurückhalten entgegen Art. 27 Abs. 3 WÜD gelegen; allerdings wäre dieses um des Schutzes der Vertraulichkeit willen erfolgt. Auch hatte es Allegra in der Hand, durch Kooperation die Rücksendung zu verhindern. Da die Kisten im Beisein eines Botschaftsmitarbeiters geöffnet wurden, kann von einer zumindest impliziten Einwilligung Allegras in die Öffnung ausgegangen werden. Ein Verstoß gegen Art. 27 WÜD liegt somit nicht vor (a. A. gut vertretbar).

III. Betreten der Botschaft

Durch das Betreten der Botschaft könnte Cosmopolitana gegen die in Art. 22 Abs. 1 **227** WÜD bestimmte Unverletzlichkeit der Räume der Mission verstoßen haben. Das WÜD sieht nur dann ein Recht für Vertreter des Empfangsstaates vor, die Botschaft zu betreten, wenn der Missionschef zustimmt (vgl. Art. 22 Abs. 1 S. 2). Eine solche Zustimmung liegt hier nicht vor, so dass ein Verstoß gegen Art. 22 Abs. 1 WÜD anzunehmen ist. Es bleibt das Problem, dass Bombasto nicht nur gegen das cosmopolitanische Recht, sondern auch gegen Art. 41 Abs. 1 und 3 WÜD verstößt, wenn er Rico Rebello illegalerweise in der Botschaft versteckt (oben I.). An einen solchen Verstoß gegen die Pflichten des Entsendestaates die Verwirkung der Schutzrechte der Mission zu knüpfen, ist aus denselben Erwägungen abzulehnen wie die Verwirkungskonstruktion im Falle des diplomatischen Kuriergepäcks.[20] In Betracht käme aber erneut eine Ausnahme-Konstruktion. Im Teheraner Geisel-Fall hat der IGH Ausnahmen von der persönlichen

---

18 Die folgenden Kriterien entstammen den ILC Draft Articles on the Status of the Diplomatic Courier and the Diplomatic Bag Not Accompanied by Diplomatic Courier and Draft Optional Protocols, YBILC 1989, vol. II (Part Two), § 72, Art. 28 Abs. 2. Siehe auch *v. Arnauld*, Rn. 588 f.

19 Die allerdings nicht durch Umgehung des Vertraulichkeitsschutzes erlangt werden dürfen, namentlich im Wege der Durchleuchtung. Der Einsatz von Drogen- und Sprengstoffspürhunden hingegen gilt als akzeptiert.

20 Zur Verwirkung des Missionsstatus *Kokott* (Fn. 12), 142 ff, allerdings beschränkt auf „flagrante Verletzungen des völkerrechtlichen ius cogens"; ähnlich *Doehring*, Rn. 684. Weiter geht *Mann*, in: FS Doehring, 1989, 553 (563) („inviolability of premises is conditioned by the lawfulness of their use"). Gegen die Verwirkungslösung *v. Arnauld*, Rn. 566; *Stein/v. Buttlar/Kotzur*, Rn. 742. Ebenso *d'Aspremont*, Premises of Diplomatic Missions, MPEPIL (3/2009), Rn. 17 ff.

Immunität des Diplomaten immerhin für möglich gehalten, wenn eine fortdauernde oder drohende Verletzung des Übereinkommens nicht auf andere Weise abgestellt werden kann.[21] Dies scheint auf den ersten Blick ein Widerspruch zur Annahme eines *self-contained regime* zu sein,[22] der sich aber auflöst, wenn man als Inhalt dieses *regime* mit dem Urteil des IGH nicht nur das WÜD, sondern auch das gewohnheitsrechtliche Diplomatenrecht ansieht[23].

228 Es ist jedoch zweifelhaft, ob der überwiegend akzeptierte „Notwehr-Vorbehalt" hinsichtlich der persönlichen Immunität des Diplomaten auf den Schutz der Räumlichkeiten der Mission, die gewissermaßen das „Herzstück" der diplomatischen Vertretung sind, übertragbar ist. Eine Einschränkung der Unverletzlichkeit der Missionsräume ist 1984 im Zusammenhang mit den Schüssen diskutiert worden, die von den Räumen des libyschen Volksbüros in London aus abgegeben wurden.[24] Großbritannien hat seinerzeit lediglich diplomatische Schritte unternommen und die Räumlichkeiten des „Volksbüros" nicht betreten. Es fand sich hier in Übereinstimmung mit der Mehrzahl der Staaten, die selbst bei einer gemeinen Gefahr auf die Einwilligung des Missionschefs beim Betreten der Missionsräume nicht verzichten wollen.

229 Selbst diejenigen Stimmen, die eine Einschränkung des Art. 22 Abs. 1 WÜD befürworten, tun dies zum Zwecke der Abwehr schwerer Gefahren von Leib und Leben.[25] Im Falle von Rico Rebello geht es um das Strafverfolgungsinteresse, das nicht den gleichen Stellenwert genießt. Die Unterstützung der VOGue-Rebellen durch die Botschaft erreicht nicht die erforderliche Konkretheit der Gefahr; auch geht diese nicht spezifisch von den Räumlichkeiten der Mission aus. Eine Rechtfertigung als Gegenmaßnahme (vgl. Art. 22, 49 ff ASR) ist im Diplomatenrecht nicht vorgesehen und scheitert erneut an dessen Charakter als *self-contained regime*. Das Betreten der Missionsräume ist somit ein nicht gerechtfertigter Verstoß gegen Art. 22 Abs. 1 WÜD.

IV. Verhaftung von Rico Rebello

230 **Hinweis:** Die Verhaftung von Rico Rebello in der Botschaft könnte gleich zwei Normen des WÜD verletzen: Den dem Diplomaten zu gewährenden Schutz nach Art. 29 S. 2 WÜD sowie das Verbot der Vornahme von Hoheitsakten in der fremden Botschaft, das ebenso wie das unerlaubte Betreten der Botschaftsräume unter Art. 22 Abs. 1 WÜD fällt.

1. Verstoß gegen Art. 22 Abs. 1 WÜD

231 Mit der Verhaftung von Rico Rebello hat Cosmopolitana auf dem Boden der Mission eine Amtshandlung vorgenommen. Wenn Bombasto der Ansicht ist, dass das Bot-

---

21 IGH, Urteil v. 24.5.1980, U.S. Diplomatic and Consular Staff in Tehran (USA v. Iran), ICJ Rep. 1980, 3, § 86. Auch *Heintze*, Ipsen, § 24 Rn. 17 f; *Seidenberger* (Fn. 4), 243 ff; *Verdross/Simma*, § 909.
22 *Herdegen* (Fn. 15), 739 ff.
23 So überzeugend *Seidenberger* (Fn. 4), 182 ff.
24 Hierzu *Brown* (Fn. 13), 85 ff; *Higgins* (Fn. 11), 641 ff; *Seidenberger* (Fn. 4), 293 ff.
25 Siehe z. B. *Herdegen* (Fn. 15), 749 ff.

schaftsgelände zum Staatsgebiet von Allegra zähle, also aus Sicht von Cosmopolitana „exterritorial" sei, irrt er sich zwar; dieses zählt zum Staatsgebiet von Cosmopolitana, dessen Rechtsordnung auch für die Mission gilt. Die cosmopolitanische Rechtsordnung darf aber nur im Rahmen des WÜD durchgesetzt werden und wird durch das Abkommen überlagert.[26] Zur Unverletzlichkeit der Räume der Mission zählt, dass der Missionschef „Herr im Haus" ist. Ohne seine Einwilligung darf die Mission schon nicht betreten werden (s. o.) und dürfen erst recht keine Hoheitsakte in den Räumen der Mission gesetzt werden.[27] Die Verhaftung von Rico Rebello verstößt gegen Art. 22 Abs. 1 WÜD. Im Übrigen kann auf die Ausführungen zum Verstoß gegen diese Vorschrift durch das Betreten der Räumlichkeiten verwiesen werden.

2. Verstoß gegen Art. 29 Abs. 2 WÜD

Mit der Verhaftung von Rico Rebello könnte Cosmopolitana zudem gegen die persönliche Immunität des Diplomaten verstoßen haben, die der Empfangsstaat dem Entsendestaat nach dem WÜD schuldet.[28] Diplomaten dürfen gemäß Art. 29 S. 2 WÜD nicht festgenommen werden. Diplomaten in diesem Sinne sind gem. Art. 1 lit. e WÜD der Missionschef und die Mitglieder des diplomatischen Personals.[29] Zum diplomatischen Personal zählt auch der Kulturattaché im diplomatischen Rang.[30] Als Attaché würde Rico Rebello danach Schutz vor Verhaftung genießen. Allerdings bestehen Zweifel, ob seine Bestellung wirksam war. Zwar ist im Gegensatz zum Missionschef bei einfachen Mitgliedern des diplomatischen Personals regelmäßig keine Genehmigung erforderlich (das sog. *Agrément*, Art. 4 WÜD), es genügt vielmehr die Notifizierung gemäß Art. 10 Abs. 1 lit. a WÜD;[31] dies ist jedoch anders, wenn der zu Ernennende die Staatsangehörigkeit des Empfangsstaates besitzt. Hier ist nach Art. 8 Abs. 2 WÜD die Zustimmung des Empfangsstaats nötig, die nicht vorlag. Die Ernennung ist somit gegenüber Cosmopolitana unwirksam, so dass Rico Rebello keine diplomatischen Vorrechte genießt. Ein Verstoß gegen Art. 29 S. 2 WÜD liegt nicht vor.

V. Sklavenhaltung in der Botschaft?

Sollten die Vorwürfe zutreffen, könnte das Verhalten Bombastos, der als Staatsorgan für Allegra handelt, erneut einen Verstoß gegen Art. 41 Abs. 3 WÜD darstellen, wonach die Räume der Mission nicht in einer Weise genutzt werden dürfen, die mit „Regeln des allgemeinen Völkerrechts" unvereinbar sind. Sklaverei ist nicht nur durch zahlreiche völkerrechtliche Verträge verboten, sondern wird allgemein auch als Verstoß gegen gewohnheitsrechtliches *ius cogens* angesehen.[32] Sklavenhaltung in den Räumlichkeiten

---

26 *v. Arnauld*, Rn. 75.
27 *Richtsteig* (Fn. 2), 50.
28 Zu funktioneller und persönlicher Immunität des Diplomaten näher *Seidenberger* (Fn. 4), 99 ff.
29 Zu den Mitgliedern der Mission *v. Arnauld*, Rn. 557 f.
30 *v. Arnauld*, Rn. 558; *Wolfrum*, Dahm/Delbrück/Wolfrum, I/1, 282.
31 Zu dieser Notifikationspflicht eingehend *Brown* (Fn. 13), 54 ff; *Seidenberger* (Fn. 4), 133 ff. Zu missbräuchlichen Benennungen *v. Arnauld*, Rn. 561 m. w. N.
32 *v. Arnauld*, Rn. 288.

der Botschaft ist demnach ein massiver Verstoß gegen die Pflicht aus Art. 41 Abs. 1 WÜD,[33] für den eine Rechtfertigung schon angesichts des zwingenden Charakters des Sklavereiverbots nicht in Betracht kommen kann.

VI. Aufforderung an Bombasto

234 Bombasto sieht in der Aufforderung, die angeblich festgehaltene Frau freizulassen, eine unzulässige Einmischung in die inneren Angelegenheiten von Allegra. Das Interventionsverbot hat als Ausdruck der souveränen Gleichheit der Staaten (vgl. Art. 2 Nr. 1 UNCh) unbestritten gewohnheitsrechtliche Geltung. Es schützt aber nur die inneren Angelegenheiten im Sinne des sog. *domaine réservé*. Ein Verstoß gegen Art. 41 Abs. 3 WÜD, dessen Allegra bezichtigt wird (s. o. V.), betrifft aber das Verhältnis zwischen beiden Staaten, so dass es sich nicht um eine „innere Angelegenheit" Allegras handelt. Hinzu kommt, dass das Verbot der Sklaverei nach allgemeiner Auffassung Wirkung *erga omnes* hat, weswegen Sklaverei niemals als innere Angelegenheit angesehen werden kann. Ferner gehört zur verbotenen Interventionshandlung immer auch ein Zwangselement, das bei einer bloß verbalen Kritik fehlt. Angesichts der bisherigen Verdachts- und Beweislage mag vielleicht der Ton der cosmopolitanischen Regierung zu scharf gewesen sein; hierin aber läge allenfalls ein unfreundlicher, kein rechtswidriger Akt.

235 Sollten die Vorwürfe sich als zutreffend erweisen, stellt sich sogar die Frage, ob nicht ausnahmsweise sogar die Befreiung der als Sklavin gehaltenen Frau durch Cosmopolitana zulässig wäre. Zwar stünde dem auf den ersten Blick erneut die Garantie des Art. 22 Abs. 1 WÜD entgegen. Bei Verstößen gegen zwingendes Völkerrecht jedoch könnte tatsächlich eine Verdrängung der Schutzrechte des WÜD in Betracht kommen.[34] Die Normen des zwingenden Völkerrechts stellen das Wertfundament der Völkerrechtsgemeinschaft dar, das jedes entgegenstehende Vertragsrecht nichtig werden lässt (vgl. Art. 53, 64 WVK). Dies spricht dafür, den Schutz des Art. 22 Abs. 1 WÜD nicht auf den Missbrauch des Botschaftsgebäude zur Sklavenhaltung zu erstrecken, so dass einem Eingreifen Cosmopolitanas zur Rettung der Frau die Unverletzlichkeit der Missionsräume nicht entgegengehalten werden könnte. In Anbetracht der in Art. 41 Abs. 1 ASR niedergelegten Regel, dass alle Staaten miteinander kooperieren sollen, um einen Verstoß gegen zwingendes Völkerrecht zu beenden, könnte man sogar erwägen, ob eine Pflicht Cosmopolitanas zum Einschreiten besteht, sollten die Vorwürfe sich als zutreffend erweisen. Allerdings ist hinsichtlich der Rechtsfolgen eines Verstoßes gegen das *ius cogens* noch zu vieles unklar und umstritten, um in Art. 41 Abs. 1 ASR mehr als einen Vorschlag zur Fortentwicklung des Völkerrechts entsprechend dem Auftrag in Art. 13 Abs. 1 lit. a UNCh zu sehen.[35]

---

33 Dies gilt bereits für das widerrechtliche Festhalten von Personen an sich: *Richtsteig* (Fn. 2), 101.
34 Vgl. *v. Arnauld*, Rn. 566; *Doehring*, Rn. 684; *Kokott* (Fn. 12), 144 ff. Ähnlich *Herdegen* (Fn. 15), 755 f.
35 Dazu *v. Arnauld*, Rn. 293.

Hinweis: Da der Vorwurf sich noch nicht erhärtet und Cosmopolitana auch noch keine weiteren Maßnahmen ergriffen hat, ist es hypothetisch und nicht zwingend erforderlich, den weiteren Implikationen des Falles nachzugehen. Die Fallfrage nach der „Rechtlage" deckt aber ein solches nahe liegendes Fortspinnen des Rechtsproblems ab, sofern dieses im Fall angelegt ist und angemessen kurz gehalten wird. Angesichts dessen, dass bei den Rechtsfolgen von Verstößen gegen *ius cogens* noch vieles unklar ist, sind die oben stehenden Überlegungen alles andere als zwingend, sondern nur ein zumindest diskutabler Vorschlag.

236

VII. Nichteinschreiten der Polizei

Die Untätigkeit der Polizei könnte gegen Art. 22 Abs. 2 WÜD verstoßen, der Cosmopolitana verpflichtet, die Räumlichkeiten der Mission vor jedem Eindringen und jeder Beschädigung zu schützen und „zu verhindern, dass der Friede der Mission gestört oder ihre Würde beeinträchtigt wird". Hieraus könnte man ableiten, dass bereits die Demonstration vor dem Botschaftsgebäude hätte unterbunden werden müssen, wenn diese den „Frieden" oder die „Würde" der Mission beeinträchtigt. Letztlich soll über den „Frieden" die Arbeit der Mission vor Störungen bewahrt werden. Eine solche Störung ist von punktuellen Demonstrationen – die zudem Ausdruck der Meinungs- und Versammlungsfreiheit sind (vgl. Art. 19 f AEMR) – nicht zu befürchten; anders könnte dies bei massiven Dauerprotesten sein.[36] Ebensowenig wird die Würde der Mission durch verbale – auch scharfe – Kritik von Demonstranten in Frage gestellt. Die Grenze ist entsprechend der Staatenpraxis bei beleidigenden Äußerungen zu ziehen.[37] Wenn vielfach Empfangsstaaten Sperrzonen vor Botschaftsgebäuden einrichten, so liegt dies nicht in einer Pflicht zur Abschottung der Mission, sondern in dem Bemühen begründet, das Gebäude durch geeignete Vorkehrungen vor Beschädigung oder vor einem Eindringen von Demonstranten zu schützen. Dies hat die Polizei hier allerdings unterlassen und somit ihre Schutzpflicht aus Art. 22 Abs. 2 WÜD verletzt.

237

Da Art. 22 Abs. 2 WÜD dazu verpflichtet „vor *jedem* Eindringen und *jeder* Beschädigung zu schützen", erschöpft sich die Pflicht des Empfangsstaates nicht darin, einmalig das Eindringen Unbefugter zu verhindern. Ist unbefugten Personen gelungen, in das Gebäude zu gelangen, so ist der Empfangsstaat verpflichtet, für eine Beendigung der Störung zu sorgen; auf Grundsätze der Wiedergutmachung muss daher nicht zurückgegriffen werden – die Pflicht ist vertragliche Primärpflicht.[38] So hat es auch der IGH im Fall der Geiselnahme in der Teheraner Botschaft der USA als Verstoß gegen die vertraglich und gewohnheitsrechtlich begründeten Pflichten des Empfangsstaates betrachtet, dass der Iran die Geiselnehmer weder am Betreten der Botschaft gehindert noch Maßnahmen ergriffen hatte, diese zum Verlassen der Botschaft zu bewegen.[39] Auch hier erfordert freilich Art. 22 Abs. 1 WÜD die Zustimmung des Missionschefs. Diese kann

238

---

36 Vgl. *Richtsteig* (Fn. 2), 48 f.
37 *v. Arnauld*, Rn. 582; *Richtsteig* (Fn. 2), 48. Eine geringere Schwelle setzt *Wolfrum*, Dahm/Delbrück/Wolfrum, I/1, 289 („Belästigung der Mission").
38 Unklar insoweit *Richtsteig* (Fn. 2), 49.
39 IGH, Urteil v. 24.5.1980, U.S. Diplomatic and Consular Staff in Tehran (USA v. Iran), ICJ Rep. 1980, 3, § 66.

unter besonderen Umständen vielleicht vermutet werden (z. B. wenn er als Geisel im Gebäude festgehalten wird und zur Erteilung der Zustimmung nicht in der Lage ist), wird aber in aller Regel von den Staaten als unverzichtbar angesehen.[40] Ob Bombasto eine solche Zustimmung erteilt hat, geht aus dem Sachverhalt nicht eindeutig hervor, liegt aber angesichts seiner Reaktion nahe. Spätestens mit seinem „zornschäumenden" Protest bei der cosmopolitanischen Regierung war die Zustimmung als konkludent erteilt anzusehen und Cosmopolitana zum Einschreiten verpflichtet.

Zur Vertiefung

Leitentscheidung: IGH, Urteil v. 24.5.1980, U.S. Diplomatic and Consular Staff in Tehran (USA v. Iran), ICJ Rep. 1980, 3 (*v. Arnauld*, Nr. 17; *Dörr*, Nr. 26).

Literatur zur Vertiefung: *J. d'Aspremont*, Premises of Diplomatic Missions, MPEPIL (3/2009); *P. Behrens*, The Law of Diplomatic Asylum – a Contextual Approach, MichJIL 35 (2014), 319–367; *J. Kokott*, Mißbrauch und Verwirkung von Souveränitätsrechten bei gravierenden Völkerrechtsverstößen, in: FS R. Bernhardt, 1995, 135–151; *H. Puppe*, Zum rechtlichen Status von Diplomatengepäck, Jura 1986, 527–531; *J.-Ph. Redder*, Die Unverletzlichkeit des Botschaftsgeländes (Art. 22 Abs. 1 WÜD) und ihre Grenzen, AVR 53 (2015), 501–522; *U. Seidenberger*, Die diplomatischen und konsularischen Immunitäten und Privilegien, 1994, 157–190; *P. Shah*, Asylum, Diplomatic, MPEPIL (1/2009).

---

40 *Fischer*, Ipsen, § 24 Rn. 17; *Richtsteig* (Fn. 2), 45 f; *Wolfrum*, Dahm/Delbrück/Wolfrum, I/1, 288 f. Anders die Regelung in Art. 31 Abs. 2 WÜK bei Feuer und anderen Katastrophenfällen. Differenzierend *Stein/v. Buttlar/Kotzur*, Rn. 741 f. *Redder*, AVR 53 (2015), 501 argumentiert für eine Erstreckung der Ausnahme auf diplomatische Missionen bei Bedrohung von Menschenleben oder von benachbarten Häusern im Brandfall.

Fall 9

Riskante Investitionen

Aralien ist ein aufstrebendes Entwicklungsland mit reichen Erdölreserven. Mehrere ausländische Investoren stehen bereit, diese zu fördern und zu verarbeiten, darunter auch die Valuta Oil Company. Diese ist ein Unternehmen nach bepelischem Recht, das seine Geschäftstätigkeit überwiegend von Bepelien aus erledigt, aber aus steuerlichen Gründen seinen Sitz in Caimanien hat. Zwei Jahre später kommt es nach demokratischen Wahlen zu einem Regierungswechsel in Aralien. Die neue Regierung erlässt ein Gesetz, durch das alle Unternehmen der Ölindustrie auf dem Boden von Aralien enteignet und verstaatlicht werden. Eine Entschädigung erfolgt, für inländische und ausländische Unternehmen gleichermaßen, in Form von transferierbaren Staatsanleihen, die allerdings erst in zehn Jahren eingelöst werden können. Mit der Verstaatlichung will die Regierung die Sozialverhältnisse im Land neu ordnen und insbesondere mehr finanziellen Handlungsspielraum für ihre Sozialpolitik gewinnen. Die Valuta Oil will gegen die Enteignung in Aralien gerichtlich vorgehen; die Klage wird aber als unzulässig abgewiesen, da eine gerichtliche Überprüfung von Gesetzen im aralischen Recht nicht vorgesehen ist. Nunmehr schaltet sich Bepelien ein und verlangt von Aralien, die Enteignung rückgängig zu machen, jedenfalls aber die Valuta Oil Company voll zu entschädigen. Aralien hält die Enteignungen für rechtmäßig und verweist zudem auf einen Vertrag mit Valuta Oil, in dem das Unternehmen gegenüber Aralien darauf verzichtet hat, den Schutz anderer Staaten in Anspruch zu nehmen. Da sich Aralien und Bepelien nicht einigen können, unterbreiten sie den Streit dem IGH. Wie wird der IGH entscheiden?

Bearbeitungshinweis: Aralien und Bepelien sind Parteien des IGH-Statuts.

Abwandlung 1: Die Valuta Oil Company ist ein Unternehmen mit Sitz in Caimanien, nach dessen Recht sie auch gegründet ist. Alleiniger Gesellschafter ist X aus Bepelien. Während Bepelien sich für die Interessen des Unternehmens oder zumindest des X einsetzen will, bleibt Caimanien untätig.

Abwandlung 2: Auf Druck von Aralien musste die Valuta Oil Company seinerzeit als Unternehmen mit Sitz in und nach dem Recht von Aralien gegründet werden. Alleiniger Gesellschafter ist X, ein Staatsangehöriger von Bepelien. Bepelien geht gegen Aralien wegen der Enteignung vor.

Fall 9 *Riskante Investitionen*

Lösungsskizze

A. Zulässigkeit
  I. Klageberechtigung (Parteifähigkeit)
  → (+) Staaten, Vertragsparteien des IGH-Statuts, vgl. Art. 34 Abs. 1, 35 Abs. 1 IGH-Statut
  II. Zuständigkeit des IGH
  → „Unterbreitung" durch die Parteien; wohl *ad hoc*, Art. 36 Abs. 1 IGH-Statut
  III. Zulässigkeit i. e. S.
   1. Klagegegenstand
    → Fremdenrecht als Teil des Völkerrechts
   2. Voraussetzungen diplomatischen Schutzes
    a) Aktivlegitimation *(ius standi)*
     → Staatszugehörigkeit von V: B nach Sitz- und Gründungstheorie, (+)
    b) Erschöpfung des innerstaatlichen Rechtswegs
    c) Verzicht auf diplomatischen Schutz
     → sog. Calvo-Klausel, rechtlich wirkungslos: fremdenrechtliche Ansprüche = Ansprüche des Heimatstaates (jedenfalls keine reine Prozessstandschaft)
    d) Ergebnis zu 2.
   3. Klagebedürfnis
    → Streit besteht noch
   4. Form
  IV. Ergebnis zu A
B. Begründetheit
  I. Deliktsfähigkeit
  II. Zurechenbarer Völkerrechtsverstoß
  → Zurechnung (+)
  → fremdenrechtlicher Mindeststandard (nicht: Calvo-Doktrin)
   1. Enteignung
    a) Allgemeinwohl
     → staatliche Prärogative; Neuordnung der Sozialverhältnisse (+)
    b) Keine Diskriminierung; kein Verstoß gegen Verträge
    c) Entschädigung
     → *Hull*-Formel *(prompt, adequate, effective)*: nicht prompt (Einlösung erst in 10 Jahren), Effektivität zweifelhaft (Staatsanleihen) → nicht ausreichend
     → bloß „angemessene" Entschädigung (UN-Generalversammlung u. a.): nur hinsichtlich der Höhe der Entschädigung abweichend, i. Ü. wie oben → nicht ausreichend
   2. Rechtsschutzgarantie
    → keine Pflicht zur gerichtlichen Normenkontrolle (nur Mindeststandard!)

III. Kein Ausschluss der Rechtswidrigkeit
IV. Rechtsfolgen
→ Wiedergutmachung = ordnungsgemäße Entschädigung

C. Ergebnis

Abwandlung 1
→ Heimatstaat: C nach Sitz- und Gründungstheorie, B nach (subsidiärer!) Kontrolltheorie
› *lifting of the corporate veil:* (-), wenn Heimatstaat (wie C) lediglich unwillig ist

Abwandlung 2
→ Heimatstaat: A nach Sitz- und Gründungstheorie, B nach Kontrolltheorie
→ *lifting of the corporate veil:* Ausgangssituation wie bei unwilligem Heimatstaat
→ keine ausdrückliche vertragliche Garantie von Kontrollrechten (ELSI-Fall)
→ aber: Inkorporation und Sitz durch A erzwungen; keine Immunisierung (vgl. ILC Draft 2006); B aktivlegitimiert

Fall 9   *Riskante Investitionen*

Lösung

Der IGH wird der Klage stattgeben, soweit diese zulässig und begründet ist.

A. Zulässigkeit

241 Die Klage müsste gemäß Art. 34 ff IGH-Statut zulässig sein.[1]

I. Klageberechtigung (Parteifähigkeit)

242 Als Staaten sind Aralien und Bepelien gemäß Art. 34 Abs. 1 IGH-Statut parteifähig. Als Parteien des IGH-Statuts steht ihnen auch der Zugang zum Gericht nach Art. 35 Abs. 1 offen.

II. Zuständigkeit des IGH

243 Von einer generellen Unterwerfung (Art. 36 Abs. 2 IGH-Statut) sagt der Sachverhalt nichts. Allerdings haben Aralien und Bepelien dem IGH den Streit „unterbreitet". Dies lässt darauf schließen, dass die Zuständigkeit des IGH durch Ad-hoc-Unterwerfung nach Art. 36 Abs. 1 des Statuts wirksam begründet wurde.

III. Zulässigkeit i. e. S.

1. Klagegegenstand

244 Gemäß Art. 36 IGH-Statut entscheidet der IGH nach Maßgabe des Völkerrechts. Der Klage liegen zwar Ansprüche der Valuta Oil Company zugrunde, die selbst nicht Völkerrechtssubjekt ist; dass Ausländer nicht ohne angemessene Entschädigung enteignet werden dürfen, ist jedoch ein Grundsatz des Fremdenrechts, der dem Völkerrecht angehört. Es geht mithin um völkerrechtliche Ansprüche.

2. Voraussetzungen diplomatischen Schutzes

245 Bepelien hat die Klage erhoben, um die Interessen eines privaten Unternehmens zu schützen. Dies ist im Wege des diplomatischen Schutzes grundsätzlich möglich,[2] sofern Bepelien für die Valuta Oil zur Ausübung diplomatischen Schutzes berechtigt ist und der innerstaatliche Rechtsweg in Aralien von dem Unternehmen erschöpft wurde. Diese Grundsätze sind gewohnheitsrechtlich anerkannt und werden durch die Spruchpraxis

---

1 Zu den Zulässigkeitsvoraussetzungen *v. Arnauld*, Rn. 468 ff.
2 Zum diplomatischen Schutz *v. Arnauld*, Rn. 593 ff; *Doehring*, Rn. 868 ff; *Dugard*, Diplomatic Protection, MPEPIL (5/2009); *Epping*, Ipsen, § 5 Rn. 15 ff; *Kau*, Vitzthum/Proelss, 3. Abschnitt, Rn. 117 ff; *Herdegen*, § 27 Rn. 9 ff; *Ipsen*, Ipsen, § 29 Rn. 48 ff; *Nacimiento*, in: FS Stein, 2015, 226 (229 ff); *Schweisfurth*, 126 ff; *Subedi*, International Investment Law, 3. Aufl. 2016, 27 ff; *Verdross/Simma*, §§ 1300 ff; *Wolfrum*, Dahm/Delbrück/Wolfrum, I/3, 932 ff. Insbesondere zum diplomatischen Schutz für privates Auslandseigentum *Seidl-Hohenveldern*, ÖZöR 22 (1971), 255 (280 ff).

internationaler Gerichte und Schiedsgerichte reflektiert, v. a. durch die Urteile des IGH in den Fällen *Interhandel*[3], *Barcelona Traction*[4] und *ELSI*[5].

Hinweis: Bisweilen behandelt der IGH die Frage der Voraussetzungen des diplomatischen Schutzes erst im Zusammenhang mit der Begründetheit, vgl. z. B. IGH, Urteil v. 20.7.1989, Elettronica Sicula S.p.A. (ELSI) (United States of America v. Italy), ICJ Rep. 1989, 15, § 49. In seinem Urteil v. 14.2.2002, Arrest Warrant of 11 April 2000 (DR Congo v. Belgium), ICJ Rep. 2002, 3, § 40, hat er aber ausdrücklich klargestellt, dass er hierin Zulässigkeitsvoraussetzungen erblickt.

246

a) Aktivlegitimation *(ius standi)*

Bepelien müsste aktivlegitimiert, d. h. es müsste hier zur Schutzgewährung berechtigt sein. Diese Berechtigung besteht regelmäßig nur für eigene Staatsangehörige bzw. für juristische Personen, welche die Staatszugehörigkeit des betreffenden Staates besitzen. Für die Staatszugehörigkeit juristischer Personen des Privatrechts hat sich im internationalen Verkehr kein gewohnheitsrechtlich alleinverbindlicher Anknüpfungspunkt herausgebildet; vielmehr erkennt das Völkerrecht mehrere Kriterien an, mit denen die nationalen Kollisionsrechte die Staatszugehörigkeit juristischer Personen festlegen. Hier sind zu nennen: der Sitz des Unternehmens (Sitztheorie), das Gründungsstatut (Gründungstheorie) oder die Macht- bzw. Eigentumsverhältnisse (Kontrolltheorie)[6].

247

Da der Sachverhalt keine Angaben zu den Eigentumsverhältnissen macht, kann nur eine Zuordnung anhand von Sitz- und Gründungstheorie vorgenommen werden. Laut Sachverhalt ist der Sitz der Valuta Oil in Caimanien. Dies könnte dafür sprechen, dass nach der Sitztheorie Caimanien zur Ausübung diplomatischen Schutzes berechtigt wäre. Wie bei der Staatsangehörigkeit natürlicher Personen verlangt der IGH allerdings in Übereinstimmung mit der überwiegenden Staatenpraxis auch bei juristischen Personen eine effektive Verbindung *(genuine connection, genuine link)*[7]. Einer solchen genügt ein bloß formaler Verwaltungssitz nicht, wenn alle tatsächlichen Geschäfte von einem anderen Staat aus abgewickelt werden. Da der Schwerpunkt der Geschäftstätigkeit von Bepelien aus gesteuert wird, liegt der effektive Verwaltungssitz dort. Auf diesen ist hier abzustellen, so dass nach der Sitztheorie die Valuta Oil Company die bepelische Staatszugehörigkeit besitzt. Da laut Sachverhalt die Gesellschaft nach bepelischem Recht gegründet wurde, ist auch unter Anwendung der Gründungstheorie Bepelien aktivlegitimiert.

248

---

3 IGH, Urteil v. 21.3.1959, Interhandel (Switzerland v. United States of America), ICJ Rep. 1959, 6 (27 ff).
4 IGH, Urteil v. 5.2.1970, Barcelona Traction, Light and Power Company, Limited (Belgium v. Spain), ICJ Rep. 1970, 3, §§ 35 ff, passim. Hierzu u. a. *Seidl-Hohenveldern* (Fn. 2), 255 ff; *Wengler*, NJW 1970, 1473; *Wittich*, Barcelona Traction Case, MPEPIL (5/2007).
5 IGH, Urteil v. 20.7.1989, Elettronica Sicula S.p.A. (ELSI) (United States of America v. Italy), ICJ Rep. 1989, 15, §§ 50 ff (aus Anlass eines bilateralen Vertrags).
6 *v. Arnauld*, Rn. 596 ff; *Delbrück*, Dahm/Delbrück/Wolfrum, I/2, 100 ff; *Doehring*, Rn. 886 ff; *Epping*, Ipsen, § 5 Rn. 105 ff; *Herdegen*, § 25 Rn. 9; *Verdross/Simma*, §§ 1303 ff. Siehe auch *Wengler* (Fn. 4), 1473; IGH, Urteil v. 5.2.1970, Barcelona Traction, ICJ Rep. 1970, 3, §§ 70 ff.
7 IGH, Urteil v. 5.2.1970, Barcelona Traction, Light and Power Company, Limited (Belgium v. Spain), ICJ Rep. 1970, 3, § 70; *v. Arnauld*, Rn. 595; *Epping*, Ipsen, § 5 Rn. 71.

b) Erschöpfung des innerstaatlichen Rechtswegs

249 Erst wenn der potentielle Verletzerstaat von sich aus keine Abhilfe schafft, kann der Heimatstaat einen Verstoß gegen eine völkerrechtliche Pflicht rügen, die Staaten mit Blick auf eine ausländische (natürliche oder juristische) Person gegenüber deren Heimatstaat obliegt. Daher ist vor der Ausübung diplomatischen Schutzes regelmäßig die Erschöpfung des innerstaatlichen Rechtswegs durch den geschädigten Privaten nötig.[8] Laut Sachverhalt hat die Valuta Oil Company den Rechtsweg in Aralien vergeblich beschritten. Die Bedingung ist somit erfüllt.

c) Verzicht auf diplomatischen Schutz

250 Aralien beruft sich allerdings darauf, dass das Unternehmen vertraglich auf den Schutz durch andere Staaten verzichtet habe. Wenn dieser Verzicht rechtswirksam sein sollte, wäre eine Ausübung diplomatischen Schutzes durch Bepelien nicht zulässig. Nach traditioneller Ansicht, die in der Staatenpraxis weitgehend reflektiert wird und auch vom IGH in *Barcelona Traction* bestätigt wurde, macht der Heimatstaat, wenn er in Ausübung diplomatischen Schutzes tätig wird, eigene Rechte geltend, auch wenn mittelbar Rechtspositionen des Staatsangehörigen durchgesetzt werden sollen.[9] Dem entspricht es, wenn allgemein dem Heimatstaat ein politisches Ermessen zugestanden wird, ob er tätig werden will oder nicht.[10] Da es sich um ein Recht des Staates handelt, kann nur der Staat auf seine Geltendmachung verzichten; die sog. Calvo-Klausel, nach der ein Wirtschaftsunternehmen auf den Schutz seines Heimatstaates verzichtet, ist danach wirkungslos.[11]

251 Diese traditionelle Sicht ist freilich in jüngerer Zeit immer stärker in die Kritik geraten: Die völlige Mediatisierung der Privatperson passt nicht mehr in das moderne Völkerrecht, das u. a. im Rahmen des Menschenrechtsschutzes eine partielle Völkerrechtssubjektivität auch von Individuen anerkennt.[12] Doch selbst wenn man annimmt, dass der Heimatstaat *zugleich* eigene Rechte *und* solche seines Staatsangehörigen (in Prozessstandschaft) geltend macht,[13] könnte auf die Geltendmachung der Rechte des Staates wiederum nur der Staat verzichten. Zu einem anderen Ergebnis käme man nur, wenn es *allein* um die Geltendmachung privater Rechte ginge. Hierfür könnte sprechen, dass die

---

8   *v. Arnauld*, Rn. 603; *Verdross/Simma*, §§ 1306 ff; *Wolfrum*, Dahm/Delbrück/Wolfrum, I/3, 941 ff. Vertiefend *Herdegen*, in: Ress/Stein (Hg.), Der diplomatische Schutz im Völker- und Europarecht, 1996, 63.
9   *Verdross/Simma*, § 1300 f.
10 IGH, Urteil v. 5.2.1970, Barcelona Traction, Light and Power Company, Limited (Belgium v. Spain), ICJ Rep. 1970, 3, §§ 78 f; *Epping*, Ipsen, § 5 Rn. 131 ff; *Ipsen*, ebd., § 29 Rn. 48 ff.
11 *v. Arnauld*, Rn. 593; *Kau*, Vitzthum/Proelss, 3. Abschnitt, Rn. 117; *Verdross/Simma*, § 1301; *Wolfrum*, Dahm/Delbrück/Wolfrum, I/3, 938. Siehe auch *García-Amador*, EPIL I, 521 (522 f); *Juillard*, Calvo Doctrine/Calvo Clause, MPEPIL (1/2007). Eingehend *Oschmann*, Calvo-Doktrin und Calvo-Klauseln, 1993; differenzierend, auch zu aktuellen Tendenzen in der Staatenpraxis, *Herdegen*, Internationales Wirtschaftsrecht, 11. Aufl. 2017, § 8 Rn. 28.
12 So vor allem von *Doehring*, Rn. 870 m. w. N. Ausführlich *ders.*, in: Ress/Stein (Fn. 8), 13. Ähnlich gerade mit Blick auf den Verzicht auf diplomatischen Schutz *García-Amador* (Fn. 11), 523.
13 *v. Arnauld*, Rn. 594; *Doehring*, Rn. 870; *Herdegen*, § 27 Rn. 11. Zurückhaltend *Wolfrum*, Dahm/Delbrück/Wolfrum, I/3, 937 ff, der einen langsamen Wandel diagnostiziert.

Gewährung diplomatischen Schutzes von der Erschöpfung des innerstaatlichen Rechtswegs durch den Privaten abhängig ist.[14] Allerdings wird eine eigene Berechtigung Privater meist nur für Kerngewährleistungen der Menschenrechte behauptet, damit die Wahrnehmung ihrer Interessen nicht dem politischen Ermessen des Heimatstaats ausgeliefert ist.[15] Weder geht es hier um Kerngewährleistungen der Menschenrechte noch würde der Schutz der Valuta Oil durch einen eigenen völkerrechtlichen Anspruch verbessert.[16] Zudem passen diese Theorien nur schlecht zu der Praxis der Staaten, die Ausübung diplomatischen Schutzes als Gegenstand ihres politischen Ermessens zu betrachten. Es bleibt daher bei dem bereits festgestellten Ergebnis, dass der Verzicht auf den diplomatischen Schutz durch das Unternehmen keine Rechtswirkung hat.

d) Ergebnis zu 2.

Die Ausübung diplomatischen Schutzes durch Bepelien ist zulässig. **252**

3. Klagebedürfnis

Der IGH entscheidet nur, sofern ein Streit zwischen den Parteien (noch) besteht. Aralien und Bepelien sind hier unterschiedlicher Auffassung über die Rechtmäßigkeit der Enteignung der Valuta Oil Company. Ein Streit besteht. **253**

4. Form

Von der Beachtung der Formvorschriften in Art. 40 IGH-Statut ist mangels anders lautender Hinweise im Sachverhalt auszugehen. **254**

IV. Ergebnis zu A

Die Klage ist zulässig. **255**

B. Begründetheit

Die Klage ist begründet, wenn Aralien durch die Enteignung völkerrechtliche Pflichten verletzt hat, die ihm Bepelien gegenüber oblagen. **256**

I. Deliktsfähigkeit

An der Deliktsfähigkeit der beiden Staaten bestehen keine Zweifel. **257**

---

14 So *Doehring*, Rn. 878; *ders.* (Fn. 12; Ress/Stein), 14 f; *Herdegen* (Fn. 8), 63 f.
15 *Doehring* (Fn. 12; Ress/Stein), 15 ff.
16 Wie hier zum diplomatischen Schutz bei entschädigungsloser Enteignung auch *Doehring* (Fn. 12; Ress/ Stein), 18.

II. Zurechenbarer Völkerrechtsverstoß

258 Die dem Staat Aralien unzweifelhaft zuzurechnende Enteignung müsste gegen geltendes Völkerrecht verstoßen. Da über einschlägige Verträge nichts bekannt ist,[17] kommt nur ein Verstoß gegen das gewohnheitsrechtliche Fremdenrecht in Betracht.[18] Danach schuldet der Aufenthaltsstaat dem Heimatstaat der sich auf seinem Territorium aufhaltenden Ausländer die Achtung bestimmter Rechte. Nach der in Südamerika entstandenen Calvo-Doktrin[19] schulden die Staaten einander insoweit eine Inländergleichbehandlung. Dies kann sich für den Fremden bei hohem Schutzstandard positiv auswirken, bei schlechter Behandlung der Inländer aber nur eine ebenso schlechte Behandlung zur Folge haben. Im vorliegenden Fall werden sämtliche Unternehmen der Ölindustrie in Aralien enteignet, unabhängig davon, ob sie inländische oder ausländische Unternehmen sind, und erhalten alle dieselbe Form von Entschädigung. Nach der Calvo-Doktrin läge ein Verstoß gegen das Fremdenrecht danach nicht vor. Allerdings war die Doktrin schon zur Zeit ihrer Entstehung alles andere als unumstritten, da sie zu einem Unterlaufen insbesondere des Schutzes von Auslandsinvestitionen missbraucht werden konnte. Spätestens nach 1945 hat sich im Völkerrechtsverkehr gewohnheitsrechtlich der fremdenrechtliche *Mindeststandard* durchgesetzt, nach dem die Staaten sich mit Blick auf die jeweils anderen Staatsangehörigen gewisse Mindestgarantien schulden, hinter die auch dann nicht zurückgegangen werden darf, wenn die eigenen Staatsangehörigen schlechter gestellt sind.[20] Die gewohnheitsrechtliche Geltung des Mindeststandards ist vom IGH im ELSI-Urteil erstmals festgestellt worden,[21] war aber schon davor fester Bestandteil des Gewohnheitsrechts.[22]

1. Enteignung

259 Zum völkerrechtlichen Mindeststandard gehört u. a. ein gewisser Schutz des Eigentums.[23] Danach sind Enteignungen grundsätzlich zwar zulässig, müssen aber bestimmte Voraussetzungen beachten: Sie müssen zum Wohle der Allgemeinheit erfolgen, dürfen weder diskriminieren noch gegen vertragliche Verpflichtungen verstoßen und sind nur gegen Entschädigung zulässig.[24]

---

17 Zu den Vorzügen bilateraler Investitionsabkommen im Vergleich zum gewohnheitsrechtlichen Investitionsschutz sowie zu typischen Inhalten solcher Abkommen *v. Arnauld*, Rn. 988, 991 ff.
18 Hierzu *v. Arnauld*, Rn. 590 ff; *Doehring*, Rn. 858 ff.
19 Hierzu *García-Amador* (Fn. 11), 521 f. Eingehend *Oschmann* (Fn. 11).
20 *v. Arnauld*, Rn. 591 f; *Berber*, I, 406 ff; *Delbrück*, Dahm/Delbrück/Wolfrum, I/2, 117 ff; *Doehring*, Rn. 860 f; *Dolzer/Kreuter-Kirchhof*, Vitzthum/Proelss, 6. Abschnitt, Rn. 23, 44 f; *Haltern*, Ipsen, § 34 Rn. 14; *Herdegen*, § 27 Rn. 3; *ders.* (Fn. 11), § 7 Rn. 23; *Hobe*, in; Bungenberg/Griebel/Hobe/Reinisch (Hg.), International Investment Law, 2015, Chapter 2.I, Rn. 1 ff; *Ipsen*, Ipsen, § 38 Rn. 4 ff; *Verdross/Simma*, § 1213.
21 IGH, Urteil v. 20.7.1989, Elettronica Sicula S.p.A. (ELSI) (United States of America v. Italy) ICJ Rep. 1989, 15, § 111.
22 *Dolzer*, IPRax 1992, 137 (139).
23 Überblick bei *Dolzer/Kreuter-Kirchhof*, Vitzthum/Proelss, 6. Abschnitt, Rn. 42 ff. Eingehend *Dolzer*, Eigentum, Enteignung und Entschädigung im geltenden Völkerrecht, 1985.
24 *v. Arnauld*, Rn. 983. Vertiefend *Böckstiegel*, BDGVR 13 (1974), 28 (insbes. 35 ff); *Verdross/Simma*, §§ 1216 ff; *Dolzer*, EPIL II, 319; *Haltern*, Ipsen, § 34 Rn. 41 ff; *Hobe* (Fn. 20), Rn. 39 ff.

a) Allgemeinwohl

Bei der Bestimmung des Allgemeinwohls kommt dem enteignenden Staat eine weite **260** politische Prärogative zu. Die Garantien des Fremdenrechts führen nicht dazu, einem Staat ein bestimmtes politisches oder ökonomisches System aufzuzwingen. Neben offenkundigen Missbräuchen sollen nur Enteignungen zu rein fiskalischen Zwecken unzulässig sein.[25] Zwar könnte der Hinweis auf die Beschaffung finanzieller Mittel für sozialpolitische Maßnahmen im Sachverhalt auf ein solches fiskalisches Interesse hindeuten; dieses ist jedoch in die Politik der „Neuordnung der Sozialverhältnisse" eingebettet und reicht angesichts der souveränen politischen Prärogative von Bepelien aus, um dem Allgemeinwohlkriterium zu genügen.

b) Keine Diskriminierung; kein Verstoß gegen Verträge

Die Enteignung erfasst alle Unternehmen der Ölindustrie und ist nicht bloß gegen die **261** Angehörigen eines bestimmten Staates gerichtet. Der Sachverhalt enthält keine Informationen über einschlägige Verträge. Ein Verstoß gegen vertragliche Verpflichtungen ist daher nicht anzunehmen.

c) Entschädigung

Es ist gewohnheitsrechtlich anerkannt, dass Enteignungen von Gegenständen ausländi- **262** schen Vermögens, die sich auf dem Territorium des enteignenden Staates befinden, als solche zulässig sind, aber ebenso, dass sie eine Pflicht zur Entschädigung auslösen.[26] Ob eine entschädigungslose Enteignung rückgängig zu machen ist oder nur die Pflicht zur Zahlung einer Entschädigung besteht, kann hier offen bleiben, denn eine Entschädigung ist dem Grunde nach vorgesehen. Daher scheitert Bepelien in jedem Fall mit dem Antrag, die Enteignung rückgängig zu machen. Der Streit kann sich nur um Art und Umfang der Entschädigung drehen. Die Industriestaaten halten hier ganz überwiegend an der sog. Hull-Formel fest.[27] Danach muss die Entschädigung „prompt, adäquat und effektiv" *(prompt, adequate and effective)* sein. Unter einer „adäquaten" Entschädigung wird dabei volle Entschädigung verstanden.[28] Da der Sachverhalt die Höhe der Entschädigung nicht nennt, kann zur „Adäquanz" nicht Stellung genommen werden. Allerdings bestehen Zweifel, ob die Entschädigung prompt erfolgt: Sinn dieser Voraussetzung ist es, dem Betroffenen im Austausch gegen die verlorenen Vermögensgegenstände Mittel zur Verfügung zu stellen, die er sofort ersatzweise in seine wirtschaftlichen Planungen einstellen kann. Anleihen, die erst in zehn Jahren realisiert werden können, vermögen den Ausfall, den die Enteignung eines Wirtschaftsunternehmens heute bedeutet, nicht zeitnah zu kompensieren. Auch kann an der Effektivität der Entschädigung gezweifelt

---

25 *Dolzer/Kreuter-Kirchhof*, Vitzthum/Proelss, 6. Abschnitt, Rn. 44.
26 *Böckstiegel* (Fn. 24), 35.
27 *v. Arnauld*, Rn. 983; *Haltern*, Ipsen, § 34 Rn. 56; *Verdross/Simma*, § 1217. Siehe auch *Weston*, AJIL 75 (1981), 437 (448 ff). Die Formel ist nach dem ehemaligen US-Außenminister (1933–1944) *Cordell Hull* benannt.
28 *v. Arnauld*, Rn. 983; *Haltern*, Ipsen, § 34 Rn. 56.

werden. Die Anleihen sind zwar transferierbar, doch haben Staatsanleihen, vor allem eines Entwicklungslandes, das ökonomisch nicht als stabilisiert betrachtet werden kann, eine ungewisse Zukunft. In Anwendung der Hull-Formel ist die Entschädigung daher nicht ausreichend.

263 Die Hull-Formel hat zwar Eingang in zahlreiche bilaterale Investitionsschutzabkommen gefunden; aus den vertraglichen Regelungen aber lässt sich eine allgemeine gewohnheitsrechtliche Geltung nicht ableiten. Vielmehr kann der Abschluss solcher Abkommen als Ausdruck dessen gewertet werden, dass ein weltweiter gewohnheitsrechtlicher Standard, auf den man sich verlassen könnte, insoweit gerade nicht existiert.[29] Die Geltung der Hull-Formel wird insbesondere von Staaten des globalen Südens in Frage gestellt. Mit deren Stimmenmehrheit hat auch die UN-Generalversammlung in einer Reihe von Resolutionen, darunter insbesondere die Charta der wirtschaftlichen Rechte und Pflichten der Staaten vom 12.12.1974[30], nur eine Pflicht zur Zahlung „angemessener" Entschädigung postuliert.[31] Angesichts der Unverbindlichkeit dieser Resolutionen und des anhaltenden Widerstandes der Industrienationen ist ebenso fraglich, ob diese Formel den heutigen gewohnheitsrechtlichen Standard wiedergibt.[32] Auch Pauschalentschädigungsabkommen *(lump sum agreements)* lassen als besondere vertragliche Abreden keinen Rückschluss auf das Gewohnheitsrecht zu.[33]

264 Allerdings geht es bei dem Streit um die „Angemessenheit" zuallererst um die Höhe der Entschädigung.[34] Hier wehren sich die Entwicklungsländer gegen eine Pflicht zur vollen Entschädigung. Insoweit kann eine eindeutige gewohnheitsrechtliche Regel nicht festgestellt werden.[35] Dass die Entschädigung zumindest zeitnah und effektiv sein muss, wird auch von ihnen nicht in Abrede gestellt. Die Entschädigung durch erst in zehn Jahren einlösbare Staatsanleihen mit ungewisser Zukunft kann daher nicht als „angemessen" angesehen werden. Aralien hat somit gegen seine Pflicht verstoßen, eine hinreichende Entschädigung für die ansonsten rechtmäßige Enteignung zu gewähren.

2. Rechtsschutzgarantie

265 Zum fremdenrechtlichen Mindeststandard wird auch das Recht auf rechtliches Gehör gerechnet.[36] Dieses wurde formal zwar gewährt, indem es der Valuta Oil Company möglich war, den Rechtsweg zu beschreiten. Da die Gerichte die Klage ohne weitere Prüfung abgewiesen haben, könnte dieses Recht aber der Sache nach verletzt sein.

---

29 *Schachter*, AJIL 78 (1984), 121.
30 GA Res. 3281 (XXIX).
31 *v. Arnauld*, Rn. 983; *Haltern*, Ipsen, § 34 Rn. 41 ff.
32 *Weston* (Fn. 27), 448 ff. „Bessere Chancen" räumt allerdings *Schachter* (Fn. 29), 127 ff, einem solchen Standard ein.
33 *Dolzer/Kreuter-Kirchhof*, Vitzthum/Proelss, 6. Abschnitt, Rn. 44; *Lillich*, EPIL III, 268 (272).
34 *Dolzer/Kreuter-Kirchhof*, Vitzthum/Proelss, 6. Abschnitt, Rn. 44.
35 *Dolzer* (Fn. 24), 323 f. Vgl. auch *dens.*, AJIL 75 (1981), 553 (557 ff), zum „Niedergang" der Hull-Formel und dem „Versagen" der Calvo-Doktrin. A.A. *Herdegen*, § 54 Rn. 2 f, der eine Pflicht zum vollen Wertausgleich gewohnheitsrechtlich verankert sieht.
36 *v. Arnauld*, Rn. 592; *Delbrück*, Dahm/Delbrück/Wolfrum, I/2, 120 ff; *Herdegen*, § 27 Rn. 4; *Ipsen*, Ipsen, § 38 Rn. 6.

Nicht übersehen werden darf, dass es sich nur um einen Mindeststandard handelt, der gewohnheitsrechtlich geboten ist. In vielen Staaten existiert keine Möglichkeit, gesetzgeberische Entscheidungen gerichtlich zu überprüfen; eine völkergewohnheitsrechtliche Verpflichtung, eine Normenkontrolle einzuführen, ist nicht nachweisbar. Eine Verletzung des rechtlichen Gehörs liegt nicht vor.

III. Kein Ausschluss der Rechtswidrigkeit

Gründe für einen Ausschluss der Rechtswidrigkeit sind nicht ersichtlich. **266**

IV. Rechtsfolgen

Als Rechtsfolge schuldet Aralien Wiedergutmachung. Diese wird in erster Linie durch die Wiederherstellung des Zustandes geleistet, der ohne das rechtswidrige Verhalten bestünde. Aralien hat daher eine ordnungsgemäße Entschädigung zu zahlen, sofern sich Aralien und Bepelien nicht anderweitig über Art und Umfang der Wiedergutmachung einigen. (Da der Streit sich um eine angemessene Entschädigung dreht, decken sich im Ergebnis Restitution und Schadensersatz.) Dabei bemisst sich in Fällen des diplomatischen Schutzes der dem Heimatstaat zu zahlende Schadensersatz regelmäßig an dem Schaden, der dem geschädigten Staatsangehörigen entstanden ist.[37] **267**

C. Ergebnis

Die Klage ist zulässig und hinsichtlich des Umfangs der Entschädigung begründet. Im Übrigen ist sie unbegründet. **268**

Abwandlung 1

Hier könnte fraglich sein, ob Bepelien das Recht hat, diplomatischen Schutz zu Gunsten der Valuta Oil Company auszuüben. Nach Sitz- und Gründungstheorie ist Caimanien der Heimatstaat der Gesellschaft, Bepelien könnte sich nur auf die Kontrolltheorie berufen. Diese hat sich aber völkerrechtlich nicht durchsetzen können, wie der IGH im Fall *Barcelona Traction* festgestellt hat,[38] so dass Caimanien als Heimatstaat des Unternehmens anzusehen ist. Sofern Bepelien nicht für die Gesellschaft als solche, sondern für ihren Gesellschafter X tätig werden möchte, besteht eine effektive Verbindung zu Bepelien. Es stellt sich aber die Frage, ob dies bedeuten kann, dass Bepelien die Interessen eines Gesellschafters gegenüber einem anderen Staat vertreten kann, obwohl die Gesellschaft selbst nicht seine Staatszugehörigkeit besitzt. Allgemein anerkannt ist dies **269**

---

37 IGH, Urteil v. 19.6.2012, Ahmadou Sadio Diallo (Guinea v. DR Congo), Compensation, ICJ Rep. 2012, 324, § 13. Dazu m. w. N. *v. Arnauld*, Rn. 432 und Anhang Nr. 31.
38 IGH, Urteil v. 5.2.1970, Barcelona Traction, Light and Power Company, Limited (Belgium v. Spain), ICJ Rep. 1970, 3, § 70; siehe auch *v. Arnauld*, Rn. 598 ff; *Doehring*, Rn. 886 ff; *Epping*, Ipsen, § 5 Rn. 76 ff.

für den Fall, dass die Gesellschaft aufgelöst wurde[39] oder dass sich die abzuwehrende Maßnahme nicht gegen die Gesellschaft, sondern gegen die Gesellschafter richtet (etwa durch Entzug bloß bestimmter Gesellschafterrechte)[40]. Zumindest für möglich gehalten wird dies vom IGH auch für den Fall, dass der Heimatstaat der Gesellschaft Schutz nicht gewähren kann.[41] Hier soll gewissermaßen das subsidiäre Recht des Heimatstaats der Gesellschafter aufleben.[42] Im Übrigen aber führt die „Lüftung des Schleiers" *(lifting of the corporate veil)* dazu, die Gesellschaft nicht als selbstständige juristische Person zu behandeln und damit der Kontrolltheorie auf dem Umweg zur Durchsetzung zu verhelfen. Diese Theorie mag gewisse Vorzüge bei der Behandlung transnationaler Unternehmensverflechtungen haben; sie findet aber in der Staatenpraxis kaum Rückhalt und hat den IGH dazu bewogen, in der vergleichbaren Konstellation in *Barcelona Traction* eine „Lüftung des Schleiers" abzulehnen.[43] Entscheidet sich Caimanien hier also dagegen, von der Möglichkeit diplomatischen Schutzes für die Valuta Oil Gebrauch zu machen, so bleibt das Unternehmen auf internationaler Ebene schutzlos. Dies ist letztlich die Folge aus der zwischenstaatlichen Natur des im Wege diplomatischen Schutzes geltend gemachten Anspruchs: Der Heimatstaat entscheidet sich dagegen, sein eigenes Recht geltend zu machen. Für ein „Aufleben" der Kontrolltheorie bleibt kein Raum.[44]

Abwandlung 2

270 Erneut stellt sich die Frage nach der Berechtigung von Bepelien, diplomatischen Schutz auszuüben. Ein Einschreiten zu Gunsten der Gesellschaft, welches nur auf Grundlage der Kontrolltheorie möglich wäre, scheidet aus (s. o.). Sofern Bepelien Interessen des X durchsetzen will, liegt der Unterschied zu Abwandlung 1 darin, dass der Heimatstaat hier zugleich der eingreifende Staat ist.

271 Ein Durchgriff auf die Kontrolltheorie lässt sich hier nicht nach den Maßstäben des Urteils im Fall *Barcelona Traction* begründen, wonach der Heimatstaat der Gesellschafter tätig werden darf, wenn der Heimatstaat der Gesellschaft nicht tätig werden kann.[45] Zwar *kann* Aralien tatsächlich auf völkerrechtlicher Ebene keinen Schutz gegen seine eigenen Maßnahmen gewähren, jedoch stünde es ihm frei, auf die Enteignung zu verzichten und so die Interessen der Valuta Oil zu schützen. Entscheidend ist, dass der politische Wille

---

39 IGH, Urteil v. 5.2.1970, Barcelona Traction, Light and Power Company, Limited (Belgium v. Spain), ICJ Rep. 1970, 3, §§ 65 ff.
40 Ebd., § 47.
41 Ebd., §§ 69 ff.
42 Zu den Ausnahmefällen ebd., §§ 56 ff; *Böckstiegel* (Fn. 24), 35 ff, 39 f; *Seidl-Hohenveldern* (Fn. 2), 255 ff, 283 ff.
43 IGH, Urteil v. 5.2.1970, Barcelona Traction, Light and Power Company, Limited (Belgium v. Spain), ICJ Rep. 1970, 3, §§ 55 ff.
44 *v. Arnauld*, Rn. 599; *Verdross/Simma*, § 1304. Um diese für den Investor unbefriedigende Konsequenz zu vermeiden, sehen zwischenstaatliche bilaterale Investitionsabkommen regelmäßig einen weiten Investitionsbegriff vor, der Beteiligungen an Unternehmen umfasst, wie auch eine schiedsgerichtliche Streitbeilegung zwischen Investor und Staat auf internationaler Ebene, die vom Investor in Gang gesetzt werden kann: *v. Arnauld*, Rn. 988, 991 ff, 1003 ff.
45 So aber *Böckstiegel* (Fn. 24), 36.

von Aralien als Heimatstaat nicht darauf gerichtet ist, die Enteignung zu verhindern bzw. eine andere Form der Entschädigung zu bieten. Es geht also erneut um fehlende Bereitschaft, nicht um Unfähigkeit zum Schutz der Interessen des Investors.[46]

Ein Klagerecht des Heimatstaates des Investors hat der IGH im Fall *ELSI* angenommen, in dem die Enteignung ebenfalls vom Heimatstaat des Unternehmens selbst ausging.[47] Aus diesem Urteil eine generelle „Lüftung des Schleiers" zu folgern,[48] ginge jedoch zu weit. Der ELSI-Fall betraf ein Abkommen zwischen den USA und Italien, in dem US-Bürgern und US-Unternehmen ausdrücklich das Recht zugestanden war, ihre Kontrollrechte über italienische Gesellschaften (im Rahmen der Gesetze) auszuüben.[49] Das Abkommen enthielt somit eine ausdrückliche Garantie zu Gunsten der Gesellschafterinteressen, so dass die streitbefangene Maßnahme – die Beschlagnahme der Produktionsstätten – nicht an gewohnheitsrechtlich zu beachtenden Rechten der Gesellschafter an der Gesellschaft, sondern an ausdrücklichen Vertragsgarantien zu messen waren.[50] Dafür, dass unabhängig von solchen Garantien der Heimatstaat der Gesellschafter stets tätig werden darf, wenn der Heimatstaat der Gesellschaft auf deren Vermögensgegenstände zugreift, fehlen bislang Anhaltspunkte aus der Staatenpraxis.

272

Etwas anderes gilt allerdings dann, wenn die Inkorporation nach dem Recht des Sitzstaates – wie hier – Bedingung dafür war, dass die Investition überhaupt getätigt werden durfte. In diesem Falle hätte es der Sitzstaat ansonsten in der Hand, sich gegen etwaige Schutzansprüche zu immunisieren, indem er Auslandsinvestitionen im Vorfeld formal seinem eigenen Recht unterstellt. Auf Grundlage verschiedener Schiedssprüche hat daher die ILC in ihren Entwurfsartikel zum diplomatischen Schutz von 2006[51] für solche Fälle die Ausübung diplomatischen Schutzes durch den Heimatstaat des Investors ausnahmsweise für zulässig erachtet. Folgt man dem, dürfte sich Bepelien gegenüber Aralien für die Investitionen des X auch auf gerichtlichem Wege einsetzen.

273

---

46 Vgl. grundsätzlich schon IGH, Urteil v. 5.2.1970, Barcelona Traction, Light and Power Company, Limited (Belgium v. Spain), ICJ Rep. 1970, 3, §§ 77 ff.
47 IGH, Urteil v. 20.7.1989, Elcttronica Sicula S.p.A. (ELSI) (United States of America v. Italy) ICJ Rep. 1989, 15,.
48 So z. B. *Odendahl/Odendahl*, Völkerrecht: Sammlung höchstrichterlicher Rechtsprechung, 1999, 94 f. Ausdrücklich offen gelassen in IGH, Urteil v. 5.2.1970, Barcelona Traction, Light and Power Company, Limited (Belgium v. Spain), ICJ Rep. 1970, 3, § 92.
49 Vgl. den deutlichen Hinweis auf die besondere Vertragslage in IGH, Urteil v. 20.7.1989, Elettronica Sicula S.p.A. (ELSI) (United States of America v. Italy) ICJ Rep. 1989, 15, § 68. Siehe auch *Stein/v. Buttlar/Kotzur*, Rn. 571. A.A. Richter *Oda* in seinem Sondervotum zum Urteil.
50 Nicht ganz klar bei *Dolzer* (Fn. 22), 139.
51 Report of the ILC, 58th session (2006), A/61/10, § 49 (mit Kommentar in § 50).

Zur Vertiefung

Leitentscheidungen: IGH, Urteil v. 5.2.1970, Barcelona Traction, Light and Power Company, Limited (Belgium v. Spain), ICJ Rep. 1970, 3 (*v. Arnauld*, Nr. 13; *Dörr*, Nr. 21); IGH, Urteil v. 20.7.1989, Elettronica Sicula S.p.A. (ELSI) (United States of America v. Italy) ICJ Rep. 1989, 15 (*v. Arnauld*, Nr. 19; *Dörr*, Nr. 29).

Literatur zur Vertiefung: Allg. zum internationalen Investitionsschutzrecht: *M. Bungenberg/ J. Griebel/S. Hobe/A. Reinisch* (Hg.), International Investment Law, 2015; *D. Collins*, An Introduction to International Investment Law, 2017; *M. Sornarajah*, The International Law on Foreign Investment, 4. Aufl. 2017; *S. Subedi*, International Investment Law, 3. Aufl. 2016. **Zum diplomatischen Schutz bei Enteignungen:** *K.-H. Böckstiegel*, Enteignungs- oder Nationalisierungsmaßnahmen gegen ausländische Kapitalgesellschaften, BDGVR 13 (1974), 7–63; *R. Dolzer*, Die Bedeutung der ELSI-Entscheidung des Internationalen Gerichtshofs, IPRax 1992, 137–140; *J. Dugard*, Diplomatic Protection, MPEPIL (5/2009); *G. Ress/T. Stein* (Hg.), Der diplomatische Schutz im Völker- und Europarecht, 1996 (darin insbes. *K. Doehring*, 13–20, und *M. Herdegen*, 63–71); *O. Schachter*, Compensation for Expropriation, AJIL 78 (1984), 121–130.

Fall 10
Schnurlos verschwunden

Bei einer Routineüberwachung schneidet die Schweizerische Post- und Telefonbehörde PTT auf einer für Polizei und Militär reservierten Frequenz ein Privatgespräch mit, das mit einem in der Schweiz nicht zugelassenen schnurlosen Telefon geführt wird. Die Verwendung solcher Geräte kann nach den Gesetzen mit einer Verwaltungsstrafe von bis zu 3 Monaten Gefängnis oder Geldstrafe bis zu 10.000 Schweizer Franken belegt werden. Der Mitschnitt des Gesprächs wird in Übereinstimmung mit den Gesetzen von der PTT aufbewahrt.

Als Inhaber des Anschlusses wird das Rechtsanwaltsbüro von C in Fribourg ermittelt. Im Einklang mit dem Verwaltungsstrafgesetz ordnet die Behördenleitung eine Durchsuchung der Büroräume von C an, um das Gerät zu Beweiszwecken sicherzustellen. Nach dem Gesetz dürfen die Behörden in Verwaltungsstrafverfahren ohne richterliche Anordnung Zwangsmaßnahmen ergreifen. Für Hausdurchsuchungen gelten insbesondere folgende Vorkehrungen: Die Behördenleitung muss sie anordnen und einen schriftlichen Durchsuchungsbefehl ausfertigen; sie dürfen nur durchgeführt werden, wenn wahrscheinlich ist, dass sich in den Räumen eine gesuchte Person oder Sache befindet; sie dürfen nur durch speziell geschultes Personal ausgeführt werden; Beamte, bei denen Besorgnis der Befangenheit bestehen könnte, sind von der Teilnahme ausgeschlossen; zu Beginn der Durchsuchung ist der Hausrechtsinhaber über den Zweck der Durchsuchung zu informieren; er ist zu fragen, ob er der Durchsuchung beiwohnen möchte; neben dem Beamten der Fachbehörde hat ein Beamter der örtlichen Verwaltung die Durchsuchung zu überwachen, sofern der Hausrechtsinhaber nicht hierauf verzichtet; am Ende ist ein Protokoll zu fertigen und vom Hausrechtsinhaber zu zeichnen, das dieser auf Wunsch gemeinsam mit der Durchsuchungsanordnung in Kopie ausgehändigt bekommt.

Als die Beamten bei C vor der Tür stehen, gibt dieser zu, vor einiger Zeit versuchsweise ein neues schnurloses Telefon verwendet zu haben. Dieses habe nicht ordnungsgemäß funktioniert, weswegen er es weggeworfen habe. Die Beamten bestehen dennoch auf der Durchsuchung, die auf Wunsch von C nur von einem Beamten der PTT in seiner Gegenwart durchgeführt wird. Der Beamte durchsucht zwei Stunden lang die Räume, prüft aber dabei nur die Elektrogeräte und ihre Anschlüsse und öffnet keine Schränke oder Schubladen.

Rechtsmittel des C gegen das Mitschneiden seines Telefongesprächs bleiben erfolglos. Vor allem aber hält er die Durchsuchung für rechtswidrig. Er habe den Besitz des Telefons zugegeben; auch verfüge die PTT über den Gesprächsmitschnitt, so dass es auf das Telefon als Beweisstück nicht ankomme. Auch sei die Durchsuchung wegen einer derartigen Bagatelle unverhältnismäßig. Er legt form- und fristgerecht Beschwerde bei der zuständigen Anklagekammer des Bundesgerichts ein. Diese Beschwerde ist im Verwal-

Fall 10 *Schnurlos verschwunden*

tungsstrafgesetz vorgesehen. Das Gericht weist sie aber als unzulässig ab, da nach ständiger Rechtsprechung ein aktuelles Rechtsschutzbedürfnis nur gegeben sei, wenn der Beschwerdeführer wenigstens teilweise noch beschwert sei. Dies sei bei C nach Abschluss der Durchsuchung nicht der Fall. Ausnahmen würden zwar bei Wiederholungsgefahr oder bei grundlegender Bedeutung der Sache gemacht; ein solcher Ausnahmefall sei jedoch bei C nicht ersichtlich. Gegen diesen Beschluss stehen Rechtsmittel nicht zur Verfügung.

C sieht sich in seinen Rechten aus der EMRK verletzt und erhebt form- und fristgerecht Beschwerde beim Europäischen Gerichtshof für Menschenrechte. Mit Aussicht auf Erfolg?

Lösungsskizze

A. Zulässigkeit
  I. Zuständigkeit des EGMR
    → C untersteht Hoheitsgewalt der Schweiz (Vertragspartei), vgl. Art. 1 EMRK
  II. Beschwerdefähigkeit
    → C natürliche Person, vgl. Art. 34 EMRK
  III. Beschwerdegegenstand
    → Durchsuchung durch PTT + Entscheidung des Bundesgerichts als Akte öffentlicher Gewalt
  IV. Beschwerdebefugnis
    → Opferstatus (Art. 34 EMRK)? eigene Verletzung in Rechten aus Art. 8 Abs. 1, 13 EMRK gerügt
  V. Rechtswegerschöpfung
    → vertikal (+), laut Sachverhalt; horizontal: (+), keine abweichenden Angaben
  VI. Frist und Form (+)
  VII. Rechtsschutzbedürfnis
    1. Keine anderweitige Rechtshängigkeit (+)
    2. Nicht offensichtlich unbegründet oder missbräuchlich (+)
    3. Kein bloß unerheblicher Nachteil
      → empfindliche Eingriffe in Privatsphäre, Hausdurchsuchung von keinem innerstaatlichen Gericht überprüft
  VIII. Ergebnis zu A
B. Begründetheit
  I. Mitschnitt des Telefongesprächs: Verletzung von Art. 8 Abs. 1 EMRK
    1. Eingriff in den Schutzbereich
      → Schutzbereich (+), privates Telefongespräch
      → Eingriff: routinemäßige Überwachung ausschließlich amtlich genutzter Frequenz (-); Aufbewahrung des Mitschnitts (+)
    2. Rechtfertigung des Eingriffs
      a) Gesetzliche Grundlage
        → „in Übereinstimmung mit den Gesetzen", hinreichende Bestimmtheit zu unterstellen
      b) Zulässiges Ziel
        → Verhütung von Straftaten (Art. 8 Abs. 2 EMRK) schließt Strafverfolgungszwecke ein
      c) Verhältnismäßigkeit („Notwendigkeit in einer demokratischen Gesellschaft")
        → Aufbewahrung notwendig für Strafverfahren; Geständnis könnte widerrufen werden
    3. Ergebnis zu I.

II. Hausdurchsuchung: Verletzung von Art. 8 Abs. 1 EMRK
1. Eingriff in den Schutzbereich
   a) Schutzbereich
      → Geschäftsräume als „Wohnung"? (+), schwierige Grenzziehung, Effektivität des Schutzes
   b) Eingriff
      → Einwilligung des C? (-), Mitwirkung nur beim „Wie", nicht beim „Ob"
2. Rechtfertigung des Eingriffs
   a) Gesetzliche Grundlage
      → gegeben, detaillierte Bestimmungen laut Sachverhalt
   b) Zulässiges Ziel
      → Sicherung der Strafverfolgung (s. o.)
      → tatsächlich verfolgt (= Eignung)? Cs Aussage überprüfen, auch oberflächliche Durchsuchung nicht völlig ungeeignet
   c) Verhältnismäßigkeit („Notwendigkeit in einer demokratischen Gesellschaft")
   aa) Erforderlichkeit
      → Bedeutung des *corpus delicti* als Beweismittel!
   bb) Angemessenheit
      → kein genereller Richtervorbehalt, aber Verfahrensgestaltung wichtig
      → Gesetz: (+), Bestimmungen im Verwaltungsstrafgesetz schließen Willkür aus
      → Einzelakt: geringer Unwertgehalt der Tat vs. Bedeutung störungsfreier amtlicher Frequenzen und schonende „Durchsuchung" → angemessen
3. Ergebnis zu II.
III. Abweisung der Beschwerde: Verletzung von Art. 13 i. V. m. 8 Abs. 1 EMRK
   → *arguable claim* bei Eingriff in Grundrecht; hier (+)
   → std. Rspr. vereitelt nachgelagerten Rechtsschutz bei Hausdurchsuchungen; Verstoß (+)

C. Ergebnis

Lösung[1]

Die Beschwerde des C hat Aussicht auf Erfolg, wenn sie zulässig und begründet ist.

A. Zulässigkeit

Die Individualbeschwerde müsste gemäß Art. 34, 35 EMRK zulässig sein.[2]   276

I. Zuständigkeit des EGMR

Der EGMR ist zuständig, soweit die EMRK gemäß Art. 1 EMRK anwendbar ist. Die   277
Schweiz ist Vertragspartei.[3] Auch untersteht C im vorliegenden Zusammenhang der schweizerischen Hoheitsgewalt. Mangels abweichender Sachverhaltsangaben darf außerdem unterstellt werden, dass der Fall sich nach Inkrafttreten der EMRK für die Schweiz ereignet hat.

II. Beschwerdefähigkeit

Als natürliche Person ist C gemäß Art. 34 EMRK beschwerdefähig.   278

III. Beschwerdegegenstand

Beschwerdegegenstand ist gemäß Art. 34 EMRK jeder Akt einer der Vertragsparteien.   279
Sowohl die Durchsuchung seitens der PTT als auch die Entscheidung des Bundesgerichts sind als Organhandeln der Schweiz zurechenbar und stellen zulässige Beschwerdegegenstände dar.

IV. Beschwerdebefugnis

C müsste gemäß Art. 34 EMRK geltend machen, selbst in einem seiner Rechte aus der   280
Konvention verletzt zu sein. Welche Rechte er als verletzt rügt, ist nicht mitgeteilt. In Betracht könnten hier das Recht auf Achtung der Korrespondenz und der Wohnung (Art. 8 Abs. 1) sowie, in Verbindung hiermit, das Recht auf wirksame Beschwerde

---

1 Der Fall ist v.a. angelehnt an das Urteil Camenzind/Schweiz vom 16.12.1997, 136/1996/755/954, ÖJZ 1998, 797. Sämtliche Entscheidungen des EGMR sind in englischer bzw. französischer Sprache im Internet in der Rechtsprechungsdatenbank (HUDOC) des Gerichtshofs zu finden: http://www.echr.coe.int. Auf die Angabe weiterer Fundstellen wird hier daher verzichtet.
2 Überblick über die Zulässigkeitsvoraussetzungen im Individualbeschwerdeverfahren bei *v. Arnauld*, Rn. 736 ff. Vertiefend *Ehlers*, Jura 2000, 372 (381 f); *ders.*, in: Ehlers (Hg.), Europäische Grundrechte und Grundfreiheiten, 4. Aufl. 2014, § 14 Rn. 87 ff; *Grabenwarter/Pabel*, Europäische Menschenrechtskonvention, 6. Aufl. 2016, 59 ff; *Peters/Altwicker*, Einführung in die Europäische Menschenrechtskonvention, 2. Aufl. 2012, 259 ff.
3 Zumeist handelt es sich in völkerrechtlichen Klausurfällen um fiktive Staaten, bei denen im Sachverhalt mitgeteilt wird, welche Verträge sie ratifiziert haben. Sollte einmal (wie hier) ein realer Staat eine Rolle spielen, kann u. U. eine solche Mitteilung unterbleiben, wenn die Vertragsmitgliedschaft als bekannt vorausgesetzt werden kann (z. B. UN-Mitgliedschaft Deutschlands, Österreichs oder der Schweiz) oder sich – wie hier (vgl. Art. 26 i. V. m. Art. 3 Europarats-Satzung) – aus einer Norm ableiten lässt.

(Art. 13) kommen. Da C das mitgeschnittene Telefongespräch geführt hat und da er als Hausrechtsinhaber Adressat der Durchsuchung und des Beschlusses des Bundesgerichts war, ist er auch selbst betroffen; die Opfereigenschaft liegt vor.

V. Rechtswegerschöpfung

281 Art. 35 Abs. 1 EMRK verlangt vor Erhebung der Individualbeschwerde die Erschöpfung des innerstaatlichen Rechtswegs. Laut Sachverhalt hat er gegen den Mitschnitt des Gesprächs den Rechtsweg erschöpft. Hinsichtlich der Hausdurchsuchung hat er die vorgesehene Beschwerde erfolglos eingelegt. Weitere Rechtsmittel standen ihm nicht zur Verfügung. Der Rechtsweg ist erschöpft. Der Gerichtshof verlangt dabei zudem, dass bereits vor den innerstaatlichen Gerichten die Konventionsrechte zumindest der Sache nach als verletzt gerügt wurden. Hiervon ist mangels abweichender Sachverhaltsangaben auszugehen.

282 **Hinweis:** Das Erfordernis der Erschöpfung des innerstaatlichen Rechtswegs wird vom Gerichtshof großzügig behandelt. Die Standardformel lautet, dass Art. 35 Abs. 1 EMRK „mit einer gewissen Flexibilität und ohne exzessiven Formalismus" gehandhabt werden müsse.[4] Insbesondere mit Blick auf Beschwerden wegen überlanger Verfahrensdauer prüft der Gerichtshof in jüngerer Zeit jedoch strenger.[5]

VI. Frist und Form

283 Laut Sachverhalt hat C die sechsmonatige Beschwerdefrist (Art. 35 Abs. 1 EMRK) eingehalten. Auch hat er seine Beschwerde schriftlich (Art. 45 VerfO) und namentlich (vgl. Art. 35 Abs. 2 lit. a EMRK) eingereicht.

VII. Rechtsschutzbedürfnis

1. Keine anderweitige Rechtshängigkeit

284 Von anderweitiger Rechtshängigkeit (vgl. Art. 35 Abs. 2 lit. b EMRK) ist nichts mitgeteilt.

2. Nicht offensichtlich unbegründet oder missbräuchlich

285 Die Beschwerde darf auch nicht offensichtlich unbegründet sein oder missbräuchlich erscheinen (Art. 35 Abs. 3 lit. a EMRK). Ein privates Telefongespräch des C wurde von einer Behörde mitgeschnitten. Außerdem wurde bei ihm eine Hausdurchsuchung durchgeführt und seine hiergegen gerichtete Beschwerde vom Bundesgericht ohne Prüfung der Sache als unzulässig verworfen. Es ist daher nicht von vornherein auszuschließen,

---

4 Vgl. z. B. EGMR, Urteile v. 16.7.1971, Ringeisen/Österreich, EGMR-E 1, 128, § 89, v. 6.11.1980, van Oosterwijk/Belgien, EGMR-E 1, 513, § 35, v. 6.11.80, Guzzardi/Italien, EGMR-E 1, 492, § 72, v. 19.3.1991, Cardot/Frankreich, 24/1990/215/277, EuGRZ 1992, 437, § 34, v. 28.7.1999, Selmouni/Frankreich, 25803/94, NJW 2001, 56, § 77.
5 Vgl. *Grabenwarter/Pabel* (Fn. 2), § 13 Rn. 25 m. w. N.

dass er tatsächlich in seinen Rechten verletzt ist. Die Beschwerde ist weder offensichtlich unbegründet noch missbräuchlich.

3. Kein bloß unerheblicher Nachteil

Gemäß Art. 35 Abs. 3 lit. b EMRK fehlt es schließlich auch am Rechtsschutzbedürfnis, wenn nach Auffassung des EGMR dem Beschwerdeführer kein erheblicher Nachteil entstanden ist. Das Mitschneiden von Telefongesprächen gehört ebenso wie eine Hausdurchsuchung zu empfindlichen Eingriffen in die Privatsphäre. Auch wenn beide Maßnahmen im Fall von C relativ milde ausgefallen sind, ist der erlittene Nachteil nicht bloß unerheblich. Hinzu kommt, dass die Hausdurchsuchung noch von keinem innerstaatlichen Gericht überprüft worden ist. In diesem Fall greift Art. 35 Abs. 3 lit. b EMRK ohnehin nicht. 286

Hinweis: Die „Bagatellausnahme" des Art. 35 Abs. 3 lit. b EMRK ist durch das 14. Zusatzprotokoll zur EMRK 2004 eingeführt worden (in Kraft seit 2010). Ihr Ziel ist die Entlastung des EGMR, der ein Ermessen erhält, wenig gewichtige Fälle bereits als unzulässig zurückzuweisen. Eine Entlastung des Klausurbearbeiters bezweckt die Regelung nicht. Deswegen empfiehlt es sich, die Beschwerde nicht schon an diesem Prüfungspunkt scheitern zu lassen. 287

VIII. Ergebnis zu A

Die Beschwerde ist zulässig. 288

B. Begründetheit

Die Beschwerde müsste auch begründet sein. Dies ist der Fall, wenn C durch die angegriffenen Maßnahmen tatsächlich in seinen Rechten aus Art. 8 Abs. 1 und Art. 13 i. V. m. Art. 8 Abs. 1 EMRK verletzt ist. 289

I. Mitschnitt des Telefongesprächs: Verletzung von Art. 8 Abs. 1 EMRK

Zunächst ist eine mögliche Verletzung von Art. 8 Abs. 1 EMRK durch den Mitschnitt des Gesprächs zu prüfen. Dieses Recht ist verletzt, wenn ein Eingriff in den Schutzbereich vorliegt, der nicht nach Art. 8 Abs. 2 EMRK gerechtfertigt ist.[6] 290

---

6 Überblick über die Struktur der Freiheitsrechtsprüfung vor allem bei Art. 8–11 EMRK bei *v. Arnauld*, Rn. 648. Vertiefend *Ehlers* (Fn. 2), 378 ff; *ders.*, in: Ehlers (Fn. 2), § 2 Rn. 67 ff; *Grabenwarter/Pabel* (Fn. 2), 140 ff (speziell zu Art. 8 EMRK: 278 ff); *Peters/Altwicker* (Fn. 2), 27 ff (speziell zu Art. 8 EMRK: 192 ff).

1. Eingriff in den Schutzbereich

291 Art. 8 Abs. 1 EMRK verpflichtet den Staat u. a., die Korrespondenz zu „achten". Ein privates Telefongespräch ist ohne Frage geschützte Korrespondenz in diesem Sinne.[7] Hinsichtlich des Eingriffs ist aber zu beachten, dass C nicht Opfer einer gezielten Abhörmaßnahme wurde, sondern mit seinem Telefon in eine Frequenz geriet, die den Sicherheitsorganen vorbehalten ist und die routinemäßig mitgehört wird. Eine solche Überwachung des amtlichen Funkverkehrs durch den Staat ist zulässig. Ebenso ist es zulässig, zum Zwecke der Überwachung die auf dieser Frequenz geführten Gespräche mitzuschneiden. Ein Eingriff in die Geheimheit der Korrespondenz liegt in einer solchen legalen Maßnahme nicht. Allerdings kann ein Eingriff vorliegen, wenn ein solcher Mitschnitt anderweitige Verwendung findet.[8] Von einer bereits erfolgten Verwendung im Verwaltungsstrafverfahren ist im Sachverhalt nichts mitgeteilt. Die PTT bewahrt den Mitschnitt jedoch auf. Im Datenschutzrecht wird die Speicherung personenbezogener Daten als eigenständiger Eingriff gewertet. Dies gilt auch im Rahmen der EMRK, die vom EGMR als ein lebendiges Instrument *(living instrument, instrument vivant)* verstanden wird, das dynamisch im Einklang mit neuen Bedrohungen der Menschenrechte interpretiert werden muss, um seine Effektivität zu bewahren.[9] Der Mitschnitt eines Telefongesprächs bringt dieses in eine verkörperlichte Form; die anschließende Aufbewahrung durch öffentliche Behörden bewirkt dessen jederzeitige Verfügbarkeit für staatliche Zwecke. Ein Eingriff liegt vor.

292 **Hinweis:** Der EGMR wendet in ständiger Rechtsprechung besondere Auslegungsmaximen an. Hierzu zählt neben der teleologisch-dynamischen Interpretation (Schlagwort: EMRK als „lebendes Instrument") auch der Grundsatz der Effektivität *(effet utile)* sowie die Berücksichtigung gemeinsamer Rechtsauffassungen der Vertragsstaaten (sog. Konsensus).[10]

2. Rechtfertigung des Eingriffs

293 Eingriffe in das Recht aus Art. 8 Abs. 1 EMRK sind gemäß Abs. 2 zulässig, soweit sie gesetzlich vorgesehen und aus den dort genannten Gründen „in einer demokratischen Gesellschaft notwendig" sind.

294 **Hinweis:** Neben den speziellen Gesetzesvorbehalten in den Absätzen 2 der „Hauptfreiheiten" in Art. 8–11 EMRK gibt es noch die allgemeinen Schrankenregelungen der Art. 15–17, die hier aber ersichtlich nicht einschlägig und daher nicht zu erwähnen sind.[11]

---

7 Klassisch Urteile v. 24.4.1990, Huvig/Frankreich, 4/1989/164/220, ÖJZ 1990, 567, § 25, Kruslin/Frankreich, 7/1989/167/223, ÖJZ 1990, 564, § 26. Vgl. auch die Rechtsprechungsübersicht: Factsheet, Personal data protection (September 2017) auf www.echr.coe.int. Aus jüngerer Zeit Urteil v. 4.12.2015, Zakharov v. Russland, 47143/06, §§ 173 ff. Dazu *v. Arnauld*, Rn. 698 und *Milanović*, Blockbuster Strasbourg Judgment on Surveillance in Russia, EJIL: Talk! (7.12.2015).
8 Vgl., *mutatis mutandis*, Urteil v. 2.8.1984, Malone/Vereinigtes Königreich, EGMR-E 2, 452, § 84.
9 Instruktiv ECHR, Press Unit, Fact Sheet: Personal Data Protection (4/2016).
10 Zu den Auslegungsregeln m. w. N. *Grabenwarter/Pabel* (Fn. 2), 31 ff; *Peters/Altwicker* (Fn. 2), 12 ff.
11 Zu diesen *Peters/Altwicker* (Fn. 2), 34 ff; *Ehlers*, Jura 2000, 378 ff.

a) Gesetzliche Grundlage

Eine Maßnahme ist „gesetzlich vorgesehen", wenn sie im innerstaatlichen Recht eine Grundlage findet, zu der der Einzelne Zugang hat und die ihm ermöglicht, die rechtlichen Folgen seines Verhaltens vorherzusehen.[12]

295

> **Hinweis:** Wegen der Unterschiedlichkeit der Rechtsordnungen in den Vertragsstaaten ist eine formell-gesetzliche Grundlage nicht erforderlich. Eine gefestigte Rechtsprechung reicht daher als gesetzliche Grundlage aus.[13]

296

Laut Sachverhalt erfolgt die Aufbewahrung „in Übereinstimmung mit den Gesetzen". Eine gesetzliche Grundlage ist vorhanden; es darf unterstellt werden, dass diese auch den o. g. qualitativen Anforderungen an die gesetzliche Grundlage genügt. Hinzuzufügen ist noch, dass die „gesetzliche Grundlage" umso präzisere Vorgaben treffen muss, je schwerer der Eingriff wiegt.[14] Auch wenn das Telefongespräch nicht im Rahmen einer gezielten Abhöraktion erlangt wurde, so stellt doch die Speicherung eines privaten Telefongesprächs durch den Staat einen erheblichen Grundrechtseingriff dar. Die gesetzlichen Regelungen müssten dementsprechend hinreichend präzise sein.

297

b) Zulässiges Ziel

Die Aufbewahrung des Mitschnitts müsste einem der in Art. 8 Abs. 2 EMRK genannten Ziele dienen. Sie wurde von der Behörde angeordnet, um den Mitschnitt im späteren Verwaltungsstrafverfahren gegen C als Beweismittel verwenden zu können. Art. 8 Abs. 2 EMRK erwähnt den Zweck der Strafverfolgung zwar nicht, sondern spricht lediglich von der Verhütung von Straftaten. Nicht zuletzt wegen des abschreckenden Effekts einer wirksamen Strafverfolgung kann aber die Strafverfolgung als dem Zweck der Verhütung von Straftaten dienend angesehen werden.[15] Die Aufbewahrung des Mitschnitts verfolgt ein legitimes Ziel.

298

> **Hinweis:** Denkbar (und in einer Klausur ebenso „richtig") wäre auch die Subsumtion unter die „öffentliche Sicherheit". Der EGMR zieht jedoch in ständiger Rechtsprechung die „Verhütung von Straftaten" heran. Dass Art. 8 Abs. 1 EMRK Eingriffen in die dort genannten Rechte zum Zwecke der Strafverfolgung entgegenstehen soll, kann jedenfalls nicht ernsthaft angenommen werden.

299

---

12 Statt vieler Urteil v. 24.4.1990, Kruslin/Frankreich, 7/1989/167/223, ÖJZ 1990, 564, § 27. Siehe auch v. Arnauld, Rn. 652.
13 Statt vieler Urteile v. 24.4.1990, Huvig/Frankreich, 4/1989/164/220, ÖJZ 1990, 567, § 28, und Kruslin/Frankreich, 7/1989/167/223, ÖJZ 1990, 564, § 29.
14 Urteile v. 24.4.1990, Huvig/Frankreich, 4/1989/164/220, ÖJZ 1990, 567, § 32, Kruslin/Frankreich, 7/1989/167/223, ÖJZ 1990, 564, § 33.
15 Vertiefend hierzu *Hauer*, in: Grabenwarter/Thienel (Hg.), Kontinuität und Wandel der EMRK, 1998, 115 (insbes. 127, 135).

c) Verhältnismäßigkeit („Notwendigkeit in einer demokratischen Gesellschaft")

300 Um im Sinne von Art. 8 Abs. 2 EMRK „notwendig" zur Verfolgung dieses Ziels zu sein, muss die Maßnahme nach ständiger Rechtsprechung des Gerichtshofs dem Grundsatz der Verhältnismäßigkeit entsprechen.[16] Dabei stellt der Gerichtshof den Beurteilungsspielraum in Rechnung, welcher dem Staat bei Verfolgung der in Art. 8 Abs. 2 EMRK genannten Ziele zukommt.[17] Der Grundsatz der Verhältnismäßigkeit erfordert, dass die Maßnahme das mildeste gleichermaßen geeignete Mittel darstellt (Erforderlichkeit) und mit Blick auf das verfolgte Ziel in einem angemessenen Verhältnis zur Beeinträchtigung des Grundrechts steht.

301 **Hinweis:** Der Schwerpunkt der Verhältnismäßigkeitsprüfung liegt auf der Abwägung der kollidierenden Interessen (Angemessenheit). Dass die Maßnahme stärker in das Individualrecht eingreift als erforderlich (Erforderlichkeit), findet sich aber auch gelegentlich in der Rechtsprechung.[18] Die Eignung des Mittels zur Zweckförderung wird jedoch, im Unterschied zum deutschen Recht, nicht im Zusammenhang mit der Verhältnismäßigkeit geprüft, sondern – sofern hier Zweifel bestehen – im Kontext des „zulässigen Ziels": Eine Maßnahme, die ein (angeblich) anvisiertes Ziel überhaupt nicht fördern kann, verfolgt auch kein legitimes Ziel.[19]

302 Man könnte erwägen, ob das Geständnis des C die weitere Aufbewahrung des Gesprächsmitschnitts erübrigt. Ein Geständnis kann jedoch widerrufen werden. Daher ist die Aufbewahrung auch erforderlich. Zwar handelt es sich bei dem Vergehen des C um eine nicht besonders gravierende Tat, wie bereits die Einordnung als Verwaltungsstraftat zeigt. Da es aber letzten Endes doch darum geht, in einem Strafverfahren nachweisen zu können, dass C das Telefon auch tatsächlich verwendet hat, ist die Aufbewahrung als Beweismittel auch angemessen. Nach Abschluss des Verfahrens wäre der Mitschnitt allerdings zu löschen, sofern nicht andere, überwiegende Gründe die weitere Speicherung gestatten.

3. Ergebnis zu I.

303 Anfertigung und Aufbewahrung des Gesprächsmitschnitts verstoßen nicht gegen Art. 8 Abs. 1 EMRK.

II. Hausdurchsuchung: Verletzung von Art. 8 Abs. 1 EMRK

304 Art. 8 Abs. 1 könnte aber durch die bei C vorgenommene Hausdurchsuchung verletzt sein.

---

16 Statt vieler Urteil v. 18.2.1991, Moustaquim/Belgien, 26/1989/191/291, EuGRZ 1993, 552, § 43.
17 Siehe z. B. Urteil v. 24.3.1988, Olsson/Schweden (Nr. 1), 2/1987/125/176, EGMR-E 4, 18, § 67. Zur (wichtigen!) Doktrin des Beurteilungsspielraums *(margin of appreciation, marge d'appréciation)* m. w. N. *v. Arnauld*, Rn. 658; *Peters/Altwicker* (Fn. 2), 32 f; *Grabenwarter/Pabel* (Fn. 2), 149 ff.
18 Z. B. EGMR, Urteil v. 25.3.1985, Barthold/Deutschland, 10/1983/66/101, EGMR-E 3, 14, § 38.
19 Vgl. EGMR, Urteil v. 28.3.1990, Groppera Radio u.a./Schweiz, 14/1988/158/214, EuGRZ 1990, 255; Urteil v. 16.12.1997, Camenzind/Schweiz, 136/1996/755/954, ÖJZ 1998, 797, §§ 38 ff.

1. Eingriff in den Schutzbereich

a) Schutzbereich

Art. 8 Abs. 1 EMRK verpflichtet den Staat, die Wohnung zu achten. Hier fragt sich, ob als „Wohnung" im Sinne des Art. 8 Abs. 1 EMRK auch Geschäftsräume gelten können. Dies könnte man mit Blick auf den Privatsphärenschutz, der im Mittelpunkt des Art. 8 Abs. 1 EMRK steht, bezweifeln. Jedoch wäre es zu eng, nur den privaten häuslichen Bereich der Privatsphäre zuzuordnen. Der Mensch braucht zur Entfaltung auch soziale Kontakte, die sich in besonderem Maße in der beruflichen Sphäre abspielen. Dass Geschäftsräume ebenfalls vor Hausdurchsuchungen geschützt sind, ist in vielen Vertragsstaaten der EMRK anerkannt, was der Gerichtshof bei seiner Auslegung berücksichtigen kann. Entscheidend dürfte aber sein, dass eine Grenzziehung zwischen beruflicher und privater Sphäre nicht immer eindeutig möglich ist. Wie der Fall des C zeigt, können auch vom Büro aus private Kontakte gepflegt werden; umgekehrt können auch von zu Hause aus dienstliche Aufgaben erledigt werden. Insbesondere bei Freiberuflern fällt eine Abgrenzung der Sphären schwer. Da die Grundrechte der EMRK so zu interpretieren sind, dass sie den Einzelnen in möglichst effektiver Weise vor dem Zugriff der Hoheitsgewalt schützen, fallen auch Geschäftsräume in den Schutzbereich des Rechts aus Art. 8 Abs. 1 EMRK.[20]

305

b) Eingriff

Eine Hausdurchsuchung ist gewiss ein Eingriff in das dieser Pflicht korrespondierende Recht des Einzelnen, sofern sie gegen den Willen des Hausrechtsinhabers erfolgt. Dass C über das „Wie" der Durchsuchung mit entschieden hat, als er den Wunsch äußerte, seine Wohnung nur von einem Beamten durchsuchen zu lassen, bedeutet nicht, dass er in das „Ob" der Durchsuchung eingewilligt hat. Hier blieb ihm keine Wahl. Ein Eingriff liegt vor.

306

2. Rechtfertigung des Eingriffs

Eingriffe in das Recht aus Art. 8 Abs. 1 EMRK sind gemäß Abs. 2 zulässig, soweit sie gesetzlich vorgesehen und aus den dort genannten Gründen „in einer demokratischen Gesellschaft notwendig" sind.

307

a) Gesetzliche Grundlage

Laut Sachverhalt sind sowohl das Durchsuchungsverfahren als auch die für diese Maßnahme Anlass gebende Verwaltungsstraftat (die Benutzung nicht zugelassener Telefone) gesetzlich geregelt. Dass es sich hierbei um ordnungsgemäß verkündete und damit zugängliche Gesetze handelt, ist anzunehmen. Die detaillierten Regelungen des Verwaltungsstrafverfahrens lassen erkennen, dass auch hinsichtlich der Bestimmtheit der gesetzlichen Regelungen keine Bedenken bestehen.

308

---

20 Urteil v. 16.12.1992, Niemietz/Deutschland, 72/1991/324/396, EuGRZ 1993, 65, §§ 29 ff (dort wurde zusätzlich ein Eingriff auch in das Recht auf Achtung des Privatlebens angenommen).

b) Zulässiges Ziel

309 Ziel der Durchsuchung war, nach Auskunft der Behörde, die Sicherung eines Beweismittels für das Strafverfahren gegen C und somit ein legitimes Ziel im Sinne von Art. 8 Abs. 2 EMRK (s. o.). Es könnten aber Bedenken bestehen, ob dieses Ziel tatsächlich verfolgt wurde; denn C hatte bereits ausgesagt, nicht mehr im Besitz des Telefons zu sein. Auf diese Auskunft des C jedoch musste die PTT sich nicht verlassen.[21] Ferner könnte man wegen der oberflächlichen Durchsuchung Zweifel haben, ob es tatsächlich noch darum ging, das Telefon aufzufinden. Doch selbst die oberflächliche Durchsicht war zumindest geeignet, die Auffindung des *corpus delicti* zu fördern und gleichzeitig durch Prüfung der Elektroanschlüsse sicherzustellen, dass nicht anderweitige elektrische Interferenzen für den Vorfall verantwortlich waren. Die Durchsuchung diente daher tatsächlich dem angegeben zulässigen Zweck.

c) Verhältnismäßigkeit („Notwendigkeit in einer demokratischen Gesellschaft")

310 Die Durchsuchung müsste schließlich verhältnismäßig gewesen sein. Erneut ist auf den Beurteilungsspielraum zu verweisen, welchen die Staaten bei der Wahl ihrer Mittel im Rahmen von Art. 8 Abs. 2 EMRK grundsätzlich genießen. Allerdings stellen Hausdurchsuchungen, durch die der Einzelne in seinen vier Wänden von einem Eindringen der Hoheitsgewalt überrascht wird, besonders schwere Eingriffe in die Freiheitssphäre dar. Wenn auch das Recht des Staates, Hausdurchsuchungen vorzunehmen, nicht in Frage steht, muss der Gerichtshof doch sorgfältig prüfen, ob die einschlägigen Gesetze sowie die Gesetzesanwendung den Einzelnen in ausreichendem Maße vor Missbrauch schützen.[22]

311 **Hinweis:** Der Gerichtshof prüft die Verhältnismäßigkeit – anders als im deutschen Verfassungsrecht – nicht gesondert für das Gesetz und den Einzelakt, sondern verschränkt beide ineinander. Dies erklärt sich aus den Unterschieden in den Rechtsordnungen der Mitgliedstaaten: Was im einen Staat gesetzlich geregelt ist, kann im anderen Staat der Gesetzesanwendung überlassen sein. Letztlich interessiert den Gerichtshof primär das im Zusammenspiel von Gesetzgebung und Gesetzesanwendung garantierte Schutzniveau.

aa) Erforderlichkeit

312 Dass das Geständnis des C andere Beweismittel nicht erübrigt, ist bereits festgestellt worden. Es trifft zwar zu, dass die PTT bereits über den Mitschnitt des Gesprächs als weiteres Beweismittel verfügte; dennoch dürfte es dem Beweiszweck in besonderem Maße dienen, wenn auch das *corpus delicti* gefunden wird. Wäre dieses tatsächlich auf-

---

21 Vgl. Urteil v. 16.12.1997, Camenzind/Schweiz, 136/1996/755/954, ÖJZ 1998, 797, § 40.
22 Urteil v. 6.9.1978, Klass/Deutschland, EGMR-E 1, 320, §§ 49 ff, mit Anm. von *Schwan*, NJW 1980, 1992; Urteil v. 25.2.1993, Crémieux/Frankreich, 83/1991/335/408, ÖJZ 1993, 534, § 39; Urteil v. 16.12.1997, Camenzind/Schweiz, 136/1996/755/954, ÖJZ 1998, 797, § 45.

gefunden worden, hätte durch die Sicherstellung zudem ausgeschlossen werden können, dass es erneut benutzt wird. Die Durchsuchung war auch erforderlich.[23]

bb) Angemessenheit

Bei der Abwägung der gegenläufigen Interessen ist nun besonders genau zu prüfen, ob die Durchsuchung sowohl mit Blick auf die gesetzlichen Regelungen als auch auf die konkrete Durchführung der besonderen Bedeutung des Schutzes der Wohnung in Art. 8 Abs. 1 EMRK gerecht wurde.

313

Es hieße, den Gestaltungsspielraum der Staaten übermäßig einschränken, wenn man Hausdurchsuchungen außer in Eilfällen generell unter Richtervorbehalt stellen wollte. Auch wenn dies in zahlreichen Staaten die Regel ist, darf nicht übersehen werden, dass sich unter dem Dach des Europarates unterschiedliche Rechtsordnungen finden, die unterschiedlichen Traditionen folgen. Gleichwohl ist ein Richtervorbehalt ein besonders geeignetes Mittel, Missbräuchen der Hoheitsgewalt vorzubeugen. Ermöglicht ein Staat es der handelnden Gewalt, der Exekutive, aus eigenem Recht Zwangsmaßnahmen durchzuführen, so kommt der Gestaltung des Verfahrens besondere Bedeutung zu. Dieses muss sicherstellen, dass der Einzelne vor willkürlichen Übergriffen geschützt ist.[24]

314

Das Verwaltungsstrafgesetz sieht für Hausdurchsuchungen eine Reihe von Vorkehrungen vor: So darf diese nicht von den ermittelnden Beamten selbst, sondern nur von der Behördenleitung angeordnet werden; die Durchführung obliegt eigens hierfür geschulten Beamten; die Befangenheitsregel sorgt noch hierüber hinaus für eine unparteiische Handhabung. Dass der Hausrechtsinhaber zugegen sein soll und ebenso ein Vertreter der örtlichen Verwaltung, sorgt auch bei der Vornahme der Durchsuchung für eine Kontrolle. Die Information über den Zweck sowie die Möglichkeit, Anordnung und Protokoll ausgehändigt zu bekommen, gewährleisten die Transparenz, die nötig ist, um seine Rechte zu wahren. Schließlich besteht die Möglichkeit der gerichtlichen Beschwerde. Diese Vorkehrungen stellen in ausreichender Weise sicher, dass der Einzelne nicht einer Verwaltungswillkür ausgesetzt ist.

315

Was den konkreten Fall betrifft, so ging es tatsächlich um einen geringen Verstoß. Außer dem einen Telefongespräch ist kein weiterer Verstoß bekannt geworden; der Unwertgehalt der Tat ist insgesamt betrachtet niedrig zu veranschlagen. Auf der anderen Seite soll durch die strafbewehrte Zulassungspflicht für Telekommunikationsgeräte vor allem sichergestellt werden, dass keine Störfrequenzen entstehen, die den Funkverkehr behindern und u. U. auch den Polizei- und Militärfunk stören könnten. Dies kann erhebliche Auswirkungen auf die öffentliche Sicherheit haben. Im Fall des C wurde überdies die Durchsuchung in sehr schonender Weise vorgenommen. Auf Wünsche des C wurde eingegangen; es wurden keine Schränke oder Schubladen geöffnet, sondern lediglich die vorhandenen Elektrogeräte auf ein mögliches Störpotential hin überprüft.

316

---

23 Vgl. Urteil v. 16.12.1997, Camenzind/Schweiz, 136/1996/755/954, ÖJZ 1998, 797, § 46.
24 Urteil v. 16.12.1997, Camenzind/Schweiz, 136/1996/755/954, ÖJZ 1998, 797, § 45. Ähnlich Urteil v. 6.9.1978, Klass/Deutschland, EGMR-E 1, 320, § 56.

317 Angesichts der verfahrensrechtlichen Vorkehrungen im Gesetz und des begrenzten Umfangs der Durchsuchung ist der Eingriff insgesamt als verhältnismäßig zu betrachten.

3. Ergebnis zu II.

318 Das Recht aus Art. 8 Abs. 1 EMRK ist durch die Hausdurchsuchung nicht verletzt worden.

III. Abweisung der Beschwerde: Verletzung von Art. 13 i. V. m. 8 Abs. 1 EMRK

319 Nach Art. 13 EMRK muss jeder Person, die in einem ihrer Rechte aus der Konvention verletzt worden ist, die Möglichkeit garantiert sein, bei einer innerstaatlichen Instanz eine wirksame Beschwerde zu erheben.[25] Dies kann nicht bedeuten, dass die Verletzung tatsächlich vorliegen muss, um das Recht zur Beschwerde auszulösen; denn diese soll ja gerade erst untersucht und festgestellt werden. Der Gerichtshof verlangt daher, dass die Verletzung nach der Konvention möglich *(arguable)* erscheinen muss.[26] Dies ist zumindest dann der Fall, wenn die fragliche Maßnahme in eine der in der Konvention garantierten Freiheiten eingreift. Da die Durchsuchung einen Eingriff in das Recht des C aus Art. 8 Abs. 1 EMRK darstellte, war die Schweiz gem. Art. 13 EMRK zur Gewährleistung effektiven Rechtsschutzes verpflichtet. Hierfür genügt es nicht, im Verwaltungsstrafgesetz die Möglichkeit der Beschwerde zum Bundesgericht vorzusehen; eine „wirksame" Beschwerde setzt auch voraus, dass die Überprüfung nicht auf andere Weise, etwa durch eine restriktive Rechtsprechung, verhindert wird.

320 Nach ständiger Rechtsprechung des Bundesgerichts werden Beschwerden als unzulässig abgewiesen, deren Beschwerdeführer nicht mehr als aktuell betroffen anzusehen sind, weil die Maßnahme bereits beendet ist. Auch die Ausnahmen, die das Gericht bei Wiederholungsgefahr oder bei grundlegender Bedeutung der Sache macht, können nicht verhindern, dass im Regelfall eine gerichtliche Überprüfung von Hausdurchsuchungen nicht möglich ist: Diese sind zumeist beendet, bevor ein Gericht angerufen werden kann; Wiederholungsgefahr wird ebenfalls nur in besonders gelagerten Fällen zu besorgen sein. In konsequenter Anwendung dieser Rechtsprechung hatte C keine Möglichkeit, die Hausdurchsuchung durch ein Gericht sachlich auf deren Rechtmäßigkeit hin überprüfen zu lassen. Art. 13 EMRK lässt sich indes keine Beschränkung auf noch fortdauernde Verletzungen entnehmen. Eine solche widerspräche auch dem Interesse an effektiver Garantie der Konventionsrechte und dem Rehabilitierungsinteresse

---

25 Zur Prüfung der Justizgrundrechte der EMRK *Grabenwarter/Pabel* (Fn. 2), 154 ff. Zum Inhalt von Art. 13 EMRK (insbesondere in Abgrenzung zu Art. 6) *v. Arnauld*, Rn. 684 f; *Grabenwarter/Pabel*, a.a.O., 577 ff; *Peters/Altwicker* (Fn. 2), 173 ff. Neuausrichtung der Rechtsprechung im Urteil v. 26.10.2000, Kudła/Polen, 30210/96, NJW 2001, 2694, §§ 146 ff. Hierzu auch *Gundel*, DVBl. 2004, 17.
26 Siehe z. B. Urteil v. 21.2.1990, Powell and Rayner/Vereinigtes Königreich, 3/1989/163/219, ÖJZ 1990, 418, § 31.

des Betroffenen. Somit wurde C eine wirksame Beschwerdemöglichkeit vorenthalten, auf die er nach Art. 13 i. V. m. Art. 8 Abs. 1 EMRK einen Anspruch hatte.[27]

C. Ergebnis

Soweit C in seinem Recht aus Art. 13 i. V. m. Art. 8 Abs. 1 EMRK verletzt ist, ist die zulässige Beschwerde begründet und hat Aussicht auf Erfolg. Im Übrigen ist die Beschwerde zulässig, aber unbegründet.

321

Zur Vertiefung

Leitentscheidungen: EGMR, Urteil v. 6.9.1978, Klass/Deutschland, EGMR-E 1, 320; Urteil v. 2.8.1984, Malone/Vereinigtes Königreich, EGMR-E 2, 452; Urteil v. 16.12.1992, Niemietz/ Deutschland, 72/1991/324/396, EuGRZ 1993, 65; Urteil v. 16.12.1997, Camenzind/Schweiz, 136/ 1996/755/954, ÖJZ 1998, 797; Urteil v. 4.12.2015, Zakharov/Russland, 47143/06. Zur Stellung der EMRK und zur Wirkung von Urteilen des EGMR in der deutschen Rechtsordnung BVerfG, Beschluss v. 14.10.2004, BVerfGE 111, 307 (315–330) (*v. Arnauld*, Nr. 46); Beschluss v. 4.5.2011, BVerfGE 128, 326 (366–372).

Literatur zur Vertiefung: *D. Ehlers*, Die Europäische Menschenrechtskonvention, Jura 2000, 372–383; *G. Malinverni*, Variations sur un thème encore méconnu, RTDH 9 (1998), 647–657 (zu *Camenzind*); *R. Uerpmann*, Höchstpersönliche Rechte und Diskriminierungsverbot, in: Ehlers (Hg.), Europäische Grundrechte und Grundfreiheiten, 4. Aufl. 2014, § 3, Rn. 3–30; Kommentierungen in den verschiedenen EMRK-Kommentaren: *J. Frowein/W. Peukert* (3. Aufl. 2009), *U. Karpenstein/F. Mayer* (Hg.) (2. Aufl. 2015), *O. Dörr/ R. Grote/T. Marauhn* (Hg.) (Konkordanz-Kommentar EMRK/GG, 2. Aufl. 2013), *J. Meyer-Ladewig* (4. Aufl. 2017).

---

27 Zur Rechtslage in Deutschland BVerfGE 96, 27 (40); 104, 220 (233): Bei „tief greifenden Grundrechtseingriffen", bei denen nach dem typischen Verfahrensablauf rechtzeitiger gerichtlicher Rechtsschutz nicht zu erlangen ist, bejaht das BVerfG in inzwischen std. Rspr. ein Fortsetzungsfeststellungsinteresse.

Zulässigkeitsvoraussetzungen

Verfassungsbeschwerde (BVerfG)

1. Zuständigkeit des BVerfG
   (§ 13*, in der Regel unproblematisch)

2. Beschwerdefähigkeit, § 90 I:
   „jedermann"

3. Beschwerdegegenstand, § 90 I:
   Akt der öffentlichen Gewalt

4. Beschwerdebefugnis, § 90 I:
   a) selbst, gegenwärtig, unmittelbar betroffen
   b) Behauptung der Verletzung eines Grundrechts etc.
   c) Möglichkeit

5. Rechtswegerschöpfung, § 90 II

6. Form, Frist, §§ 23 I, 92, 93

7. Rechtsschutzbedürfnis, vgl. auch § 93a

Individualbeschwerde (EGMR)

1. Zuständigkeit des EGM
   (Anwendbarkeit der EMRK, Art. 1*)

2. Beschwerdefähigkeit, Art. 34:
   natürliche Personen etc.

3. Beschwerdegegenstand, Art. 34:
   Akt eines Vertragsstaats

4. Beschwerdebefugnis, Art. 34:
   a) Behauptung der Verletzung eines Konventionsrechts etc.
   b) Opfereigenschaft: selbst, gegenwärtig unmittelbar betroffen
   c) [siehe 7.b)]

5. Rechtswegerschöpfung, Art. 35 I

6. Frist, Form, Art. 35 I, II lit. a, Art. 45 VerfO

7. Rechtsschutzbedürfnis
   a) keine anderweitige Rechtshängigkeit, Art. 35 II lit. b
   b) nicht offensichtlich unbegründet/missbräuchlich, Art. 35 III lit. a
   c) kein bloß unerheblicher Nachteil, Art. 35 III lit. b

---

* §§ sind solche des BVerfGG, Art. solche der EMRK.

Fall 11

Betanken verboten

Die „Taiga" ist ein Öltanker, der unter der Flagge des karibischen Staates Antarien fährt. Er gehört einer zypriotischen Schifffahrtsgesellschaft und wird von einem Unternehmen mit Sitz in Glasgow vermakelt. Auf ihrer letzten Fahrt wurde die „Taiga" von einem Schweizer Unternehmen gechartert, Kapitän und Mannschaft waren ukrainischer Nationalität; zudem befanden sich drei senegalesische Handwerker an Bord. Das Öl gehörte einem anderen Unternehmen aus der Schweiz. Die „Taiga" ist darauf spezialisiert, Fischerboote vor der westafrikanischen Küste mit Dieselöl zu versorgen (sog. *offshore bunkering*). Die Fischer können auf diese Weise länger auf See bleiben, ohne zum Auftanken einen Hafen anlaufen zu müssen. Diese Geschäfte finden jenseits der Küstengewässer in der Ausschließlichen Wirtschaftszone von 200 Seemeilen statt, die der Küstenstaat Betulien für sich beansprucht. Betulien entgehen durch die Betankung auf dem Meer erhebliche Einnahmen. Daher erlässt der Staat ein Gesetz über Tankfragen, dessen § 1 jeden Handel mit Kraftstoffen an eine behördliche Genehmigung bindet und bei Zuwiderhandlung dem Verantwortlichen eine Gefängnisstrafe androht. Dieses Gesetz soll der Sicherung der Zollhoheit dienen, welche Betulien auf Grund nationaler Gesetze in der Ausschließlichen Wirtschaftszone für sich reklamiert, da für den Staat als Entwicklungsland die Zolleinnahmen von erheblicher Bedeutung seien. Ferner macht Betulien geltend, dass es sich um eine Frage des Fischereirechts handle, für das der Küstenstaat regelungsbefugt sei.

Als die „Taiga" wieder in der Ausschließlichen Wirtschaftszone Betuliens ohne eine Lizenz Fischerboote betankt, setzt die betulische Küstenwache das bewaffnete Patrouillenboot P35 auf die Spur der „Taiga". Da der Tanker voll beladen ist und sich nur langsam fortbewegt, erreicht das Boot „die Taiga" noch kurz bevor sie die Ausschließliche Wirtschaftszone Betuliens verlässt. Über Lautsprecher fordert P35 die „Taiga" zum Anhalten auf. Als das Schiff nicht anhält, dreht P35 zunächst ab, setzt der „Taiga" dann aber doch nach und schießt das Schiff mit mehreren Schüssen manövrierunfähig. Dabei werden zwei Seeleute verletzt. Dieser Vorfall spielt sich zwei Seemeilen außerhalb der Ausschließlichen Wirtschaftszone Betuliens auf Hoher See ab. Die „Taiga" wird in einen betulischen Hafen geschleppt und dort mitsamt der Mannschaft festgesetzt, die Ladung wird beschlagnahmt.

Antarien und Betulien wenden sich nun an den Internationalen Seegerichtshof. Antarien rügt eine Verletzung des Seerechtsübereinkommens der Vereinten Nationen (SRÜ), das für beide Staaten gilt, und verlangt die Rückgabe des Schiffes und der Mannschaft sowie Schadensersatz für erlittene Körper- und Sachschäden. Betulien bestreitet bereits das Recht Antariens, Ansprüche wegen der „Taiga" geltend zu machen. Diese fahre nur formal unter antarischer Flagge. Doch selbst wenn Antarien Flaggenstaat sein sollte,

Fall 11 *Betanken verboten*

hätte allenfalls das Schiff selbst, nicht aber die Ladung oder die Besatzung irgendeinen Bezug zu Antarien. Endlich seien bezüglich dieser Schäden nicht alle Rechtsmittel innerhalb Betuliens ausgeschöpft. In der Sache hält Betulien sein Vorgehen für rechtmäßig.

Wie wird der Gerichtshof entscheiden?

Lösungsskizze

A. Zulässigkeit
  I. Zugang zum Gerichtshof
  → A und B Vertragsstaaten, Art. 20 Abs. 1 ISGH-Statut
  II. Zuständigkeit des Internationalen Seegerichtshofs
  → Streit über Auslegung und Anwendung des SRÜ unterbreitet, vgl. Art. 288 Abs. 1 SRÜ
  III. Aktivlegitimation *(ius standi)*
   1. Vorliegen der Aktivlegitimation
     → Billigflagge; „echte Verbindung" (Art. 91 Abs. 1 S. 3 SRÜ)? (+), Registrierfreiheit
   2. Reichweite der Aktivlegitimation
     → Schutzrecht des Flaggenstaates für Schiff, Mannschaft und Ladung insgesamt (vgl. multinationale Zusammensetzung)
  IV. Erschöpfung des Rechtsweges
    → hier (-), Art. 295 SRÜ verweist auf allgemeines Völkerrecht
    → Rechtsnatur der Meeresfreiheiten: private und/oder staatliche Rechte?
    → soweit private Rechte, Erschöpfung des Rechtswegs nur bei Gebietskontakt i. w. S. nötig (sonst Jurisdiktionsanmaßung); abhängig davon, ob B in AWZ Zollrechte besitzt (Frage der Begründetheit)

B. Begründetheit
  I. Anhalten der „Taiga"
    → Rechtsgrundlage: Art. 111 SRÜ (Nacheile)
   1. Anwendbarkeit des Gesetzes über Tankfragen in der AWZ
     → Verstoß gegen Gesetze, die SRÜ-konform in der AWZ gelten?
     a) Wirksame Erklärung der AWZ
     b) Zollhoheit in der AWZ?
       → Art. 56 SRÜ (-), Art. 58 Abs. 3 SRÜ verweist auf allgemeines Völkerrecht
         → im Zweifel für Meeresfreiheiten (vgl. Geschichte, Verwandtschaft mit Regime der Hohen See, Art. 58 Abs. 2 SRÜ); Umkehrschluss aus Art. 2, 21 Abs. 1 lit. h, 33 Abs. 1 lit. a und 60 Abs. 2 SRÜ
     c) Durchsetzung der Fischereivorrechte
       → (-), nur mittelbarer Zusammenhang *bunkering*/Fischereiprivileg
     d) Ausschluss der Rechtswidrigkeit
       → Notstand? entgangene Einnahmen = schwere und unmittelbar drohende Gefahr für wesentliches Interesse? wohl (-); Jurisdiktionsanmaßung jedenfalls nicht einziges Mittel zur Durchsetzung
   2. Weitere Voraussetzungen der Nacheile
     → Sicht- und Schallsignal (+), aber Verfolgung unterbrochen, daher (-)

Fall 11 *Betanken verboten*

      3. Art und Umfang der Anhaltemaßnahme
        → direkter Beschuss unverhältnismäßig: *ultima ratio*, kein Schuss vor den Bug, langsame Fahrt, brennbare Fracht
  II. Folgemaßnahmen gegen Schiff, Besatzung und Ladung
      → Rechtsgrundlage fehlt (Gesetz über Tankfragen völkerrechtswidrig, s. o.)
  III. Rechtsfolgen
      → Naturalrestitution: Freigabe von Schiff, Mannschaft, Ladung
      → Schadensersatz für evtl. Sach- und Personenschäden (Art. 111 Abs. 8 SRÜ oder Grundsatz in Art. 36 ASR)

Lösung[1]

Der Internationale Seegerichtshof (ISGH) wird der Klage von Antarien stattgeben, soweit diese zulässig und begründet ist.

A. Zulässigkeit

Die Klage muss zunächst zulässig sein. Die Zulässigkeit der Klage richtet sich nach dem SRÜ und der VerfO des ISGH (vgl. Art. 16 ISGH-Statut: Anlage VI zum SRÜ).

> Hinweis: Die VerfO des ISGH ist in den gängigen Textsammlungen nicht abgedruckt. Sollte hier ein Problem des Falles liegen, müssten in einer Klausur die einschlägigen Vorschriften angegeben werden.

I. Zugang zum Gerichtshof

Der Zugang zum Gerichtshof steht gemäß Art. 20 Abs. 1 ISGH-Statut den Vertragsstaaten offen und damit auch Antarien und Betulien.

II. Zuständigkeit des Internationalen Seegerichtshofs

Gemäß Art. 21 ISGH-Statut i. V. m. Art. 288 Abs. 1 SRÜ ist der Gerichtshof für jede Streitigkeit zuständig, die ihm in Übereinstimmung mit den Art. 279 ff SRÜ unterbreitet wird. Nach Art. 287 Abs. 1 lit. a SRÜ steht es den Staaten jederzeit frei, einen Streit dem ISGH zu unterbreiten. Dies ist hier im Einvernehmen beider Parteien geschehen.[2] Auch die Zuständigkeit in der Sache ergibt sich aus Art. 21 ISGH-Statut i. V. m. Art. 288 Abs. 1 SRÜ. Danach ist der Gerichtshof für Fragen der Auslegung und Anwendung des SRÜ zuständig. Da Antarien und Betulien über Verstöße gegen das SRÜ streiten, ist die sachliche Zuständigkeit gegeben. Da davon auszugehen ist, dass der Vorfall sich unter zeitlicher Geltung der SRÜ ereignet hat, liegt auch die Zuständigkeit *ratione temporis* vor.

III. Aktivlegitimation *(ius standi)*

> Hinweis: Die Aktivlegitimation braucht nur gesondert geprüft zu werden, wenn Anlass hierzu besteht. Dies ist insbesondere bei Fällen diplomatischen Schutzes der Fall, wo nur der Heimatstaat des Verletzten zur Geltendmachung von Ansprüchen nach Völkerrecht berechtigt ist (hierzu

---

1 Der Fall ist dem 2. Saiga-Urteil des Internationalen Seegerichtshofs (ISGH) nachgebildet: Urteil v. 1.7.1999, http://www.itlos.org/fileadmin/itlos/documents/cases/case_no_2/merits/Judgment.01.07.99.E.pdf (im Folgenden „Saiga 2"). Siehe hierzu auch die kommentierten Zusammenfassungen von *Lagoni*, in: ders./v. Brevern (Hg.), Folgen des Saiga-Urteils des Internationalen Seegerichtshofs für die Seeschiffahrt (im Folgenden: Folgen), 2000, 14; *ders.*, in: FS Jaenicke, 1998, 543; *Wolfrum*, ZEuS 3 (2000), 1. Ferner *v. Brevern/v. Carlowitz*, RIW 1999, 856; *de la Fayette*, ICLQ 49 (2000), 467; *dies.*, Saiga Cases, MPEPIL (4/2009); *Oxman*, AJIL 94 (2000), 140.
2 Zu den Zuständigkeitsregelungen *Mensah*, RabelsZ 63 (1999), 330; *Talmon*, JuS 2001, 550 (553 ff). Allgemeiner Überblick zur Streitbeilegung nach dem SRÜ bei *Jaenicke*, ZaöRV 43 (1983), 813.

> vor allem Fall 9). Vorliegend wird die Aktivlegitimation Antariens gleich zweifach bestritten: Erstens indem Betulien Antarien mangels „echter Verbindung" zum Schiff nicht als Flaggenstaat anerkennt, dessen Staatszugehörigkeit ein Schiff besitzt; zweitens indem das Recht Antariens bestritten wird, bestimmte Ansprüche geltend zu machen, die sich nicht auf das Schiff selbst, sondern auf seine Ladung und seine Besatzung beziehen. Das erste Mal wird die Aktivlegitimation dem Grunde nach bestritten, das zweite Mal dem Umfang nach.

1. Vorliegen der Aktivlegitimation

329 Betulien bestreitet das Recht von Antarien, Ansprüche wegen des „Taiga"-Vorfalls geltend zu machen. Dieses Recht könnte sich aus der Stellung Antariens als Flaggenstaat ergeben. Betulien allerdings bestreitet, dass Antarien wirklich Flaggenstaat ist. Die Staatszugehörigkeit von Schiffen bestimmt sich gemäß Art. 91 Abs. 1 SRÜ nach dem Recht zur Flaggenführung, das nach den jeweiligen innerstaatlichen Regeln verliehen wird. Insoweit genügt es, dass Antarien nach seinem nationalen Recht der „Taiga" das Recht zur Führung der antarischen Flagge verliehen hat. Allerdings bestimmt Art. 91 Abs. 1 Satz 3 SRÜ, dass zwischen dem Staat und dem Schiff eine „echte Verbindung" *(genuine link)* bestehen muss. Dies könnte man im Falle der „Taiga" bezweifeln, da diese einer zypriotischen Reederei gehört und auch im Übrigen außer der Flagge selbst keinen Bezug zu Antarien aufzuweisen scheint. Diese Bestimmung dient allerdings allein dazu, die Verantwortlichkeit des Flaggenstaates für das Schiff (vgl. Art. 94, 217 SRÜ) zu verbessern, und soll kein Kriterium darstellen, anhand dessen andere Staaten die Wirksamkeit der Registrierung anfechten können.[3] Das SRÜ weist den Flaggenstaaten eine umfassende Registrierfreiheit zu, legt ihnen im Gegenzug aber auch die Verantwortung für das Schiff auf. Es kommt für den Status als Flaggenstaat daher allein auf die Flaggenverleihung an. Antarien ist hinsichtlich der „Taiga" aktivlegitimiert.

330 > **Hinweis:** Bei unbefangener Lektüre des Art. 91 SRÜ könnte man annehmen, dass die „echte Verbindung" Voraussetzung für die Staatszugehörigkeit ist. Diese Deutung wäre ebenfalls vertretbar, sofern eine Auseinandersetzung mit der Frage stattfindet; schließlich wird das Problem im Sachverhalt ausdrücklich aufgeworfen. Da der Sachverhalt die Bedingungen für eine Registrierung von Schiffen in Antarien nicht nennt, wäre es allerdings schwierig abschließend zu beurteilen, ob eine „echte Verbindung" zwischen Flaggenstaat und Schiff besteht oder nicht.

2. Reichweite der Aktivlegitimation

331 Betulien bestreitet die Aktivlegitimation Antariens auch dem Umfang nach: Es dürfe als Flaggenstaat nur Ansprüche geltend machen, die das Schiff selbst beträfen, nicht

---

3 ISGH, Saiga 2, § 83. So auch *v. Arnauld*, Rn. 832; *Coglianti-Bantz*, NorJIL 79 (2010), 383 (403 ff); *Guilfoyle*, in: Proelß (Hg.), UNCLOS: A Commentary, 2017, Art. 91 Rn. 17; *Hobe*, 459 f; i. E. ähnlich *Krajewski*, § 14 Rn. 38 (Verstoß gegen Art. 91 Abs. 1 SRÜ, der aber nicht zur Unbeachtlichkeit oder Rechtswidrigkeit der Flaggenverleihung führe). Eingehend *Wolfrum*, BDGVR 31 (1990), 121 (123 ff). A.A. *Doehring*, Rn. 525; *Epping*, Ipsen, § 46 Rn. 8, 10 m. w. N. Kritisch *Wolfrum* (Fn. 1), 9 („läuft [...] im Endeffekt auf eine Stärkung der Billigflaggen hinaus"); *ders.*, in: Graf Vitzthum (Hg.), Handbuch des Seerechts, 2006, Kap. 4 Rn. 32.

aber solche, die sich auf dessen Ladung oder auf die Mannschaft bezögen. Tatsächlich bestehen insofern Zweifel, da die Besatzung aus Ukrainern und Senegalesen bestand und die Ladung einem Schweizer Unternehmen gehörte. Für diese Schäden könnte daher die Aktivlegitimation bei der Schweiz, dem Senegal bzw. der Ukraine liegen. Die von Antarien geltend gemachten Schadensersatzansprüche beziehen sich auf Schäden, die durch das Anhalten der „Taiga" auf Hoher See und durch die damit verbundene Gewaltanwendung entstanden sind, sowie auf Schäden durch die verzögerte Freigabe des Schiffes.

Nach Art. 111 Abs. 8 SRÜ sind Schaden und Verluste, die aus einer unberechtigten Nacheile entstehen „dem Schiff" zu ersetzen. Dies lässt sich sowohl als ein Recht des Schiffseigners als auch als eines des Flaggenstaates deuten. Im Gegensatz zu Art. 111 Abs. 8 (oder Art. 110 Abs. 3) bestimmt Art. 106 SRÜ ausdrücklich für einen anderen Fall unberechtigter hoheitlicher Maßnahmen gegenüber einem Schiff, dass die Haftung dem Flaggenstaat gegenüber besteht. Es ist angesichts der parallel liegenden Interessen in all diesen Fällen unberechtigten Aufbringens und Anhaltens nicht ersichtlich, warum im einen Fall der Flaggenstaat alleiniger Inhaber der Ansprüche sein soll, während in einem anderen Fall nach der Nationalität der Besatzung und des Eigentümers des Schiffes und der an Bord befindlichen Gegenstände differenziert werden sollte. Hiergegen spricht, dass Art. 94 und 217 SRÜ die Verantwortung für das Schiff ungeachtet der beteiligten Nationalitäten allein dem Flaggenstaat zuweisen. Das SRÜ behandelt demnach das Schiff, seine Besatzung und die Gegenstände an Bord als eine Einheit, deren Staatszugehörigkeit sich nach der Flagge bestimmt.[4] Wohl und Wehe des Schiffs als ganzem sind dem Flaggenstaat zugeordnet. Die Zuweisung der Ansprüche zum Flaggenstaat entspricht auch den Bedürfnissen des modernen Seetransports, namentlich mit Blick auf „die sich ständig ändernde und multinationale Zusammensetzung der Besatzung eines Schiffs und die Vielfalt der Interessen, die mit der Ladung an Bord eines einzigen Schiffs verknüpft sein können. Ein Containerschiff transportiert eine große Zahl von Containern, und die Personen, die Interessen an diesen Containern haben können, können aus vielen unterschiedlichen Nationalitäten bestehen. [...] Jedes dieser Schiffe kann eine Mannschaft haben, die sich Personen mit verschiedenen Nationalitäten zusammensetzt. Wenn jeder, der einen Schaden erleidet, verpflichtet wäre, nach dem Schutz desjenigen Staates Ausschau zu halten, dessen Angehöriger er ist, würden unangemessene Härten entstehen."[5] Somit ist auch dem Umfang nach Antarien hinsichtlich der geltend gemachten Ansprüche aktivlegitimiert.

Hinweis: Dass Antarien als Flaggenstaat hier umfassende Aktivlegitimation besitzt, beseitigt nicht die Schutzrechte der Heimatstaaten von Mannschaft, Schiffseigentümer und des Eigentümers der Ladung.[6] Da sich hier kein anderer Staat für die „Taiga" verwendet, stellen sich aber keine Konkurrenzenprobleme.

---

4 ISGH, Saiga 2, §§ 105 f. *Lagoni*, Folgen (Fn. 1), 21, betont vor allem die Reichweite, die der ISGH dieser „Verklammerung" der Interessen durch die Flagge zumisst: Im Fall der Saiga war (wie auch hier) die Ladung bereits gelöscht, und die Mannschaft hatte abgemustert.
5 ISGH, Saiga 2, § 107 (Übersetzung des Verfassers).
6 Dazu *Wolfrum* (Fn. 3), Kap. 4 Rn. 41.

IV. Erschöpfung des Rechtsweges

334 Betulien rügt weiter, dass der Rechtsweg vor den innerstaatlichen Gerichten nicht erschöpft wurde. Art. 295 SRÜ schreibt vor, dass eine Streitigkeit erst dann dem Gerichtshof vorgelegt werden darf, wenn die innerstaatlichen Rechtsmittel „entsprechend den Erfordernissen des Völkerrechts" erschöpft sind. Art. 295 SRÜ trifft damit keine eigenständige Regelung, wann die Erschöpfung des Rechtswegs erforderlich ist, sondern verweist auf das allgemeine Völkerrecht. Dieses verlangt immer dann die Erschöpfung des innerstaatlichen Rechtswegs, wenn ein Staat einen anderen wegen der Verletzung einer Norm des materiellen Fremdenrechts verklagen will, d. h. wegen der Schädigung eines Privaten, die dessen Heimatstaat gewissermaßen „adoptiert".

335 Es ist daher zu prüfen, ob die von Antarien geltend gemachten Rechtsverletzungen und Ansprüche solche sind, die ihrer Natur nach staatlichen oder (auch) privaten Ursprungs sind. In seinem ELSI-Urteil hat der IGH verlangt, dass staatlicherseits geltend gemachte Ansprüche, um vom Erfordernis der Rechtswegerschöpfung befreit zu sein, von den im Streit stehenden Verletzungen Privater sowohl *unterscheidbar* als auch *unabhängig* sein müssen.[7] Welche Verletzungen des SRÜ Antarien im Einzelnen rügt, lässt sich dem Sachverhalt nicht entnehmen. Angesichts der geltend gemachten Ansprüche dürfte es jedoch um Verstöße im Zusammenhang mit dem Festhalten der „Taiga" und ihrer Mannschaft sowie mit der Nacheile und der hiermit verbundenen Gewaltanwendung gehen. Derartige Ansprüche hat der ISGH als originär staatliche Ansprüche des Flaggenstaates bezeichnet, die aus dem Anspruch auf Achtung seiner Flaggenhoheit folgten. Eine Rechtswegerschöpfung wäre dann nicht geboten.[8]

336 Diese Deutung der Ansprüche steht aber im Widerspruch zur Regelung in Art. 111 Abs. 8 SRÜ, wonach Schäden „dem Schiff" zu ersetzen sind. Eine entsprechende Regelung enthält der – im vorliegenden Fall nicht einschlägige – Art. 110 Abs. 3 SRÜ, der ebenfalls Schadensersatzansprüche bei rechtswidrigen Eingriffen in die Freiheit der Schifffahrt betrifft. Ein solcher Anspruch auf Schadensersatz ist ohne ein dem zu Grunde liegendes Recht „des Schiffs" nicht denkbar. In der Tat wurde der Schadensersatzanspruch bei rechtswidriger Nacheile früher als ein privater Anspruch angesehen, den der Flaggenstaat nur im Wege diplomatischen Schutzes geltend machen konnte.[9] Die auch individualrechtliche Dimension der Meeresfreiheiten bringt Art. 116 SRÜ für die Fischereifreiheit deutlich zum Ausdruck, indem es heißt, dass jeder Staat das Recht hat, „dass seine Angehörigen Fischerei auf Hoher See ausüben können". Wollte man die Meeresfreiheiten und die aus ihr folgenden Schutzansprüche gegen unzulässiges Festhalten oder unzulässige Nacheile ausschließlich als originär staatliche Rechte und nicht auch als Rechte Privater ansehen, liefe Art. 295 SRÜ leer, da dann eine Erschöpfung des innerstaatlichen Rechtswegs niemals nötig wäre. Ein solches Auslegungsergebnis aber liefe der Regel zuwider, wonach Vertragsbestimmungen so auszulegen sind,

---

7 IGH, Urteil v. 20.7.1989, Elettronica Sicula S.p.A. (ELSI) (United States of America v. Italy) ICJ Rep. 1989, 15, §§ 51 f.
8 Vgl. ISGH, Saiga 2, § 98.
9 *Poulantzas*, The Right of Hot Pursuit in International Law, 1969, 259 ff m. w. N.

dass ihnen zumindest irgendein Sinn zukommt. Sieht man in den Meeresfreiheiten auch private Ansprüche, so sind diese von den korrespondierenden staatlichen Rechten weder zu unterscheiden noch sind sie voneinander unabhängig, werden sie doch dem Staat gerade auch für seine Angehörigen gewährt (vgl. Formulierung in Art. 116 SRÜ). Nach den Grundsätzen des ELSI-Urteils ist daher die Erschöpfung des innerstaatlichen Rechtswegs grundsätzlich erforderlich.[10]

Allerdings ist die Rechtswegerschöpfung nur in einem Staat notwendig, zu dem der Private auch tatsächlich in eine Rechtsbeziehung getreten ist. Maßt sich ein Staat Kompetenzen an, die ihm nach dem Völkerrecht nicht zustehen, kann er nicht auf dem Umweg über die *local remedies rule* die ihm fehlende Jurisdiktion erzwingen. Sollte Betulien nicht berechtigt gewesen sein, seine zollrechtlichen Vorschriften auf die Ausschließliche Wirtschaftszone (AWZ) zu erstrecken, so fehlte es an einer Verbindung, auf die sich die Zuständigkeit der betulischen Gerichte gründen könnte. Ob dies so ist, ist eine Frage der Begründetheit, so dass über die Zulässigkeit der Klage abschließend erst nach sachlicher Prüfung des Falles entschieden werden kann.[11] 337

Hinweis: Der Konnex zwischen dem Umfang der Befugnisse in der AWZ und der *local remedies rule* ist schwer zu erkennen. In einer Klausur wäre es vertretbar, nach Auseinandersetzung mit der Frage, ob es sich um staatliche oder zumindest auch um private Ansprüche handelt, die Rechtswegerschöpfung zu prüfen, die nach Sachverhaltslage wohl zu verneinen wäre (dann wäre in einem Gutachten natürlich gleichwohl die Begründetheit zu prüfen!). Sofern man den Konnex erkannt hat, erscheint es als die glücklichste Lösung, die abschließende Klärung der Zulässigkeit, wie hier, offen zu lassen, anstatt entweder dem Ergebnis der Begründetheitsprüfung vorzugreifen (so der ISGH[12]) oder eine umständliche Inzidentprüfung anzustellen. 338

B. Begründetheit

Die Klage müsste auch begründet sein. Als mögliche Verstöße könnten das Anhalten des Schiffes sowie die Umstände des Anhaltens (Beschuss der „Taiga") einerseits sowie die auf die Verletzung der Zollvorschriften gestützten nachfolgenden Maßnahmen (Festsetzung von Schiff und Mannschaft, Beschlagnahme der Ladung) andererseits in Betracht kommen. 339

I. Anhalten der „Taiga"

Die „Taiga" ist von P35, einem betulischen Patrouillenboot, auf Hoher See angehalten worden. Für gewöhnlich genießen alle Schiffe auf Hoher See gemäß Art. 87 Abs. 1 lit. a 340

---

10 Wie hier, mit ausführlicher Begründung, *Wolfrum*, Sondervotum zu ISGH, Saiga 2, http://www.itlos.org/fileadmin/itlos/documents/cases/case_no_2/merits/Separate.Wolfrum.01.07.99.E.pdf, §§ 46 ff.
11 Vgl. ISGH, Saiga 2, § 100. Kritisch *Oxman* (Fn. 1), 150. Zu den teilweise widersprüchlichen Begründungen im 2. Saiga-Urteil des ISGH bemerkt dessen damaliger Vizepräsident *Wolfrum* (Fn. 1), 2: „Das Urteil trägt alle Zeichen eines Kompromisses. So werden teilweise bis zu vier Gründe für eine Urteilsaussage angegeben, obwohl diese Gründe sich logisch ausschließen."
12 Dazu *Ferrara*, in: Proelß (Fn. 3), Art. 295 Rn. 4.

SRÜ die Freiheit der Schifffahrt (vgl. auch Art. 89 f SRÜ). Diese Freiheit wird durch das Anhalten eines Schiffes in der Regel verletzt. Allerdings gestattet das SRÜ ausnahmsweise auch auf Hoher See, hoheitliche Maßnahmen gegen ein fremdes Schiff zu ergreifen. In Frage kommt hier allein das Recht des Küstenstaats auf Nacheile gemäß Art. 111 SRÜ.[13] Nach Art. 111 Abs. 1 SRÜ gilt das Recht der Nacheile nur, wenn die Nacheile innerhalb der Binnengewässer, der Archipelgewässer, des Küstenmeers oder der Anschlusszone beginnt. Wenn, wie hier, die Verfolgung erst in der Ausschließlichen Wirtschaftszone (AWZ) aufgenommen wird, finden die Bestimmungen des Abs. 1 jedoch gemäß Art. 111 Abs. 2 SRÜ sinngemäße Anwendung. Dies setzt jedoch voraus, dass (1.) die Nacheile der Ahndung eines Verstoßes gegen Gesetze gilt, die in Übereinstimmung mit dem SRÜ in der AWZ anwendbar sind, dass (2.) die weiteren Voraussetzungen der Nacheile gemäß Art. 111 SRÜ vorliegen und dass (3.) das Anhalten nach Art und Umfang vom Recht der Nacheile gedeckt ist.

1. Anwendbarkeit des Gesetzes über Tankfragen in der AWZ

a) Wirksame Erklärung der AWZ

341 Erste Voraussetzung ist, dass Betulien überhaupt Rechte in der fraglichen Meereszone für sich in Anspruch nehmen kann. Daran, dass die AWZ von Betulien wirksam beansprucht wurde, lässt der Sachverhalt keine Zweifel. Insbesondere deckt sich seine Breite mit 200 Seemeilen mit der von Art. 57 SRÜ bestimmten Höchstbreite. Zudem müsste aber das Anhalten und Festhalten der „Taiga" zur Durchsetzung der betulischen Zollvorschriften und der Fischereivorrechte unter Art. 73 Abs. 1 SRÜ fallen.

b) Zollhoheit in der AWZ?

342 Unter den Rechten und Befugnissen des Küstenstaates in der AWZ, die in Art. 56 SRÜ geregelt sind, ist die Zollhoheit nicht ausdrücklich erwähnt. Denkbar wäre aber, Art. 58 Abs. 3 SRÜ heranzuziehen, der fremde Schiffe in der AWZ dazu verpflichtet, die gesetzlichen Bestimmungen des Küstenstaates zu berücksichtigen. Hierzu könnte auch die Pflicht zur Rücksichtnahme auf die Zollbestimmungen zählen. Die Berücksichtigungspflicht besteht aber nur hinsichtlich der „in Übereinstimmung mit dem Übereinkommen und den sonstigen Regeln des Völkerrechts erlassenen Gesetze [...], soweit sie nicht mit diesem Teil unvereinbar sind". Die Pflicht ist also akzessorisch gegenüber einem Recht des Küstenstaates, so dass Art. 58 Abs. 3 SRÜ nicht selbstständig zur Begründung eines Rechts von Betulien herangezogen werden kann, seine Zollvorschriften in der AWZ durchzusetzen. Dass dem Küstenstaat in der AWZ das Recht zur Durchsetzung seiner Zollbestimmungen nicht ausdrücklich übertragen ist, bedeutet freilich nicht, dass deren Durchsetzung automatisch unvereinbar mit der Meeresfreiheit ist. Entgegen einer früher verbreiteten Auffassung, wonach die AWZ im Grundsatz Teil der Hohen See bleibt, ist heute überwiegend anerkannt, dass die AWZ nach ihrer Ausge-

---

13 Zur Nacheile *v. Arnauld*, Rn. 829 f; *Caminos*, Hot Pursuit, MPEPIL (3/2013); *Verdross/Simma*, §§ 1130 ff; *Wolfrum*, Dahm/Delbrück/Wolfrum, I/2, 373 f; *ders*. (Fn. 3), Kap. 4 Rn. 72 ff; *Wollenberg*, AVR 42 (2004), 217. Zur Nacheile zuletzt auch der Fall der „Arctic Sunrise". Dazu m.w.N. *v. Arnauld*, Rn. 836.

staltung im SRÜ eine Meereszone *sui generis* darstellt, in der die Rechte und Pflichten nach dem SRÜ aufgeteilt sind.¹⁴ Der Verweis auf die Regeln zur Hohen See in Art. 58 Abs. 2 SRÜ gilt nur unter dem Vorbehalt, dass diese mit den Regeln der AWZ nicht unvereinbar sind. Auch wird gerade auf Art. 87 SRÜ, der die Meeresfreiheiten bestimmt, nicht verwiesen. Für den Sonderstatus der AWZ spricht schließlich insbesondere Art. 86, der die Hohe See als die Meereszone definiert, die u. a. nicht AWZ ist.

Auch wenn demnach die AWZ nicht grundsätzlich Teil der Hohen See bleibt, definiert das SRÜ jedoch in erster Linie die Rechte des Küstenstaates in dieser Zone. Dies entspricht auch der historischen Entwicklung: Diese ging von der ursprünglichen Freiheit der Meere aus; erst im Laufe der Zeit wurden – ausgehend von der Anerkennung von Fischereizonen – schrittweise Rechte des Küstenstaates anerkannt.¹⁵ Soll die Festlegung der Rechte des Küstenstaates im SRÜ einen Sinn ergeben, so darf zumindest aus besonderen tatbestandlichen Beschränkungen dieser Rechte geschlossen werden, dass in den nicht erfassten Fällen auch kein Recht des Küstenstaates bestehen soll. Im Gegensatz zur Rechtslage in der AWZ zählt die Zollhoheit explizit zu den Rechten des Küstenstaates im Küstenmeer (vgl. Art. 2 und 21 Abs. 1 lit. h SRÜ). Auch in der Anschlusszone darf der Küstenstaat gemäß Art. 33 Abs. 1 lit. a SRÜ Maßnahmen ergreifen, um Verstöße gegen seine Zollbestimmungen zu verhindern. Diese ausdrücklichen Regelungen für küstennahe Gewässer sprechen dagegen, dass der Küstenstaat in der AWZ über entsprechende Befugnisse verfügt. Allerdings sieht Art. 60 Abs. 2 SRÜ auch innerhalb der AWZ Zollrechte des Küstenstaats vor, jedoch begrenzt auf künstliche Inseln, Anlagen und Bauwerke. Insbesondere diese Sondervorschrift spricht *e contrario* gegen ein Recht des Küstenstaats, die AWZ insgesamt seiner Zollhoheit zu unterwerfen.¹⁶

343

c) Durchsetzung der Fischereivorrechte

Betulien macht zudem geltend, dass das gesetzliche Verbot des *bunkering* auch der Durchsetzung seiner Fischereivorrechte in der AWZ diene. Zu den Rechten des Küstenstaates in dieser Zone gehört gemäß Art. 56 Abs. 1 lit. a, 62 SRÜ auch die Nutzung und Bewirtschaftung der lebenden Ressourcen. Zu diesem Zweck darf der Küstenstaat nach Art. 62 Abs. 4 lit. a SRÜ auch eine Lizenzpflicht für die Fischerei einführen und diese, gerade wenn es sich um einen Entwicklungsstaat handelt, von der Zahlung einer Gebühr abhängig machen.¹⁷ Das betulische Gesetz betrifft aber nicht die Fischerei als solche, sondern eine Hilfstätigkeit für die Fischerei, nämlich die Belieferung von Fischerbooten mit Dieselöl. Auch wenn es vereinzelte völkerrechtliche Verträge geben mag, die im Rahmen der Fischerei die Betankung auf Offener See *(offshore bunkering)*

344

---

14 *v. Arnauld*, Rn. 810 f; *Gündling*, ZaöRV 38 (1978), 616 (653 ff); *Lauterpacht*, in: FS Seidl-Hohenveldern, 1998, 413. Kritisch *Epping*, Ipsen, § 45 Rn. 27. Zu den Kompetenzen des Küstenstaates und der anderen Staaten *Proelß*, Vitzthum/Proelß, 5. Abschnitt, Rn. 51 („ressourcenorientierter Raum sui generis"). Ferner *Czybulka*, NuR 2001, 367; *Ehlers*, NordÖR 2004, 51.
15 Zur historischen Entwicklung *v. Arnauld*, Rn. 800 f; *Proelß*, in: Vitzthum (Fn. 3), Kap. 3 Rn. 203 ff; *Verdross/Simma*, §§ 1100 ff.
16 ISGH, Saiga 2, § 127. Dazu auch *Proelß*, in: Proelß (Fn. 3), Art. 58 Rn. 24.
17 Zu Problemen hierbei, insbesondere zur sog. IUU-Fischerei, vgl. *v. Arnauld*, Rn. 810 und *Proelß*, in: Proelß (Fn. 3), Art. 58 Rn. 25 f.

mitregeln, so lässt sich dies nicht ohne weiteres auf Art. 62 Abs. 4 lit. a SRÜ übertragen. Betankt werden können auf dem Meer auch andere als Fischereifahrzeuge, z. B. Passagierschiffe, so dass es zweifelhaft erscheint, die Betankung ausgerechnet von Fischereifahrzeugen einem besonderen Rechtsregime zu unterstellen. Auch hier spricht schließlich das Fehlen einer ausdrücklichen Erwähnung im SRÜ gegen eine Einbeziehung des *bunkering* in den Kreis derjenigen Materien, die der Küstenstaat nach Art. 62 Abs. 4 lit. a SRÜ gesetzlich regeln darf.[18]

345 **Hinweis:** Der ISGH hat sich nur im 1. Saiga-Urteil mit Art. 62 Abs. 4 lit. a befasst und die Einordnung offen gelassen.[19] Im 2. Urteil stützte sich Guinea nur noch auf die Zollvorschriften, so dass der Zusammenhang mit den Fischereivorrechten nicht mehr geprüft wurde. Da der ISGH hier allein an den Parteienvortrag angeknüpft hat, ist das letzte Wort über das *offshore bunkering* noch nicht gesprochen, insbesondere darüber, ob es angesichts der Gefährdungen durch auslaufendes Dieselöl in die Kompetenz fallen kann, Maßnahmen zum Schutz und der Bewahrung der Meeresumwelt (vgl. Art. 56 Abs. 1 lit. b iii)) zu ergreifen.[20]

d) Ausschluss der Rechtswidrigkeit

346 Der Versuch Betuliens, das *offshore bunkering* in der AWZ seinen Gesetzen zu unterwerfen und diese gegenüber Schiffen anderer Staaten durchzusetzen, verstößt somit gegen das SRÜ. Unter Umständen ließe sich eine Rechtfertigung dieses Rechtsverstoßes unter dem Gesichtspunkt des Staatsnotstandes *(necessity)* denken. Dieser Rechtfertigungsgrund findet sich in Art. 25 ASR und wurde vom IGH im Fall *Gabčíkovo-Nagymaros* auch grundsätzlich anerkannt.[21] Voraussetzung ist aber u. a., dass die Maßnahme die einzige Möglichkeit für den Staat ist, ein wesentliches Interesse vor einer schweren und unmittelbar drohenden Gefahr zu schützen. Auch wenn Betulien als Entwicklungsstaat auf finanzielle Mittel angewiesen ist, so fragt sich, ob die entgangenen Einnahmen durch die Betankung auf See ein „wesentliches Interesse" darstellen und ob die Gefahr für die Staatsfinanzen tatsächlich so schwer und unmittelbar ist. Jedenfalls ist nicht ersichtlich, warum die – an sich verbotene – Ausweitung des Anwendungsbereichs der Zollvorschriften bzw. eine Erstreckung der Fischereigesetze auf nicht spezifisch fischereibezogene Hilfstätigkeiten das einzige Mittel sein soll, die ökonomische Krise des Staates abzuwenden.[22] Auf einen Rechtfertigungsgrund kann sich Betulien nicht berufen.

347 **Hinweis:** Der mögliche Notstandseinwand ist im Sachverhalt angedeutet (Verlust „erheblicher Einnahmen", die für Betulien „als Entwicklungsland" von „erheblicher Bedeutung" sind), aber so zart, dass eine Prüfung nicht geboten ist.

---

18 A. A. *Lagoni*, Folgen (Fn. 1), 21 ff, 23.
19 ISGH, Urteil v. 4.12.1997, http://www.itlos.org/fileadmin/itlos/documents/cases/case_no_1/judgment_041297_eng.pdf, §§ 56 ff.
20 So *Lauterpacht* (Fn. 14), S. 414 f.
21 IGH, Urteil vom 25.9.1997, Gabčíkovo-Nagymaros Project (Hungary v. Slovakia), ICJ Rep. 1997, 7, §§ 51 f.
22 Vgl. ISGH, Saiga 2, § 135.

2. Weitere Voraussetzungen der Nacheile

Die Zulässigkeit des Anhaltens der „Taiga" im Rahmen der Nacheile könnte zudem daran scheitern, dass weitere Voraussetzungen der Nacheile nicht eingehalten wurden, die Art. 111 SRÜ – kumulativ – festlegt.[23] Danach darf die Nacheile gemäß Art. 111 Abs. 4 S. 2 SRÜ erst begonnen werden, nachdem ein vom verfolgten Schiff wahrnehmbares Sicht- oder Schallsignal gegeben wurde, welches das verfolgte Schiff zum Anhalten auffordert (zuvor handelt es sich um eine rechtlich indifferente Verfolgungssituation). Laut Sachverhalt wurde die „Taiga" per Lautsprecher zum Anhalten aufgefordert. Es ist davon auszugehen, dass dies in Hörweite des Schiffes geschah. Die Nacheile muss gemäß Art. 111 Abs. 1 i. V. m. Abs. 2 SRÜ noch in der AWZ begonnen haben und ununterbrochen gewesen sein. Während ersteres der Fall war, bestehen hinsichtlich des zweiten Erfordernisses Zweifel: Die P35 hatte nach dem Beginn der Nacheile zunächst abgedreht und dann erneut die Verfolgung aufgenommen. Damit hat es die Verfolgung unterbrochen, so dass die Voraussetzungen der Nacheile nicht länger gegeben waren. Auch insoweit war die Nacheile unzulässig.

348

3. Art und Umfang der Anhaltemaßnahme

Schließlich könnten auch Art und Umfang der Anhaltemaßnahme gegen das Völkerrecht verstoßen. Das Recht der Nacheile umfasst nach allgemeiner Auffassung und langer völkerrechtlicher Praxis auch das Recht zur Gewaltanwendung. Ein Verstoß gegen das Gewaltverbot aus Art. 2 Nr. 4 UNCh liegt hierin nicht.[24] Allerdings hat sich über die Jahre gewohnheitsrechtlich herausgebildet, dass die Gewaltanwendung so weit als möglich zu vermeiden ist und dort, wo sie unvermeidlich ist, im Einzelfall erforderlich und angemessen sein muss.[25] Aus einer Reihe von Entscheidungen seerechtlicher Schiedskommissionen, insbesondere in den Fällen *I'm Alone*[26] und *The Red Crusader*[27], ergibt sich, dass ein Schiff zunächst mit Licht- oder Tonsignalen zum Halten aufzufordern ist. Dies ist hier geschehen. Hält das Schiff gleichwohl nicht an, so sind verschiedene Mittel möglich, es zum Anhalten zu bewegen, insbesondere Schüsse über das Schiff hinweg oder vor den Bug. Die direkte Anwendung von Gewalt gegen das Schiff darf nur letztes Mittel sein.[28] Von einer derartigen Stufung der Maßnahmen ist im Fall der „Taiga" nichts zu erkennen. P35 feuerte gleich nach der Aufforderung zum Anhalten auf das Schiff, wodurch dieses manövrierunfähig wurde und zwei Besatzungsmitglieder verletzt wurden. Angesichts des langsamen Tempos, mit dem sich die voll beladene „Taiga" fortbewegte, kann nicht davon ausgegangen werden, dass Umstände vorlagen, welche P35 keine andere Wahl gelassen hätten, als sofort zu schießen. Hinzu kommt,

349

---

23 Siehe dazu *Guilfoyle*, Proelß (Fn. 3), Art. 111 Rn. 6 ff.
24 *Kunig/Uerpmann-Wittzack*, 109, 110 f. Vgl. auch *v. Arnauld*, Rn. 829, 1038. Eingehend hierzu *Wollenberg* (Fn. 13).
25 *Wolfrum* (Fn. 3), Kap. 4 Rn. 75.
26 *The I'm Alone*, Schiedskommission (Kanada/USA), Schlussbericht v. 5.1.1935, RIAA III, 1609 (1616, 1617). Hierzu *Seidel*, EPIL II, 937.
27 *The Red Crusader*, Untersuchungskommission (Dänemark/Vereinigtes Königreich), Bericht v. 23.3.1962, ILR 35 (1967), 485 (499). Hierzu *Polakiewicz*, EPIL IV, 63.
28 ISGH, Saiga 2, § 155 f. Dazu *Harrison*, in: Proelß (Fn. 3), Art. 73 Rn. 9.

dass der Beschuss eines mit Treibstoff beladenen Schiffs die Besatzung einem unnötigen Risiko ausgesetzt hat. Der Gewaltanwendung im Rahmen der Nacheile fehlt es nicht nur an der rechtlichen Basis (s. o. 1. und 2.);[29] sie war darüber hinaus auch exzessiv. Eine Rechtfertigung ist auch hier nicht ersichtlich.

II. Folgemaßnahmen gegen Schiff, Besatzung und Ladung

350 Alle weiteren Maßnahmen gegen die „Taiga", deren Besatzung und Ladung – die Festsetzung von Schiff und Besatzung sowie die Beschlagnahme der Ladung – waren auf die Verletzung der Bestimmungen des Gesetzes über Tankfragen gestützt. Da Betulien nicht berechtigt war, dieses Gesetz auf die AWZ zu erstrecken (Rn. 343), entfällt zugleich die Grundlage für all diese Maßnahmen. Auch diese Maßnahmen verstoßen gegen das SRÜ.[30]

III. Rechtsfolgen

351 Antarien verlangt zunächst die Rückgabe der „Taiga" und ihrer Besatzung. Da Antarien die endgültige Rückgabe ohne Zahlung einer Kaution erreichen möchte, sind die besonderen Vorschriften zur Freigabe von Schiffen in Art. 111 Abs. 7, Art. 73 Abs. 2 oder Art. 292 SRÜ hier tatbestandlich nicht anwendbar. Art. 304 SRÜ verweist jedoch für die Verantwortlichkeit und Haftung auf die allgemeinen Regeln des Völkerrechts. Wie vor allem der StIGH im Chorzów-Fall festgestellt hat, ist es gewohnheitsrechtlich anerkannt, dass ein Staat der einem anderen Schaden zufügt, diesen wiedergutzumachen hat. Dies bedeutet nach der in Art. 35 ASR kodifizierten gewohnheitsrechtlichen Regel zunächst Naturalrestitution. Diese besteht hier in der Freigabe der „Taiga" und der Freilassung ihrer Besatzung. Sollte die Ladung noch vorhanden sein, käme auch hier die Herausgabe in Betracht. Im Übrigen bleiben wegen der Sach-, Personen- und Körperschäden Ansprüche auf Schadensersatz in Geld entsprechend dem in Art. 36 ASR niedergelegten gewohnheitsrechtlichen Grundsatz. Sofern diese Schäden auf die unrechtmäßige Nacheile zurückzuführen sind, können sie auch auf die spezielle Schadensersatzvorschrift des Art. 111 Abs. 8 SRÜ gestützt werden. Da die Regeln der völkerrechtlichen Verantwortlichkeit zu den „sonstigen mit dem Übereinkommen nicht unvereinbaren Regeln des Völkerrechts" gehören, darf der ISGH auch Art und Umfang der Wiedergutmachung anordnen.

352 **Hinweis:** Eine Schwierigkeit des Falles bestand darin, dass zur Ermittlung von Norminhalten verschiedentlich eine systematische Interpretation notwendig wurde. Diese erfordert einen Überblick über den Regelungszusammenhang des SRÜ, den man sich bis zu einem gewissen Grade mit Hilfe des Inhaltsverzeichnisses zum Abkommen verschaffen kann. Im Übrigen würden von einer Klausurlösung nicht so extensive Vergleiche mit anderen Regelungen des SRÜ erwartet werden können, wie sie hier vorgenommen wurden.

---

29 Vgl. ISGH, Saiga 2, § 149.
30 Vgl. ISGH, Saiga 2, § 136.

Zur Vertiefung

Leitentscheidung: ISGH, Urteil v. 1.7.1999, Saiga 2, siehe http://www.itlos.org/ (*v. Arnauld*, Nr. 33); *The I'm Alone*, Schiedskommission (Kanada/USA), Schlussbericht v. 5.1.1935, RIAA III, 1609-1618; *The Red Crusader*, Untersuchungskommission (Dänemark/Vereinigtes Königreich), Bericht v. 23.3.1962, ILR 35 (1967), 485-500.

Literatur zur Vertiefung: *H. Caminos*, Hot Pursuit, MPEPIL (6/2009); *P. Ehlers*, Nutzungsregime in der Ausschließlichen Wirtschaftszone (AWZ), NordÖR 2004, 51–58; *R. Lagoni*, Freigabeklage und vorläufige Maßnahmen vor dem Internationalen Seegerichtshof, FS G. Jaenicke 1998, 543–571, und in: ders./v. Brevern, Folgen des Saiga-Urteils des Internationalen Seegerichtshofs für die Seeschiffahrt, 2000, 14–26; *W. Graf Vitzthum* (Hrsg.), Handbuch des Seerechts, 2006; *R. Wolfrum*, Billigflaggen – Schadenersatz – Nacheile, ZEuS 3 (2000), 1–12; *S. Wollenberg*, Die Nacheile zur See, AVR 42 (2004), 217–240.

Fall 12
Ein Grenzfall

353 Böotien setzt, um den steigenden Energiebedarf seiner prosperierenden Wirtschaft zu befriedigen, auf Kernenergie. Da die beiden bereits vorhandenen Kernkraftwerke zur Deckung des Bedarfs nicht mehr ausreichen, beschließt die Regierung den Bau eines weiteren Kraftwerks. Dieses wird in Cythera am Fluss Lethe errichtet, dessen Wasser zur Kühlung genutzt werden soll. Da wegen des starken natürlichen Gefälles die Fließgeschwindigkeit zu hoch ist, lässt die böotische Regierung das Gefälle durch bauliche Maßnahmen reduzieren; ferner leitet sie den Fluss in einen Kanal um, der direkt zum Kraftwerk führt und hiernach das Wasser wieder zurück in das Flussbett leitet.

Der Nachbarstaat Arkadien ist von der Errichtung des Kraftwerks wenig begeistert: Cythera liegt nur rund 20 km von der gemeinsamen Grenze entfernt. Die Regierung von Arkadien, die selbst ausschließlich auf alternative Energiequellen setzt, sieht in dem Kraftwerk eine „tickende Zeitbombe" und verweist auf die Auswirkungen, die ein Störfall auf ihr eigenes Staatsgebiet hätte. Sie ist der Auffassung, dass der Betrieb des AKW gegen Völkerrecht verstoße, auch wenn das Kraftwerk in technischer Hinsicht internationalen Standards entspreche. Zudem hätte Böotien Arkadien im Vorfeld informieren und konsultieren müssen. Ein weiterer Stein des Anstoßes ist, dass Arkadien am Fluss Lethe unterhalb von Cythera ein Wasserkraftwerk betreibt. Dieses büßt infolge der reduzierten Fließgeschwindigkeit des Flusses erheblich an Leistungsfähigkeit ein.

Das Angebot Böotiens, Arkadien zu vergünstigten Konditionen Atomstrom zur Verfügung zu stellen, weist die arkadische Regierung entschieden zurück. Sie fordert Böotien auf, die Eingriffe in den Flusslauf rückgängig zu machen und von einer Inbetriebnahme abzusehen. Der Ton verschärft sich weiter; eine gütliche Einigung ist nicht in Sicht. Da das Verhältnis zwischen beiden Staaten wegen Grenzstreitigkeiten, die schon Anlass für eine Vielzahl von Resolutionen des Sicherheitsrates und der Generalversammlung der Vereinten Nationen waren, ohnehin dauerhaft angespannt ist, will die Generalversammlung den Streit durch eine Empfehlung an beide Staaten entschärfen und ersucht hierzu den IGH um ein Rechtsgutachten über die völkerrechtlichen Fragen von Errichtung und Betrieb des AKW Cythera. Böotien hält dies für unzulässig, da es zwar Mitglied der Vereinten Nationen ist, sich aber nicht der Gerichtsbarkeit des IGH unterworfen hat.

Nehmen Sie Stellung!

Anlagen:

Erklärung von Rio vom 14.7.1992:
Prinzip 15: Zum Schutz der Umwelt wenden die Staaten im Rahmen ihrer Möglichkeiten weitgehend den Vorsorgegrundsatz an. Drohen schwerwiegende oder unumkehrbare Schäden, so darf ein Mangel an vollständiger wissenschaftlicher Gewissheit kein Grund dafür sein, kostenwirksame Maßnahmen zur Vermeidung von Umweltverschlechterungen aufzuschieben.

Prinzip 19: Die Staaten unterrichten möglicherweise betroffene Staaten über Tätigkeiten, die wesentliche nachteilige grenzüberschreitende Auswirkungen haben können, im voraus und rechtzeitig, stellen ihnen sachdienliche Informationen zur Verfügung und konsultieren sie frühzeitig und in redlicher Absicht.

ILC Draft Articles on Prevention of transboundary harm from hazardous activities (Nov. 2001):

Art. 8: Notification and information

(1) If the assessment [...] indicates a risk of causing significant transboundary harm, the State of origin shall provide the State likely to be affected with timely notification of the risk and the assessment and shall transmit to it the available [...] information on which the assessment is based.

(2) The State of origin shall not take any decision on authorization of the activity pending the receipt, within a period not exceeding six months, of the response from the State likely to be affected.

Art. 9: Consultations on preventive measures

(1) The States concerned shall enter into consultations [...].

(2) The States concerned shall seek solutions based on an equitable balance of interests [...].

(3) If the consultations [...] fail to produce an agreed solution, the State of origin shall nevertheless take into account the interests of the State likely to be affected in case it decides to authorize the activity to be pursued, without prejudice to the rights of any State likely to be affected.

Fall 12 *Ein Grenzfall*

Lösungsskizze

354 **A. Statthaftigkeit des Gutachtens**
  I. Antragsberechtigung
    → Generalversammlung gemäß Art. 96 Abs. 1 UNCh
  II. Antragsgegenstand
    → (+), Rechtsfragen im Zusammenhang mit Errichtung und Betrieb des AKW
  III. Antragsbedürfnis
    → Zusammenhang mit Tätigkeit der Generalversammlung gemäß Art. 10 UNCh (+), Spannungen zwischen A und B; Einschaltung des Sicherheitsrates nicht exklusiv
  IV. Form des Antrags
    → keine absolut klare Fragestellung nötig
  V. Zwischenergebnis (+)
  VI. Ermessen des IGH
    → *judicial propriety:* stehen „zwingende Gründe" entgegen?
    → pro: Umgehung der Unterwerfung von B, faktischer Druck des Gutachtens
    → contra: Gutachten nicht rechtsverbindlich; Unterstützung für UN-Organe; Gefährdungen der internationalen Sicherheit (vgl. Art. 11 Abs. 2 UNCh) haben meist konkrete Ursache; B ist UN-Mitglied; internationalisierter Konflikt durch „Vielzahl" von UN-Resolutionen

B. Rechtliche Beurteilung des AKW-Projekts
  I. Errichtung und Betrieb des Atomkraftwerks
    1. Zurechenbare Handlung (+)
    2. Verstoß gegen eine völkerrechtliche Pflicht
      a) Zulässigkeit der friedlichen Nutzung von Kernenergie
        → zulässig, vgl. u. a. Art IV:1 Nichtverbreitungsvertrag
      b) Nachbarrechtliche Beschränkungen der staatlichen Souveränität
        → Trail-Smelter-Grundsätze beinhalten Pflicht zur Schadensvermeidung *(due diligence)*, vgl. Erklärung Stockholm 1971; Erheblichkeitsschwelle im Normalbetrieb nicht überschritten
        → Verbot von *ultra-hazardous activities* nicht etabliert (vgl. diverse AKW im Grenzbereich)
      c) Beschränkungen durch das umweltrechtliche Vorsorgeprinzip?
        → Rio 15, Geltung umstritten; internationale Sicherheitsstandards hier beachtet
      d) Ergebnis zu 2.
    3. Haftung für etwaige Schäden
      → Gefährdungshaftung für hochgefährliche Aktivitäten (-)

II. Eingriffe in den Flusslauf
1. Zurechenbare Handlung (+)
2. Verstoß gegen eine völkerrechtliche Pflicht
   → billige Aufteilung (vgl. Lac Lanoux)? Fluss zwingend für Wasserkraftwerk, nicht für AKW, Priorität der Nutzung durch A, Zukauf von Atomstrom keine Alternative
3. Rechtsfolgen: Wiedergutmachung
   → Rückbau = Wiederherstellung der Fließgeschwindigkeit

III. Verstoß gegen eine Informations- und Konsultationspflicht
1. Bezüglich des AKW
   → Informationspflicht: Rio 19, Art. 8 ILC Draft; Zusammenhang mit Vorbeugepflicht, (+)
   → Konsultationspflicht: Rio 19, Art. 9 ILC Draft; allgemeine Geltung str.; jedenfalls bei hochgefährlichen Aktivitäten im Grenzbereich (+)
2. Bezüglich der Eingriffe in den Flusslauf
   → vgl. Lac-Lanoux-Fall (geteilte Ressourcen); hier verletzt
3. Rechtsfolgen: Wiedergutmachung
   → kein Vetorecht, daher nur Genugtuung

Lösung

A. Statthaftigkeit des Gutachtens[1]

355 Die Zulässigkeit eines Gutachtens durch den IGH bemisst sich nach Art. 65 IGH-Statut. Danach kann der Gerichtshof auf Antrag jeder Einrichtung, die durch die oder im Einklang mit der UNCh hierzu ermächtigt ist, ein Gutachten zu jeder Rechtsfrage abgeben.

356 **Hinweis:** Die folgenden Voraussetzungen sind dem Art. 65 IGH-Statut in dessen Auslegung durch den Gerichtshof entnommen. Die Prüfungspunkte orientieren sich so weit als möglich an herkömmlichen Zulässigkeitsprüfungen im deutschen Prozessrecht, lassen sich aber auch den IGH-Gutachten entnehmen. Eine Besonderheit ist, dass der IGH auch bei an sich zulässigen Anträgen ein Ermessen besitzt, ob er das Gutachten erstattet. Die hier im Sachverhalt ausdrücklich aufgeworfene „klassische" Frage nach dem Einsatz des Gutachtenverfahrens in konkreten Rechtsstreitigkeiten wird vom Gerichtshof nicht als Frage nach der Zulässigkeit des Antrags und der Jurisdiktion des IGH betrachtet, sondern im Rahmen seines Ermessens berücksichtigt.

I. Antragsberechtigung

357 Gemäß Art. 96 Abs. 1 UNCh darf die Generalversammlung Gutachten des IGH einholen. Sie ist somit antragsberechtigt.

II. Antragsgegenstand

358 Gegenstand des Gutachtens können gemäß Art. 65 Abs. 1 IGH-Statut nur „Rechtsfragen" sein.[2] Die Generalversammlung beantragt hier ein Gutachten über die völkerrechtlichen Fragen von Errichtung und Betrieb des AKW Cythera, mithin über eine Rechtsfrage.

III. Antragsbedürfnis

359 Zwar ist die Generalversammlung wie der Sicherheitsrat (im Unterschied zu anderen Organen der Vereinten Nationen oder Sonderorganisationen) gemäß Art. 96 Abs. 1 UNCh ermächtigt, Gutachten „über jede Rechtsfrage" einzuholen; der IGH verlangt jedoch einen Zusammenhang der Rechtsfrage mit der Tätigkeit der Generalversammlung.[3] Diese hat gemäß Art. 10 UNCh die Aufgabe und das Recht, sich mit allen Fragen und Angelegenheiten zu befassen, die in den Rahmen der Charta fallen. Insbesondere ist ihr in Art. 11 Abs. 2 UNCh die Erörterung aller die Wahrung des Weltfriedens oder der internationalen Sicherheit betreffenden Fragen zugewiesen. Die Auseinandersetzung zwischen Arkadien und Böotien über das AKW ist vor dem Hintergrund der

---

1 Zu den Voraussetzungen v. *Arnauld*, Rn. 486 ff.
2 Näher hierzu *Rosenne*, The Law and Practice of the International Court: 1920–2015, Vol. II, 2016, 983 ff. Ferner *Thirlway*, Advisory Opinions, MPEPIL (4/2006), Rn. 18 f.
3 IGH, Gutachten v. 8.7.1996, Legality of the Threat or Use of Nuclear Weapons, ICJ Rep. 1996, 226, § 11; v. 9.7.2004, Legal Consequences of the Construction of a Wall in the Occupied Palestinian Territory, ICJ Rep. 2004, 136, § 16.

andauernden Grenzkonflikte eine solche Frage; zumindest handelt es sich um einen Streit, der die freundschaftlichen Beziehungen zwischen den Nationen (Art. 1 Nr. 2 UNCh) und die gute Nachbarschaft (Präambel, Art. 74 UNCh) betrifft. Zwar hat sich neben der Generalversammlung auch der Sicherheitsrat mehrfach in den schwelenden Grenzkonflikt eingeschaltet; es ist jedoch nicht ersichtlich, dass sich dieser dauerhaft des Konflikts angenommen hätte und sich die Generalversammlung so entgegen Art. 12 UNCh in eine laufende Beratung des Sicherheitsrates einmischen würde.[4] Die Antragsbefugnis liegt vor.

IV. Form des Antrags

360 Dass den Vorgaben des Art. 65 Abs. 2 IGH-Statut entsprochen wurde, darf mangels entgegenstehender Angaben im Sachverhalt unterstellt werden. Eine absolute Klarheit der Fragestellung ist nach Ansicht des IGH nicht erforderlich;[5] es schadet daher z. B. nicht, dass im Antrag nicht ausdrücklich von den Eingriffen in den Lauf des Lethe die Rede ist.

V. Zwischenergebnis

361 Der Antrag ist zulässig und die Jurisdiktion des IGH begründet. Dass sich einer der von der Gutachtenfrage betroffenen Staaten (Böotien) der Jurisdiktion des Gerichtshofs nicht unterworfen hat, ändert hieran nichts.[6]

VI. Ermessen des IGH

362 Der IGH muss dem Ersuchen nicht nachkommen; vielmehr „kann" er dies gemäß Art. 65 Abs. 1 IGH-Statut tun. Der Gerichtshof sieht sich jedoch als Organ der Vereinten Nationen als verpflichtet an, ein angefragtes Gutachten zu erstatten, sofern nicht „zwingende Gründe" *(compelling reasons)* dem entgegenstehen.[7] In der Praxis ist eine solche Zurückweisung eines Ersuchens durch den IGH noch nicht vorgekommen. Freilich hat der IGH in seinem Westsahara-Gutachten im Anschluss an den StIGH im Ostkarelien-Fall[8] bemerkt, dass die Erstattung eines Gutachtens dann „unangemessen" wäre (ein Verstoß gegen die *judicial propriety*), wenn dieses sich auf einen konkreten

---

4 Zur Rolle der UN-Generalversammlung bei der Friedenssicherung nach der UNCh v. *Arnauld*, Rn. 147 f.
5 IGH, Gutachten v. 9.7.2004, Legal Consequences of the Construction of a Wall in the Occupied Palestinian Territory, ICJ Rep. 2004, 136, § 38.
6 Vgl. IGH, Gutachten v. 16.10.1975, Western Sahara, ICJ Rep. 1975, 12, § 21; v. 9.7.2004, Legal Consequences of the Construction of a Wall in the Occupied Palestinian Territory, ICJ Rep. 2004, 136, § 47.
7 IGH, Gutachten v. 16.10.1975, Western Sahara, ICJ Rep. 1975, 12, § 23; v. 8.7.1996, Legality of the Threat or Use of Nuclear Weapons, ICJ Rep. 1996, 226, § 14; v. 9.7.2004, Legal Consequences of the Construction of a Wall in the Occupied Palestinian Territory, ICJ Rep. 2004, 136, § 16; v. 22.7.2010, Accordance with international law of the unilateral declaration of independence in respect of Kosovo, ICJ Rep. 2010, 403, §§ 29 ff.
8 StIGH, Gutachten v. 23.7.1923, Status of Eastern Carelia, PCIJ Ser. B, No. 5 (1923), 27.

Rechtsstreit zwischen zwei Staaten bezöge, von denen einer seine Zustimmung zur Jurisdiktion des IGH nicht erteilt hätte.⁹

363 Für diese Sicht, die sich hier Böotien zu eigen macht, spricht, dass andernfalls auf dem Umweg über das Gutachtenverfahren ein Staat gegen seinen Willen und an Art. 36 IGH-Statut vorbei unter die Rechtsprechungsgewalt des Gerichtshofs gezwungen werden könnte. Auch wenn das Gutachten für diesen Staat keine zwingenden Rechtsfolgen haben sollte, ist der erhebliche faktische Druck zu bedenken, der von einer gutachterlichen Stellungnahme des IGH ausgeht.

364 Auf der anderen Seite fragt sich, ob dieser mittelbare Druck tatsächlich rechtliche Bedenken stützen kann: Schließlich zwingt der Spruch Arkadien oder Böotien nicht zu einem bestimmten Verhalten; es steht ihnen frei, die Expertise des Gerichtshofs anzuzweifeln und an ihren Positionen festzuhalten. Auch ist zu beachten, dass das Gutachten nicht den beteiligten Streitparteien, sondern der Generalversammlung erstattet wird, um diese bei der Wahrnehmung ihrer Aufgaben zu unterstützen. Damit leistet es einen Beitrag zur Funktionsfähigkeit der UNO.¹⁰ Deren Generalversammlung ist es gerade auch gestattet, sich mit konkreten Streitfällen zu befassen, welche die internationalen Beziehungen belasten und sogar den Frieden oder die internationale Sicherheit gefährden. Wollte man alle Fälle, in denen konkrete Staaten durch ein Gutachten mittelbar betroffen und in ihrer Rechtsauffassung widerlegt werden könnten, ohne Zustimmung dieser Staaten von einem Gutachten ausnehmen, drohte das Gutachtenverfahren letztlich leer zu laufen und seinen die Arbeit der Vereinten Nationen unterstützenden Sinn zu verlieren; denn jeder Rechtsstreit kennt unterschiedliche Rechtsauffassungen,¹¹ und angesichts der politischen Aufgaben der UNO und ihrer Organe hat auch jeder Rechtsstreit Bezüge zu realen Vorfällen und damit zu konkreten Staaten. Hinzu kommt, worauf der IGH mehrfach hingewiesen hat, dass im Ostkarelien-Fall einer der beteiligten Staaten nicht einmal Mitglied des Völkerbundes war. Böotien aber ist laut Sachverhalt UN-Mitglied und muss damit auch Art. 96 Abs. 1 UNCh gegen sich gelten lassen.¹²

365 Im Anschluss an sein Westsahara-Gutachten hat der IGH in seinem Gutachten zum israelischen Sperrzaun im Westjordanland betont, dass die fehlende Unterwerfung einer Konfliktpartei unter die Jurisdiktion des IGH zumindest dann die Erstattung eines Gut-

---

9 IGH, Gutachten v. 16.10.1975, Western Sahara, ICJ Rep. 1975, 12, § 32 f. S. auch Gutachten v. 9.7.2004, Legal Consequences of the Construction of a Wall in the Occupied Palestinian Territory, ICJ Rep. 2004, 136, § 47. Ferner v. Arnauld, Rn. 492 ff; Rosenne (Fn. 2), 1003 ff.
10 IGH, Gutachten v. 16.10.1975, Western Sahara, ICJ Rep. 1975, 12, § 32; v. 8.7.1996, Legality of the Threat or Use of Nuclear Weapons, ICJ Rep. 1996, 226, §§ 14 f; v. 9.7.2004, Legal Consequences of the Construction of a Wall in the Occupied Palestinian Territory, ICJ Rep. 2004, 136, §§ 47, 50. Siehe auch bereits Gutachten v. 28.5.1951, Reservations to the Convention on the Prevention and Punishment of the Crime of Genocide, ICJ Rep. 1951, 15 (19).
11 IGH, Gutachten v. 21.6.1971, Legal Consequences for States of the Continued Presence of South Africa in Namibia, ICJ Rep. 1971, 16, § 34; v. 9.7.2004, Legal Consequences of the Construction of a Wall in the Occupied Palestinian Territory, ICJ Rep. 2004, 136, 136, § 48.
12 Vgl. das (freilich hart am Zirkelschluss entlangschrammende) Argument in den Gutachten v. 21.6.1971, Legal Consequences for States of the Continued Presence of South Africa in Namibia, ICJ Rep. 1971, 16, § 31; v. 16.10.1975, Western Sahara, ICJ Rep. 1975, 12, § 30.

achtens zu einer mit diesem Konflikt zusammenhängenden Rechtsfrage nicht hindert, wenn es sich nicht allein um einen bilateralen Konflikt handelt.[13] Im Fall des Sperrzauns hat der Gerichtshof u. a. auf die Verantwortung der Vereinten Nationen für den internationalen Frieden und die internationale Sicherheit verwiesen sowie auf die zahlreichen Resolutionen, mittels derer Sicherheitsrat und Generalversammlung versucht haben, den Dauerkonflikt im Nahen Osten zu befrieden. Welches Ausmaß der Konflikt zwischen Böotien und Arkadien hat, lässt sich dem Sachverhalt zwar nicht entnehmen; immerhin aber ist von einer „Vielzahl" von Resolutionen beider Organe die Rede, die sich auf die andauernden Grenzstreitigkeiten beziehen. Da auch der Streit um das AKW Cythera sich auf die Grenzregion bezieht, ist nicht auszuschließen, dass dieser den bestehenden Grenzkonflikt anzuheizen geeignet ist, wovon auch die Generalversammlung ausgeht. Ob das Gutachten für die Tätigkeit der Generalversammlung tatsächlich erforderlich ist, hat der IGH nicht zu überprüfen: Der Generalversammlung kommt insoweit eine Einschätzungsprärogative zu.[14] Der Streit um das AKW hat demnach keinen ausschließlich bilateralen Charakter. Die Erstattung des Gutachtens wäre demnach nicht „unangemessen", so dass nach der bisherigen Spruchpraxis der IGH befugt und gehalten wäre, das Gutachten auch tatsächlich zu erstatten.

B. Rechtliche Beurteilung des AKW-Projekts

Hinweis: Die sachlichen Rechtsfragen beziehen sich einmal auf Errichtung und Betrieb des AKW, einmal auf die in Vorbereitung hierauf bereits erfolgte Veränderung des Flusslaufs. In beiden Fällen geht es sowohl um die Zulässigkeit der Anlage/Maßnahme als auch um die verfahrensmäßige Frage einer Informations- und Konsultationspflicht. Die Prüfungsreihenfolge ist nicht zwingend vorgegeben. Hier werden zunächst die Zulässigkeit eines AKW im Grenzgebiet und der Eingriff in den Flusslauf gesondert untersucht; im Anschluss werden wegen der ähnlichen Rechtsfragen die Verfahrenspflichten zusammenfassend geprüft. Da es um die Frage einer Rechtsverletzung durch Böotien geht, bietet sich der Deliktsaufbau als Grundmuster an.

366

I. Errichtung und Betrieb des Atomkraftwerks

1. Zurechenbare Handlung

Zunächst könnten Errichtung und Betrieb des AKW gegen Völkerrecht verstoßen. Beide Maßnahmen gehen vom böotischen Staat aus und sind diesem zurechenbar.[15]

367

---

13 IGH, Gutachten v. 9.7.2004, Legal Consequences of the Construction of a Wall in the Occupied Palestinian Territory, ICJ Rep. 2004, 136, §§ 47, 49. Zuvor schon Gutachten v. 16.10.1975, Western Sahara, ICJ Rep. 1975, 12, § 34.
14 IGH, Gutachten v. 8.7.1996, Legality of the Threat or Use of Nuclear Weapons, ICJ Rep. 1996, 226, § 16.
15 Sofern es sich um ein privat betriebenes Kraftwerk handelte, hätte Böotien wegen der Bau- und Betriebsgenehmigung völkerrechtlich einzustehen. Dann allerdings beschränkte sich seine völkerrechtliche Verantwortlichkeit auf die sorgfältige Überwachung *(due diligence): v. Arnauld*, Rn. 877; *Dolzer*, BDGVR 32 (1992), 195 (218). Für eine der unmittelbaren Staatenverantwortlichkeit angenäherte Verantwortlichkeit bei Genehmigung riskanter Technologien *Verdross/Simma*, § 1283.

2. Verstoß gegen eine völkerrechtliche Pflicht

368 **Hinweis:** Ein Wort zur Warnung: Das Umweltvölkerrecht ist durch eine Dominanz des Vertragsrechts sowie eine Fülle von *soft law* gekennzeichnet.[16] Zwar können *soft law* und verbreitete Vertragsregelungen zu Gewohnheitsrecht werden, jedoch ist hier zu Vorsicht zu raten: Jenseits der Trail-Smelter-Grundsätze und der nachbarrechtlichen Regeln zur gemeinschaftlichen Ressourcennutzung ist die gewohnheitsrechtliche Geltung der meisten Prinzipien des Umweltvölkerrechts nach wie vor umstritten.[17]

a) Zulässigkeit der friedlichen Nutzung von Kernenergie

369 Angesichts fehlender völkerrechtlicher Verträge, die hier zwischen Arkadien und Böotien anwendbar wären, kommt allenfalls ein Verstoß gegen eine Böotien obliegende gewohnheitsrechtliche Pflicht in Betracht. Die friedliche Nutzung von Kernenergie als solche stellt freilich keinen Verstoß gegen Völkergewohnheitsrecht dar, wie sich aus der Staatenpraxis ergibt: Weltweit existieren zahlreiche Atomkraftwerke, auch völkerrechtliche Abkommen über nukleare Sicherheit, Informationspflichten und Hilfeleistungen bei Störfällen sowie die Existenz der Internationalen Atomenergiebehörde (IAEA) belegen, dass die zivile Nutzung von Kernenergie selbst nicht als unvereinbar mit geltendem Völkerrecht betrachtet werden kann.[18] Art. IV:1 des Nichtverbreitungsvertrages bezeichnet die friedliche Nutzung der Kernenergie sogar als „unveräußerliches Recht" jedes Staates.[19]

b) Nachbarrechtliche Beschränkungen der staatlichen Souveränität

370 Beschränkungen hinsichtlich der Nutzung von Kernenergie könnten sich jedoch aus dem völkerrechtlichen Nachbarrecht ergeben. Zwar kann ein Staat kraft seiner Souveränität grundsätzlich frei darüber entscheiden, welche Maßnahmen er auf seinem Staatsgebiet vornimmt oder duldet; die sog. Harmon-Doktrin, wonach ein Staat insoweit keinerlei Beschränkungen unterliege, hat sich indes nicht durchsetzen können.[20] Zu beachten ist u. a., dass sich bestimmte Aktivitäten in einem Staat nachhaltig schädlich auf die Umwelt in einem Nachbarstaat auswirken und dessen Anspruch auf Achtung der territorialen Integrität verletzen können.

---

16 Näher *Friedrich*, International Environmental „soft law", 2013.
17 Näher *v. Arnauld*, Rn. 883 ff. Warnung davor, rechtspolitisch Wünschenswertes vorschnell in den Rang von Gewohnheitsrecht zu erheben, bei *Bodansky*, IJGLS 3 (1995), 105; *Heintschel v. Heinegg*, Ipsen, § 50 Rn. 1; ähnlich *Kunig*, BDGVR 32 (1992), 9 (15 f). Dazu, dass das völkerrechtliche Nachbarrecht trotz der vorrangigen Ausrichtung des modernen Umweltvölkerrechts auf globale Fragen des Umweltschutzes fortdauernde Bedeutung hat, *Epiney*, AVR 33 (1995), 309.
18 *Anastassov*, in: Black-Branch/Fleck (Hg.), Nuclear Non-Proliferation in International Law, Vol. I, 2014, 159 ff; *Black-Branch/Fleck* (Hg.), Nuclear Non-Proliferation in International Law, Vol. III, 2016, passim; *Kloepfer*, AVR 25 (1987), 277 (281).
19 Dazu *Anastassov* (Fn. 18), 162 ff.
20 *v. Arnauld*, Rn. 876; *Beyerlin*, Umweltvölkerrecht, 2000, Rn. 116; *Bryde*, AVR 31 (1993), 1 (2); *Heintschel v. Heinegg*, Ipsen, § 50 Rn. 6 f; *Kunig* (Fn. 17), 11; *Randelzhofer/Simma*, in: FS Berber 1973, 389 (396 f).

Nun kann auf der anderen Seite die territoriale Integrität nicht dazu führen, einem Staat **371** mit Rücksicht auf einen Nachbarstaat jegliche Aktivität zu verbieten, die wie auch immer geartete schädliche Auswirkungen über Staatsgrenzen hinweg haben kann. Vielmehr muss zwischen der Souveränität des einen und der territorialen Integrität des anderen Staates ein angemessener Ausgleich gefunden werden.[21] Dieser wurde im berühmten Trail-Smelter-Schiedsspruch so bestimmt, dass die Verursachung erheblicher und außergewöhnlicher Schäden ein völkerrechtliches Delikt darstellt.[22] Wichtig ist dabei, dass es sich insoweit keineswegs um eine Gefährdungshaftung handelt, wonach ein Staat für die Schäden eines an sich rechtmäßigen Verhaltens einzutreten hat.[23] Die Haftung für derartige Schäden ist vielmehr Ausdruck einer Sekundärpflicht; die Primärpflicht zielt darauf, derartige Schädigungen zu unterlassen und erfordert im Rahmen der gebotenen Sorgfalt *(due diligence)* Vorkehrungen zu deren Verhütung.[24] Der Trail-Smelter-Grundsatz – das Verbot erheblicher grenzüberschreitender Umweltbeeinträchtigungen – wird weithin als Ausdruck eines bereits seinerzeit bestehenden Gewohnheitsrechts betrachtet; jedenfalls hat er in der Folgezeit in der Staatenpraxis, in Rechtsprechung und Literatur Zuspruch erfahren und ist insbesondere in Prinzip 21 der Stockholmer Erklärung von 1972 aufgenommen worden, wonach die Freiheit der Staaten zur Ressourcennutzung durch die Pflicht zur Verhinderung von Umweltschäden in anderen Staaten (oder in Gebieten außerhalb staatlicher Jurisdiktion) beschränkt ist.[25] Das Verbot erheblicher grenzüberschreitender Umweltbeeinträchtigungen kann auch heute noch zum Kernbestand des gewohnheitsrechtlichen Nachbar- und Umweltvölkerrechts gerechnet werden.[26]

---

21 *Epiney*, AVR 39 (2001), 1 (8 ff); *Heintschel v. Heinegg*, Ipsen, § 50 Rn. 8; *Randelzhofer*, EPIL IV, 913; *Stoll*, in: Morrison/Wolfrum (Hg.), International, Regional and National Environmental Law, 2000, 174 f; *Wolfrum*, ebd., 29 f. Kritisch gegenüber einer vorschnellen Abwägung nur scheinbar gleichberechtigter Positionen *Bryde* (Fn. 20), 1 ff (siehe v.a. S. 3: „Die souveräne Handlungsfreiheit endete [...] schon immer an der Grenze"); dem folgend *Epiney* (Fn. 16), 320 ff. Ähnlich wohl auch *Verdross/Simma*, § 1029 (immanente Grenze der Souveränität).
22 Trail Smelter Arbitrarion (USA/Kanada), Schiedsspruch v. 11.3.1941, RIAA III, 1905/1938 (v.a. 1962 ff). Hierzu *Bäumler*, Das Schädigungsverbot im Völkerrecht, 2017, 75 ff.
23 So aber wohl *Hummer*, ZÖR 2008, 501 (505, 509).
24 *v. Arnauld*, Rn. 877 f; *Epiney* (Fn. 17), 329, 355 f („Verhinderungspflicht"); *Herdegen*, § 58 Rn. 8; *Randelzhofer/Simma* (Fn. 20), 409; *Wolfrum* (Fn. 21), 8 f. Zurückhaltend *Heintschel v. Heinegg*, Ipsen, § 50 Rn. 22. Zur Abgrenzung von Gefährdungshaftung und Verschuldenshaftung im Rahmen von *due diligence* siehe *Wolfrum*, Dahm/Delbrück/Wolfrum, Völkerrecht I/3, 944 ff.
25 Prinzip 21: „States have, in accordance with the Charter of the United Nations and the principles of international law, the sovereign right to exploit their own resources pursuant to their own environmental policies, and the responsibility to ensure that activities within their jurisdiction or control do not cause damage to the environment of other States or of areas beyond the limits of national jurisdiction."
26 *Randelzhofer/Simma* (Fn. 20), 408, nennen den folgenden „obersten und allgemeinsten Grundsatz" des Nachbarrechts: „Kein Staat darf auf seinem Staatsgebiet Aktivitäten vornehmen, fördern oder dulden, die auf dem Gebiet eines Nachbarstaates nicht unerhebliche, nicht übliche Schäden verursachen." In diesem Sinne auch *Rauschning*, in: FS Schlochauer 1981, 557 (562 ff). Siehe ferner *v. Arnauld*, Rn. 878; *Heintschel v. Heinegg*, Ipsen, § 50 Rn. 17; *Herdegen*, § 51 Rn. 2 ff; *Krajewski*, § 15 Rn. 14, 16; *Kunig* (Fn. 17), 16 f; *Randelzhofer*, Jura 1992, 1 (3 f); *ders.* (Fn. 21), 914 f, 916; *Verdross/Simma*, § 1029 f. Näher *Beyerlin* (Fn. 20), Rn. 117 ff; *Epiney* (Fn. 17), 316 ff; *Stoll* (Fn. 21), 169 ff; *Wolfrum* (Fn. 21), 7, 28 ff.

372 Hinweis: Die – rechtlich unverbindliche – Stockholmer Erklärung vom 16.6.1972[27] gilt als Meilenstein in der Entwicklung des Umweltvölkerrechts und sollte daher an dieser Stelle erwähnt werden. Die hier angeführte Zusammenfassung des zentralen Prinzips 21 dürfte als „Klausurwissen" genügen. Zu beachten ist, dass Prinzip 21 keine Beschränkung auf „erhebliche" oder „außergewöhnliche" Schäden enthält.

373 Dass ein Störfall in einem Atomreaktor ganz erhebliche Folgen für die Integrität angrenzender Staaten haben kann, steht außer Frage: Es kann die Evakuierung ganzer Landstriche nötig werden, Gefahr für Leib und Leben der Bevölkerung droht, landwirtschaftliche Erzeugnisse können auf längere Zeit wegen der radioaktiven Belastung ungenießbar sein. Im Normalbetrieb sind die grenzüberschreitenden Beeinträchtigungen durch ein AKW heutzutage indes nicht als erheblich einzustufen:[28] Durch Sicherungsvorkehrungen kann der Austritt auch nur schwach radioaktiver Strahlungen unterbunden, durch technische Vorkehrungen auch der u. U. wetterbeeinflussende Ausstoß von Wasserdampf reduziert werden.[29] Freilich muss Böotien hier auch entsprechende Sicherheitsvorkehrungen getroffen haben, welche die Auswirkungen auf das arkadische Staatsgebiet unterhalb der (im Einzelnen nicht immer leicht zu bestimmenden) Erheblichkeitsschwelle halten.[30] Da laut Sachverhalt das Atomkraftwerk internationalen Standards entspricht, ist hiervon auszugehen.

374 Bisweilen wird aber angenommen, dass hochgefährliche und riskante Aktivitäten (sog. *ultra-hazardous activities*) zumindest im Grenzgebiet zu anderen Staaten unzulässig sein sollen.[31] Der im Trail-Smelter-Fall noch geforderte „klare und überzeugende Beweis" für eine Schädigung müsse in der Ex-ante-Betrachtung, also bevor Schäden eingetreten sind, einer Prognose weichen. Hier aber gelte, dass je größer der eventuelle Schaden sei, desto geringer der Grad an Wahrscheinlichkeit sein müsse, dass dieser Schaden auch tatsächlich eintrete. Bei hochgefährlichen Aktivitäten, namentlich bei dem Betrieb von Atomkraftwerken, genüge das stets verbleibende Restrisiko, um sie im Grenzgebiet völkerrechtlich zu untersagen. Auch wenn sich vereinzelte Fälle anführen lassen, in denen geschädigte Staaten den Betrieb gefährlicher Anlagen in ihren Nachbarstaaten als rechtswidrig bezeichnet haben (so etwa die Schweiz 1948 nach der Explosion einer grenznahen italienischen Schießpulverfabrik), hat die Staatenpraxis in den letzten Jahrzehnten gezeigt, dass Staaten sich für berechtigt halten, auch in Grenznähe AKW zu errichten und zu betreiben. Als Beispiel sei auf das AKW im französischen Cattenom nahe der Grenze zu Deutschland verwiesen, auf den Reaktor in

---

27 Abdruck in AVR 15 (1971/72), 456.
28 *Hinds*, Umweltrechtliche Einschränkungen der Souveränität, 1997, 343. Anders noch *Randelzhofer/Simma* (Fn. 20), 410 ff. Zur Diskussion *Faßbender*, ZUR 2012, 267 (271).
29 Dies berücksichtigt *Hummer* (Fn. 23), 505 f zu wenig, wenn er unterstellt, dass ein grenznahes AKW (stets) die „Absorptionskapazität" der natürlichen Atmosphäre im Grenzgebiet „konsumiere" und so dem Nachbarstaat die Möglichkeit nehme, selbst ein AKW im Grenzbereich zu errichten. Da Arkadien keine AKW betreibt, ist diese Überlegung hier ohnehin müßig.
30 Vgl. *Black-Branch*, in: Black-Branch/Fleck (Fn. 18), Vol. III, 2016, 489 (512 ff); *Hinds* (Fn. 28), 347 f; *Kloepfer* (Fn. 18), 282. Ähnlich *Kunig* (Fn. 17), 20 f. Zur Konkretisierung der Erheblichkeitsschwelle *Epiney* (Fn. 17), 334 ff.
31 So vor allem *Randelzhofer/Simma* (Fn. 20), 414 ff.

Temelín im Dreiländereck Tschechien-Deutschland-Österreich oder auf das Werk im slowenischen Krsko, unweit der Grenze zu Österreich. Ein Verbot des Betriebs von AKW in Grenzregionen lässt sich in der Staatenpraxis demnach nicht nachweisen.[32]

c) Beschränkungen durch das umweltrechtliche Vorsorgeprinzip?

Über das Verbot erheblicher grenzüberschreitender Umweltbeeinträchtigungen hinaus geht das umweltrechtliche Vorsorgeprinzip, das dem nationalen (vor allem dem deutschen) Umweltrecht entstammt und seit den 1980er und 1990er Jahren verstärkt Eingang in umweltvölkerrechtliche Verträge oder Dokumente des *soft law* gefunden hat (vgl. z. B. Prinzip 15 der Erklärung von Rio 1992). Dieses verlangt nicht nur Maßnahmen zur Verhinderung vorhersehbarer Schäden, sondern auch Vorkehrungen, um unkalkulierbare Risiken möglichst zu minimieren.[33] Unabhängig davon, ob dem Vorsorgeprinzip tatsächlich bereits der Sprung vom Vertragsrecht und vom *soft law* in das allgemeine Völkergewohnheitsrecht geglückt ist,[34] sind seine konkreten Rechtsfolgen nach wie vor unklar, namentlich, ob es zu einer Beweislastumkehr beim Einsatz riskanter Technologien führt oder sogar die Anwendung des BAT-Standards *(Best Available Techniques)*[35] verlangt. Jedenfalls führt auch das Vorsorgeprinzip nicht zu einer prinzipiellen Unzulässigkeit riskanter Technologien (vgl. z. B. auch Rio-Prinzip 15). In der Regel wird nur gefordert, dass derartige Unternehmungen international anerkannten Standards entsprechen müssen, damit ein Staat seinen völkerrechtlichen Verpflichtungen im Vorfeld des Einsatzes solcher Technologien nachkommt.[36] Da dies laut Sachverhalt der Fall ist, kann ein Völkerrechtsverstoß von Böotien auch in dieser Hinsicht nicht festgestellt werden.

375

d) Ergebnis zu 2.

Da das AKW laut Sachverhalt internationalen Standards entspricht, sind seine Errichtung und sein Betrieb mit dem geltenden Völkerrecht vereinbar.

376

---

32 *v. Arnauld*, Rn. 894; *Epiney* (Fn. 17), 330 f; *Faßbender* (Fn. 28), 272; *Gündling*, ZaöRV 45 (1985), 265 (282); *Heintschel v. Heinegg*, Ipsen, § 50 Rn. 24; *Hinds* (Fn. 28), 348 f; *Kloepfer* (Fn. 18), 277 ff; *Kunig* (Fn. 17), 20 f. So auch *Simma/Handl*, ÖZöRVR 39 (1988), 1.
33 *v. Arnauld*, Rn. 888 ff; *Sands/Peel*, Principles of International Environmental Law, 3. Aufl. 2012, 217 ff; *Wolfrum* (Fn. 18), 10 ff. Eingehend *Hohmann*, Präventive Rechtspflichten und -prinzipien des modernen Umweltvölkerrechts, 1992.
34 Dies bejaht nach einer eingehenden Auseinandersetzung mit der Staatenpraxis *Trouwborst*, Evolution and Status of the Precautionary Principle in International Law, 2002, 244 ff, 260 ff. Dies für möglich haltend *Beyerlin* (Fn. 20), Rn. 113; von einem „klaren Trend in diese Richtung" spricht *Krajewski*, § 15 Rn. 20. Für eine Etablierung als prozeduraler Abwägungsmechanismus *Proelß*, Vitzthum/Proelß, 5. Abschnitt, Rn. 112.
35 Diesen Maßstab wollen *Rauschning* (Fn. 26), 566 ff, und *Verdross/Simma*, § 1030, bei allen neuen oder zusätzlichen Umweltbelastungen anlegen. Hiergegen *Randelzhofer* (Fn. 26), 6: als Gewohnheitsrecht nicht nachweisbar.
36 Vgl. *Epiney* (Fn. 17), 330 f; *Hinds* (Fn. 28), 347 f; *Wolfrum* (Fn. 23), 12 f.

377 **Hinweis:** Da hier der Betrieb eines grenznahen AKW als völkerrechtsgemäß angesehen wird, konnten Errichtung und Betrieb zusammengefasst werden. Als vorbereitender Akt ist die bloße Errichtung des Kraftwerks selbst völkerrechtlich unbedenklich.[37] Hält man den Betrieb für völkerrechtswidrig, müsste man die Prüfung insofern trennen.

3. Haftung für etwaige Schäden

378 **Hinweis:** Der Gutachtenauftrag erstreckt sich laut Sachverhalt auf völkerrechtliche Fragen von Errichtung und Betrieb des AKW und somit auch auf potentielle Schäden, die sich aus dem bevorstehenden Betrieb ergeben könnten. Angesichts der Möglichkeit einer Gefährdungshaftung ist die Frage einer Haftung für solche Schäden durch die Feststellung der Rechtmäßigkeit des Betriebs noch nicht präjudiziert.

379 Es stellt sich noch die Frage, ob eine Haftung Böotiens für etwaige Schäden durch den an sich rechtmäßigen AKW-Betrieb in Betracht kommt. Üblicherweise muss ein Staat nach den allgemein anerkannten Regeln der völkerrechtlichen Verantwortlichkeit nur für die Folgen rechtswidrigen Handelns einstehen (vgl. Art. 1 ASR). In jüngerer Zeit ist aber in der Literatur verstärkt eine völkerrechtliche Gefährdungshaftung propagiert worden, um Schäden durch riskante Technologien wenigstens auf der haftungsrechtlichen Sekundärebene auffangen zu können.[38] Auch wenn verschiedentlich völkerrechtliche Verträge im Zusammenhang mit der friedlichen Nutzung der Atomenergie eine solche Gefährdungshaftung (freilich regelmäßig privater Unternehmer, nicht der Staaten selbst) bestimmen,[39] ist derzeit nicht erkennbar, dass sich die Staaten verpflichtet sehen, ungeachtet vertraglicher Bindungen auch für Schäden einzustehen, die aus ihren rechtmäßigen Handlungen resultieren. Eine solche Haftung mag rechtspolitisch wünschenswert sein, entspricht aber nicht geltendem Völkergewohnheitsrecht.[40]

II. Eingriffe in den Flusslauf

1. Zurechenbare Handlung

380 Jedoch könnten die bereits vorgenommenen Eingriffe in den natürlichen Lauf des Lethe ein völkerrechtliches Delikt darstellen. An der Zurechenbarkeit der Baumaßnahmen zum Staat Böotien besteht kein Zweifel.

---

37 Vgl. IGH, Urteil vom 25.9.1997, Gabčíkovo-Nagymaros Project (Hungary v. Slovakia), ICJ Rep. 1997, 7, § 79; a. A. *Randelzhofer/Simma* (Fn. 20), 423 ff.
38 Vgl. auch ILC, Principles on the Allocation of Loss in the Case of Transboundary Harm Arising out of Hazardous Activities (2001), Prinzip 3 (allerdings explizit als Vorschlag *de lege ferenda* gekennzeichnet).
39 Siehe hierzu *Pelzer*, in: Black-Branch/Fleck (Fn. 18), 355.
40 *v. Arnauld*, Rn. 896. Vgl. auch *Anastassov* (Fn. 18), 188 ff; *Beyerlin* (Fn. 20), Rn. 549; *Doehring*, Rn. 1190; *Dolzer* (Fn. 15), 195 (214 f); *Gündling* (Fn. 32), 284 ff; *Heintschel v. Heinegg*, Ipsen, § 50 Rn. 47; *Hinds* (Fn. 28), 346; *Randelzhofer*, BDGVR 24 (1984), 35 (65 ff); *ders.* (Fn. 26), 7 f.

2. Verstoß gegen eine völkerrechtliche Pflicht

Im Bereich gemeinsamer Ressourcennutzung ist das völkerrechtliche Nachbarrecht weiter entwickelt als im allgemeinen Umweltrecht. Hier ist vor allem der Schiedsspruch im Fall des Lac Lanoux zu nennen.[41] Dieser betraf zwar einen bilateralen Vertrag, traf aber allgemeine Aussagen, die in der Folgezeit die Staatenpraxis wie die Arbeit der ILC beeinflusst haben.[42] Als gewohnheitsrechtlich gültig kann inzwischen angesehen werden, dass konkurrierende Nutzungen gemeinsamer Wasserläufe das Prinzip der „billigen Aufteilung" *(equitable apportionment)* zu beachten haben. Was dies heißt, lässt sich nur im Einzelfall feststellen; relevante Kriterien sind jedoch u. a. die geographischen, hydrologischen, klimatischen, wirtschaftlichen und sozialen Verhältnisse der an der Nutzung beteiligten Staaten sowie bestehende Nutzungen.[43]

381

Die Angaben im Sachverhalt lassen keine umfassende Würdigung zu; insbesondere ist nicht mitgeteilt, ob in Böotien alternative Standorte zur Verfügung gestanden hätten. Immerhin lässt sich sagen, dass ein AKW nicht notwendigerweise Kühlung durch einen Fluss benötigt; es ließe sich auch ein anderes Kühlsystem, u. U. künstlich, einrichten. Das Wasserkraftwerk auf arkadischer Seite hingegen ist auf den Fluss angewiesen. Hinzu kommt, dass das Wasserkraftwerk schon vor der Planung des AKW in Betrieb war, so dass bei der Planung des AKW hierauf Rücksicht zu nehmen war, nicht aber umgekehrt sich der Betreiber des Wasserkraftwerks mit dem AKW abzufinden hat. Die Priorität der Nutzung spricht ebenfalls für Arkadien. Die Möglichkeit eines Zukaufs von Atomstrom ändert hieran nichts. Ganz abgesehen davon, ob dies überhaupt ein adäquater „Ersatz" für das weitgehend ausgefallene Wasserkraftwerk ist, könnte genauso gut Böotien seinen Energiemehrbedarf auf andere Weise decken, als Arkadien – im Wortsinne – „das Wasser abzugraben". Die Veränderungen am Lauf des Lethe, die im Rahmen der Errichtung des AKW Cythera vorgenommen worden sind, verstoßen insoweit gegen das völkerrechtliche Nachbarrecht, als durch die Reduzierung der Flussgeschwindigkeit der Betrieb des Wasserkraftwerks in Arkadien beeinträchtigt wird.

382

3. Rechtsfolgen: Wiedergutmachung

Böotien ist nach den allgemeinen Regeln zur Wiedergutmachung verpflichtet. Dies bedeutet freilich nicht unbedingt, dass Böotien die Änderungen im Flusslauf rückgängig machen müsste; schließlich liegt der Rechtsverstoß nicht in der Veränderung des Laufs, sondern in dessen Auswirkungen auf arkadischem Territorium. Sofern durch

383

---

41 Lac Lanoux Arbitration (Frankreich/Spanien), Schiedsspruch v. 16.11.1957, RIAA XII, 281 (insbes. 300 ff). Hierzu *Rauschning*, EPIL III, 1997, 111.
42 Auf Grundlage der Arbeit der ILC ist 1997 die *Convention on the Law of Non-Navigational Use of International Watercourses* (hier v.a. Art. 5 ff) entstanden, die noch nicht in Kraft getreten ist. Hierzu *Beyerlin* (Fn. 20), Rn. 179 ff.
43 *v. Arnauld*, Rn. 881; *Heintschel v. Heinegg*, Ipsen, § 50 Rn. 19 f; *Kunig* (Fn. 17), 18; *Proelß*, Vitzthum/ Proelß, 5. Abschnitt, Rn. 111. Näher *Baker Röben*, in: Morrison/Wolfrum (Fn. 23), 285 (294 ff); *Beyerlin* (Fn. 20), Rn. 124, 176 ff; *Epiney* (Fn. 21), 6 ff, 28 ff; *Hinds* (Fn. 28), 74 ff, 98 ff; *Rauschning* (Fn. 26), S. 568 ff. Eingehend *Rothenberger*, Die angemessene Nutzung gemeinschaftlicher Ressourcen am Beispiel von Flüssen und speziellen Ökosystemen, 2003.

andere Maßnahmen, etwa durch Einrichtung eines künstlichen Gefälles zwischen dem AKW Cythera und der arkadischen Grenze, die ursprüngliche Fließgeschwindigkeit wiederhergestellt werden kann, wäre die erforderliche Wiedergutmachung geleistet. Sofern solche Lösungen nicht möglich sind, ist Böotien allerdings zum Rückbau verpflichtet.

III. Verstoß gegen eine Informations- und Konsultationspflicht

384 Arkadien rügt, dass sich Böotien im Vorfeld wegen des AKW-Projekts sowie wegen des hiermit verbundenen Eingriffs in den Flusslauf mit seinem Nachbarn hätte in Verbindung setzen müssen.

1. Bezüglich des AKW

385 *Informationspflichten* zwischen Nachbarstaaten bei Vorhaben, die erhebliche grenzüberschreitende Umweltbeeinträchtigungen verursachen können, sind vielfältig vertraglich vereinbart worden und können auf umfangreiche Staatenpraxis bauen.[44] Hinzu treten zahlreiche Dokumente des *soft law*. Hier ist namentlich das Prinzip 19 der Erklärung von Rio (1992) zu erwähnen sowie Art. 8 der *Draft Articles on Prevention of Transboundary Harm from Hazardous Activities* der ILC aus dem Jahre 2001, die 2007 von der UN-Generalversammlung den Mitgliedstaaten der UNO zur Beachtung empfohlen wurden.[45] Die Pflicht zur Information möglicherweise betroffener Staaten ist zudem eng verknüpft mit der Vorbeugepflicht als fest etabliertem Bestandteil des gewohnheitsrechtlichen Umweltvölkerrechts:[46] Der Pflicht, grenzüberschreitenden Umweltschäden so weit als möglich vorzubeugen, ist eine Pflicht immanent, potentiell betroffene Staaten in die Lage zu versetzen, selbst Vorkehrungen zu treffen; hierfür sind Informationen unerlässlich. Sofern und soweit wie im vorliegenden Fall von einer geplanten Anlage erhebliche grenzüberschreitende Umweltbeeinträchtigungen ausgehen können, ist somit heute von einer gewohnheitsrechtlich fundierten Pflicht zur Information potentiell betroffener Staaten auszugehen.[47] Dem unwidersprochenen Vortrag Arkadiens zufolge hat Böotien seinen Nachbarn über die Pläne zum Bau des AKW nicht informiert und somit diese Pflicht verletzt.

386 Sowohl Prinzip 19 der Erklärung von Rio als auch Art. 9 der ILC-Artikel verpflichten über die bloße Information hinaus auch zur zwischenstaatlichen Konsultation über geplante umweltrelevante Vorhaben. Solche *Konsultationspflichten* stellen den ersten Schritt zu einer Kooperationspflicht dar; sie sind im Völkerrecht nicht in dem gleichen

---

44 *Epiney*, JuS 2003, 1066 (1070); *Rauschning* (Fn. 26), 571 ff m. w. N. Siehe ferner z. B. Art. 17 Abs. 4 des Übereinkommens über nukleare Sicherheit v. 20.9.1994 (BGBl. 1997 II S. 131).
45 A/RES/62/68 v. 6.12.2007.
46 IGH, Urteil v. 20.4.2010, Pulp Mills on the River Uruguay (Argentina v. Uruguay), ICJ Rep. 2010, 14, §§ 101 f. Noch skeptisch *Kunig* (Fn. 17), 25.
47 Wie hier *Anastassov* (Fn. 18), 183; *Epiney* (Fn. 44), 1070; *Hinds* (Fn. 28), 354 f; *Wolfrum* (Fn. 23), S. 30 f. A. A. *Heintschel v. Heinegg*, Ipsen, § 50 Rn. 35 f; wohl auch *Randelzhofer* (Fn. 21), 915, 916. Unentschieden *Proelß*, Vitzthum/Proelß, 5. Abschnitt, Rn. 108.

Maße verankert wie die Informationspflichten.[48] Dennoch gibt es gute Gründe, in der Verweigerung von Konsultationen einen Verstoß gegen das Prinzip der guten Nachbarschaft (vgl. u. a. Präambel und Art. 74 UNCh) zu sehen, wenn der Nachbarstaat solche verlangt.[49] Jedenfalls wird man eine Pflicht zur Konsultation bei der Ansiedlung hochgefährlicher Unternehmungen im Grenzgebiet spätestens in Folge des Reaktorunfalls von Tschernobyl (1986) als Bestandteil des Gewohnheitsrechts ansehen können.[50] Da das AKW in unmittelbarer Nähe zum benachbarten Arkadien eine solche hochgefährliche Aktivität darstellt, hätte Böotien Arkadien Konsultationen anbieten müssen, was laut Sachverhalt unterblieben ist. Auch insoweit liegt also ein Völkerrechtsverstoß seitens Böotiens vor.

2. Bezüglich der Eingriffe in den Flusslauf

Im Unterschied zum allgemeinen Umweltrecht ist bei der gemeinschaftlichen Nutzung **387** von Ressourcen, namentlich von Flüssen, gewohnheitsrechtlich universell anerkannt, dass neue Nutzungen, die den anderen Staat in seinen Nutzungen beeinträchtigen könnten, diesem anzuzeigen und mit ihm zu verhandeln sind.[51] (Auch hier ist zwar kein bestimmtes Ergebnis geschuldet; doch errichtet der Grundsatz des *equitable apportionment* sachliche Grenzen.) Diese Pflicht zu Information und Konsultation wurde bereits im Lac-Lanoux-Fall betont und hat Eingang in das Gewohnheitsrecht gefunden. Indem es die Änderungen am Flusslauf ohne Rücksprache mit Arkadien vorgenommen hat, hat Böotien auch gegen die Pflicht zu vorheriger Information und Konsultation verstoßen.

3. Rechtsfolgen: Wiedergutmachung

Sofern Böotien hinsichtlich des unangekündigten Baus des AKW gegen eine Informations- **388** und Konsultationspflicht verstoßen haben sollte (Rn. 385–386), wäre es zur Wiedergutmachung verpflichtet. Selbst wenn eine solche Konsultationspflicht bestünde, schlösse diese allerdings keine Verpflichtung ein, auch zu einer Einigung zu gelangen. Dem Nachbarstaat kommt insoweit kein Vetorecht zu.[52] Da Böotien demnach das AKW auch gegen den Willen von Arkadien errichten und betreiben dürfte, wäre in dieser Hinsicht keinerlei materieller Schaden ersichtlich, der wiedergutzumachen wäre. Der ideelle Schaden durch unterlassene Information und Konsultation könnte allenfalls zu einem Anspruch Arkadiens auf Genugtuung, etwa durch förmlichen Ausdruck des

---

48 Eine Informations-, aber keine Konsultationspflicht bejahen *Rauschning* (Fn. 26), 571 ff und *Verdross/Simma*, § 1031.
49 Zur umweltrechtlichen Relevanz dieses Prinzips *Sands/Peel* (Fn. 33), 203 ff. Zurückhaltend *Heintschel v. Heinegg*, Ipsen, § 50 Rn. 29; *Kunig* (Fn. 17), 13 f; *Rosas*, NorJIL 60 (1991), 29 (30).
50 *v. Arnauld*, Rn. 887. So auch *Anastassov* (Fn. 18), 184 f; *Kirchner*, Jurisprudencija – Jurisprudence 21 (2014), 306 (309 f).
51 *v. Arnauld*, Rn. 880; *Heintschel v. Heinegg*, Ipsen, § 50 Rn. 37. Näher *Baker Röben* (Fn. 43), 303 ff; *Epiney* (Fn. 21), 11 ff, 15 ff, 35 f; *Hinds* (Fn. 28), 163 ff; *Rothenberger* (Fn. 43), S. 149 ff.
52 *Stoll* (Fn. 21), S. 186.

Bedauerns (vgl. Art. 37 Abs. 2 ASR), führen.[53] Was die rechtswidrig unterlassene Information und Konsultation vor dem Eingriff in den Flusslauf betrifft, so besteht auch hier grundsätzlich ein Anspruch auf Wiedergutmachung in Form von Genugtuung; freilich steckt schon in der oben bejahten Verpflichtung Böotiens zur Nachrüstung bzw. zum Rückbau eine offizielle Anerkennung des Rechtsverstoßes gegenüber Arkadien durch den eigenmächtigen Eingriff, so dass ein gesonderter Anspruch auf Genugtuung hierneben ausscheidet.

Zur Vertiefung

Leitentscheidungen: Zum Gutachtenverfahren: IGH, Gutachten v. 16.10.1975, Western Sahara, ICJ Rep. 1975, 12, §§ 15–42 (*v. Arnauld*, Nr. 16; *Dörr*, Nr. 24); Gutachten v. 9.7.2004, Legal Consequences of the Construction of a Wall in the Occupied Palestinian Territory, ICJ Rep. 2004, 136, §§ 13–50 (*v. Arnauld*, Nr. 26); Gutachten v. 22.7.2010, Accordance with international law of the unilateral declaration of independence in respect of Kosovo, ICJ Rep. 2010, 403, v.a. §§ 18–48. **Zum Umweltvölkerrecht:** Schiedsspruch v. 11.3.1941, RIAA III, 1905/1938 *(Trail Smelter)*, 1962–1966 (*v. Arnauld*, Nr. 36); Schiedsspruch v. 16.11.1957, RIAA XII, 281 *(Lac Lanoux)*, 300–317 (englische Übersetzung: AJIL 53 [1959], 156–171) (*v. Arnauld*, Nr. 37); IGH, Urteil vom 25.9.1997, Gabčíkovo-Nagymaros Project (Hungary v. Slovakia), ICJ Rep. 1997, 7, §§ 40–58, 78, 85 (*v. Arnauld*, Nr. 22; *Dörr*, Nr. 33); Urteil v. 20.4.2010, Pulp Mills on the River Uruguay (Argentina v. Uruguay), ICJ Rep. 2010, 14, v.a. §§ 101–102.

Literatur zur Vertiefung: Zum Gutachtenverfahren: *S. Rosenne*, The Law and Practice of the International Court: 1920–2015, Vol. II, 2016, 973–1046. **Zum Umweltvölkerrecht:** *S. Alam u.a.* (Hg.), Routledge Handbook of International Environmental Law, 2013; *A. Anastassov*, The Sovereign Right to Peaceful Use of Nuclear Energy and International Environmental Law, in: Black-Branch/Fleck (Hg.), Nuclear Non-Proliferation in International Law, Vol. I, 2014, 159–197; *U. Beyerlin/T. Marauhn*, International Environmental Law, 2. Aufl. 2017; *P. Birnie/A. Boyle/C. Redgwell* (Hg.), International Law and the Environment, 3. Aufl. 2009; *J. L. Black-Branch/D. Fleck* (Hg.), Nuclear Non-Proliferation in International Law, Vol. III, 2016; *P.-M. Dupuy/J. E. Viñuales*, International Environmental Law, 2015; *A. Epiney*, Das „Verbot erheblicher grenzüberschreitender Umweltbeeinträchtigungen", AVR 33 (1995), 309–360; *K. Faßbender*, Atomkraftwerke aus umweltvölker- und nachbarrechtlicher Sicht, ZUR 2012, 267–274; *E. Hey*, Advanced Introduction to International Environmental Law, 2016; *C. Hinds*, Umweltrechtliche Einschränkungen der Souveränität, 1997, 343–359; *W. Hummer*, Temelín: Das Kernkraftwerk an der Grenze, ZÖR 2008, 501–557 (503–511); *S. Kirchner*, Grenzüberschreitende Umweltrisiken und internationale Konsultations- und Kooperationspflichten, Jurisprudencija – Jurisprudence 21 (2014), 306–319; *P. Kunig*, Nachbarrechtliche Staatenverpflichtungen bei Gefährdungen und Schädigungen der Umwelt, BDGVR 32 (1992), 9–56; *A. Randelzhofer*, Umweltschutz im Völkerrecht, Jura 1992, 1–8; *ders.*, Transfrontier Pollution, EPIL IV, 2000, 913–919; *ders./B. Simma*, Das Kernkraftwerk an der Grenze, in: FS F. Berber 1973, 389–432; *P. Sands/J. Peel* (Hg.), Principles of International Environmental Law, 3. Aufl. 2012; *B. Simma/G. Handl*, Grenzüberschreitende Auswirkungen von Kernkraftanlagen und Völkerrecht, ÖZöRVR 39 (1988), 1–8.

---

53 So zunächst auch *Epiney* (Fn. 21), 17 ff, die aber bei noch nicht abgeschlossenen Projekten wegen des möglichen Einflusses der Verfahrensbeteiligung auf die Projektgestaltung die weitere Durchführung für grundsätzlich rechtswidrig ansieht.

Fall 13
Schmutzige Kleidung

Als sich Berichte häufen, nach denen in mehreren Entwicklungs- und Schwellenländern die Textilindustrie Kinder als Arbeiter einsetzt, um die Nachfrage aus Industriestaaten zu befriedigen, reagiert die EU mit einer Verordnung, die für den EU-Binnenmarkt Herstellung, Verkauf und Einfuhr von Textilien verbietet, bei deren Produktion Kinder unter gesundheitsgefährdenden oder -schädigenden Bedingungen beschäftigt sind.

In Xanasien werden zahlreiche Kinder in der Textilproduktion beschäftigt, die dabei gefährlichen Chemikalien ausgesetzt sind, welche die Atemwege und die Haut schädigen. Da diese Textilien zum großen Teil für den europäischen Markt produziert werden, trifft die EU-Regelung Xanasien hart. Die xanasische Regierung hält die Regelung für GATT-widrig. Die EU könne Xanasien nicht ihre eigenen Produktionsstandards aufzwingen. Nach Ansicht der EU hingegen lasse sich schon gar kein Verstoß gegen GATT-Vorschriften feststellen; jedenfalls aber sei ein derartiges Verbot wegen des weltweit anerkannten Verbots der Kinderarbeit gerechtfertigt.

Ist die EU-Regelung mit dem GATT vereinbar?

Bearbeitungsvermerk: Xanasien ist Mitglied der WTO und hat (wie auch die Mitgliedstaaten der EU) sowohl die UN-Kinderrechtekonvention als auch das ILO-Übereinkommen Nr. 182 von 1999 ratifiziert. Auf Sonderabkommen im Rahmen der WTO ist für die Lösung des Falles nicht zurückzugreifen.

Anlagen:

Übereinkommen über die Rechte des Kindes (UN-Kinderrechtekonvention) vom 20.11.1989 [in Kraft getreten am 2.9.1990; 196 Ratifikationen, Stand: September 2017],
Auszug:
Artikel 32 Schutz vor wirtschaftlicher Ausbeutung
(1) Die Vertragsstaaten erkennen das Recht des Kindes an, vor wirtschaftlicher Ausbeutung geschützt und nicht zu einer Arbeit herangezogen zu werden, die Gefahren mit sich bringen, die Erziehung des Kindes behindern oder die Gesundheit des Kindes oder seine körperliche, geistige, seelische, sittliche oder soziale Entwicklung schädigen könnte.
(2) Die Vertragsstaaten treffen Gesetzgebungs-, Verwaltungs-, Sozial- und Bildungsmaßnahmen, um die Durchführung dieses Artikels sicherzustellen. […]

Fall 13 *Schmutzige Kleidung*

Übereinkommen Nr. 182 der Internationalen Arbeitsorganisation – Übereinkommen über das Verbot und unverzügliche Maßnahmen zur Beseitigung der schlimmsten Formen der Kinderarbeit vom 17.6.1999 [in Kraft getreten am 19.11.2000; 181 Ratifikationen, Stand: September 2017],

Auszug:

Artikel 1

Jedes Mitglied, das dieses Übereinkommen ratifiziert, hat unverzügliche und wirksame Maßnahmen zu treffen, um sicherzustellen, dass die schlimmsten Formen der Kinderarbeit vordringlich verboten und beseitigt werden.

Artikel 3

Im Sinne dieses Übereinkommens umfaßt der Ausdruck „die schlimmsten Formen der Kinderarbeit":

a) alle Formen der Sklaverei oder alle sklavereiähnlichen Praktiken, wie den Verkauf von Kindern und den Kinderhandel, Schuldknechtschaft und Leibeigenschaft sowie Zwangs- oder Pflichtarbeit, einschließlich der Zwangs- oder Pflichtrekrutierung von Kindern für den Einsatz in bewaffneten Konflikten;

b) das Heranziehen, Vermitteln oder Anbieten eines Kindes zur Prostitution, zur Herstellung von Pornographie oder zu pornographischen Darbietungen;

c) das Heranziehen, Vermitteln oder Anbieten eines Kindes zu unerlaubten Tätigkeiten, insbesondere zur Gewinnung von und zum Handel mit Drogen, wie diese in den einschlägigen internationalen Übereinkünften definiert sind;

d) Arbeit, die ihrer Natur nach oder aufgrund der Umstände, unter denen sie verrichtet wird, voraussichtlich für die Gesundheit, die Sicherheit oder die Sittlichkeit von Kindern schädlich ist.

Lösungsskizze

I. Verstoß gegen Art. XI:1 oder III:4 GATT   **390**
1. Anwendungsbereich
   → Maßnahme wegen oder anlässlich des Grenzübertritts (vgl. Anm. zu Art. III GATT)? Hier: allgemeines Vertriebsverbot, kein Sonderrecht für Importe: Art. III:4 GATT (+)
2. Gleichartige Waren
   → *directly competitive or substitutable products*? (+)
   → *Process and Production Methods* (PPM) ohne Auswirkungen auf physische Beschaffenheit des Produkts irrelevant (hier: Herstellung mit/ohne Kinderarbeit)
3. Diskriminierung: weniger günstige Behandlung
   → formale Diskriminierung (-), aber faktische Benachteiligung gegenüber EU-Textilien (+)
4. Ergebnis zu I.

II. Verstoß gegen Art. I:1
1. Anwendungsbereich
   a) Erfasste Maßnahmen
      → hier: Einfuhrverbot (+)
   b) Gewährung eines Vorteils
      → Verkauf „kinderarbeitsfreier" Textilien erlaubt
2. Gleichartige Waren
   → (+), PPM unberücksichtigt (s. o.)
3. Diskriminierung: keine Weitergabe des Vorteils (+)
4. Ergebnis zu II. (+)

III. Rechtfertigung
1. Verfolgung eines legitimen Ziels
   a) Art. XX lit. e GATT
      → Analogie (-), keine planwidrige Regelungslücke, keine Übertragbarkeit
   b) Art. XX lit. b GATT
      → beschränkt auf Gesundheitsgefahren im Zielstaat
   c) Art. XX lit. a GATT
      aa) Schutzgut
         → *public morals* in EU: Empörung über Kinderarbeit ausreichender Anknüpfungspunkt, vgl. *EC-Seal Products*? Aber: mittelbarer Harmonisierungsdruck trifft Souveränität von X
         → internationaler *ordre public*: v. a. über Regel aus Art. 31 Abs. 3 lit. c WVK erfasst; str., ob bilaterale Verpflichtung X/EU genügt; jdf. (+) bei Verstoß gegen universelle Standards

→ UN-Kinderrechtskonvention und ILO-Übereinkommen Nr. 182 = normbildende Verträge (vgl. IGH, Nordseefestlandsockel), Ratifikationsstand und -geschwindigkeit usw.

→ Verbot gesundheitsschädlicher Kinderarbeit = universelles Gewohnheitsrecht

bb) Notwendigkeit

→ Eignung: (+) wegen Anreizes

→ Erforderlichkeit: (+), weitere Verträge nutzlos, andere Maßnahmen nicht gleich effektiv

→ Angemessenheit: contra: ökonomische Folgen für X; pro: Bedeutung der Gesundheit; Schutzbedürftigkeit von Kindern; nur besonders schwere Formen von Kinderarbeit erfasst; universelles Verbot bindet X schon jetzt

2. Chapeau

→ nicht willkürlich oder protektionistisch

3. Zwischenergebnis

IV. Ergebnis

Lösung

Die EU-Verordnung könnten gegen Art. XI:1 oder Art. III:4 GATT verstoßen. Daneben kommt ein Verstoß gegen Art. I:1 GATT in Betracht.

391

I. Verstoß gegen Art. XI:1 oder III:4 GATT

1. Anwendungsbereich

Das Verbot könnte sowohl von Art. XI:1 GATT erfasst sein, der nicht-fiskalische Einfuhrbeschränkungen verbietet, als auch von Art. III:4 GATT, der zur Gleichbehandlung ausländischer Produkte auf dem inländischen Markt verpflichtet und damit ebenfalls nicht-fiskalische Handelshemmnisse abwehren soll. Da Art. XI:1 jede Beschränkung verbietet, Art. III:4 hingegen Beschränkungen gestattet, die einheimische und ausländische Waren gleichermaßen betreffen, ist eine Abgrenzung nötig.[1]

392

Dem Wortlaut der beiden Vorschriften folgend läge es nahe, Art. XI:1 GATT („on the importation of any product") auf alle Maßnahmen anzuwenden, die die Einfuhr von Waren beschränken, und Art. III:4 *(„imported products")* auf alle Regelungen, die sich auf bereits importierte, d. h. im Binnenmarkt befindliche Waren beziehen. Jedoch sollen gemäß der Anmerkung zu Art. III GATT[2] auch Maßnahmen, „die sowohl auf eingeführte als auch auf gleichartige inländische Waren Anwendung finden und bei den eingeführten Waren im Zeitpunkt oder am Ort der Einfuhr erhoben oder angewendet werden", unter Art. III:4 GATT fallen. Somit können auch Regelungen, die den Warenverkehr auf dem Binnenmarkt betreffen, bereits an der Grenze durchgesetzt werden und somit faktisch einem Einfuhrverbot gleichkommen.[3] Maßgeblich für die Abgrenzung ist, ob die fragliche Maßnahme *wegen* oder nur *anlässlich* des Grenzübertritts erfolgt. Eine Maßnahme erfolgt wegen des Grenzübertritts, wenn sie das Verbot speziell des Imports bezweckt, also „Sonderrecht" bzw. eine selbstständige Maßnahme für Importe darstellt; auf solche Maßnahmen findet Art. XI:1 GATT Anwendung. Soll eine Maßnahme ein generelles (d. h. für in- und ausländische Waren geltendes) Vertriebsverbot im Binnenmarkt schon an der Grenze durchsetzen, erfolgt sie *anlässlich* des Grenzübertritts und fällt unter Art. III:4 GATT.[4]

393

Im vorliegenden Fall erstreckt sich das EU-Verbot sowohl auf die Herstellung und den Verkauf als auch auf die Einfuhr und soll daher umfassend verhindern, dass Textilien, die von Kindern unter gesundheitsgefährdenden oder -schädigenden Bedingungen hergestellt wurden, im EU-Binnenmarkt zirkulieren. Importware wird zu diesem Zweck bereits an der Grenze abgefangen. Das Verbot zielt somit nicht auf die Einfuhr an sich.

394

---

1 *v. Arnauld*, Rn. 959; *Bender*, in: Hilf/Oeter (Hg.), WTO-Recht, 2. Aufl. 2010, § 10 Rn. 71; *Herdegen*, Internationales Wirtschaftsrecht, 11. Aufl. 2017, § 10 Rn. 57; *Weiß*, in: Herrmann/Weiß/Ohler (Hg.), Welthandelsrecht, 2. Aufl. 2007, Rn. 470.
2 In Anlage I zum GATT, die gemäß Art. XXXIV GATT Bestandteil des GATT ist.
3 *Krajewski*, Wirtschaftsvölkerrecht, 4. Aufl. 2017, Rn. 339; *Remmert*, Wirtschaftssanktionen zum Schutz der Menschenrechte, 2008, 229.
4 *v. Arnauld*, Rn. 959; *Krajewski* (Fn. 3), Rn. 339.

Daher handelt es sich nicht um eine Maßnahme *wegen*, sondern um eine Maßnahme *anlässlich* des Imports nach Art. III:4 GATT.

395 **Hinweis:** Im Anschluss an zwei nicht angenommene Panclentscheidungen[5] aus den 1990er Jahren wird z. T. eine andere Abgrenzung vertreten. Danach sollen produktbezogene Maßnahmen unter Art. III:4 GATT fallen, produktionsbezogene Maßnahmen hingegen unter Art. XI GATT.[6] Da in Kinderarbeit hergestellte Textilien nicht die Eigenschaften des Produkts, sondern die Produktionsweise betreffen, würden nach dieser Ansicht die Textilien von Art. XI:1 GATT erfasst. Gegen diese Abgrenzungskriterien spricht, dass auch eine Regelung, die an eine Produktionsmethode anknüpft, auf das Produkt an sich *Anwendung findet* i. S. d. Anmerkung zu Art. III GATT. Fielen produktionsbezogene Regelungen stets ausschließlich unter Art. XI GATT, ergäbe sich einerseits für diese ein weitreichendes per-se-Verbot allein aufgrund ihres Anknüpfungspunktes, andererseits würden produktionsbezogene Regelungen, die keine mengenmäßigen Beschränkungen i. S. d. Art. XI:1 GATT darstellen, sich jeglicher Überprüfung entziehen und damit gegenüber produktbezogenen Bestimmungen ungerechtfertigt privilegiert.[7]

2. Gleichartige Waren

396 Art. III:4 GATT soll die Gleichbehandlung inländischer und ausländischer Waren garantieren. Verglichen werden daher gleichartige Waren *(like products)* aus dem In- und Ausland.

397 **Hinweis:** Der Begriff der Gleichartigkeit wird in diversen Vorschriften des GATT und anderer WTO-Übereinkommen verwendet, aber nicht definiert. Nach der WTO-Spruchpraxis soll eine einzelfallorientierte Handhabung erfolgen, weshalb der Begriff einem Akkordeon gleiche, das sich (je nach Vorschrift) mal ausdehne, mal zusammenziehe.[8]

398 Für die Gleichartigkeit i. S. d. Art. III:4 GATT kommt es (wie auch bei Art. III:2[9]) darauf an, ob die Waren auf dem einheimischen Markt miteinander konkurrieren *(directly competitive or substitutable products)*.[10] Abzustellen ist dabei nach h. M. auf vier objektive Kriterien: die physikalischen Eigenschaften, die Qualität und Natur der Produkte, ihre (End-)Verwendungszwecke sowie die Anschauungen und Gewohnheiten

---

5 GATT-Panel, Bericht v. 3.9.1991, United States – Restrictions on Imports of Tuna (Tuna I), WTO/DS21/R – 39S/155, § 5.14: „Note Ad Article III covers only those measures that are applied to the product as such"; GATT-Panel, Bericht v. 16.6.1994, United States – Restrictions on Imports of Tuna (Tuna II), DS29/R, § 5.8.
6 *Herdegen* (Fn. 1), § 10 Rn. 47, 57; *Weiß* (Fn. 1), Rn. 475.
7 *Herrmann*, in: Herrmann/Weiß/Ohler (Fn. 1), Rn. 519; *Howse/Regan*, EJIL 11 (2000), 249 (251, 256).
8 WTO, Appellate Body, Bericht v. 1.11.1996, Japan – Taxes on Alcoholic Beverages (II), WT/DS8/AB/R, WT/DS10/AB/R, WT/DS11/AB/R, S. 21.
9 Zum Verhältnis von Art. III:2 und III:4 GATT vgl. WTO, Appellate Body, Bericht v. 5.4.2001, EC-Asbestos, WT/DS 135/AB/R (2001), § 99; *Bender* (Fn. 1), § 10 Rn. 67; *Herdegen* (Fn. 1), § 10 Rn. 49; *Herrmann* (Fn. 7), Rn. 518.
10 WTO, Appellate Body, Bericht v. 5.4.2001, EC-Asbestos, WT/DS 135/AB/R (2001), § 99; *Herdegen* (Fn. 1), § 10 Rn. 48 f; *Tietje*, in: Tietje (Hg.), Internationales Wirtschaftsrecht, 2. Aufl. 2015, § 3 Rn. 77.

der Verbraucher.¹¹ Abzulehnen ist ein subjektiver Ansatz, der den Anwendungsbereich von Art. III:4 GATT nur dann eröffnet sieht, wenn eine Maßnahme nach ihrem Regelungszweck („aim") und ihren Auswirkungen auf die Wettbewerbsbedingungen („effects") als protektionistisch einzustufen ist.¹² Eine solche Reduktion von Art. III:4 auf das in Art. III:1 GATT (dem sog. *chapeau*) enthaltene Verbot des Protektionismus vermengt Fragen des Tatbestandes und der Rechtfertigung.¹³

Vorliegend besteht das Vergleichspaar aus Textilien aus Xanasien und Textilien aus der EU. Um welche Art von Textilien es sich handelt, ist nicht näher mitgeteilt; es kann aber davon ausgegangen werden, dass sich darunter eigenschaftsmäßig gleiche und miteinander im Wettbewerb stehende Produkte befinden. **399**

Fraglich ist, ob die Textilien aus Xanasien deshalb nicht gleichartig mit solchen aus der EU sind, weil sie in Kinderarbeit hergestellt wurden. Nach einer in der Literatur vertretenen Auffassung sollen unterschiedliche Herstellungsprozesse und Produktionsmethoden (*Process and Production Methods* = PPM) grundsätzlich die Gleichartigkeit ausschließen;¹⁴ entscheidend sei allein, ob eine Maßnahme protektionistische Ziele verfolge.¹⁵ Schließlich könne die Art und Weise der Herstellung nach Anschauung und Gewohnheiten der Verbraucher relevant für deren Kaufentscheidung sein.¹⁶ Dieses Argument mag auf einige Käuferkreise zutreffen, lässt sich aber nicht generalisieren: Für die meisten Verbraucher kommt es – wie oft beklagt wird – vor allem auf den Preis und die Qualität der Ware an. Zudem widerspricht die Reduktion des Art. III:4 auf den Inhalt von Art. III:1 der Systematik des GATT. Die h. M. berücksichtigt daher PPM bei Feststellung der Gleichartigkeit nur, soweit sich diese in der physischen Beschaffenheit des Produkts niederschlagen.¹⁷ Dafür spricht zunächst der Wortlaut des Art. III:4 GATT, der nur an „Produkte", nicht aber an Produktionsmethoden anknüpft. Auch eine systematische Auslegung stützt die Nichtberücksichtigung von PPM, da die Ausnahme gem. Art. XX lit. e für Produkte aus Strafanstalten weitgehend überflüssig wäre, wenn diese Produkte wegen ihrer unterschiedlichen Produktionsweisen nicht als gleichartig qualifiziert und daher vom Anwendungsbereich des Art. III:4 GATT gar nicht erfasst würden. Ferner kann der Zweck des WTO-Übereinkommens, Protektionismus zu verhindern, besser erreicht werden, wenn sich auf die Produktionsmethoden abstellende Regelungen am differenzierten Schrankenregime des GATT rechtfertigen lassen müssen. Auf **400**

---

11 WTO, Appellate Body, Bericht v. 5.4.2001, EC-Asbestos, WT/DS 135/AB/R (2001), § 101; *Krajewski* (Fn. 3), Rn. 328 f; *Herdegen* (Fn. 1), § 10 Rn. 49. Hinzu kommt die jeweilige Zollklassifikation, über die hier jedoch nichts mitgeteilt ist.
12 So z. B. *Diem*, Freihandel und Umweltschutz in GATT und WTO, 1996, 94 ff; *Howse/Regan* (Fn. 7), 260 ff. Zum Meinungsstreit vgl. *Puth*, WTO und Umwelt – Die Produkt-Prozess-Doktrin, 2003, 238 ff.
13 *Puth* (Fn. 12), 243.
14 Zusammenfassung der Argumente bei *Remmert* (Fn. 3), 226.
15 *Diem* (Fn. 12), 100; *Howse/Regan* (Fn. 7), 258 ff; *Tietje* (Fn. 10), § 3 Rn. 77 f.
16 Zu diesem Gedanken auch *Cleveland*, JIEL 5 (2002), 133 (156); *Puth* (Fn. 12), 248.
17 *Hilf/Hörmann*, AVR 43 (2005), 397 (440, 443 f); *Hörmann*, Hilf/Oeter (Fn. 1), § 27 Rn. 27; *Krajewski* (Fn. 3), Rn. 333; *Jackson*, EJIL 11 (2000), 303 (303 f); (Fn. 12), 246 ff; *Schoenbaum*, AJIL 91 (1997), 268 (288 ff); *Senti*, WTO – System und Funktionsweise der Welthandelsordnung, 2000, Rn. 701; *Vázquez*, JIEL 6 (2003), 797 (808, 811 f).

diese Weise kann einer Missbrauchsgefahr begegnet werden:[18] Staaten sollen nicht durch die Berufung auf alle nur denkbaren Aspekte der Produktion das Verbot des Art. III:4 GATT umgehen und dadurch willkürlich protektionistische Maßnahmen beschließen oder anderen Staaten ihre nationale Politik aufzwingen können.

401 Somit können Textilien aus Xanasien, ungeachtet des Umstandes, dass sie durch gesundheitsschädliche Kinderarbeit hergestellt werden, mit Textilien aus der EU verglichen werden. Es liegen gleichartige Waren vor.

402 **Hinweis:** Im Unterschied zu dem bekannten Fall *EC-Asbestos* geht es im vorliegenden Fall nicht um Gesundheitsgefährdungen, die von dem Produkt selbst für den Verbraucher ausgehen (insoweit handelt es sich um produktbezogene Eigenschaften, die deshalb vom *Appellate Body* bei Feststellung der Gleichartigkeit berücksichtigt wurden[19]), sondern um Gesundheitsgefährdungen für diejenigen, die an der Herstellung beteiligt sind.

3. Diskriminierung: weniger günstige Behandlung

403 Voraussetzung für einen Verstoß gegen Art. III:4 GATT ist schließlich eine weniger günstige Behandlung der ausländischen Produkte gegenüber den inländischen. Entscheidend ist dabei, ob die Wettbewerbsbedingungen durch die Maßnahme zum Nachteil der ausländischen Waren geändert werden.[20] Die EU-Verordnung differenziert nicht nach der Herkunft der Ware, stellt also für Textilien aus Xanasien und für solche aus der EU dieselben Regeln auf. Allerdings schützt Art. III:4 GATT nicht nur gegen formale, sondern auch gegen faktische Diskriminierungen.[21] Da Textilien aus Xanasien laut Sachverhalt vielfach durch Kinder mitproduziert werden, geraten sie gegenüber Textilien aus der EU, wo Kinderarbeit schon vorher verboten war, in einen Wettbewerbsnachteil und werden somit faktisch benachteiligt. Die Auffassung, wonach PPM vom Verbot faktischer Diskriminierungen auszunehmen sind,[22] würde die oben begründete Entscheidung, PPM auf Ebene des Tatbestandes von Art. III:4 GATT unberücksichtigt zu lassen, entwerten und ist somit ebenfalls nicht vereinbar mit der Regel-Ausnahme-Systematik des Art. III GATT.

---

18 *Francioni*, in: Francioni (Hg.), Environment, Human Rights an International Trade, 2001, 1 (13, 18); *Jackson* (Fn. 17), 304, 306 f; *Senti* (Fn. 17), Rn. 701. Vgl. auch *Feddersen*, Der ordre public in der WTO, 2001, 194; *Puth* (Fn. 12), 74 f. Die Missbrauchsgefahr hält dagegen *Williams*, JITLP 14 (2015), 4 (7 f) bei der Einhaltung arbeitsrechtlicher Mindeststandards für gering.
19 WTO, Appellate Body, Bericht v. 5.4.2001, EC-Asbestos, WT/DS 135/AB/R (2001), §§ 109, 113; vgl. dazu *Panizzon/Arnold/Cottier*, URP 2010, 199 (215 ff). Das Panel hingegen wollte Gesundheitsaspekte erst auf Rechtfertigungsebene im Rahmen des Art. XX lit. b GATT berücksichtigen: Bericht v. 18.9.2000, EC-Asbestos, WT/DS 135/R, §§ 8130 ff.
20 WTO, Appellate Body, Bericht v. 1.11.1996, Japan – Taxes on Alcoholic Beverages (II), WT/DS8/AB/R, WT/DS10/AB/R, WT/DS11/AB/R, S. 16 f; Bericht v. 11.12.2000, Korea – Measures affecting Import of fresh, chilled and frozen Beef, WT/DS161/AB/R, WT/DS169/AB/R, §§ 135 f, 144; *Bender* (Fn. 1), § 10 Rn. 70; *Herdegen* (Fn. 1), § 10 Rn. 50; *Krajewski* (Fn. 3), Rn. 334.
21 Ausführlich *Ehring*, De Facto Discrimination in WTO Law, 2001.
22 *Howse/Regan* (Fn. 7), 258 f; *Vázquez* (Fn. 17), 811 f.

4. Ergebnis zu I.

Das Verbot der EU stellt einen Verstoß gegen Art. III:4 GATT dar. **404**

II. Verstoß gegen Art. I:1

Die EU-Regelung könnte darüber hinaus gegen den Meistbegünstigungsgrundsatz aus **405**
Art. I:1 GATT verstoßen. Dieser verbietet die Ungleichbehandlung von ausländischen Waren untereinander.

1. Anwendungsbereich

a) Erfasste Maßnahmen

Von Art. I:1 GATT werden fiskalische und nicht-fiskalische staatliche Maßnahmen **406**
erfasst, die anlässlich von oder im Zusammenhang mit dem Import oder Export von Waren auferlegt werden, sowie alle innerstaatlichen Maßnahmen im Sinne von Art. III:2 und III:4 GATT. Dass die EU-Verordnung eine nicht-fiskalische Maßnahme im Sinne von Art. III:4 GATT darstellt, die im Zusammenhang mit dem Import an der Grenze durchgesetzt wird, wurde bereits festgestellt.

b) Gewährung eines Vorteils

Art. I:1 GATT setzt voraus, dass durch die Maßnahme ein Vorteil gewährt wird und for- **407**
dert die Erstreckung dieses Vorteils von einem WTO-Mitglied auf alle anderen. Das Verbot der EU gewährt unmittelbar keinen Vorteil, sondern einen Nachteil. Indem aber kein ausnahmsloses Verbot des Imports von Textilien verhängt wird, sondern ohne Kinderarbeit hergestellte Textilien auf dem EU-Markt zugelassen sind, ergibt sich für letztere ein Vorteil. Der Vorteil besteht also darin, dass der Import „kinderarbeitsfreier" Textilien erlaubt bleibt.

2. Gleichartige Waren

Verglichen werden vorliegend Textilien aus Xanasien mit solchen aus Staaten, die nicht **408**
dem Verbot unterfallen. Für die Bestimmung der Gleichartigkeit sind dieselben vier Kriterien heranzuziehen wie bei Art. III GATT.[23] Die Herstellungsmethoden sind daher auch hier unbeachtlich, so dass – trotz divergierender Herstellungsmethoden – ebenfalls von gleichartigen Produkten auszugehen ist.

3. Diskriminierung: keine Weitergabe des Vorteils

Die Diskriminierung besteht im Falle des Art. I:1 GATT darin, dass der gewährte Vor- **409**
teil nicht weitergeben wird. Erfasst werden neben formalen auch faktische Diskrimine-

---

23 *Bender* (Fn. 1), § 10 Rn. 38.

rungen.²⁴ Weil die EU den Vorteil (Zulassung zum Binnenmarkt) nicht gemäß Art. I:1 GATT auf alle WTO-Mitglieder erstreckt, sondern auf diejenigen beschränkt, die ohne Kinderarbeit produzieren, werden Textilien aus Xanasien gegenüber „kinderarbeitsfrei" produzierenden Staaten (faktisch) diskriminiert.

4. Ergebnis zu II.

410 Die Verbotsregelung der EU verstößt auch gegen Art. I:1 GATT.

III. Rechtfertigung

411 Da kein *waiver* vorliegt, kommt eine Rechtfertigung nur über die allgemeinen Ausnahmen des GATT in Betracht.

412 **Hinweis:** Die Prüfung der Ausnahmen gem. Art. XX GATT erfolgt in einem Zwei-Stufen-Test.²⁵ Zunächst muss (1.) mit der Maßnahme ein legitimes Ziel verfolgt werden, d. h. eines der Schutzgüter der lit. a bis j einschlägig sein und die Maßnahme „notwendig" oder „in Bezug" zum Schutzgut sein. Darüber hinaus muss die Maßnahme (2.) der Einführungsklausel des Art. XX GATT, dem sog. *chapeau*, genügen, d. h. weder eine willkürliche oder ungerechtfertigte Diskriminierung noch eine verschleierte Handelsbeschränkung darstellen.

1. Verfolgung eines legitimen Ziels

413 **Hinweis:** Ein Kernproblem des vorliegenden Falles ist, dass das GATT keine ausdrückliche Regelung enthält, die Ausnahmen zugunsten des Schutzes von Menschenrechten vorsieht; auch fehlt es insoweit an Entscheidungen der WTO-Organe. (Für das Parallelproblem des Umweltschutzes greifen Literatur und WTO-Spruchpraxis zu einer extensiven Lesart des Art. XX lit. b GATT, der danach auch lebende und erneuerbare Ressourcen umfasst.²⁶) Menschenrechtsstandards müssen daher in einige der bestehenden Ausnahmen hineininterpretiert werden.²⁷ Als mögliche Anknüpfungspunkte kommen im vorliegenden Fall Art. XX lit. e (in Gefängnissen hergestellte Waren), lit. b (u. a. Schutz des Lebens oder der Gesundheit von Menschen) sowie lit. a (Schutz der öffentlichen Moral) in Betracht. Eher fernliegend ist hier Art. XXI lit. b iii) GATT (ernste internationale Spannungen): Diese Ausnahmeklausel wäre u. U. anwendbar, wenn der UN-Sicherheitsrat die Situation in Xanasien zu einer Bedrohung des Friedens und der internationalen Sicherheit im Sinne von Art. 39 UNCh erklärt hätte (vgl. auch den Hinweis auf die vorrangige Verantwortung, Art. 24 UNCh, des Sicherheitsrates in lit. c);²⁸ dies ist aber nicht der Fall.

Von den drei möglichen Ausnahmeklauseln in Art. XX bezieht sich nur lit. e klar auf Fragen der Herstellung im Ursprungsland; hier wäre jedoch ein Analogieschluss erforderlich, der besonderer

---

24 WTO, Appellate Body, Bericht v. 31.5.2000, Canada – Automotive Industry, WT/DS139/AB/R, WT/DS142/AB/R, § 78.
25 *v. Arnauld*, Rn. 962.
26 Appellate Body, Bericht v. 12.10.1998, United States – Import Prohibition of certain Shrimp and Shrimp Products, WT/DS58/AB/R, §§ 128 ff.
27 Vgl. allgemein zur Einbeziehung von Menschenrechten in das WTO-System: *Harris/Moon*, MelbJIL 16 (2015), 1; *Petersmann*, CMLR 37 (2000), 1363.
28 So auch *Hörmann* (Fn. 17), § 27 Rn. 32. Für eine enge Auslegung auch *Remmert* (Fn. 3), 265 ff, 282 f. A. A. *Cleveland* (Fn. 16), 183 ff.

Begründung bedarf. Art. XX lit. a und b beziehen sich ihrer ursprünglichen Zielrichtung nach nur auf die Bevölkerung des importierenden Staates; sie könnten aber erweiternd interpretiert werden. Wegen der größeren Anwendungsbreite – lit. b erfasst nur Schäden an Leib und Leben – erscheint Art. XX lit. a am besten geeignet, um Menschenrechtsstandards in das GATT hineinzuholen. Im Folgenden werden daher die anderen beiden Optionen kurz angeprüft, um dann den Schwerpunkt auf die „öffentliche Moral" zu legen. Ein anderer Lösungsweg wäre aber ebenso vertretbar.

a) Art. XX lit. e GATT

Eindeutig zielt nur Art. XX lit. e auf Herstellungsbedingungen im Ursprungsland der Ware. Er bezieht sich aber nur auf in Gefängnissen hergestellte Produkte, nicht auf solche, die von Kindern hergestellt wurden. Eine Analogie kommt nicht in Betracht, weil es sich um eine punktuelle Regelung handelt, der kein Gesamtkonzept zugrunde liegt. Es fehlt daher an einer planwidrigen Regelungslücke als Grundlage eines Analogieschlusses. Zudem liegt der ursprüngliche Sinn der Ausnahmevorschrift nicht im Schutz der Menschenrechte von Strafgefangenen, sondern im Ausschluss unfairer Wettbewerbsbedingungen durch niedrige Produktionskosten.[29]

414

b) Art. XX lit. b GATT

Umstritten ist, ob Art. XX lit. b auch Gesundheitsgefahren im Exportstaat erfassen kann.[30] Seiner ursprünglichen Zielrichtung nach dient Art. XX lit. b GATT dem Schutz der Gesundheit der Verbraucher; er bezieht sich auf produktbezogene Gesundheitsgefahren, nicht auf PPM-Fragen. Dies verdeutlichen das SPS-Abkommen, das Art. XX lit b GATT konkretisiert und sich nur auf den Schutz der eigenen Bevölkerung bezieht, sowie die Spruchpraxis der WTO-Streitbeilegungsorgane.[31] Eine Lösung über lit. b würde schließlich auch zu dem widersprüchlichen Ergebnis führen, dass nur gesundheitsgefährdende, nicht aber andere extreme Formen der Kinderarbeit (z. B. erniedrigende Arbeit) Handelsrestriktionen rechtfertigen könnten.

415

---

29 Gegen eine erweiternde Auslegung auch *Cullen*, IJCR 7 (1999), 1 (21); *Meng*, in: FS Ress, 2005, 165 (183); *Vázquez* (Fn. 17), 812; *Zleptnig*, Non-economic Objectives in WTO Law, 2010, 206 f. A. A. (extensive Auslegung) *Bartels*, JWT 36 (2002), 353 (355 f); *Diller/Levy*, AJIL 91 (1997), 663 (683 f); *Francioni* (Fn. 18), 18; *Lenzerini*, in: Francioni (Fn. 18), 287 (301 f); *Wolffgang/Feuerhake*, JWT 36 (2002), 883 (895).
30 Dagegen *Hilf/Hörmann* (Fn. 17), 449 f; *Hörmann* (Fn. 17), § 27 Rn. 29; *Remmert* (Fn. 3), 236 ff. Dafür *Bartels* (Fn. 29), 402 f; *Cleveland*, in: Francioni (Fn. 18), 199 (236 f); *Cook*, American University Labor & Employment Law Forum 3 (2013), 461 (463 ff); *Diller/Levy* (Fn. 29), 682 f, 694 f; *Mitro*, AmUnivLR 51 (2002), 1223 (1249 ff).
31 WTO-Panel, Bericht v. 1.12.2003, EC – Conditions for the Granting of Tariff Preferences to Developing Countries, WT/DS246/R, §§ 7.208 ff. Anders noch GATT-Panel, Bericht v. 16.6.1994 (nicht angenommen), United States – Restrictions on Import of Tuna („Tuna II"), WT/DS29/R, § 5.31: „[...] Article XX (b) does not spell out any limitation on the location of the living things to be protected."

c) Art. XX lit. a GATT

aa) Schutzgut

416 Am ehesten könnte die EU-Verordnung sich auf den Ausnahmetatbestand der „öffentlichen Moral" *(public morals)* stützen. Argumentieren ließe sich, dass sich das öffentliche Moral- und Anstandsgefühl in den EU-Mitgliedstaaten auch gegen Waren wendet, die in Kinderarbeit hergestellt wurden.[32] So hat der Appellate Body in *EC-Seal Products* entschieden, dass die Importverbote der EU für Robbenprodukte (*de facto* eine Diskriminierung kanadischer und norwegischer Produkte) durch den Ausnahmetatbestand der öffentlichen Moral gerechtfertigt sind, weil in der EU eine entsprechende moralische Überzeugung bestehe.[33] Dabei hat der Appellate Body die *public morals* sehr weit gehandhabt und sich einer objektiven Definition enthalten.[34] Man könnte dementsprechend argumentieren, dass mit Hilfe von Kinderarbeit produzierte Waren gegen die „öffentliche Moral" in der EU verstießen. Die extraterritoriale Wirkung des Importverbots wäre insofern nur Reflex einer binnenbezogenen Regelung. Angeknüpft würde hier an die allgemeinen Regelungen zur *jurisdiction to prescribe*[35], namentlich das Territorialitäts- und das Wirkungsprinzip.[36]

417 Stellt man mit dem Appellate Body in *EC-Seal Products* ausschließlich auf die Position des Importstaates (bzw. hier der EU) ab, droht dies freilich den normativen Gehalt von Art. XX lit. a zu unterminieren.[37] Eine solche Betrachtung wird zudem der spezifischen Interessenverteilung im GATT nicht gerecht, bei der die Frage, wie Waren produziert werden, grundsätzlich dem exportierenden Staat überlassen bleiben soll. Ansonsten würden mächtige Importstaaten eine internationale Harmonisierung nach ihren eigenen Standards vorantreiben.[38] Sofern der Verstoß gegen den *ordre public* in Produktionsbedingungen außerhalb des Territoriums des importierenden Staates liegt, sollte daher zur Rechtfertigung von Importverboten nicht auf den nationalen, sondern auf einen – Import- wie Exportstaat gemeinsamen – internationalen *ordre public* abgestellt werden.[39]

418 **Hinweis:** Natürlich ist es gut möglich, sich an dieser Stelle dem Appellate Body in *EC-Seal Products* anzuschließen. Um den normativen Gehalt von Art. XX lit. a GATT nicht vollständig preiszugeben, müsste in diesem Fall zumindest eine Plausibilitätsprüfung durchgeführt werden. Auch wäre bei der Prüfung des *chapeau* genauer zu fragen, ob Willkür oder verdeckter Protektionis-

---

32 Vgl. allgemein *Hörmann* (Fn. 17), § 27 Rn. 30; *Wu*, YJIL 33 (2008), 215 (245). Vgl. auch *Joseph*, Blame it on the WTO? A Human Rights Critique, 2011, 109.
33 Appellate Body, Bericht v. 22.5.2014, EC – Seal Products, WT/DS400/AB/R, WT/DS401/AB/R, § 5.199.
34 Dazu *Hemler/Ruddigkeit*, Tierschutz vs. Freihandel, www.juwiss.de/85-2014/ (Oktober 2017).
35 Dazu *v. Arnauld*, Rn. 344-346.
36 *v. Bogdandy*, EuZW 1992, 243 (245); *Charnovitz*, VirginiaJIL 38 (1998), 689 (719, Fn. 179); *Cleveland* (Fn. 16), 159 f; *Hilf/Hörmann* (Fn. 17), 446 f; *Diebold*, JIEL 10 (2007), 43 (69 f). Vgl. auch *Gaedtke*, Außenwirtschaft 58 (2003), 93 (103 f: jedenfalls Auswirkungsprinzip).
37 *Du*, JWT 50 (2016), 675 (683 ff, 687).
38 Ähnlich *Cook* (Fn. 30), 480 ff; *Harris/Moon* (Fn. 27), 34.
39 Zwischen nationaler und internationaler *public moral* unterscheiden *Francioni* (Fn. 18), 18 f; *Meng* (Fn. 29), 184 f, zwischen Begriffshof und Begriffskern *Feddersen* (Fn. 18), 240 ff. Für ein rein internationales Verständnis der *public morals Charnovitz* (Fn. 36), 704 f.

mus vorliegen. Dabei wäre sinnvollerweise auf die verbreitete – und zumindest auf dem Papier auch von Xanasien geteilte – Ächtung schwerer Formen von Kinderarbeit abzustellen, wie sie nachfolgend zum Nachweis eines internationalen *ordre public* herausgearbeitet wird.

Zwar zielt Art. XX lit. a GATT historisch gesehen allein auf die Sitten- und Moralvorstellungen im Importstaat, namentlich bei Alkohol, Betäubungsmittel oder Pornographie;[40] *historisch-genetische* Argumente sind jedoch nach den in Art. 31, 32 WVK kodifizierten Auslegungsregeln – Art. 3 Abs. 2 DSU stellt klar, dass diese auch auf das GATT Anwendung finden – nur ergänzend heranzuziehen. **419**

Der *Wortlaut* des Art. XX lit a GATT schließt, insbesondere in Anbetracht des heutigen Menschenrechtsverständnisses, nicht aus, dass auch grundlegende Menschenrechte wie die Kernarbeitsstandards unter die ethisch-moralischen Vorstellungen subsumiert werden. Da es sich bei den *public morals* um einen unbestimmten und wandelbaren Rechtsbegriff handelt, ist er in besonderem Maße der dynamischen Auslegung zugänglich.[41] Was die extraterritoriale Wirkung anbelangt, so kann „öffentlich" nicht nur die nationale, sondern auch die internationale Ebene betreffen. **420**

Der *systematische Zusammenhang* lässt keine eindeutige Tendenz erkennen: Art. XX lit. e GATT zeigt, dass Handelsbeschränkungen auch an Produktionsmethoden im exportierenden Staat anknüpfen können; ob daraus aber folgt, dass auch die übrigen Ausnahmetatbestände „extraterritorial" interpretiert werden können oder dass es sich um einen ausdrücklich geregelten Sonderfall handelt, der nicht verallgemeinert werden kann, lässt sich nicht mit Bestimmtheit sagen.[42] **421**

Sinn und Zweck des auf Handelsliberalisierung ausgerichteten GATT dürften eine restriktive Interpretation nahelegen. Doch ist in der WTO-Spruchpraxis zu Recht anerkannt, dass der Grundsatz, wonach Ausnahmevorschriften eng auszulegen sind (*exceptiones sunt strictissimae interpretationis*, auch: *singularia non sunt extenda*), bei Art. XX und XXI GATT nicht gilt.[43] Insbesondere bei einer weiten Interpretation der Tatbestände (z. B. wie hier hinsichtlich der PPM) bedarf es einer großzügigen Handhabung der Ausnahmetatbestände, um legitimen staatlichen Interessen Rechnung zu tragen. Die Feinabstimmung hat sodann auf Ebene der Verhältnismäßigkeit und bei Prüfung des *chapeau* zu erfolgen. **422**

Eine einseitig am Ziel der Wirtschaftsliberalisierung ausgerichtete Interpretation würde dazu führen, dass sich das Recht der WTO von anderen Teilgebieten des Völkerrechts abkoppelt, und einer Fragmentierung des Völkerrechts Vorschub leisten. Um dies zu **423**

---

40 *Charnovitz* (Fn. 36), 689 ff; *Hilf/Hörmann* (Fn. 17), 448; *Wu* (Fn. 32), 218 f.
41 *Feddersen* (Fn. 18), 242; *Gaedtke* (Fn. 36), 105; *Hilpold*, AVR 45 (2007), 484 (509 f); *Marceau*, EJIL 13 (2002), 753 (784). Vgl. aus der Spruchpraxis (zum verwandten Art. XIV GATT) WTO-Panel, Bericht v. 10.11.2004, United States – Measures Affecting the Cross-Border Supply of Gambling and Betting Services, WT/DS285, § 6.641: „these concepts [of public morals und public order] can vary in time [...]".
42 Dazu *Bartels* (Fn. 29), 358 f; *Feddersen* (Fn. 18), 240 ff; *Gaedtke* (Fn. 36), 104; *Hilf/Hörmann* (Fn. 17), 445.
43 Appellate Body, Bericht v. 13.2.1998, EC – Measures Concerning Meat and Meat Products („Hormones"), WT/DS26, 48/R, § 104; vgl. dazu *Zleptnig* (Fn. 29), 107 ff.

verhindern, kann auf die in Art. 31 Abs. 3 lit. c WVK kodifizierte Regel zurückgegriffen werden, derzufolge bei der Auslegung eines Vertrages „jeder in den Beziehungen zwischen den Vertragsparteien anwendbare einschlägige Völkerrechtssatz" zu berücksichtigen ist. Ob hierunter auch solche Normen fallen, die nicht universell gültig sind, wohl aber zwischen den Streitparteien gelten[44] – Xanasien ist ebenso wie die Mitgliedstaaten der EU Partei der Kinderrechtekonvention und des ILO-Abkommens Nr. 182 –, kann jedoch dahinstehen, wenn die Menschenrechtsstandards, auf die die EU ihre Verordnung stützt, universell anerkannt sind und somit für die WTO-Mitglieder insgesamt verbindlich sind.

424 Die Verträge über die Rechte von Kindern besitzen als *traités-lois (law-making treaties)* grundlegenden normbildenden Charakter.[45] Wie der IGH im Nordseefestlandsockel-Fall ausgeführt hat, kann aus solchen Vertragsregelungen Gewohnheitsrecht entstehen, wenn der Vertrag eine umfassende und repräsentative Beteiligung erfährt und eine weitverbreitete und nahezu einheitliche Staatenpraxis sowie die entsprechende *opinio iuris* nach sich zieht.[46] Die UN-Kinderrechtekonvention, die in ihrem Art. 32 Kinder vor wirtschaftlicher Ausbeutung und gefährlicher Arbeit schützt, wurde von fast allen Staaten ratifiziert und gilt quasi universell. Ebenso von der übergroßen Mehrheit der Staaten ratifiziert wurde das ILO-Übereinkommen Nr. 182, das die Vertragsparteien zum Verbot der schlimmsten Formen der Kinderarbeit verpflichtet, zu denen nicht nur sklavereiähnliche Zustände und sexuelle Ausbeutung, sondern auch gesundheitsgefährdende Arbeit zählen. Hinzu kommt, dass beide Abkommen schon binnen kurzer Zeit die zum Inkrafttreten erforderlichen Ratifikationen erfahren haben. Über das Verbot der Kinderarbeit, zumindest in ihren extremeren Ausprägungen, besteht daher spätestens seit den 1990er Jahren weltweiter Konsens. Das Verbot extremer Formen von Kinderarbeit konnte so zu Völkergewohnheitsrecht erstarken und stellt einen universell anerkannten Menschenrechtsstandard dar, der die zum Zeitpunkt des GATT-Abschlusses (1947) herrschenden Wertvorstellungen erweitert. Zumindest die Ablehnung schwerer Formen der Kinderarbeit kann daher unter den Begriff der *public morals* subsumiert werden.[47]

425 Das EU-Verbot bezieht sich auf Kinderarbeit, die Gefahren oder Schädigungen der Gesundheit der Kinder mit sich bringt. Art. 32 Abs. 1 der Kinderrechtskonvention und Art. 3 lit. d des ILO-Übereinkommens Nr. 182 umfassen nach ihrem jeweiligen Wortlaut

---

44 Vgl. zum Meinungsstand *Dörr*, Dörr/Schmalenbach, Art. 31 Rn. 100; *Zleptnig* (Fn. 29), 71 ff. Für die Möglichkeit eines auch lediglich bilateralen *ordre public Cleveland* (Fn. 30), 238; *dies.* (Fn. 16), 163; *Hilf/Hörmann* (Fn. 17), 448 f; *Hörmann* (Fn. 17), § 27 Rn. 30 ff. Wohl auch *Gaedtke* (Fn. 36), 106 f. Die Ratifikation durch eine Mehrheit von Staaten fordert hingegen z. B. *Meng* (Fn. 29), 184 f.
45 Vgl. dazu *v. Arnauld*, Rn. 194, 310.
46 IGH, Urteil v. 20.2.1969, North Sea Continental Shelf Cases (Federal Republic of Germany v. Denmark and Netherlands), ICJ Rep. 1969, 3, §§ 70 ff.
47 So im Ergebnis auch *Andersen*, JIEL 18 (2015), 383 (398 f); *Bartels*, Trade and Human Rights, MPEPIL (3/2013), Rn. 31; *Chatton*, Die Verknüpfung von Handel und Arbeitsmenschenrechten innerhalb der WTO, 2005, 114 ff; *Cleveland* (Fn. 16), 161 f; *Feddersen* (Fn. 18), 259 ff; *Francioni* (Fn. 18), 18 f; *Gaedtke* (Fn. 36), 100 ff; *Hilf/Hörmann* ((Fn. 17), 448 f; *Joseph* (Fn. 32), 109; *Lenzerini* (Fn. 29), 300. Vgl. auch die Fußnote zu Art. 224 des Wirtschaftspartnerschaftsabkommens zwischen EG und den Cariforum-Staaten.

("schädigen könnte" bzw. „voraussichtlich... schädlich") bereits die Gesundheitsgefährdung (und erst recht die Gesundheitsschädigung), weshalb die EU eine extreme Form der Kinderarbeit verboten hat. Mit dem Verbot der gesundheitsgefährdenden und -schädigenden Kinderarbeit als Bestandteil der (internationalen) *public morals* wird somit vorliegend ein legitimes Ziel verfolgt.

bb) Notwendigkeit

Zu prüfen ist nun, ob das Einfuhrverbot für den Schutz der Gesundheit und der körperlichen Entwicklung der arbeitenden Kinder „notwendig" *(necessary)*, d. h. geeignet, erforderlich und angemessen ist. **426**

Hinweis: Die WTO-Streitbeilegungsorgane trennen bei Prüfung der *necessity* im Rahmen von Art. XX GATT nicht scharf zwischen Elementen der Erforderlichkeit und Angemessenheit. Die folgende Prüfung orientiert sich der besseren Orientierung und Strukturierung halber an der aus dem deutschen Verfassungsrecht vertrauten Untergliederung in Eignung, Erforderlichkeit und Angemessenheit. **427**

Bereits die *Eignung* eines Einfuhrverbotes zur Erreichung dieses Schutzziels könnte in Frage gestellt werden.[48] Einerseits könnte der betroffene Staat auf andere Märkte ausweichen. Andererseits kann sich die Arbeits- und Lebenssituation der Kinder im Exportstaat noch verschlimmern, wenn sie und ihre Familien auf das Einkommen angewiesen sind und durch das Verbot in den informellen Sektor gedrängt werden. Da das EU-Verbot jedoch auf eine extreme Form der Kinderarbeit beschränkt ist, bleibt die Einfuhr von Textilien, die ohne Gefahren für die Gesundheit der Kinder hergestellt werden, grundsätzlich möglich, so dass ein Anreiz zur Veränderung der Arbeitsbedingungen besteht, ohne den Kindern die Möglichkeit auf ein Einkommen zu nehmen und ohne den EU-Binnenmarkt als lukrativen Absatzmarkt aufgeben zu müssen. Das von der EU beschlossene Verbot ist daher eine geeignete Maßnahme. **428**

Als *milderes Mittel* kommen zunächst Verhandlungen bi- oder multilateraler Art über die Produktionsbedingungen in Betracht. Solche zwischenstaatlichen Verhandlungen sind jedoch meist langwierig und können auch ergebnislos enden,[49] sodass sie kein gleichermaßen geeignetes Mittel darstellen. Im Übrigen hat Xanasien bereits Kinderrechtekonvention wie ILO-Übereinkommen Nr. 182 ratifiziert, so dass ein weiteres Abkommen kaum zur Erreichung des Schutzziels geeignet erscheint. Alternativ könnte daran gedacht werden, die betreffenden Waren zu kennzeichnen („social labelling"). Da die Verbraucher aber nicht notwendigerweise durch ein entsprechendes Label auf den Kauf von in Kinderarbeit hergestellten Textilien verzichten, ist auch diese Maßnahme nicht so wirksam wie ein Einfuhrverbot. Schließlich könnte daran gedacht werden, anstelle von Handelsbeschränkungen entwicklungspolitische Maßnahmen wie die finanzielle **429**

---

48 Zu diesem Tatbestandsmerkmal *Harris/Moon* (Fn. 27), 35 ff.
49 So auch Appellate Body, Bericht v. 7.4.2005, United States – Measures Affecting the Cross-Border Supply of Gambling and Betting Services, WT/DS285/AB/R, § 317.

Unterstützung zur Ausbildung der Kinder zu ergreifen. Eine umfassende Bildungsinfrastruktur aufzubauen, wäre allerdings ein langfristiges und kostenintensives Projekt, das erst nach Jahren Verbesserungen für die Kinder bringen könnte. Folglich wäre auch diese Maßnahme nicht als gleich wirksam einzustufen. Somit ist kein milderes Mittel ersichtlich, das zur Erreichung des Schutzziels ebenso geeignet wäre wie das Importverbot.

430 Schließlich bleibt zu prüfen, ob der Schutz der Gesundheit und der körperlichen Entwicklung der Kinder durch das EU-Einfuhrverbot auch mit Blick auf die negativen ökonomischen Folgen für Xanasien *angemessen* ist. Laut Sachverhalt ist Xanasien hart getroffen, weil seine Textilien zu einem großen Teil für den europäischen Markt produziert werden. Jedoch ist die Gesundheit eines der höchsten Güter des Menschen; insbesondere Kinder, die körperlich schwächer sind als Erwachsene und ihr Leben noch vor sich haben, bedürfen hier besonderen Schutzes. Gesundheitliche Schädigungen im Kindesalter können zu irreversiblen und damit dauerhaften Belastungen führen. Das EU-Verbot erfasst nur solche Kinderarbeit, die mit Gefahren für die Gesundheit verbunden ist, und ist damit weniger handelsbeschränkend als ein Importverbot, das für jegliche Kinderarbeit gilt. Die Exportstaaten können Kinder aus den gesundheitsgefährdenden Produktionsprozessen heraushalten, ohne deren Arbeitskraft vollständig zu entbehren. Eine solche Anpassung der Herstellungsmethoden trifft Exportstaaten wie Xanasien auch deswegen nicht übermäßig hart, weil sie ohnedies völkergewohnheitsrechtlich und gegebenenfalls vertraglich zur Beseitigung der schlimmsten Formen der Kinderarbeit verpflichtet sind.

Im Ergebnis ist das EU-Verbot daher notwendig.

2. Chapeau

431 Das EU-Verbot darf schließlich nicht so verhängt oder angewendet werden, dass es zu einer willkürlichen oder ungerechtfertigten Behandlung zwischen Ländern oder einer verschleierten Beschränkung des internationalen Handels führt. Dieser *chapeau* ist Ausdruck des Grundsatzes von Treu und Glauben und des Verbots missbräuchlicher Rechtsausübung[50] und wird nicht nach den einzelnen Tatbestandsvarianten, sondern als einheitliches Prinzip geprüft.[51] Problematisch könnte ein Einfuhrverbot dann werden, wenn es strengere Anforderungen an aus- als an inländische Produkte stellt.[52] Da das EU-Verbot sich nicht nur auf die Einfuhr, sondern auch die Herstellung und den Verkauf im gesamten EU-Binnenmarkt erstreckt, ist es nicht als willkürlich oder protektionistisch einzustufen.

---

50 Appellate Body, Bericht v. 12.10.1998, United States – Import Prohibition of certain Shrimp and Shrimp Products, WT/DS58/AB/R, §§ 158 f.
51 *v. Arnauld*, Rn. 965; *Krajewski* (Fn. 3), Rn. 349.
52 Vgl. Appellate Body, Bericht v. 7.4.2005, United States – Measures Affecting the Cross-Border Supply of Gambling and Betting Services, WT/DS285/AB/R, §§ 371 f; *Charnovitz* (Fn. 36), 689 ff.

3. Zwischenergebnis

Das EU-Verbot ist somit gem. Art. XX lit. a GATT gerechtfertigt. **432**

IV. Ergebnis

Das Verbot der EU verstößt nicht gegen Vorschriften des GATT. **433**

Zur Vertiefung

Leitentscheidungen: WTO, Appellate Body, Bericht v. 12.10.1998, United States – Import Prohibition of certain Shrimp and Shrimp Products, WT/DS58/AB/R; Bericht v. 5.4.2001, EC-Asbestos, WT/DS 135/AB/R (2001); Bericht v. 7.4.2005, United States – Measures Affecting the Cross-Border Supply of Gambling and Betting Services, WT/DS285/AB/R; Bericht v. 22.5.2014, EC – Seal Products, WT/DS400/AB/R, WT/DS401/AB/R.

Literatur zur Vertiefung: Zu PPM: *R. Howse/D. Regan*, The Product/Process Distinction – An Illusory Basis for Disciplining 'Unilateralism' in Trade Policy, EJIL 11 (2000), 249–289; *S. Puth*, WTO und Umwelt – Die Produkt-Prozess-Doktrin, 2003. **Zu WTO und Menschenrechten:** *H. Andersen*, Protection of Non-Trade Values in WTO Appellate Body Jurisprudence, JIEL 18 (2015), 383–405; *B. C. Baclawsky*, Re-Thinking the WTO's Relationship to International Labor Standards: Is it Finally Time for a Global Approach?, GeorgeJIL 48 (2016), 235–262; *L. Bartels*, Trade and Human Rights, MPEPIL (3/2013); *S. Cleveland*, Human Rights Sanctions and International Trade, JIEL 5 (2002), 133–189; *M. Du*, Permitting Moral Imperialism? The Public Morals Exception to Free Trade at the Bar of the World Trade Organization, JWT 50 (2016), 675–703; *R. Harris/G. Moon*, GATT Article XX and Human Rights: What Do We Know from the First 20 Years?, MelbJIL 16 (2015), 1–52; *M. Hilf/S. Hörmann*, Die WTO – Eine Gefahr für die Verwirklichung von Menschenrechten?, AVR 43 (2005), 397–465; *P. Hilpold*, Human Rights and WTO Law: From Conflict to Coordination, AVR 45 (2007), 484–516; *S. Hörmann*, WTO und Menschenrechte, in: Hilf/Oeter (Hg.), WTO-Recht, 2. Aufl. 2010, § 27; *S. Joseph*, Blame it on the WTO? A Human Rights Critique, 2011; *G. Marceau*, WTO Dispute Settlement and Human Rights, EJIL 13 (2002), 753–814; *W. Meng*, Wirtschaftssanktionen wegen Menschenrechtsverletzungen, in: FS Ress, 2005, 165–190; *E.-U. Petersmann*, From "Negative" to "Positive" Integration in the WTO: Time for "Mainstreaming Human Rights" into WTO Law, CMLR 37 (2000), 1363–1382; *S. Remmert*, Wirtschaftssanktionen zum Schutz der Menschenrechte, 2008, 231–282; *C. Vázquez*, Trade Sanctions and Human Rights – Past, Present, and Future, JIEL 6 (2003), 797–839; *W. Weiß*, Welthandelsrecht, Menschenrechte und Sozialstandards, in: Herrmann/Weiß/Ohler (Hg.), Welthandelsrecht, 2. Aufl. 2007, § 24; *S. Zleptnig*, Non-economic Objectives in WTO Law, 2010. **Zu Kinderarbeit und WTO:** *P. Cook*, Law of Trade in Human Rights: A Legal Analysis of the Intersection of the General Agreement on Tariffs and Trade's Article XX(B) and Labor Rights of Children, American University Labor & Employment Law Forum 3 (2013), 461–493; *H. Cullen*, The limits of international trade mechanisms in enforcing human rights: The case of child labour, IJCR 7 (1999), 1–29; *J. Diller/D. Levy*, Child Labor, Trade and Investment: Toward the Harmonization of International Law, AJIL 91 (1997), 663–696; *F. Lenzerini*, International Trade and Child Labour Standards, in: Francioni (Hg.), Environment, Human Rights an International Trade, 2001, 287–312; *M. Mitro*, Outlawing the Trade in Child Labor Products, AULR 51 (2002), 1223–1273; *J. Williams*, Addressing child labour: reflections on the WTO's role, JITLP 14 (2015), 4–22. **Zu ordre public und Extraterritorialität:** *L. Bartels*, Article XX of GATT and the Problem of Extraterritorial Jurisdiction, JWT 36 (2002), 353–403; *S. Charnovitz*, The Moral Exception in Trade Policy, VJIL 38 (1998), 689–745; *N. Diebold*, The Morals and Order Exceptions in WTO Law, JIEL 10 (2007), 43–74; *C. Feddersen*, Der ordre public in der WTO, 2001; *M. Wu*, Free Trade and the Protection of Public Morals, YJIL 33 (2008), 215–251.

Fall 14
Shock and Awe

2007 besetzt Amuria das benachbarte Emirat Qasar, wird aber von multinationalen **434** Streitkräften im Auftrag des UN-Sicherheitsrats besiegt. Der Sicherheitsrat erlässt hierauf eine Waffenstillstandsresolution, deren Bedingungen von Amuria akzeptiert werden. Danach muss Amuria seine Massenvernichtungswaffen zerstören und dabei mit UN-Waffeninspektoren kooperieren. Diese Kooperation verläuft schleppend, 2013 wird die Mission erfolglos beendet. Neue Bewegung entsteht, als der Präsident von Bitumien, einer Weltmacht mit ständigem Sitz im UN-Sicherheitsrat, Anfang 2015 eine härtere Gangart gegenüber „Schurkenstaaten", insbesondere gegen Amuria, ankündigt. Hiervon beeindruckt erklärt sich die amurische Regierung bereit, erneut Waffeninspektionen zuzulassen, deren Entsendung der Sicherheitsrat am 8.11.2016 beschließt. Im Vorfeld dieser Resolution gab es Streit zwischen den Mitgliedern des Sicherheitsrats, ob automatisch zum Militärschlag gegen Amuria ermächtigt werden solle, falls die amurische Regierung nicht bis zu einem Stichtag nachgewiesen habe, nicht länger im Besitz von Massenvernichtungswaffen zu sein. Einen solchen Automatismus mitzutragen weigerten sich Frankreich, Russland und China. In ihrer Präambel erinnert die schließlich verabschiedete Resolution an die vorangegangenen Resolutionen, darunter diejenige, die die multinationalen Streitkräfte zur Befreiung Qasars ermächtigte, und stellt fortgesetzte erhebliche Missachtungen der früheren Resolutionen durch Amuria fest. Die zentralen Beschlüsse des operativen Teils der Resolution lauten:

Der Sicherheitsrat, [...]

unter Kapitel VII der Satzung der Vereinten Nationen handelnd, [...]

12. beschließt, sofort nach Erhalt eines Berichts der Inspektoren, dass Amuria falsche oder unvollständige Informationen unterbreitet habe, die Inspektionen behindere oder seine Abrüstungsverpflichtungen verletze, zusammenzutreten, um die Situation sowie die Notwendigkeit voller Beachtung der einschlägigen Sicherheitsratsresolutionen zu erwägen;

13. erinnert in diesem Zusammenhang daran, dass der Rat Amuria mehrfach gewarnt hat, dass es wegen der fortgesetzten Verletzung seiner Pflichten ernsthafte Konsequenzen zu gewärtigen hat.

Nach Verabschiedung geben Frankreich, Russland und China eine gemeinsame Erklärung ab, wonach alle Mitglieder des Rates übereingestimmt hätten, dass als letztes Mittel Gewalt gegen Amuria eine Option sein, dass die Resolution aber jeden Automatismus in der Anwendung von Gewalt ausschließe. Sie danken dem Vertreter Bitumiens im Rat dafür, dass er in den Verhandlungen zugesichert habe, die Resolution in eben diesem Sinne zu deuten. Bitumien reagiert auf diese Erklärung nicht.

Fall 14 *Shock and Awe*

Obwohl Amuria unter dem Eindruck verschärfter Kriegsdrohungen Bitumiens nach Einschätzung der Inspektoren nun „zufriedenstellend" kooperiert, drängt Bitumien auf eine militärische Lösung. Nach Auskunft seines Geheimdienstes verstecke Amuria Massenvernichtungswaffen vor den Inspektoren. Auch stehe die amurische Regierung im Kontakt zu einem internationalen Terrornetzwerk, das für eine Reihe schwerer und schwerster Anschläge insbesondere in Bitumien und gegen bitumische Einrichtungen verantwortlich ist. Die Mehrheit der Sicherheitsratsmitglieder hält die vorgelegten Beweise jedoch nicht für stichhaltig und beharrt darauf, den Abschlussbericht der Inspektoren abzuwarten, der im Juni 2017 erwartet wird. Im März 2017 greift Bitumien gemeinsam mit einer multinationalen „Koalition der Willigen", darunter Qasar, Amuria mit Luft- und Bodentruppen an. Bitumien verweist zur Rechtfertigung auf die Resolution vom 8.11.2016, auf sein Recht zur Selbstverteidigung, auf die wiederholten Verstöße Amurias gegen UN-Resolutionen, insbesondere die Waffenstillstandsresolution, sowie die Blockierung des Sicherheitsrates, auf die allgemeine Gefahr durch Massenvernichtungswaffen, auf die Gefahren des internationalen Terrorismus sowie auf die Notwendigkeit, das amurische Volk von einem diktatorischen und unmenschlichen Regime zu befreien. Eine Reihe von Staaten, darunter Frankreich, Russland, China, Kanada, Mexiko, Belgien und die Bundesrepublik Deutschland, bedauern den Kriegseinsatz und bezeichnen ihn als Verstoß gegen das Völkerrecht.

Ist der Krieg völkerrechtsgemäß? Alle Beteiligten sind Mitglieder der UNO.

Lösungsskizze

A. Anwendung zwischenstaatlicher Gewalt   **435**
    → Anwendung von Gewalt i. S. v. Art. 2 Nr. 4 UNCh (+)
B. Ausschluss der Rechtswidrigkeit
    I. Rechtfertigung durch die Resolution vom 8.11.2016
       1. Möglichkeit der Ermächtigung der UN-Mitgliedstaaten zur Gewaltanwendung
          → heute unstr.; entweder in Art. 42 S. 2 UNCh vorgesehen oder *implied powers*
       2. Ermächtigung in der Resolution vom 8.11.2016
          → Auslegung: Wortlaut (§ 13: „Erinnerung", adressiert an A); Systematik („Erinnerung" an frühere Resolutionen nur in Präambel, kein Bezug zu Qasar, § 12); Sinn und Zweck (Inspektionen); Genese (drohendes Veto); anschließende Erklärung + *acquiescence*?
       3. Implizite Ermächtigung bei wiederholten Verstößen gegen Resolutionen des Sicherheitsrats
          → Verstoß gegen Waffenstillstandsresolution ermächtigt nur Sicherheitsrat, nicht einzelne Staaten, Gewalt zu sanktionieren (vgl. sinngemäß Art. 60 WVK)
          → *material breach doctrine* unvereinbar mit Gewaltlegitimierungsmonopol des Sicherheitsrats
          → *Uniting for Peace Resolution* (-) für unilaterale Gewaltanwendung; i. Ü. Blockade (-)
    II. Rechtfertigung als Selbstverteidigungsmaßnahme
          → kollektive Selbstverteidigung zu Gunsten Qasars inzwischen (-)
       1. Selbstverteidigung gegen Massenvernichtungswaffen
          → präventive Selbstverteidigung: allenfalls Abfangschläge nach Webster-Formel; Erstschlag gegen bloße Bedrohung passt nicht ins UN-System (Systematik, Missbrauchsgefahr)
       2. Selbstverteidigung gegen die terroristische Bedrohung
          → bewaffneter Angriff: durch Terroranschläge grds. möglich (vgl. 11.9.2001), problematisch bei Verklammerung kleinerer Anschläge (Nadelstichtaktik)
          → Selbstverteidigung gegen Unterstützerstaat: Nicaragua-Kriterien nach dem 11.9.2001 erweitert? zweifelhaft, jdf. behauptete „Kontakte" zu wenig
          → Selbstverteidigung gegen Terroristen: problematisch wegen faktischer und rechtlicher Asymmetrie; v. a. Duldungspflicht des Aufenthaltsstaates fraglich; „unwilling or unable" zweifelhaft, Duldungspflicht allenfalls anerkannt bei (Quasi-)De-facto-Regimen; hier (-)

III. Rechtfertigungsgründe außerhalb der UNCh

→ Neuordnung des *ius ad bellum* 1945; Selbstverteidigung als „naturgegebenes Recht" (vgl. Art. 51 UNCh) eingeordnet in Friedenssicherungssystem der Charta

→ unilaterale sog. humanitäre Intervention findet keinen Rückhalt in der Staatenwelt, zudem Voraussetzungen hier (-); „demokratische Intervention" nicht anerkannt

→ derogierendes Gewohnheitsrecht (-), vgl. Proteste gegen Aktion von B und gegen Irak-Krieg 2003; Änderung von *ius cogens* nur gemeinschaftlich

Lösung

A. Anwendung zwischenstaatlicher Gewalt

Der von Bitumien geführte Krieg könnte das Gewaltverbot verletzen. Dessen tatbestandliche Voraussetzungen nach Art. 2 Nr. 4 UNCh liegen unproblematisch vor.[1] Es stellt sich jedoch die Frage, ob der Einsatz von Gewalt durch Bitumien und seine Verbündeten unter Umständen gerechtfertigt war.

436

B. Ausschluss der Rechtswidrigkeit

> **Hinweis:** Bitumien bietet eine ganze Reihe von möglichen Rechtfertigungsgründen auf.[2] Einige beziehen sich auf Resolutionen des Sicherheitsrats, andere auf Selbstverteidigung, wieder andere lassen sich unter beide Fälle nicht subsumieren. Es empfiehlt sich, zunächst mit den von der UNCh anerkannten Formen legitimer Gewaltanwendung zu beginnen, bevor Konzepte neben der UNCh diskutiert werden. Da Selbstverteidigungsmaßnahmen nach Art. 51 UNCh subsidiär gegenüber Maßnahmen des Sicherheitsrats sind, sollten die Resolutionen an den Anfang gestellt werden. Außerdem sollte geprüft werden, ob sich einige der Argumente Bitumiens innerhalb der anerkannten Konzepte von Zwangsmaßnahmen im Rahmen von Kapitel VII bzw. der Selbstverteidigung verorten lassen, bevor diese als außerhalb der UNCh stehende Gründe betrachtet werden.

437

Die UN-Charta kennt, abgesehen von der heute obsoleten Feindstaatenklausel des Art. 107, zwei Formen gerechtfertigter Gewaltanwendungen: solche, die sich auf militärische Sanktionsmaßnahmen des Sicherheitsrats nach Kapitel VII stützen können, und solche, die in Ausübung des Selbstverteidigungsrechts erfolgen (Art. 51).[3] Ob darüber hinaus gewohnheitsrechtliche Ausnahmen existieren, ist umstritten. Da Selbstverteidigungsmaßnahmen gemäß Art. 51 UNCh formell subsidiär gegenüber Maßnahmen nach Kapitel VII sind,[4] ist zunächst zu untersuchen, ob sich der Angriff Bitumiens auf Resolutionen des Sicherheitsrats stützen kann.

438

---

1 Näher zum Gewaltbegriff nach Art. 2 Nr. 4 UNCh *v. Arnauld*, Rn. 1031 ff; *Bothe*, Vitzthum, 8. Abschnitt, Rn. 9 ff; *Heintschel v. Heinegg*, Ipsen, § 51 Rn. 18 ff; *Hobe*, 252 ff; *Krajewski*, § 9 Rn. 21 ff; *Randelzhofer/ Dörr*, Simma, Art. 2 (4) Rn. 16 ff; *Schadtle*, Jura 2009, 686 (686 ff); *Schweisfurth*, 358 f; *Stein/v. Buttlar/ Kotzur*, Rn. 774 ff.
2 Zur dogmatischen Einordnung möglicher Argumente für die Zulässigkeit unilateraler Gewaltanwendung siehe *v. Arnauld*, Rn. 1043 f.
3 *v. Arnauld*, Rn. 1041, 1045 ff, 1074 ff; *Bothe*, Vitzthum, 8. Abschnitt, Rn. 18 ff; *Heintschel v. Heinegg*, Ipsen, § 52 Rn. 1; *Krajewski*, § 9 Rn. 33; *Kunig*, Jura 1998, 664 (666 ff); *Randelzhofer/Dörr*, Simma, Art. 2 (4) Rn. 46 ff; *Schadtle* (Fn. 1), 689 ff. In der Sache übereinstimmend *Stein/v. Buttlar/Kotzur*, Rn. 781, die militärische Zwangsmaßnahmen von Regionalorganisationen mit Ermächtigung des UN-Sicherheitsrates als eigenständigen dritten Fall rechnen.
4 *v. Arnauld*, Rn. 1050; *Randelzhofer*, Simma, Art. 51 Rn. 41. Eingehend zu dem Verhältnis von Selbstverteidigungsrecht und Kompetenzen des Sicherheitsrats nach der UNCh *Greig*, ICLQ 40 (1991), 366.

I. Rechtfertigung durch die Resolution vom 8.11.2016

1. Möglichkeit der Ermächtigung der UN-Mitgliedstaaten zur Gewaltanwendung

439 Zunächst könnte man bezweifeln, ob ein militärischer Einsatz einzelner Staaten überhaupt auf Kapitel VII gestützt werden kann; denn Art. 42 UNCh geht davon aus, dass die militärischen Sanktionsmaßnahmen von den Vereinten Nationen selbst durchgeführt werden, wozu ihnen die Mitgliedstaaten Truppen gemäß gesonderter Abkommen zur Verfügung stellen (Art. 43 Abs. 1 UNCh). Allerdings ist es zum Abschluss derartiger Abkommen nie gekommen, und es entspricht der Sicherheitsratspraxis, die Mitglieder der Vereinten Nationen zur Anwendung von Gewalt zu berechtigen, z. B. 1992 in Somalia, 1994 in Ruanda und Haiti. Insbesondere im Irak/Kuwait-Krieg hat der Sicherheitsrat – unter ausdrücklicher Bezugnahme auf Kapitel VII UNCh[5] – die Mitglieder mit Resolution 678 ermächtigt, „alle erforderlichen Maßnahmen" zur Befreiung Kuwaits zu ergreifen. Diese Praxis steht nicht im Widerspruch zur Satzung, berücksichtigt man, dass die in Art. 42 S. 2 UNCh exemplarisch genannten Maßnahmen auf die Streitkräfte „von Mitgliedern der Vereinten Nationen" Bezug nehmen und gemäß Art. 48 Abs. 1 UNCh die Durchführung der Beschlüsse nach dem Ermessen des Sicherheitsrats allen oder einigen Mitgliedern der Vereinten Nationen übertragen werden kann. Ob damit die Möglichkeit einer Ermächtigung zum Einsatz bewaffneter Gewalt bereits in der Charta verankert oder über den Grundsatz der *implied powers* legitimiert ist, kann angesichts der inzwischen unumstrittenen Sicherheitsratspraxis dahinstehen.[6]

2. Ermächtigung in der Resolution vom 8.11.2016

440 Ob eine solche Ermächtigung auch in der Resolution vom 8.11.2016 enthalten ist, muss nun durch Auslegung ermittelt werden. Zwar sind Resolutionen keine Verträge; gleichwohl können die Auslegungsgrundsätze der WVK hier entsprechend herangezogen werden, da sie im Kern auch auf andere Formen rechtlich bindender Willenserklärungen übertragbar sind.[7]

441 Im zentralen Passus des operativen Teils der Resolution (§ 13) „erinnert" der Sicherheitsrat daran, dass er Amuria schon „mehrfach gewarnt" habe, dass es „wegen der fortgesetzten Verletzung seiner Pflichten" „ernsthafte Konsequenzen" zu gewärtigen habe.

---

[5] Zu diesbezüglichen Unklarheiten der Resolution 2249 v. 20.11.2015 *v. Arnauld*, Völkerrecht, Rn. 1051. Vertiefend *Akande/Milanović*, The Constructive Ambiguities of the Security Council's ISIS Resolution, EJIL: Talk! v. 21.11.2015.

[6] Zu der Ermächtigung der Mitgliedstaaten durch den Sicherheitsrat *v. Arnauld*, Rn. 1051 ff; *Franck*, Recourse to Force: State Action Against Threats and Armed Attacks, 2002, 23; *Heintschel v. Heinegg*, Ipsen, § 53 Rn. 21; *Krajewski*, § 9 Rn. 64; *Randelzhofer/Dörr*, Simma, Art. 2 (4) Rn. 47.

[7] Zu den Auslegungsgrundsätzen *v. Arnauld*, Rn. 227 ff. Die Vorschriften der WVK dienen als „Ausgangspunkt" der Auslegung, bei Resolutionen sind gewisse Modifikationen zu berücksichtigen, vgl. *Krisch*, Simma, Introduction to Chapter VII, Rn. 55 ff; *Wood*, MPUNYB 1998, 73 (85 ff). Siehe auch *Papastravridis*, ICLQ 56 (2007), 83.

Bedenkt man, dass in Resolution 678 die Ermächtigung zum Militäreinsatz mit den Worten „alle erforderlichen Maßnahmen" umschrieben wurde, sind die „ernsthafte Konsequenzen" gewiss auch solche militärischen Charakters. Allerdings wurden diese ernsthaften Konsequenzen hier vom Sicherheitsrat nicht beschlossen, ja, sie wurden noch nicht einmal in Aussicht gestellt. Der Sicherheitsrat hat vielmehr nur an frühere Warnungen „erinnert".[8] Zu beachten ist auch, dass Adressat einer Ermächtigung regelmäßig der zu Ermächtigende ist. Hier wendet sich der Sicherheitsrat an Amuria. Dies wäre zwar unerheblich, wenn Amuria mitgeteilt würde, dass der Sicherheitsrat die Mitglieder der Vereinten Nationen ermächtigt habe, unter bestimmten Voraussetzungen einzugreifen; von den UN-Mitgliedern ist aber überhaupt nicht die Rede. Der *Wortlaut* spricht somit gegen eine Ermächtigung, erst recht, wenn man fordert, dass eine Ermächtigung zur Gewaltanwendung wegen ihres Ausnahmecharakters klar und eindeutig gefasst sein muss.[9]

Unter *systematischen* Gesichtspunkten könnte hingegen der Verweis in der Präambel **442** auf die früheren Resolutionen, insbesondere diejenige zur Befreiung von Qasar, darauf hindeuten, dass die damalige Ermächtigung zur Gewaltanwendung erneuert werden soll oder als fortgeltend betrachtet wird. Auch an diese Resolutionen „erinnert" der Sicherheitsrat jedoch nur. Hätte er eine stärkere inhaltliche Verknüpfung gewollt, hätte er dies z. B. mit einer „Bekräftigung" dieser Resolutionen zum Ausdruck bringen können. Hierüber hinaus kann die Resolution zur Befreiung Qasars nicht nachträglich durch Bezugnahme in einer Präambel „umgewidmet" werden: Im neuen Konflikt geht es um Massenvernichtungswaffen und nicht um das bereits befreite Qasar.[10] Schließlich würde man den Erwägungsgründen in der Präambel, die gerade nicht in den operativen Teil der Resolution aufgenommen wurden, zu großes Gewicht beimessen, wenn diese geeignet wären, die aus dem Wortlaut deutlich erkennbare Zielrichtung zu verändern. Gerade § 12, wonach der Sicherheitsrat bei Berichten der Inspektoren sofort zusammentreten wird, um geeignete Maßnahmen zu erörtern, macht deutlich, dass der Sicherheitsrat nicht gedenkt, das Heft des Handelns aus der Hand zu geben.

Auch wenn man nach *Sinn und Zweck* der Resolution fragt, so liegt dieser, zumindest **443** im Endeffekt, darin sicherzustellen, dass Amuria keine Massenvernichtungswaffen mehr besitzt. Hierzu sind zwei Wege denkbar: Inspektionen der UNO in Kooperation

---

8   Zur gleichlautenden Formulierung in der Irak-Resolution 1441 *Bothe*, AVR 41 (2003), 255 (264).
9   Zu dieser Forderung *v. Arnauld*, Rn. 1053; *Kunig*, AVR 41 (2003), 327 (329 f); *Stein*/v. *Buttlar/Kotzur*, Rn. 863; *Tomuschat*, VN 2003, 41 (44). Vgl. allerdings auch *Tomuschat*, EuGRZ 2001, 535 (544), wonach Resolutionen des Sicherheitsrats nie mit der Klarheit von Gerichtsurteilen abgefasst sein können. Dies bezieht sich freilich mehr auf die Frage der Bewertung der Lage und der einzusetzenden Mittel und entbindet nicht von der Pflicht, eine Ermächtigung als solche klar auszusprechen, wie dies z. B. in der Irak/Kuwait-Resolution 678 (1990) auch geschehen ist. Zur Überdehnung dieser Resolution im Rahmen der Begründung des Irak-Kriegs 2003 *de Wet*, HuV-I 2003, 125.
10 Vgl. zu den insoweit parallelen Formulierungen in den Irak-Resolutionen 678, 687 und 1441 *Bothe* (Fn. 8), 262 ff; *Franck*, AJIL 97 (2003), 607 (611 f); *Kunig* (Fn. 9), 329; *Schaller*, ZaöRV 61 (2002), 641 (645 ff); *Seidel*, AVR 41 (2003), 449 (478); *Tomuschat* (Fn. 9: 2003), 43 f. A.A. *Wedgwood*, AJIL 97 (2003), 576 (578 ff); *Yoo*, AJIL 97 (2003), 563 (567 ff).

mit der amurischen Führung oder ein Kriegseinsatz, um die Abrüstung zu erzwingen. Wenn der Sicherheitsrat in der fraglichen Resolution die Inspektoren mandatiert, kommt darin zum Ausdruck, dass er jedenfalls bis zu einem weiteren Beschluss, für den der Bericht der Inspektoren von entscheidender Bedeutung sein wird (vgl. § 12), an dem Inspektionsmodell festhalten will. Dies schließt nach Sinn und Zweck den Weg über die Anwendung von Waffengewalt aus.[11]

444 Hilfsweise (vgl. 32 WVK) kann auch die *Genese* der Resolution herangezogen werden. Die Frage, ob die UN-Mitglieder unter Vorliegen bestimmter Voraussetzungen automatisch zur Anwendung von Gewalt gegen Amuria ermächtigt werden sollten, war im Vorfeld der Resolution umstritten. Gegen den Willen von Frankreich, Russland und China, die als ständige Mitglieder des Sicherheitsrats (Art. 23 UNCh) die Resolution mit ihrem Veto hätten blockieren können (Art. 27 Abs. 3 UNCh), konnte ein solcher Automatismus nicht beschlossen werden.

445 Wie die nachträgliche gemeinsame Erklärung dieser Staaten deutlich macht, haben sie ihre Position auch nicht aufgegeben. Man könnte sogar erwägen, dieser Erklärung eine über das bloße ergänzende Auslegungsmittel (entsprechend Art. 32 WVK) hinausgehende Bedeutung für die Interpretation der Resolution beizumessen, da sie ausdrücklich ein bestimmtes Verständnis des Beschlusses festlegen sollte, sich auf Zusagen Bitumiens während der Verhandlungen bezog und von Bitumien widerspruchslos hingenommen wurde. Insofern könnte man daran denken, sie entsprechend Art. 31 Abs. 3 lit. a als eine spätere Übereinkunft der Parteien über die Auslegung anzusehen. Dass das Schweigen Bitumiens hier ein qualifiziertes war, das über die Grundsätze der *acquiescence* zur Bindung führte,[12] ließe sich damit begründen, dass eine Zusage Bitumiens explizit Gegenstand der Erklärung war und von Bitumien nach den Umständen ein Widerspruch hätte erwartet werden können, wenn es der Erklärung inhaltlich hätte entgegentreten wollen. All dies kann aber dahinstehen, da die Erklärung jedenfalls als ein ergänzendes Mittel zur Auslegung herangezogen werden kann, welches das nach Wortlaut, Systematik und Sinn und Zweck der Resolution gefundene Ergebnis bestätigt.[13]

446 Die Resolution vom 8.11.2016 ermächtigte Bitumien demnach nicht zum Militäreinsatz gegen Amuria. [Dies würde übrigens selbst dann gelten, wenn es sich, entgegen dem Ergebnis der hier vorgenommenen Auslegung bei der Resolution bloß um einen Formelkompromiss im Sinne eines *agreement to disagree* gehandelt haben sollte:[14] Eine Nichteinigung über die Anwendung von Gewalt kann die Anwendung von Gewalt niemals legitimieren.]

---

11 Übereinstimmend zur Irak-Resolution 1441 *Franck* (Fn. 10), 620.
12 Dazu allgemein *v. Arnauld*, Rn. 272. Vertiefend *Marques Antunes*, Acquiescence, MPEPIL (9/2006).
13 Zur entsprechenden Erklärung nach dem Beschluss der Irak-Resolution 1441 *Seidel* (Fn. 10), 478 f.
14 Hierauf stellen für den Irak-Krieg 2003 *Stromseth*, AJIL 97 (2003), 628 (630) und *Wedgwood* (Fn. 10), 580 ab.

3. Implizite Ermächtigung bei wiederholten Verstößen gegen Resolutionen des Sicherheitsrats

Bitumien führt zu seiner Rechtfertigung an, es habe handeln dürfen, weil Amuria wiederholt gegen Resolutionen des Sicherheitsrats, insbesondere gegen die Waffenstillstandsresolution, verstoßen habe. In der Präambel zur Resolution vom 8.11.2016 hat der Sicherheitsrat auch tatsächlich fortgesetzte erhebliche Verstöße Amurias gegen Resolutionen festgestellt und in § 13 an – nicht näher identifizierte, aber sicherlich damit verbundene – fortgesetzte Pflichtverletzungen erinnert. Vor allem die Verstöße gegen die Waffenstillstandsbedingungen der Resolution vom 2.3.2008 könnten in Anwendung des Rechtsgedankens aus Art. 60 WVK zur Beendigung oder Suspendierung des Waffenstillstandes berechtigen und die erneute Anwendung von Gewalt gegen Amuria legitimieren. Allerdings sind die Bedingungen des Waffenstillstands in einer Resolution des Sicherheitsrats festgelegt. Nur dieser, nicht Bitumien, wäre in Anwendung des Rechtsgedankens aus Art. 60 WVK zur Beendigung oder Suspendierung des Abkommens berechtigt.[15] Außerdem würde selbst das Ende des Waffenstillstands nicht automatisch die Anwendung von Gewalt legitimieren, wie der in Art. 43 WVK niedergelegte gewohnheitsrechtlich geltende Rechtssatz zeigt, wonach die Beendigung oder Suspendierung eines Vertrages nicht von den im Übrigen bestehenden völkerrechtlichen Verpflichtungen dispensiert. Zu diesen aber zählt auch und insbesondere das Gewaltverbot des Art. 2 Nr. 4 UNCh.[16]

Hinweis: Nachdem soeben die Frage des „material breach" in vertragsrechtlicher Hinsicht geprüft wurde, geht es nun um die spezifisch auf den Sicherheitsrat bezogene Frage, wie Verstöße gegen dessen Resolutionen geahndet werden können.

Auch jenseits dieser vertragsrechtlichen Konstruktion können selbst wiederholte schwere Verstöße gegen Resolutionen des Sicherheitsrats nicht zu einzelstaatlicher Gewaltanwendung legitimieren. Zwar sind Resolutionen des Sicherheitsrats für Mitglieder der Vereinten Nationen verbindlich (Art. 25 UNCh), so dass der fortgesetzte Verstoß gegen diese Resolutionen Amuria ins Unrecht setzt; ebenso liegt es im Interesse der Durchsetzung dieser verbindlichen Beschlüsse, wenn zumindest ein fortgesetzter Verstoß notfalls auch gewaltsam unterbunden werden darf.[17] Gegen diese Doktrin des *material breach* spricht indes die Satzung selbst mit recht eindeutiger Sprache: Nirgends findet sich eine solche Ermächtigung; der Satzung ist vielmehr zu entnehmen, dass einzelstaatliche Gewaltanwendung so weit als möglich zurückgedrängt werden soll. Selbst das „naturgegebene" Recht der Staaten auf Selbstverteidigung muss nach Art. 51 UNCh hinter Maßnahmen des Sicherheitsrats zurücktreten. Diesem soll ein

---

15 *Franck* (Fn. 10), 614. Dies verkennt *Yoo* (Fn. 10), 568 f.
16 *Franck* (Fn. 10), 614.
17 In diesem Sinne *Gardner*, AJIL 97 (2003), 585 (588 f), der das Festhalten an den Beschränkungen der UNCh auf Ängste der „Jurisprüden" (jurisprudes) zurückführt; *Stromseth* (Fn. 14), 629 ff; *Yoo* (Fn. 10), 568 f.

„Gewaltlegitimierungsmonopol"[18] zugestanden werden, das nur vorübergehend durch das Selbstverteidigungsrecht überlagert ist. Es obliegt dem Sicherheitsrat, darüber zu befinden, ob und wie er seine eigenen Beschlüsse durchsetzen will.[19] Alles andere würde Missbrauch Tür und Tor öffnen und könnte zudem Bestrebungen des Sicherheitsrats, eine friedliche Lösung von Konflikten zu suchen, unterminieren. Die Doktrin des *material breach* erweist sich als „falscher Freund".

450 Etwas anderes könnte gelten, wenn der Sicherheitsrat wegen einer Blockade nicht in der Lage wäre, seine eigenen Resolutionen auch durchzusetzen. Hier könnte es notwendig werden, dass andere gewissermaßen „treuhänderisch" die Durchsetzung übernehmen. Die Blockade des Sicherheitsrats zu Zeiten des Kalten Krieges hat 1950 die Generalversammlung in der *Uniting for Peace Resolution* dazu bewogen, ihre eigene (Auffang-)Verantwortung für Frieden und internationale Sicherheit geltend zu machen.[20] Doch ganz abgesehen von den Rechtswirkungen dieser, unverbindlichen (vgl. Art. 10 ff und Art. 25 UNCh, *e contrario*), Resolution, die auch inhaltlich nur auf Empfehlungen an die Mitgliedstaaten zielen konnte,[21] sollte auch nach dieser Entschließung das Monopol bei den Vereinten Nationen verbleiben. Darüber hinaus kann von eine Blockade nicht gesprochen werden, wenn ein Mitglied des Sicherheitsrats mit seiner Politik keine Mehrheit findet. Alle Mitglieder des Gremiums waren sich hier in ihrem Ziel einig. Selbst dass als *ultima ratio* militärische Mittel eine legitime Option darstellen würden, war unumstritten. Uneinigkeit gab es nur hinsichtlich der Frage, ob der Abschluss der Inspektionen abgewartet werden sollte. In der Entscheidung für die Fortführung der Inspektionen ist keine Blockade zu sehen, sondern die Entscheidung dafür, dass die Zeit für das „letzte Mittel" noch nicht reif war. Auch der Sache nach fehlt es demnach an einer Blockade.[22]

451 Aus den Resolutionen des Sicherheitsrats lässt sich demnach auch keine implizite Ermächtigung Bitumiens zur Kriegführung herleiten.[23]

---

18 *Bothe* (Fn. 8), 270.
19 *v. Arnauld*, Rn. 1052 f; *Schadtle* (Fn. 1), 691; *Schaller* (Fn. 10), 644. Die gegenwärtige Haltung der USA zur Doktrin des *material breach* ist unklar. Die USA haben ihren Angriff auf einen Flugplatz der syrischen Armee in Reaktion auf einen Giftgaseinsatz im April 2017 – anders als die deutsche Verteidigungsministerin *von der Leyen* – nicht auf einen Verstoß gegen die Chemiewaffen-Resolution 2118 v. 27.9.2013 gestützt, sondern mit Selbstverteidigung und humanitärer Intervention argumentiert. Zu diesem Einsatz *Milanović*, The Clearly Illegal US Missile Strike in Syria, EJIL Talk! v. 7.4.2017; *Simons*, The Legality Surrounding the US Strikes in Syria, www.opiniojuris.org v. 25.4.2017; *Talmon*, US-Angriff war völkerrechtswidrig, Interview mit der Deutschen Welle v. 10.4.2017, http://p.dw.com/p/2b0nK (Oktober 2017).
20 GA Res. 377 (V) v. 3.11.1950. Eingehend zu dieser Resolution *Binder*, Uniting for Peace Resolution (1950), MPEPIL (6/2013); *Tomuschat*, FW 76/2–3 (2001), 289.
21 IGH, Gutachten v. 20.7.1962, Certain Expenses of the United Nations, ICJ Rep. 1962, 151 (163 ff). Dazu *v. Arnauld*, Rn. 148, 1054; *Binder* (Fn. 20), Rn. 27 ff.
22 Zu der Situation im Sicherheitsrat bei Beschluss der Irak-Resolution 1441 *Franck* (Fn. 10), 616; *Tomuschat* (Fn. 9: 2003), 45.
23 Eine implizite Ermächtigung zur Gewaltanwendung hält *Fischer*, HuV-I 2003, 4 (4 f), zu Recht für unvereinbar mit dem System der Charta und der Praxis des Sicherheitsrats.

II. Rechtfertigung als Selbstverteidigungsmaßnahme

Der Krieg kann als Selbstverteidigungsmaßnahme gerechtfertigt sein, wenn ein bewaffneter Angriff Amurias im Sinne von Art. 51 UNCh vorgelegen hat.²⁴ Angesichts dessen, dass sich unter den Verbündeten Bitumiens auch Qasar befindet, das in der Vergangenheit Opfer eines militärischen Überfalls Amurias gewesen ist, könnte man an eine kollektive Selbstverteidigung zu Gunsten Qasars denken. Da die legitime Selbstverteidigung aber einen gegenwärtigen Angriff voraussetzt und Qasar seit Jahren wieder befreit ist, scheidet eine Rechtfertigung auf diesem Wege aus. Ein bewaffneter Angriff im engeren Sinne seitens Amurias ist nach dem Sachverhalt nicht ersichtlich. Zu erwägen ist aber, ob Bitumien angesichts der Massenvernichtungswaffen präventiv tätig werden durfte oder ob die von Bitumien behauptete Beziehung zum internationalen Terrorismus einen solchen Einsatz rechtfertigen konnte. 452

1. Selbstverteidigung gegen Massenvernichtungswaffen

Mit dem Einmarsch wollte Bitumien eigenen Angaben zufolge die Bedrohung durch die in Amuria vermuteten Massenvernichtungswaffen beseitigen. Zu einem Einsatz solcher Waffen ist es seitens Amurias jedoch noch nicht gekommen. Ob das Recht zur Selbstverteidigung auch zum Erstschlag ermächtigt, ist seit langem in der Literatur, aber auch in der Staatenpraxis heftig umstritten.²⁵ Zunächst muss es als Widerspruch in sich erscheinen, einem Staat einen Erstschlag zu gestatten, der als Selbstverteidigung gegen einen noch nicht geführten Angriff gelten soll. Freilich lassen sich Fälle denken, in denen der Angriff unmittelbar bevorsteht und wirksam nur abgewehrt werden kann, wenn der zum Angriff Bereite zuvor unschädlich gemacht wird.²⁶ So hat Israel etwa im Sechstagekrieg 1967 die startbereite ägyptische Luftwaffe durch einen Präventivschlag zerstört und sich auf das Selbstverteidigungsrecht berufen. Einstimmig verurteilt wurde vom Sicherheitsrat hingegen der israelische Angriff auf einen irakischen Atomreaktor im Jahre 1981.²⁷ Selbst Befürworter einer präventiven Selbstverteidigung wollen diese meist nur in den engen Grenzen gestatten, die der ehemalige US-Außenminister *Webster* aus Anlass des Caroline-Falls 1841 formuliert hat,²⁸ nämlich wenn die Gefahr durch einen bevorstehenden Angriff unmittelbar droht, überwältigend ist und keine Wahl der Mittel und keine Zeit zum Überlegen lässt („*instant, overwhelming and leaving no cho-* 453

---

24 Zum Begriff des „bewaffneten Angriffs" v. *Arnauld*, Rn. 1077 ff; *Heintschel v. Heinegg*, Ipsen, § 52 Rn. 7 ff; *Hobe*, 257 ff; *Randelzhofer/Nolte*, Simma, Art. 51 Rn. 16 ff.
25 Überblick bei v. *Arnauld*, Rn. 1085 f; *Heintschel v. Heinegg*, Ipsen, § 52 Rn. 15 ff; *Krajewski*, § 9 Rn. 87 ff; *Randelzhofer/Nolte*, Simma, Art. 51 Rn. 49 ff; *Stein/v. Buttlar/Kotzur*, Rn. 824 ff.
26 *Tomuschat* (Fn. 9: 2003), 42, unterscheidet im Anschluss an *Dinstein* den zulässigen Abfangschlag vom unzulässigen Präventivschlag. Vgl. auch v. *Arnauld*, Rn. 1085. Tendenziell weiter *Herdegen*, § 34 Rn. 29; *Hobe*, 259. Kritisch zur Praxis *Gray*, RdC 376 (2014), 93 (114).
27 Resolution 487 v. 19.6.1981. Zur Diskussion um mögliche israelische Luftschläge gegen iranische Atomreaktoren 2014 v. *Arnauld*, Rn. 1085 m. w. N.
28 Zu diesem Klassiker des Völkerrechts *Greenwood*, Caroline, The, MPEPIL (4/2009). Zu weitergehenden Positionen, namentlich im Rahmen der sog. Bush-Doktrin *Hofmeister*, Jura 2007, 767 (770 f), *Stein/v. Buttlar/Kotzur*, Rn. 833 ff, sowie sogleich. Dass das Völkerrecht insoweit wieder „im Fluss" sei, konstatiert *Hakimi*, North Korea and the Law on Anticipatory Self-Defense, EJIL Talk! v. 28.3.2017.

ice of means and no moment for deliberation"). Von einem unmittelbar bevorstehenden Angriff Amurias ist im Sachverhalt nichts mitgeteilt. Er wird auch von Bitumien nicht behauptet.[29]

454 Es stellt sich nun die Frage, ob die von Massenvernichtungswaffen ausgehende Gefahr die Anforderungen an einen Präventivschlag reduzieren kann, d. h. ob das Ausmaß der Gefahr ein Absenken der Wahrscheinlichkeitsschwelle hinsichtlich des Bevorstehens eines Angriffs rechtfertigen kann.[30] Die Umstände der Kriegführung haben sich seit 1945, erst recht aber seit 1841, geändert. Während früher eine wochenlange Mobilmachung nötig war, kann heute ein Knopfdruck genügen, um Tod und Zerstörung über einen anderen Staat zu bringen. Es wäre jedoch verfehlt zu behaupten, dass das System der UNO auf derartige Bedrohungen nicht eingerichtet wäre. Zu beachten ist aber, dass die Befugnisse einzelner Staaten zur Gewaltanwendung zu Gunsten kollektiver Sanktionsmaßnahmen in der UNCh stark beschnitten sind.[31] Die UNCh verfolgt ihr Ziel, „Grundsätze anzunehmen und Verfahren einzuführen, die gewährleisten, dass Waffengewalt nur noch im gemeinsamen Interesse angewendet wird" (Präambel), dadurch, dass den Mitgliedstaaten das Recht zur Selbstverteidigung gegen bewaffnete Angriffe zugestanden wird (Art. 51), unterhalb und vor dieser Schwelle jedoch Brüchen und Bedrohungen des Friedens nur über den Sicherheitsrat mit Waffengewalt begegnet werden darf (vgl. Art. 39). Von entscheidender Bedeutung ist dabei die Unterscheidung zwischen einem Angriff und einer bloßen Bedrohung. Für die Beantwortung letzterer ist der Sicherheitsrat zuständig.[32] Sollte bereits der Besitz von Massenvernichtungswaffen unabhängig von konkreten Einsatzplänen zum Einsatz von Gewalt gegen den betreffenden Staat ermächtigen, so wäre ein derart weit ausgedehntes Selbstverteidigungsrecht der einzelnen Staaten mit dem System der Vereinten Nationen unvereinbar.[33] Der Übergang zu einem „Weltpolizeirecht", das bei einer besonderen Schwere der Gefahr unter Umständen zu intensiveren Maßnahmen berechtigen kann, kann nach dem UN-System nicht einem einzelnen Staat oder einer Staatenkoalition als „Weltpolizei" übertragen sein, sondern bleibt an den Sicherheitsrat gekoppelt. Alles andere würde den Unterschied zwischen Angriff und Bedrohung verwischen. Es geht daher auch nicht an, die Hemmschwelle zur Anwendung einzelstaatlicher Gewalt dadurch zu senken, dass dem sich bedroht füh-

---

29 Dazu, dass die Voraussetzungen der Webster-Formel im Fall des Irak-Kriegs 2003 nicht vorlagen, *Bothe* (Fn. 8), 261 f; *Fischer* (Fn. 23), 5 f; *Franck* (Fn. 10), 611; *Hobe*, S. 263; *Seidel* (Fn. 10), 475 f.
30 So *Stromseth* (Fn. 14), 637 ff; *Yoo* (Fn. 10), 572 ff.
31 *Franck* (Fn. 10), 619 f.
32 *Sapiro*, AJIL 97 (2003), 599; *Schaller* (Fn. 10), 657 f. Siehe auch *Tomuschat* (Fn. 9: 2001), 543.
33 *v. Arnauld*, Rn. 1086; *Schadtle* (Fn. 1), 693 f; *Stein/v. Buttlar/Kotzur*, Rn. 839. Siehe auch *Hilpold*, JA 2006, 234 (239). Vgl. *Bruha*, AVR 41 (2003), 295 (296): „Die Bush-Doktrin sogenannter präemptiver Kriege [...] löst das Selbstverteidigungsrecht von seiner genuin defensiven Zielsetzung und erweitert es zu einem offensiven Instrument präventiver Kriegführung." Noch schärfer *Seidel* (Fn. 10), 476: „Kriegserklärung gegen die geltende völkerrechtliche Friedensordnung". In der Sicherheitsstrategie von Mai 2010 hat die US-Regierung unter Präsident *Obama* die Bush-Doktrin weitgehend aufgegeben, vgl. *v. Arnauld*, Rn. 1086. Wie die Trump-Administration eventuelle Militärschläge gegen das nordkoreanische Regime rechtfertigen wird, bleibt abzuwarten (Stand: Oktober 2017).

lenden Staat die Folgen auf Sekundärebene erspart bleiben, indem sein Angriff nicht als Angriffskrieg eingestuft wird und ihm Reparationsforderungen erspart bleiben.³⁴

Der konkrete Einsatzplan kann auch nicht dadurch ersetzt werden, dass ein Staat zum „Schurkenstaat" erklärt wird, insbesondere nicht, wenn diese Erklärung einseitig durch einen anderen Staat erfolgt.³⁵ Jeder Befugnis zur einseitigen Anwendung von Gewalt wohnt die Gefahr des Missbrauchs inne, insbesondere bei einem Erstschlag. Selbst schwere Verstöße gegen das Völkerrecht machen einen Staat nach dem für das UN-System, aber auch für die moderne Völkerrechtsordnung insgesamt fundamentalen Grundsatz der souveränen Gleichheit der Staaten nicht zum *outlaw*.³⁶ Anders wäre es auch schwerlich zu begründen, warum man eine Rückkehr des Rechtsbrechers in die Völkerrechtsgemeinschaft fordert. Maßnahmen gegen einen Rechtsbrecher müssen sich daher in den konsentierten Verfahren und Bahnen des Rechts bewegen.³⁷ Die generelle Gefahr, die von Massenvernichtungswaffen ausgeht, könnte nicht einmal dann zu einem unilateralen Kampfeinsatz berechtigen, wenn es nachgewiesen wäre, dass Amuria über solche Waffen verfügt. Hinzukommen müsste in jedem Fall, dass es konkrete Einsatzpläne für diese Waffen gibt.³⁸

455

Hinweis: Während in Klausursachverhalten die Fakten üblicherweise feststehen, spielt gerade hier die Beweislage eine wichtige Rolle. Wer die Möglichkeiten einzelstaatlicher Gewaltanwendung von einem objektiv vorliegenden Angriff auf Bedrohungssituationen ausdehnen will, muss sich über die Frage der Beweislage und der Beweislast Gedanken machen. Dies gilt sowohl bei Bedrohungen durch Massenvernichtungswaffen als auch für eine terroristische Bedrohung (siehe sogleich).

456

2. Selbstverteidigung gegen die terroristische Bedrohung

Laut Sachverhalt ist Bitumien wiederholt Opfer schwerer Terroranschläge gewesen, die von einem Terrornetzwerk zu verantworten sind, das Bitumien zufolge im Kontakt zur amurischen Regierung steht. Terroranschläge sind nur schwer in das klassische System von Gewaltverbot und Selbstverteidigung einzufügen. Dabei geht es weniger um die Frage, ob das Gewicht eines „bewaffneten Angriffs" erreicht wird: Terroranschläge wie die vom 11.9.2001 in New York und Washington können ohne weiteres die Schwere eines militärischen Angriffs erreichen, der zur Selbstverteidigung berechtigt.³⁹ Auch scheint es möglich, die eingesetzten Mittel nach der Art ihrer Verwendung als „Waffen" einzuordnen.⁴⁰ Problematischer ist, dass terroristische Anschläge punktuelle Maßnahmen sind, so dass es regelmäßig an der Gegenwärtigkeit des Angriffs fehlt, wenn dieser

457

---

34 So der Vorschlag von *Herdegen*, § 34 Rn. 14.
35 Dies scheint aber *Yoo* (Fn. 10), 574, genügen zu lassen.
36 Eingehend *Minnerop*, Paria-Staaten im Völkerrecht?, 2004.
37 Sinngemäß *Tomuschat* (Fn. 9: 2001), 541.
38 *Schaller* (Fn. 10), 663 f.
39 *v. Arnauld*, Rn. 1109; *Schaller* (Fn. 10), 656; *Seidel* (Fn. 10), 461 f. Zum Kriterium der Schwere m. w. N. *Randelzhofer/Nolte*, Simma, Art. 51 Rn. 20 f.
40 *Tomuschat* (Fn. 9: 2001), 540.

einmal beendet ist.⁴¹ Allerdings erscheint es hier denkbar, unter bestimmten Voraussetzungen die einzelnen Aktionen als Schläge innerhalb einer breiter angelegten gewaltsamen Kampagne zu betrachten. Auch wenn über die Frage der Einordnung einer „Nadelstichtaktik" regulärer bewaffneter Verbände keine Einigkeit erzielt werden konnte, besteht Anlass, bei Terrorstrategien hierüber nachzudenken. Wenn eine terroristische Organisation ihre Anschläge zum Teil eines Kampfes gegen einen Feind erklärt – wie im Falle von Al-Qaida oder des selbsternannten „Islamischen Staates" – erscheint es zumindest vertretbar, den Angriff trotz der punktuellen Wirkung der einzelnen Anschläge als noch fortdauernd zu betrachten.⁴² Ob eine solche Strategie auch im vorliegenden Fall verfolgt wurde und ob dafür konkrete Nachweise vorlagen⁴³, lässt der Sachverhalt nicht erkennen.

458 Das zentrale Problem dürfte indes sein, dass Gewaltverbot und Selbstverteidigungsrecht das Verhältnis zwischen Staaten regeln, dass terroristische Anschläge aber zumeist von Privaten verübt werden. Diesen gegenüber gewährt das Völkerrecht herkömmlicherweise kein Selbstverteidigungsrecht, nicht zuletzt weil dies die territoriale Unverletzlichkeit des Aufenthaltsstaats beeinträchtigen würde.⁴⁴ Um Selbstverteidigung üben zu dürfen, muss daher ein an sich privater Anschlag grundsätzlich einem Staat zugerechnet werden können.⁴⁵ Hier wird man zunächst an den Kriterien ansetzen müssen, die der IGH im Nicaragua-Fall zum Problem indirekter Gewaltanwendung formuliert hat.⁴⁶ Dort hat der Gerichtshof die Bewaffnung und Ausbildung der nicaraguanischen Contra-Rebellen durch die USA zwar als zurechenbare Gewaltanwendung und damit als Verstoß gegen das Gewaltverbot qualifiziert, zugleich aber unter Hinweis auf die UN-Aggressionsdefinition⁴⁷ festgestellt, dass für die Zurechnung eines bewaffneten Angriffs (als einer qualifizierten Form der Gewaltanwendung) das „Entsenden" solcher Kämpfer bzw. eine „substanzielle Verwicklung" in deren Anschläge notwendig ist. Auch der Kriegseinsatz gegen Afghanistan nach den Anschlägen vom 11.9.2001, der

---

41 Dazu, dass Selbstverteidigung keine Strafaktionen einschließt, *v. Arnauld*, Rn. 1083; *Randelzhofer/Nolte*, Simma, Art. 51 Rn. 57. Für eine Erweiterung des Unmittelbarkeitserfordernisses durch Verzicht auf die „Gegenwärtigkeit" des Angriffs infolge des Afghanistaneinsatzes der USA und ihrer Verbündeten nach dem 11.9.2001 *Hobe*, 259.
42 *v. Arnauld*, Rn. 1110 f; *Stein/v. Buttlar/Kotzur*, Rn. 850. Ähnlich wohl *Krajewski*, AVR 40 (2002), 185 (201 f); *Tomuschat* (Fn. 9: 2001), 542 f. Zu dem Problem auch *Gray* (Fn. 26), 115; *Kotzur*, AVR 40 (2002), 454 (473 f). Kritisch gegenüber einer allzu großzügigen Handhabung der präventiven Selbstverteidigung in diesem Zusammenhang *Weller*, Permanent Imminence of Armed Attacks: Resolution 2249 (2015) and the Right to Self Defence Against Designated Terrorist Groups, EJIL Talk! v. 25.11.2015.
43 Vgl. *v. Arnauld*, Rn. 1111.
44 *v. Arnauld*, Rn. 1117 ff m. w. N., auch zur Gegensansicht; *Bruha*, AVR 40 (2002), 383 (400 ff); *Hilpold* (Fn. 33), 236; *Schadtle* (Fn. 1), 692; *Tomuschat* (Fn. 9: 2001), 541.
45 Betont durch IGH, Gutachten v. 9.7.2004, Legal Consequences of the Construction of a Wall in the Occupied Palestinian Territory, ICJ Rep. 2004, 136, § 139. Offen gelassen im Urteil v. 19.12.2005, Armed Activities on the Territory of the Congo (DR Congo v. Uganda), ICJ Rep. 2005, 168, § 147. Siehe auch *v. Arnauld*, Rn. 1112 ff; *Krajewski*, § 9 Rn. 91 ff; *Randelzhofer/Nolte*, Simma, Art. 51 Rn. 37 f.
46 IGH, Urteil v. 27.6.1986, Military and Paramilitary Activities in and against Nicaragua (Nicaragua v. USA), Merits, ICJ Rep. 1986, 14, §§ 195, 228, 230, 247. Hierzu näher *v. Arnauld*, Rn. 1080 f; *Kotzur* (Fn. 42), 468 ff; *Krajewski* (Fn. 42), 183 ff; *Randelzhofer/Dörr*, Simma, Art. 2 (4) Rn. 23 ff; *Randelzhofer/Nolte*, ebd., Art. 51 Rn. 31 ff; *Seidel* (Fn. 10), 463 ff; *Tomuschat* (Fn. 9: 2001), 540 ff.
47 GA Res. 3314 (XXIX) v. 14.12.1974.

vielfach als legitimer Akt der Selbstverteidigung bewertet wurde,[48] wurde von den USA und ihren Verbündeten mit der Verquickung von Al-Qaida mit dem afghanischen Taliban-Regime begründet.[49] Zwar wird zunehmend die Ansicht vertreten, dass über die Maßstäbe des Nicaragua-Urteils hinaus auch die Gewährung eines „sicheren Hafens" *(safe haven, safe harbour)* für Terroristen – jedenfalls im Zusammenspiel mit Hilfe und Unterstützung[50] – zur Zurechnung führen soll;[51] die bloßen „Kontakte" zwischen Amuria und dem Terrornetzwerk, die Bitumien behauptet, reichen jedoch in keinem Falle aus. Hinzu kommt, dass, um Missbrauch vorzubeugen, an den Nachweis einer Verstrickung in den internationalen Terrorismus hohe Anforderungen zu stellen sind, die hier ebenfalls nicht erfüllt sind. Auch die behauptete Verbindung zum internationalen Terrorismus rechtfertigt demnach einen Selbstverteidigungsschlag gegen Amuria nicht.

Zunehmend wird allerdings vertreten, dass sich Selbstverteidigungsmaßnahmen auch unmittelbar gegen Terroristen richten könnten, ohne dass es auf eine Zurechnung zu einem Staat im Hintergrund ankäme.[52] Ein solcher Ansatz ist zunächst mit Blick auf den Status der (u. U. nur vermeintlichen) Terroristen nicht unproblematisch, weil zwischen Staaten und Privaten faktisch wie rechtlich eine Asymmetrie besteht.[53] Diese äußert sich darin, dass Individuen Träger von Menschenrechten sind, die in der militärischen Logik (anstelle der Logik von Polizeieinsätzen, sog. *law enforcement*) nur schwer einen Platz finden; sie äußert sich auch darin, dass zu Unrecht angegriffene, vermeintliche Terroristen kein adäquates Recht zum Gegenschlag haben. Wer Terroristen nur zum Zwecke ihrer militärischen Bekämpfung Völkerrechtssubjektivität verleihen möchte,[54] schafft einen recht- und ortlosen Feind, gegen den stets und überall zu den Waffen gegriffen werden darf. **459**

Vor allem aber wäre noch immer zu begründen, warum Amuria gewaltsame Operationen Bitumiens auf seinem Hoheitsgebiet dulden muss, obwohl ihm die Aktionen des Terrornetzwerks nicht zuzurechnen sind.[55] Eine solche Duldungspflicht wird teils aus **460**

---

48 Zur Feststellung der Selbstverteidigungslage durch den Sicherheitsrat *Tomuschat* (Fn. 9: 2001), 543 f.
49 Hierzu *v. Arnauld*, Rn. 1113; *Stein/v. Buttlar*, Rn. 846; *Tomuschat* (Fn. 9: 2001), 542.
50 Vgl. *Tams*, EJIL 20 (2009), 359 (384 ff): „aiding and abetting".
51 So *Randelzhofer/Nolte*, Simma, Art. 51 Rn. 38; ferner *Bruha* (Fn. 44), 400 ff; *Dörr*, APuZ 2004/B 43, 14 (16); *Schaller*, FW 86/3–4 (2011), 111 (125); sinngemäß *Herdegen*, § 34 Rn. 26. Hiergegen *Krajewski* (Fn. 42), 193 ff, der bei internationalen Terrornetzwerken bestreitet, dass die Gewährung von Unterschlupf *conditio sine qua non* sei, da stets auf andere Staaten ausgewichen werden könne. Die Kausalität mit solchen hypothetischen Erwägungen zu verneinen, würde aber letztlich zu einem wenig sinnvollen „Verschiebebahnhof" führen. Gegen die „Harbouring-Doktrin" auch *v. Arnauld*, Rn. 1114, mit Fn. 143 zur funktionalen Ersetzung durch die *unwilling or unable*-Doktrin.
52 *Bethlehem*, AJIL 106 (2012), 769 (774, Prinzip 1); *Bruha/Bortfeld*, VN 2001, 161 (165); *Franck*, AJIL 95 (2001), 839 (840); *Greenwood*, IntAff 78 (2002), 301 (307); *Schmitt*, in: FS Dinstein, 2007, 157 (167 f); *Trapp*, ICLQ 56 (2007), 141 (150). Zuvor bereits *Kreß*, Gewaltverbot und Selbstverteidigungsrecht nach der Satzung der Vereinten Nationen bei staatlicher Verwicklung in Gewaltakte Privater, 1995, 274 ff. Siehe auch *ders.*, JUFIL 1 (2014), 11.
53 *v. Arnauld*, Rn. 1116.
54 Vgl. *Bruha* (Fn. 44), 393 f; *Krajewski* (Fn. 42), 197 ff. Zur neueren internationalen Praxis *Peters*, Security Council Resolution 2178 (2014): The "Foreign Terrorist Fighter" as an International Legal Person, EJIL: Talk!, 2 Teile, v. 20.11.2014. Kritisch *Tomuschat* (Fn. 9: 2001), 540 f.
55 Näher *v. Arnauld*, Rn. 1117 ff.

Tatbeteiligung (*complicity*, hier droht eine Umgehung der hohen Zurechnungsstandards), teils aus der Verletzung von *due diligence*-Pflichten hergeleitet. Der in jüngster Zeit propagierte Standard des „unwilling or unable"[56] vermengt diese beiden Begründungsstränge in bedenklicher Weise und soll letztlich eine Festlegung erübrigen, ob der Aufenthaltsstaat unfähig oder nicht willens ist, gegen Terroristen auf seinem Staatsgebiet vorzugehen.[57] Dem Staat, dem die Mittel fehlen, kann Unterstützung angeboten werden, der unwillige Staat mit Gegenmaßnahmen oder UN-legitimierten Sanktionen zur Kooperation gezwungen werden. Was auch immer Bitumien Amuria hier vorwirft: ein Recht zur „Selbstvornahme" besteht nicht. Allenfalls dort, wo Terroristen auf dem Teil des Staatsgebietes eine die staatliche Gewalt weitgehend ausschließende Machtstruktur errichtet haben, mag man in Anlehnung an die Regeln über De-facto-Regime ein solches Duldungsrecht des Territorialstaates annehmen.[58] Über eine derartige Situation auf dem Boden Amurias lässt sich dem Sachverhalt aber nichts entnehmen. Der Angriff ist somit auch nicht als Selbstverteidigung unmittelbar gegen das von Bitumien erwähnte Terrornetzwerk gerechtfertigt.

III. Rechtfertigungsgründe außerhalb der UNCh

461 Wenn ein Militärschlag wegen des Besitzes von Massenvernichtungswaffen oder wegen der Verbindungen zum internationalen Terrorismus nicht im Rahmen der Selbstverteidigung nach Art. 51 UNCh gerechtfertigt werden kann, so könnte man versuchen, ein solches Recht außerhalb der Charta zu verankern. Hier kann natürlich im Wesentlichen auf die oben vorgebrachten Einwände gegen unilaterale Maßnahmen verwiesen werden, insbesondere auf die Missbrauchsgefahr und die Anforderungen an die Beweislage, die hier nicht erfüllt sind. Hinzu kommt, dass es zwar verschiedentlich Fälle gab, in denen Staaten militärische Maßnahmen gegen einen anderen Staat ergriffen haben, um wichtige nationale Interessen durchzusetzen; die Doktrin der *self-help* hat sich aber unter Geltung der UNCh nicht behaupten können und stünde im Widerspruch zu der oben dargestellten Zurückdrängung einzelstaatlicher Gewaltanwendung durch die Charta.[59] Zwar verweist die UN-Charta in Art. 51 auf ein „naturgegebenes Recht", das der Charta vorausliegt und als Gewohnheitsrecht der Weiterentwicklung unterliegt;[60] dies ist aber kein Blankettverweis. Vielmehr stellt Art. 51 UNCh klar, dass zumindest für UN-Mitglieder wie Bitumien ein Recht auf Selbstverteidigung nur im Rahmen der Charta existiert.[61]

---

56 *Bethlehem* (Fn. 52), 775 (Prinzipien 11-12); *Deeks*, VirginiaJIL 52 (2012), 483. Aufgegriffen im Brief des Ständigen Vertreters der USA bei den Vereinten Nationen an die UNO v. 23.9.2014, UN-Dok. S/2014/695. Wohl zustimmend *Herdegen*, § 34 Rn. 26.
57 Zu Recht kritisch *Corten*, LJIL 29 (2016), 777; *Starski*, ZaöRV 75 (2015), 455; *Tladi*, AJIL 107 (2013), 570.
58 *v. Arnauld*, Rn. 1119 f. Siehe auch *Schadtle* (Fn. 1), 692. Zur generellen Akzeptanz des Verteidigungsschlags Israels gegen Milizen im Südlibanon 2006 insoweit übereinstimmend *Antonopoulos*, NILR 55 (2008), 156 (171); *Trapp* (Fn. 52), 154.
59 *Randelzhofer/Nolte*, Simma, Art. 51 Rn. 9 ff, insbes. 13 ff.
60 IGH, Urteil v. 27.6.1986, Military and Paramilitary Activities in and against Nicaragua (Nicaragua v. USA), Merits, ICJ Rep. 1986, 14, § 176.
61 *v. Arnauld*, Rn. 1075; *Hofmann*, GYIL 45 (2002), 9 (33); *Kunig* (Fn. 3), 668; *Randelzhofer/Nolte*, Simma, Art. 51 Rn. 9 ff, 50; *Verdross/Simma*, § 470. Im Ergebnis übereinstimmend *Heintschel v. Heinegg*, Ipsen, § 52 Rn. 5. A.A. *Yoo* (Fn. 10), 571.

Was schließlich das Kriegsziel der Erzwingung eines Regimewechsels in Amuria **462** betrifft, so lässt sich dieses auf keinen in der UNCh anerkannten Rechtfertigungsgrund stützen, sondern kann allenfalls außerhalb dessen begründet werden.[62] Wenn Bitumien argumentiert, es müsse die Bevölkerung Amurias gegen ein „unmenschliches Regime" schützen, beruft es sich auf das umstrittene Konzept der sog. humanitären Intervention[63], das im Rahmen der Schutzverantwortung *(responsibility to protect)* neubelebt wurde.[64] Ganz abgesehen davon, dass humanitäre Interventionen auf schwerste systematische Menschenrechtsverletzungen reagieren sollen, von denen im Sachverhalt nichts mitgeteilt ist, ist die gewohnheitsrechtliche Geltung eines unilateralen Interventionsrechts mehr als nur zweifelhaft. Ihm ist nicht nur die große Mehrheit der UN-Mitgliedstaaten entgegengetreten, sondern jüngst auch die US-Regierung.[65] Ist schon die Intervention zur Verhütung schwerster Menschenrechtsverletzungen ohne UN-Mandat problematisch, gilt dies erst recht für ein von Bitumien ebenso behauptetes Recht auf Erzwingung der Demokratie in einem anderen Staat. Ein solches Recht stünde in deutlichem Widerspruch zum Grundsatz der souveränen Gleichheit der Staaten (Art. 2 Nr. 1 UNCh), der alle Staaten verpflichtet, sich nicht in die inneren Angelegenheiten anderer Staaten einzumischen[66], schon gar mit Gewalt. Weder gibt es auf völkerrechtlicher Ebene ein anerkanntes Recht auf Demokratie noch gibt das Völkerrecht den Staaten Mittel zu dessen gewaltsamer Erzwingung an die Hand.[67] Zu bedenken ist gegenüber solchen Bestrebungen, das Recht zur Kriegführung über die Grenzen der UNCh hinaus auszuweiten, dass die Rückkehr zu einer Doktrin des „gerechten Krieges" das nach 1945 mühsam Erreichte[68] unterminieren würde und verheerende Folgen hätte:[69] Da jeder Staat sich auf der Seite der gerechten Sache glaubt, wäre ein Recht zur unilateralen Gewaltanwendung die Rückkehr zum Recht des Stärkeren, das einer Völkerrechtsordnung, die auf der souveränen Gleichheit der Staaten aufbaut, den Boden entzöge.[70]

Nun ist auch die UNCh als völkerrechtlicher Vertrag nicht immun gegenüber einer **463** Abänderung durch derogierendes Völkergewohnheitsrecht. Es ist daher denkbar, dass Bestimmungen der Satzung durch eine hinlänglich gefestigte Staatenpraxis in Verbin-

---

62 Zur Möglichkeit, dass der Sicherheitsrat einen Verbleib der Regierung an der Macht explizit als Bedrohung für den Frieden im Sinne von Art. 39 UNCh einstuft, *v. Arnauld*, Rn. 1090; *Wheatley*, FJIL 17 (2006), 531.
63 *Seidel* (Fn. 10), 454 ff. Kritisch *Hobe*, S. 279 ff; *Randelzhofer/Dörr*, *Simma*, Art. 2 (4) Rn. 52 ff. Vertiefend *v. Arnauld*, Rn. 1127 ff; *Stein/v. Buttlar/Kotzur*, Rn. 812 ff.
64 *v. Arnauld*, Rn. 1139 ff m. w. N.
65 Vgl. U.S. Department of Defence, Law of War Manual, 2015, 45 f.
66 *Kunig* (Fn. 9), 330.
67 *v. Arnauld*, Rn. 1090. Etwas anderes mag allenfalls bei Regierungen gelten, die unter Verstoß gegen die Verfassung ins Amt gelangen oder im Amt bleiben. Auch hier jedoch bedarf es eines UN-Mandats, vgl. *v. Arnauld*, Rn. 101. Zum Fall der ECOWAS-Intervention in Gambia im Januar 2017 *Pippan*, Collectively Enforcing the Results of Democratic Elections in Africa, voelkerrechtsblog.org v. 10.2.2017.
68 Zur Geschichte des Gewaltverbots *v. Arnauld*, Rn. 1022 ff; *Heintschel v. Heinegg*, Ipsen, § 51 Rn. 1 ff.
69 *Bruha* (Fn. 44), 298 ff. Ähnlich *Tomuschat* (Fn. 9: 2001), 539.
70 *Gardner* (Fn. 17), 588, der darauf hinweist, dass eine solche Doktrin nicht nur Militärschläge arabischer Staaten gegen Israel oder Chinas gegen Taiwan rechtfertigen könne, sondern auch rückblickend den japanischen Angriff auf Pearl Harbor hätte legitimieren können. Sachlich übereinstimmend *Franck* (Fn. 10), 608.

dung mit einer entsprechenden *opinio iuris* abgeändert werden. Das Gewaltverbot ist jedoch nicht nur eine Vertragsnorm, sondern gilt jedenfalls in seinem Kern als Verbot des Angriffskriegs auch gewohnheitsrechtlich im Rang zwingenden Völkerrechts.[71] Eine Norm des *ius cogens* kann aber entsprechend der in Art. 53 WVK niedergelegten Regel nur durch eine andere Norm des zwingenden Rechts abgelöst werden, d. h. durch eine andere Norm, „die von der internationalen Staatengemeinschaft in ihrer Gesamtheit angenommen und anerkannt wird als eine Norm, von der nicht abgewichen werden darf". Gegen den Anspruch Bitumiens, einen solchen Krieg führen zu dürfen, hat sich eine Reihe von Staaten gewandt, darunter Frankreich, Russland, China, Kanada, Mexiko, Belgien und die Bundesrepublik Deutschland, so dass eine solche Derogation nicht von der Staatengemeinschaft in ihrer Gesamtheit getragen wäre, ganz unabhängig davon, ob das Erfordernis einer hinlänglich gefestigten Praxis überhaupt erfüllt wäre. Da dem vergleichbaren Anspruch der USA im 2. Irak-Krieg von 2003 dieselben Einwände entgegengehalten wurden, kann auch dieser nicht zur Begründung einer neuen gewohnheitsrechtlichen Ausnahme vom Gewaltverbot herhalten.[72] Auch außerhalb der UNCh gibt es keine Möglichkeit, den Kriegseinsatz gegen Amuria zu rechtfertigen.

Bitumien und seine Verbündeten handeln nicht gerechtfertigt und verstoßen somit gegen das Gewaltverbot aus Art. 2 Nr. 4 UNCh.

Zur Vertiefung

Leitentscheidungen: IGH, Urteil v. 27.6.1986, Military and Paramilitary Activities in and against Nicaragua (Nicaragua v. USA), Merits, ICJ Rep. 1986, 14 (*v. Arnauld*, Nr. 18; *Dörr*, Nr. 27b); IGH, Gutachten v. 9.7.2004, Legal Consequences of the Construction of a Wall in the Occupied Palestinian Territory, ICJ Rep. 2004, 136 (*v. Arnauld*, Nr. 26; *Dörr*, Nr. 39). IGH, Urteil v. 19.12.2005, Armed Activities on the Territory of the Congo (DR Congo v. Uganda), ICJ Rep. 2005, 168 (*v. Arnauld*, Nr. 27; *Dörr*, Nr. 40).

Literatur zur Vertiefung: Zum Gewaltverbot allgemein: *O. Dörr*, Gewalt und Gewaltverbot im modernen Völkerrecht, APuZ 2004/B 43, 14–20; *C. Gray*, The Limits of Force, RdC 376 (2014), 93–197; *P. Hilpold*, Gewaltverbot und Selbstverteidigung – Zwei Eckpfeiler des Völkerrechts auf dem Prüfstand, JA 2006, 234–239; *A. Randelzhofer/O. Dörr*, Kommentierung von Art. 2 (4), in: Simma (Hg.), The Charter of the U.N., 3. Aufl. 2012; *A. Randelzhofer/G. Nolte*, Kommentierung von Art. 51, ebd.; *K. Schadtle*, Das völkerrechtliche Gewaltverbot und seine Ausnahmen, Jura 2009, 686–695; *M. Weller* (Hg.), The Oxford Handbook on the Use of Force, 2015. **Zum Gewaltverbot und dem internationalen Terrorismus:** *Bethlehem*, Self-Defense Against an Imminent or Actual

---

71 *Heintschel v. Heinegg*, Ipsen, Völkerrecht, § 16 Rn. 51 ff, 59 m. w. N. Für das Gewaltverbot insgesamt *v. Arnauld*, Rn. 1030, 1044; *Helmersen*, NILR 61 (2014), 167; *Stein/v. Buttlar/Kotzur*, Rn. 773; *Tomuschat* (Fn. 9: 2001), 539. Zweifelnd *Green*, MichJIL 32 (2011), 215.
72 Vgl. *Kunig* (Fn. 9), 331 ff. Wenig überzeugend *Yoo* (Fn. 10), 573 f, der ein gewohnheitsrechtlich etabliertes Recht zur präventiven Gewaltanwendung schon vor dem Irak-Krieg von 2003 annimmt. Die von ihm genannten Fälle – Panama, Libyen (1986), Afghanistan, Sudan – sind in ihrer rechtlichen Begründung viel zu heterogen, um Ausdruck einer einheitlichen Praxis und einer hierauf bezogenen Rechtsüberzeugung zu sein. Hinzu kommt, dass die Alleingänge der USA, vor allem in Panama und Libyen, überwiegend auf Ablehnung in der Staatengemeinschaft gestoßen sind.

Armed Attack by Nonstate Actors, AJIL 106 (2012), 769–777; *A. de Hoogh*, Restrictivist Reasoning on the Ratione Personae Dimension of Armed Attacks in the Post 9/11 World, LJIL 29 (2016), 19–42; *M. Krajewski*, Selbstverteidigung gegen Angriffe nicht-staatlicher Organisationen, AVR 40 (2002), 183–214; *C. Schaller*, Operation Enduring Freedom und das Recht auf Selbstverteidigung gegen Terroristen, FW 86/3–4 (2011), 111–137; *M. Sersic*, Article 51 of the United Nations Charter and War against Terrorism, United Nations Audiovisual Library of International Law, http://legal.un.org/avl/ls/peaceandsecurity.html; *P. Starski*, Right to Self-Defense, Attribution and the Non-State Actor – Birth of the "Unable or Unwilling" Standard?, ZaöRV 75 (2015), 455–501; *C. Tams*, The Use of Force against Terrorists, EJIL 20 (2009), 359–397; *D. Tladi*, The Nonconsenting Innocent State: The Problem with Bethlehem's Principle 12, AJIL 107 (2013), 570–576; *C. Tomuschat*, Der 11. September 2001 und seine rechtlichen Konsequenzen, EuGRZ 2001, 535–545; *N. Tsagourias*, Self-Defence against Non-state Actors, LJIL 29 (2016), 801–825. **Zum Irak-Krieg 2003:** Schwerpunktheft des AVR 41 (2003), darin v.a. *M. Bothe* (Der Irak-Krieg und das völkerrechtliche Gewaltverbot, 255–271) und *P. Kunig* (Das Völkerrecht als Recht der Weltbevölkerung, 327–335); Schwerpunktheft des AJIL 97 (2003), darin v.a. *J. Yoo* (International Law and the War in Iraq, 563–576) und *T. Franck* (What Happens Now? The United Nations After Iraq, 607–620); *C. Schaller*, Massenvernichtungswaffen und Präventivkrieg, ZaöRV 63 (2002), 641–668.

Fall 15
Arabischer Herbst in Disyen[1]

464 Der greise Oberst Faddagi, der durch einen Putsch in den 1970er Jahren in Disyen an die Macht gekommen war, herrscht dort bis heute mit eiserner Hand. Nachdem bereits in mehreren arabischen Staaten die Bürger autokratische Regimes gestürzt haben, erfasst der „arabische Frühling" 2011 auch Disyen. Bürger protestieren zunächst auf zahlreichen Demonstrationen gegen das Regime und werden dabei von Disyens Luftwaffe beschossen; bei diesen Angriffen sterben Hunderte. Schließlich versucht die „Rebellenallianz" Faddagi zu stürzen, um demokratische Strukturen in Disyen zu schaffen. Bei der Rebellenallianz handelt es sich um eine politische Bewegung mit Rückhalt in der Bevölkerung. Ein Teil dieser Bewegung engagiert sich im bewaffneten Kampf gegen das Regime. Nachdem die Rebellenallianz, der sich immer mehr Bürger Disyens angeschlossen haben, bereits mehrere Städte unter ihre Kontrolle gebracht hat, holt Faddagi zur Gegenoffensive aus. Er kündigt an, dass seine militärisch weit überlegenen Truppen bereits am nächsten Tag die „Rebellenallianz" niederschlagen und „auslöschen" würden.

Der Sicherheitsrat der Vereinten Nationen beruft daraufhin eine Eilsitzung ein, bei der mit Zustimmung von 10 Mitgliedern, bei einer Enthaltung von fünf Mitgliedern, darunter China und Russland, die Resolution 2973 beschlossen wird. Diese stellt eine Bedrohung des Weltfriedens fest und ermächtigt in Ziffer 4 Mitgliedstaaten der Vereinten Nationen

alle notwendigen Maßnahmen zu ergreifen, um von Angriffen bedrohte Zivilpersonen und von der Zivilbevölkerung bewohnte Gebiete in Disyen, einschließlich Gembasis, zu schützen, unter Ausschluss ausländischer Besatzungstruppen jeder Art in irgendeinem Teil disyschen Hoheitsgebiets.

Fraturien und andere Staaten versuchen daraufhin, die staatlichen disyschen Truppen mittels Luftangriffen zu stoppen. Die meisten der von den Rebellen kontrollierten Städte können vor den Regierungstruppen geschützt werden. In der Küstenstadt Gembasi allerdings zeigen die Luftangriffe nicht das gewünschte Ergebnis. Fraturien beschließt deshalb, Bodentruppen einzusetzen. Diese sollen die Stadt von den Truppen Faddagis befreien und sodann unverzüglich in die Verantwortung der „Rebellenallianz" übergeben.

Den fraturischen Truppen gelingt es innerhalb einer Woche, Teile der Stadt und für die militärische Sicherung bedeutsame Küstenstriche zu kontrollieren. Bei den Kämpfen werden jedoch wichtige Versorgungswege und die Kläranlagen der Stadt zerstört, so dass sich Hunger und Krankheiten langsam ausbreiten. Um eine humanitäre Katastrophe zu verhindern, lässt die fraturische Regierung Lebens- und Arzneimittel, Zelte und Kleidung einfliegen und durch ihre Truppen an die Zivilbevölkerung verteilen.

---
1 Von *Stefan Martini*, *Sarah Schadendorf* und *Markus Spörer*.

In einem auf hügeligem Grund gelegenen Stadtviertel Gembasis stoßen die fraturischen Soldaten auf den erbitterten Widerstand der Faddagi-Getreuen. Erschwert werden die Kämpfe u. a. dadurch, dass sich die disyschen Truppen in Wohnvierteln aufhalten. Eine Gruppe von etwa 200 disyschen Soldaten hat sich seit mehreren Tagen in dem Luxushotel „Four Leaves" verschanzt und beschießt von dort die Rebellen sowie die anrückenden fraturischen Truppen. Auf dem Dach des Hotels haben sie zusätzlich eine Luftabwehrkanone montiert. Außer den Regierungssoldaten befinden sich in dem Hotel ungefähr 90 Zivilisten. Einige von ihnen sympathisieren mit den Regierungstruppen und wollen sie dadurch unterstützen, dass sie in ihrer Nähe bleiben und damit die Soldaten schwerer von ihnen unterscheidbar machen.

Vier ausländische Korrespondenten, die sich ebenfalls in dem Hotel aufhalten, unterrichten die fraturischen Truppen per Handy darüber, dass ein Großteil der Zivilisten in dem Hotel lediglich Schutz gesucht hat, ohne Anhänger einer der beiden Seiten zu sein. Der zuständige fraturische Kontaktoffizier bittet die Journalisten, den Zivilisten zu erklären, dass man das Hotel als militärisches Ziel ansehe, weshalb ihnen Gefahr drohe. Kurz darauf erstürmt schließlich eine fraturische Eliteeinheit mit Erfolg das Hotel. Um die Gegner zunächst außer Gefecht zu setzen und dadurch die Zivilisten so weit als möglich zu schonen, setzen die fraturischen Soldaten ein Betäubungsgas ein. Keiner der Zivilisten erleidet durch den Gaseinsatz gesundheitliche Schäden; allerdings sterben bei dem anschließenden Schusswechsel neben 20 disyschen Soldaten auch 21 Zivilpersonen.

Prüfen sie, ob Fraturien

1. mit dem Einmarsch seiner Truppen gegen das Gewaltverbot verstoßen und

2. bei der Erstürmung des Hotels „Four Leaves" möglicherweise Bestimmungen des Humanitären Völkerrechts (HVR) missachtet hat.

Bearbeitungsvermerk: Disyen und Fraturien sind Mitgliedstaaten der Vereinten Nationen sowie Vertragsparteien der Genfer Abkommen von 1949, aller Zusatzprotokolle sowie des Übereinkommens über das Verbot der Entwicklung, Herstellung, Lagerung und des Einsatzes chemischer Waffen und über die Vernichtung solcher Waffen von 1993.

Anlage

Auszüge aus dem Chemiewaffen-Übereinkommen (CWC) vom 13.1.1993:

Art. I Allgemeine Verpflichtungen

(1) Jeder Vertragsstaat verpflichtet sich, unter keinen Umständen jemals [...]

b) chemische Waffen einzusetzen; [...]

(5) Jeder Vertragsstaat verpflichtet sich, Mittel zur Bekämpfung von Unruhen nicht als Mittel der Kriegführung einzusetzen.

Fall 15 Arabischer Herbst in Disyen

Art. II Begriffsbestimmungen und Kriterien

Im Sinne dieses Übereinkommens haben die nachstehenden Ausdrücke folgende Bedeutung:

1. Der Ausdruck „chemische Waffen" bezeichnet folgende Gegenstände, zusammen oder für sich allein:

a) toxische Chemikalien und ihre Vorprodukte, mit Ausnahme derjenigen, die für nach diesem Übereinkommen nicht verbotene Zwecke bestimmt sind, solange diese nach Art und Menge mit solchen Zwecken vereinbar sind; […]

2. „Toxische Chemikalie" bedeutet jede Chemikalie, die durch ihre chemische Wirkung auf die Lebensvorgänge den Tod, eine vorübergehende Handlungsunfähigkeit oder einen Dauerschaden bei Mensch oder Tier herbeiführen kann. Dazu gehören alle derartigen Chemikalien, ungeachtet ihrer Herkunft oder der Art ihrer Produktion und ungeachtet dessen, ob sie in Einrichtungen, in Munition oder anderswo produziert werden. […]

7. „Mittel zur Bekämpfung von Unruhen" bedeutet jede nicht in einer der Listen genannte Chemikalie, die beim Menschen spontan sensorische Irritationen oder handlungsunfähig machende Wirkungen hervorrufen kann, welche innerhalb kurzer Zeit nach Beendigung der Exposition verschwinden. […]

9. „Nach diesem Übereinkommen nicht verbotene Zwecke" bedeutet […]

d) Zwecke der Aufrechterhaltung der öffentlichen Ordnung einschließlich der innerstaatlichen Bekämpfung von Unruhen.

Lösungsskizze

Frage 1: Verstoß gegen das Gewaltverbot   465
  A. **Anwendung zwischenstaatlicher Gewalt**
    → durch Einsatz von Luft- und Bodentruppen (+)
  B. **Ausschluss der Rechtswidrigkeit**
     I. Rechtmäßigkeit der Resolution 2973
        → formell: Zustandekommen trotz Enthaltungen
        → materiell: interne Konflikte als Bedrohung des Weltfriedens? Vgl. ständige UN-Praxis v. a. nach 1990, auf Weltgipfel 2005 ausdrücklich anerkannt (Schutzverantwortung); weites Ermessen
     II. Fraturische Maßnahmen am Maßstab der Resolution 2973
        1. Wirksame Ermächtigung zum militärischen Eingreifen
           → Möglichkeit der Ermächtigung heute unstr.
           → hier: „alle erforderlichen Maßnahmen" = einschließlich Gewalt
        2. Grenzen der Ermächtigung
           a) Verbot jeglicher Besatzungstruppen
              → Bodentruppen = Besatzungstruppen? Vgl. HLKO und GK IV: Besatzung erfordert effektive Kontrolle
              → hier: „bedeutsame" Küstenstriche und Teile Gembasis seit über 1 Woche kontrolliert; Versorgung der Bevölkerung; aber eng begrenzter Einsatz, noch nicht stabilisiert
           b) Begrenzung auf den Schutz der Zivilbevölkerung
              → *regime change* nicht legitimiert; aber: Abgrenzung vom Schutz der Zivilbevölkerung schwierig; Bedrohung der Zivilbevölkerung durch Faddagi-Regime
  C. **Ergebnis**

Frage 2: Verstoß gegen Vorschriften des Humanitären Völkerrechts
  A. **Anwendbarkeit der Regeln des Humanitären Völkerrechts**
    → (+), Faddagi/Rebellen = nicht-internationaler, D/F = internationaler bewaffneter Konflikt
  B. **Normenverstoß**
     I. Verstoß gegen das Unterscheidungsgebot
        1. Angriff auf das Hotel
           → Hotel umgewidmet (Luftabwehrkanone, Beschuss durch 200 disysche Soldaten)
        2. Angriff auf die Menschen im Hotel
           → Soldaten = Kombattanten; übrige Personen eigtl. kein zulässiges Ziel
           → Sympathisanten: unmittelbare Teilnahme an Feindseligkeiten als menschliche Schutzschilde (vgl. IKRK-Leitlinie 2009)? wohl (-), weil bloß passiv (Schädigungsschwelle!)

II. Verbotene Angriffsmittel und -methoden?
1. Einsatz des Betäubungsgases
   → unterschiedslos gemäß Art. 51 Abs. 4 lit. c ZP I? Schonung der Zivilisten (nicht letales Mittel) bezweckt: teleologische Reduktion
   → absolutes Verbot nach Art. 1 und 2 Nr. 2 CWC; teleologische Reduktion hier (-)
2. Verhältnismäßigkeit des gesamten Angriffs
   → übermäßiger Kollateralschaden? strategisch wichtiger Posten, 200 disysche Soldaten/Zahl getöteter Zivilisten, freiwillige (!) Schutzschilde, Prognose (Perspektive *ex ante*)
   → Vorsichtsmaßnahmen: Zielauswahl, mildestes Mittel (vgl. mit Bombardierung); Warnung; Einsatz nicht-letaler Mittel; Einsatz von Spezialeinheit
3. Pflicht zur Warnung
   → Art. 57 Abs. 2 lit. c ZP I: generelle Warnung möglich (offene Belagerung); auch über inoffizielle Kanäle möglich (Wirksamkeit!)
   → Erstürmung „kurz darauf": Panik/Massenflucht vermeiden

C. Ausschluss der Rechtswidrigkeit?
→ absolute Garantien

D. Ergebnis

Lösung

Frage 1: Verstoß gegen das Gewaltverbot

A. Anwendung zwischenstaatlicher Gewalt

Der fraturische Einmarsch in Disyen könnte das Gewaltverbot verletzt haben. Der Einsatz fraturischer Bodentruppen gegen die disyschen Truppen stellt eine Anwendung zwischenstaatlicher Gewalt dar, die nach Art. 2 Nr. 4 UNCh verboten ist. Fraglich kann allenfalls sein, ob die Gewaltanwendung völkerrechtlich gerechtfertigt war.

B. Ausschluss der Rechtswidrigkeit

Die Maßnahmen der fraturischen Armee könnten durch die Sicherheitsrats-Resolution 2973 gerechtfertigt sein. Zu prüfen ist, ob die Resolution als Rechtsgrundlage Bestand hat (I.) und ob das Handeln der fraturischen Truppen von der Ermächtigung durch den UN-Sicherheitsrat gedeckt ist (II.).

I. Rechtmäßigkeit der Resolution 2973

> **Hinweis:** Dass der UN-Sicherheitsrat im vorliegenden Fall auf einen rein internen Sachverhalt reagiert hat, rechtfertigt, die Frage aufzuwerfen, ob die Resolution u. U. außerhalb der Befugnisse liegt, die die UN-Charta ihm überträgt (also *ultra vires* ergangen ist).[2] Die Prüfung sollte aber knapp bleiben. Bei einer prozessualen Einkleidung des Falles würde sich zusätzlich die Frage stellen, ob der IGH überhaupt ermächtigt ist, Akte des UN-Sicherheitsrates auf das Überschreiten rechtlicher Grenzen zu überprüfen.[3]

An der *formellen Rechtmäßigkeit* bestehen keine durchgreifenden Zweifel. Die Enthaltung zweier ständiger Mitglieder verhindert nach ständiger Praxis des Sicherheitsrates nicht, dass der Beschluss mit der in Art. 27 Abs. 3 UNCh geforderten Mehrheit zustande kommt.[4] In *materieller Hinsicht* könnten Bedenken bestehen, weil Art. 39 UNCh dem Wortsinn nach eine *internationale* Friedensbedrohung verlangt („Weltfrieden"). Danach wären *interne Konflikte* wie derjenige in Disyen ausgeschlossen. Der Sicherheitsrat legt seinen Beschlüssen nach Kapitel VII jedoch seit den 1990er Jahren zunehmend einen positiven Friedensbegriff zugrunde, der auch schwerste Verletzungen der Menschenrechte und des HVR in innerstaatlichen Konflikten erfasst.[5] Diese Aus-

---

2 Kritisch, in einer Vermengung rechtsphilosophischer und völkerrechtlicher Argumente, *Merkel*, ZIS 2011, 771 zur Resolution 1973 gegen Libyen, die hier als Vorbild dient. Vgl. dagegen *Tomuschat*, in: Beestermöller (Hg.), Libyen: Missbrauch der Responsibility to Protect?, 2014, 13 ff.
3 Zu dieser Frage m. w. N. *v. Arnauld*, Rn. 156 f. Vertiefend jüngst *Kloke*, Der Sicherheitsrat der Vereinten Nationen als Weltgesetzgeber – eine kritische Betrachtung aus völkerrechtlicher Sicht, 2016, 353 ff.
4 IGH, Gutachten v. 21.7.1971, Legal Consequences for States of the Continued Presence of South Africa in Namibia, ICJ Rep. 1971, 16, § 22. Siehe dazu auch *v. Arnauld*, Rn. 151; *Klein/Schmahl*, Vitzthum, 4. Abschnitt, Rn. 144.
5 *v. Arnauld*, Rn. 1047; *Krisch*, Simma, Art. 39 Rn. 12 ff, 22 ff.

weitung der Eingriffsbefugnisse haben die UN-Mitgliedstaaten im Abschlussdokument des UN-Weltgipfels von 2005 ausdrücklich akzeptiert, in dem sich die Staats- und Regierungschefs der Welt zu der Idee einer Schutzverantwortung *(responsibility to protect)* bekennen, die im Falle schwerster Verstöße gegen Menschenrechte oder HVR auch nach Kapitel VII durchgesetzt werden kann.[6] Hinsichtlich der Feststellung einer solchen Situation wie auch hinsichtlich der Wahl der angemessenen Mittel besitzt der Sicherheitsrat einen weiten Einschätzungsspielraum. Dessen Grenzen sind angesichts der Drohung Faddagis, die Rebellenallianz (zu der nicht bloß aktive Kämpfer gehören) durch seine überlegene Luftwaffe „auslöschen" zu wollen, und des bereits erfolgten Beschusses von friedlichen Demonstranten nicht überschritten worden. Die Resolution 2973 ist somit rechtmäßig.

II. Fraturische Maßnahmen am Maßstab der Resolution 2973

1. Wirksame Ermächtigung zum militärischen Eingreifen

470 Fraglich ist, ob der Einmarsch der fraturischen Truppen von der Resolution gedeckt ist. Um berechtigterweise zu den Waffen greifen zu können, muss Fraturien hierzu vom Sicherheitsrat wirksam ermächtigt worden sein. Dass der Sicherheitsrat generell zum Mittel solcher Ermächtigungen greifen darf, ist in der UN-Praxis anerkannt und folgt nicht zuletzt aus Art. 42 UNCh, der ausdrücklich den Einsatz von „Luft-, See- oder Landstreitkräften von Mitgliedern der Vereinten Nationen" erwähnt.[7] Die Resolution 2973 ermächtigt die Mitgliedstaaten, „alle notwendigen Maßnahmen" in Disyen zu ergreifen. Diese Standardformulierung umfasst angesichts des eindeutigen Wortlauts („alle") nach gefestigter Praxis des Sicherheitsrates die Ermächtigung zu militärischen Zwangsmaßnahmen.[8]

2. Grenzen der Ermächtigung

a) Verbot jeglicher Besatzungstruppen

471 Die Resolution 2973 verbietet *jegliche Form ausländischer Besatzungstruppen* auf jeglichem Teil des disyschen Territoriums. Es ist einerseits zu prüfen, ob der Einsatz von Bodentruppen durch die Resolution generell ausgeschlossen ist, und andererseits, ob die Maßnahmen der fraturischen Truppen sich zu einer Besatzung (im Sinne der Resolution) verdichtet haben.

472 Ob das Verbot von Besatzungstruppen den *Einsatz von Bodentruppen* ausschließt oder nicht, hängt von der Interpretation des Begriffs „Besatzungstruppen jeder Art" in der Resolution 2973 ab. Für die Auslegung des Sekundärrechts internationaler Organisationen – wie z. B. Resolutionen des Sicherheitsrates – können die allgemeinen Ausle-

---

[6] A/RES/60/1 v. 24.10.2005, § 139. Zur Schutzverantwortung m.w.N. *v. Arnauld*, Rn. 313 f, 1047, 1149 ff.
[7] *v. Arnauld*, Rn. 1051 f. Näheres in Fall 14, I.1.
[8] Z.B. UN-Sicherheitsrat, Res. 678 (1990), Rn. 2 (zu Kuwait); Res. 940 (1994), Rn. 4 (zu Haiti); Res. 1264 (1999), Rn. 3 (zu Ost-Timor). Siehe zu dieser Formulierung anlässlich der Res 2249 v. 20.11.2015 *v. Arnauld*, Rn. 1051. Zu anderen ähnlichen Formulierungen *McLaughlin*, JCSL 12 (2008), 389.

gungsregeln, wie sie in der WVK niedergelegt sind, herangezogen werden.[9] Zieht man also entsprechend Art. 31 Abs. 1 WVK die gewöhnliche Bedeutung des Wortes „Besatzungstruppen" zu Rate, lässt sich ein Unterschied zwischen „Besatzungs-" und generell auf dem Boden eines fremden Staates agierenden Truppen nicht leugnen. Danach wären Besatzungstruppen eine Teilmenge des allgemeineren Begriffes „Bodentruppen". Zumindest einzelne Militärpersonen, die auf disyschem Boden agieren, z. B. Spionage-Agenten oder militärische Berater, die der Rebellenallianz zur Seite stehen, sind damit legitimiert.[10]

> **Hinweis:** An dieser Stelle könnte man ferner hinterfragen, ob der Zusatz „jeder Art" nicht nur Besatzung im besatzungsrechtlichen Sinne, sondern auch besatzungsähnliche Truppenhandlungen vom Einsatz ausschließen möchte. Der Wortlaut legt nahe, dass alle vorstellbaren Formen der Besatzung verboten sind, wogegen keine Textstelle angibt, über die gewöhnliche Bedeutung von „Besatzung" hinaus andere ähnliche oder verwandte Phänomene erfassen zu wollen. Auch der hervorgehobene Zweck der Resolution (Art. 31 Abs. 1 a. E. WVK), die disysche Zivilbevölkerung zu schützen, kann eine erweiternde Interpretation des Besatzungsbegriffs nicht eindeutig rechtfertigen: Dem Schutz der Zivilbevölkerung könnte es gerade dienen, Bodentruppen (begrenzt) einzusetzen.

473

Wenngleich Bodentruppen von der Ermächtigung nicht gänzlich ausgenommen sind, bleibt doch zu klären, ob nicht die fraturischen Bodentruppen im konkreten Fall gleichwohl als Besatzungstruppen agierten. Hierzu muss der Begriff „Besatzungstruppen" näher bestimmt werden. Nahe liegt es, die etablierten Interpretationen aus dem Besatzungsrecht (GK IV, HLKO) zu Rate zu ziehen, wofür auch Art. 31 Abs. 3 lit. c WVK spricht. Dieses ist auch zwischen Disyen und Fraturien anwendbar: beide sind Vertragsparteien der GK IV und qua Gewohnheitsrecht an die HLKO gebunden.[11]

474

Nach Art. 42 Abs. 1 HLKO gilt ein Gebiet als besetzt, wenn es sich tatsächlich in der Gewalt (im authentischen Wortlaut: „l'autorité") eines feindlichen Heeres befindet. Der gemeinsame Art. 2 Abs. 2 GK stellt klar, dass auch eine *teilweise* Besetzung das Besatzungsregime des HVR zur Anwendung bringt. Die Kumulation von tatsächlicher und potentieller Gewaltausübung in Art. 42 Abs. 1 HLKO („und") wird als *Erfordernis effektiver Kontrolle* über ein Gebiet verstanden; die Besatzungstruppen müssen nicht jederzeit überall sein.[12] Effektive Kontrolle setzt zunächst die Abwesenheit der Kontrolle der ursprünglichen Staatsgewalt voraus; inwiefern die Besatzungsmacht zur Erreichung effektiver Kontrolle die fehlende Staatsgewalt ersetzen muss, ist umstritten.[13] Allerdings geht das HVR selbst davon aus, dass es Grade militärischer Kontrolle gibt, die nicht zur Besatzung erstarkt sind (siehe z. B. Art. 70 ZP I, 4 Abs. 1 GK IV).[14]

475

---

9 Vgl. *Krisch*, Simma, Introduction to Chapter VII, Rn. 55 ff. Siehe bereits Fall 14.
10 *Geiß/Kashgar*, VN 2011, 99 (104); *Payandeh*, VirginiaJIL 52 (2012), 355 (385 f).
11 Zur gewohnheitsrechtlichen Geltung der HLKO *v. Arnauld*, Rn. 1158.
12 *Benvenisti*, Occupation, Belligerent, MPEPIL (5/2009), Rn. 8.
13 Dafür IGH, Urteil v. 19.12.2005, Armed Activities on the Territory of the Congo (DR Congo v. Uganda), ICJ Rep. 2005, 167, §§ 173, 177; hierzu auch *Zwanenburg*, YIHL 10 (2007), 99 (117 ff).
14 *Benvenisti* (Fn. 12), Rn. 6.

Ob daraus allerdings folgt, dass das Besatzungsrecht auch unterhalb der Begründung ‚neuer' Staatsgewalt Anwendung findet, ist nicht geklärt. Fraglich ist deshalb, ob Fraturien effektive Kontrolle über die genannten Gebiete ausübt.

476 Für das Erreichen effektiver Kontrolle durch fraturische Truppen auf disyschem Gebiet spricht, dass diese „bedeutsame" Küstenstriche und Teile Gembasis unter ihre Kontrolle gebracht haben. Sie kontrollieren diese Gebiete mindestens eine Woche und mehrere Tage. Dass Fraturien dabei mit dem Ziel handelt, nur kurz zu intervenieren, und mit der Maßgabe, die Verantwortung schnellstmöglich zu übergeben, ist irrelevant; es kommt auf die objektiven Gegebenheiten an.[15] Das Verteilen lebensnotwendiger Güter an die lokale Bevölkerung könnte dafür sprechen, dass sich Fraturien wie eine Besatzungsmacht geriert, jedenfalls dass es Aufgaben der Staatsgewalt übernimmt, indem Pflichten der Besatzungsmacht erfüllt werden (Art. 43 HLKO, Art. 55, 56 GK IV, Art. 69 ZP I). Allerdings stellt die Versorgung der Bevölkerung in einer humanitären Notlage nicht notwendig eine Verknüpfung mit dem Besatzerstatus her. Art. 70 ZP I besagt, dass die notleidende Bevölkerung humanitäre Hilfe auch in Gebieten, die nicht besetzt sind, erhalten muss. Funktional, örtlich und zeitlich ist der Einsatz so eng begrenzt, dass die Kontrolle noch nicht staatsgewaltsäquivalent erstarkt ist. Die Länge des Einsatzes ist zudem vom Widerstand der disyschen Truppen abhängig. Eine noch volatile Situation kann noch nicht als Besetzung angesehen werden. Die Bodentruppen Fraturiens sind deshalb keine Besatzungstruppen.

> **Hinweis:** Angesichts der Streitigkeiten um den Besatzungsbegriff ist hier auch eine Besatzung vertretbar, die noch keine Staatsfunktionen erfüllt.

b) Begrenzung auf den Schutz der Zivilbevölkerung

477 Der in der Resolution genannte Zweck der Zwangsmaßnahmen, die bedrohte Zivilbevölkerung zu schützen, begrenzt die Durchführung von Einsätzen im Auftrag der Resolution. Zum einen muss die Bedrohung konkret, wenngleich nicht in jedem Fall gegenwärtig sein („von Angriffen bedroht") – dies war der Fall (Rn. 469). Zum zweiten darf der Einsatz nicht dazu dienen, das alte Regime zu stürzen *(regime change)* – dies ginge über den Schutz der Zivilbevölkerung hinaus. Hier kommt es freilich nicht auf die Intentionen der intervenierenden Staaten an, sondern auf die tatsächlich ablaufenden Geschehnisse. Eine Abgrenzung von *regime change* und Bevölkerungsschutz ist allerdings schwierig: da die Menschenrechtsverletzungen vom alten Regime ausgehen, stellt deren Bekämpfung notwendigerweise auch eine Schwächung des Regimes dar. Solange die Maßnahmen (äußerlich) dem Schutz der Zivilbevölkerung dienen, lässt dies verfolgte Nebenzwecke durchaus zu.[16] Die Äußerung Fraturiens, eroberte Gebiete in die Hände der Allianz zu übergeben, veranschaulicht dies. Einerseits schwächt die Übergabe die Einflussmöglichkeiten der disyschen Regierung und dient damit dem Schutz

---

15 Vgl. *Benvenisti* (Fn. 12), Rn. 9.
16 *Payandeh*, FW 87/1 (2012), 67 (74 f); *ders.* (Fn. 10), 355 (387 ff).

der Zivilbevölkerung; andererseits bereiten die fraturischen Aktionen dem Regierungswechsel den Boden. Die konkrete, wenngleich nicht stets gegenwärtige Bedrohung der Zivilbevölkerung kann hier auch bejaht werden.

C. Ergebnis

Der Einsatz der fraturischen Bodentruppen als solcher steht im Einklang mit der UN-Charta. 478

> **Hinweis:** Bei entsprechender Argumentation ist es in diesem Fall ebenso möglich, den fraturischen Einsatz als nicht von der Resolution gedeckt anzusehen. Dann müssten weitere Rechtfertigungsgründe geprüft werden. In Betracht kommen insbesondere die kollektive Selbstverteidigung und die humanitäre Intervention (vgl. Fall 14).

Frage 2: Verstoß gegen Vorschriften des Humanitären Völkerrechts

Fraturien könnte bei der Erstürmung des Hotels „Four Leaves" gegen Vorschriften des HVR verstoßen haben. An der Deliktsfähigkeit Fraturiens und an der Zurechenbarkeit des Verhaltens der Truppen zum Staat Fraturien bestehen keine Zweifel. 479

> **Hinweis:** Im Interesse der Schwerpunktsetzung wird der Deliktsaufbau (siehe Anhang I) hier etwas gestrafft.

A. Anwendbarkeit der Regeln des Humanitären Völkerrechts

Zunächst müsste das HVR überhaupt anwendbar sein. Die Regeln des HVR finden (sofern sie nicht Vorsorgepflichten in Friedenszeiten betreffen) ausschließlich in bewaffneten Konflikten Anwendung. Für die Ermittlung der anwendbaren Vorschriften ist dabei – trotz inhaltlicher Annäherungen, insbesondere im Recht der Kampfhandlungen[17] – die Unterscheidung von internationalem und nicht-internationalem Konflikt nach wie vor von Bedeutung.[18] Die Auseinandersetzung zwischen Faddagi und den Aufständischen dürfte mit dem Einsatz der disyschen Luftwaffe gegen die eigene Zivilbevölkerung die Schwelle zum bewaffneten Konflikt nicht-internationalen Charakters überschritten haben. Greift ein ausländischer Staat, wie hier Fraturien, in einen Bürgerkrieg ein, gelten insoweit die Regeln des internationalen bewaffneten Konflikts, wenn der intervenierende Staat die Waffen gegen die Regierung richtet. Zum Überschreiten der Konfliktschwelle genügt hier bereits ein erster Schuss. Im Verhältnis zwischen den 480

---

17 Vgl. *Bothe*, in: FS Delbrück, 2005, 67 (82 f). Näher zur Angleichung der Rechtsregime ICTY, Beschluss v. 2.10.1995, Prosecutor v. Duško Tadić (Appeals Chamber), § 96 ff, sowie *v. Arnauld*, JBÖS (2010/11), 77 (79).
18 Zur Unterscheidung ICTY, Beschluss v. 2.10.1995, Prosecutor v. Duško Tadić (Appeals Chamber), § 70. Vertiefend *v. Arnauld*, Rn. 1185 ff.

fraturischen und den disyschen Truppen ist somit das Recht des internationalen bewaffneten Konflikts anwendbar, d. h. qua vertraglicher Bindung die Regeln der Genfer Konventionen, das ZP I zu den Genfer Konventionen sowie darüber hinaus weitere einschlägige gewohnheitsrechtlich geltende Vorschriften, v. a. die des Haager Rechts.[19]

B. Normenverstoß

481 Fraturien hat als Konfliktpartei Maßgaben und Verbote des HVR hinsichtlich militärischer Ziele, Mittel und Methoden zu beachten. Bei Erstürmung des Hotels könnte gegen diese Vorschriften verstoßen worden sein.

I. Verstoß gegen das Unterscheidungsgebot

482 Art. 48 ZP I stellt – als Ausdruck militärischer Notwendigkeit – das sog. Diskriminierungsgebot auf, nach dem in Gefechtssituationen strikt zwischen militärischen und zivilen Objekten zu unterscheiden ist (s. auch Art. 52 Abs. 1 S. 2 ZP I): Nur militärische Objekte dürfen das Ziel von Angriffen sein (Art. 48 ZP I a. E. sowie Art. 52 Abs. 2 S. 1 ZP I), nicht hingegen zivile Objekte (Art. 52 Abs. 1 ZP I) oder Zivilpersonen (Art. 51 Abs. 2 ZP I). Fraglich ist daher, ob mit dem Angriff auf das Hotel (1.) und die dort befindlichen Menschen (2.) gegen das Unterscheidungsgebot verstoßen wurde.

1. Angriff auf das Hotel

483 Im Normalfall ist ein Hotel, wie hier das „Four Leaves", ein zivil genutztes Gebäude und somit vor Angriffshandlungen geschützt. Etwas anderes kann nur gelten, wenn ein Gebäude zu einem militärischen Objekt umgewidmet wurde und aufgrund seiner gegenwärtigen Verwendung zu militärischen Handlungen beiträgt und seine Eroberung einen eindeutigen militärischen Vorteil darstellt (Art. 52 Abs. 2 ZP I). Das Hotel wurde auf seinem Dach mit einer Luftabwehrkanone versehen, die gegen die fraturische Luftwaffe eingesetzt werden kann. Außerdem beschießen 200 disysche Soldaten vom Hotel aus die Rebellen und die fraturischen Truppen. Das Hotel trägt damit seiner Verwendung nach wirksam dazu bei, den Kampf der disyschen Truppen zu unterstützen. Seine Eroberung würde eine Bedrohung für die fraturische Luftwaffe ausschalten und einen strategisch wichtigen Punkt in Gembasi erobern helfen. Dies wäre ein eindeutiger militärischer Vorteil für Fraturien.

2. Angriff auf die Menschen im Hotel

484 Die disyschen Soldaten sind als Mitglieder staatlicher Streitkräfte Kombattanten (Art. 50 Abs. 1 ZP I i. V. m. Art. 4 lit. a Nr. 1 GK III, Art. 43 Abs. 2 und 1 ZP I) und dürfen angegriffen werden. Die *übrigen sich im Hotel „Four Leaves" aufhaltenden Personen* sind hingegen als Zivilpersonen vor direkten Angriffen geschützt.

---

19 Vgl. *v. Arnauld*, Rn. 1158.

Fraglich könnte jedoch sein, ob die *Sympathisanten* noch diesen Schutz als Zivilisten **485** genießen. Sie gehören weder regulären noch irregulären bewaffneten Kräften an; sie sind auch nicht Teil einer spontanen *levée en masse* (Art. 50 Abs. 1 ZP I i. V. m. Art. 4 lit. a Nr. 1, 2, 3, 6 GK III). Somit kommt ihnen kein Kombattantenstatus zu. Der Schutz, den die Sympathisanten als Zivilpersonen genießen, entfällt aber, sofern und soweit sie unmittelbar an Feindseligkeiten teilnehmen (Art. 51 Abs. 3 ZP I). Anders als Zivilisten, die gezwungen werden, sich in der Nähe von militärischen Zielen aufzuhalten,[20] könnten Zivilpersonen, die sich freiwillig als menschliche Schutzschilde zur Verfügung stellen, ihren Schutz verlieren.[21] In seiner Interpretationsrichtlinie von 2009 hat das IKRK den Begriff der unmittelbaren Teilnahme an Feindseligkeiten präzisiert; diese Richtlinie ist zwar nicht rechtsverbindlich, besitzt aber als Ergebnis eines multinational geführten Expertendialogs *persuasive authority*.[22] Es ist nicht ersichtlich, dass die Sympathisanten Mitglieder organisierter bewaffneter Gruppen sind. Insofern setzt eine unmittelbare Teilnahme voraus, dass sie in feindlicher Absicht Aktionen vornehmen, die unmittelbar kausal die militärischen Operationen oder Fähigkeiten des Gegners schwächen.

Die feindliche Absicht steht im vorliegenden Fall außer Frage, ebenso dass die Aktion **486** auf eine Schwächung der militärischen Operationen des Gegners zielt: Die Sympathisanten erschweren es den fraturischen Truppen durch ihre Anwesenheit, die disyschen Soldaten effektiv zu bekämpfen, und gefährden möglicherweise sogar die fraturischen Soldaten wegen der geminderten Unterscheidbarkeit von Militär- und Zivilpersonen. Die Frage ist jedoch, ob diese Schwächung des Gegners unmittelbar kausal bewirkt wird. Obwohl nicht nur genuine Kampfhandlungen schädlich sein können, muss es sich um eine direkte Bedrohung der Gegenpartei handeln.[23] Dabei kann auch eine aktiv durchgeführte Behinderung gegnerischer Militäroperationen eine solche Feindseligkeit sein (z. B. wenn man sich selbst oder ein ziviles Fahrzeug in den Weg einer Truppenbewegung stellt).[24] Das bloße Zurverfügungstellen als Schutzschild hingegen bleibt im Stadium einer passiven Behinderung und damit höchstens indirekten Schädigung stecken.[25] Außerdem spricht der Zweifel für die Zivilisteneigenschaft (Art. 50 Abs. 1 2 ZP I): Die Unterscheidung von freiwilligen und unfreiwilligen menschlichen Schutzschildern ist (nicht zuletzt in Kampfsituationen) nicht zu leisten.[26]

---

20 Diese genießen den vollen Schutz als Zivilpersonen: *Gasser/Dörmann*, in: Fleck (Hg.), The Handbook of International Humanitarian Law, 3. Aufl. 2013, Rn. 506.
21 So mit einer Argumentation der Abschreckung *Schmitt*, in: FS Fleck, 2004, 505 (509).
22 http://www.icrc.org/eng/assets/files/other/icrc-002-0990.pdf. Abgedruckt auch in IRRC 90 (2008), 991. Kritisch dazu *Dinstein*, The Conduct of Hostilities under the Law of International Armed Conflict, 3. Aufl. 2016, Rn. 471. Siehe dazu auch *v. Arnauld*, Rn. 1214 f.
23 *Gasser/Dörmann* (Fn. 20), Rn. 517 Nr. 3.
24 *Henderson*, The Contemporary Law of Targeting, 2009, 215; *Sassòli*, in: FS Bothe, 2008, 567 (572 f).
25 *v. Arnauld*, Rn. 1215; siehe ICRC, Interpretive Guidance on the Notion of Direct Participation in Hostilities under International Humanitarian Law, 57. A. A. Israeli Supreme Court, Urteil v. 13.12.2006, HCJ 769/02, The Public Committee against Torture in Israel v. The Government of Israel, Rn. 36, sowie die USA und einzelne Stimmen der Völkerrechtslehre, vgl. mit Nachweisen *Sassòli* (Fn. 24), 571 f; *Dinstein* (Fn. 22), 471 ff.
26 *Sassòli* (Fn. 24), 574.

> **Hinweis:** A. A. vertretbar. Die freiwillige Selbstgefährdung kann allerdings in der Verhältnismäßigkeitsprüfung Berücksichtigung finden (siehe unten II.2.).

487 Während somit das Hotel insgesamt legitimes Ziel fraturischer Kampfhandlungen war, durften bei der Erstürmung des Hotels als Kombattanten nur die 200 disyschen Soldaten direkt angegriffen werden. Dass Zivilisten – entgegen dem Unterscheidungsgebot – gezielt zum Objekt von Angriffen gemacht wurden, ist nicht mitgeteilt. Die beim Schusswechsel dennoch ums Leben gekommenen Zivilisten könnten als sog. Kollateralschäden einzuordnen sein, die als zivile Begleitschäden eines in zulässiger Weise durchgeführten Angriffs hingenommen werden müssen.[27] Die Art und Weise der Durchführung des Angriffs ist daher im Folgenden zu prüfen.

II. Verbotene Angriffsmittel und -methoden?

488 Die Mittel zur Schädigung des Feindes sind nicht unbeschränkt (Art. 35 Abs. 1 ZP I, Art. 22 HLKO). Konkrete Restriktionen bei der Wahl der Kampfmittel und -methoden geben vor allem die Vorschriften des ZP I vor.

1. Der Einsatz des Betäubungsgases

489 Der Einsatz des Betäubungsgases könnte gegen Art. 51 Abs. 4 ZP I verstoßen haben, der unterschiedslose Angriffe verbietet. Zwar war der Einsatz gegen das Hotel „Four Leaves" und damit gegen ein bestimmtes militärisches Ziel (s. o.) gerichtet, weswegen ein Verstoß gegen Art. 51 Abs. 4 lit. a und b ZP I ausscheidet. Allerdings ist das Gas seiner Natur nach nicht in der Lage, zwischen Kombattanten und Nichtkombattanten zu unterscheiden, was im Widerspruch zu Art. 51 Abs. 4 lit. c ZP I stehen könnte. Für eine am Schutzzweck des Artikels orientierte Lesart ist ein ungefährliches Betäubungsgas indes kein typisches Anwendungsbeispiel des Art. 51 Abs. 4 lit. c ZP I – die Vorschrift soll Zivilisten v. a. vor dem Einsatz *letaler* Kampfmittel und deren genuin unterschiedsloser Wirkung schützen, wie z. B. Streubomben, Vergiftung von Brunnen oder (bestimmte Arten von) Atomwaffen.[28] Das Gas wurde hier jedoch eingesetzt, um Zivilisten in einem unübersichtlichen Gefecht gerade nicht zu gefährden; Fraturien kam damit der Forderung des HVR nach, Zivilisten zu schonen (Art. 57 Abs. 1 ZP I) und handelte entsprechend der Zielsetzung des Art. 51 Abs. 4 ZP I.[29] Es erscheint daher angezeigt, Art. 51 Abs. 4 ZP I in Bezug auf nicht letale und nicht gesundheitsschädigende Mittel teleologisch zu reduzieren.[30]

---

27 Siehe nur *Gasser/Dörmann* (Fn. 20), Rn. 509; *Solf*, in: Bothe/Partsch/Solf (Hg.), New Rules for Victims of Armed Conflict. Commentary on the Two 1977 Protocols Additional to the Geneva Conventions, 1982, Art. 51, 2.5.1.
28 Vgl. *Cassese*, The Prohibition of Indiscriminate Means of Warfare, in: FS Röling, 1977, 171; *Dinstein* (Fn. 22), 391 ff; *Sandoz/Swinarski/Zimmermann* (Hg.), Commentary on the Additional Protocols, 1987, Rn. 623.
29 Vgl. EGMR (Kammer), Urteil v. 20.12.2011, Finogenov u. a./Russland, 18299/03, NJOZ 2013, 137, § 232.
30 Im Ergebnis ähnlich U.S. Department of Defense, Law of War Manual, Juni 2015, §§ 6.5.9.3, 6.7.2, wonach es nicht auf die Eigenschaften der eingesetzten Waffe, sondern auf den Einsatz selbst ankomme – und damit auch auf dessen Zielrichtung.

Hinweis: A. A. ist gut vertretbar. Wer die teleologische Reduktion ablehnt, müsste sich dem Streit stellen, ob nach Art. 51 Abs. 4 ZP I bereits der bloße Einsatz von Kampfmitteln und -methoden, die nicht zwischen Kombattanten und Nichtkombattanten unterscheiden können, verboten ist oder ob ein unterschiedsloser Angriff nach dieser Vorschrift nur dann vorliegt, wenn im konkreten Fall die zu erwartenden zivilen Kollateralschäden außer Verhältnis zum erwarteten militärischen Vorteil stehen (vgl. Art. 51 Abs. 5 lit. b ZP I, dazu sogleich unter 2.).[31]

490

Der Einsatz des Gases könnte jedoch gegen das Verbot des Gebrauchs von Chemiewaffen und Gift (siehe schon Art. 23 Abs. 1 lit. a HLKO) verstoßen.[32] Nach Art. 1 und 2 Nr. 2 der Chemiewaffenkonvention (CWC) von 1993 ist der Einsatz toxischer Chemikalien verboten, worunter auch Substanzen fallen, die eine „vorübergehende Handlungsunfähigkeit" verursachen. Dieser weite Wortlaut soll sogar Reizkampfstoffe wie Tränengas erfassen,[33] was für eine Subsumtion des Betäubungsgases unter die Verbotsnorm spricht. Um Eskalationen im bewaffneten Konflikt vorzubeugen,[34] sehen Art. 1 Abs. 5 und Art. 2 Nr. 9 lit. d CWC Ausnahmen von diesem strengen Verbot allein für die „innerstaatliche Bekämpfung von Unruhen" vor. Bedenkt man, dass ein Hauptzweck des CWC ist, inhumane Kampfmittel aus dem Krieg zu verbannen, scheint der Einsatz des Betäubungsgases aufgrund seiner Ungefährlichkeit diesem Ziel gerade zu entsprechen. Dennoch sprechen das klare Verbot und die ausdrückliche Beschränkung der Ausnahmen auf die innerstaatliche Bekämpfung von Unruhen gegen die Zulässigkeit einer teleologischen Reduktion[35], wie sie hier bei Art. 51 Abs. 4 ZP I vorgenommen wurde.

491

Hinweis: Die CWC ist kein Pflichtstoff; die Prüfung wurde hier durch den Bearbeitungshinweis nahegelegt. Eine a. A. ist vertretbar. Der fast universellen Ratifizierung der CWC (selbst die USA sind Vertragspartei) steht die zunehmende Akzeptanz nichtletaler Waffen[36] gegenüber.

492

---

31 Vgl. zu dieser Frage *Gardam*, Necessity, Proportionality and the Use of Force by States, 2004, 95; *Oeter*, in: Fleck (Fn. 20), Rn. 458 Nr. 4; *Rogers*, Law on the Battlefield, 2. Aufl. 2004, 25 ff. Dazu auch näher *Dinstein* (Fn. 22), Rn. 393 ff, 413, der hinsichtlich der Verbindung des unterschiedslosen mit dem unverhältnismäßigen Angriff in Art. 51 Abs. 5 lit. b ZP I vor allem auf das subjektive Element abstellt und danach nur geringe Unterschiede in der Beurteilung der beiden Tatbestandsmerkmale feststellt.
32 Zur Diskussion über ein gewohnheitsrechtliches Verbot von (Tränen-)Gas *Bothe*, Das völkerrechtliche Verbot des Einsatzes chemischer und bakteriologischer Waffen, 1973, 49 ff; *Kassapis*, C-Waffen, 1986, 81 ff. – Hierauf käme es an, wenn Fraturien nicht an die CWC gebunden wäre.
33 *Krutzsch/Trapp*, A Commentary on the Chemical Weapons Conventions, 1994, Art. II Rn. 9 lit. d (42); wohl a. A. UK Ministry of Defence, The Manual of the Law of Armed Conflict, 2004, 118.
34 Resolution 2603 (XXIV) der Generalversammlung der VN v. 16.12.1969.
35 Dafür allerdings U.S. Department of Defense (Fn. 30), § 6.12.2: Bei „defensiven" Modi, die auf Lebensrettung zielen (wie beim Schutz von Zivilisten, die als „menschliche Schutzschilde" missbraucht werden), liege kein Einsatz als Waffe vor. Vgl. auch *Krutzsch/Trapp* (Fn. 33), Art. II Rn. 2 (29 Fn. 19). Ähnliche auch UK Ministry of Defence (Fn. 33), 188. A. A. wohl *Pearson*, Nonproliferation Review 13 (2006), 151 (164).
36 Siehe z. B. NATO policy on non-lethal weapons v. 13.10.1999, www.nato.int/docu/pr/1999/p991013e.htm.

2. Die Verhältnismäßigkeit des gesamten Angriffs

493 Nach Art. 51 Abs. 5 lit. b ZP I sind Angriffe unterschiedslos, wenn vorauszusehen ist, dass der Verlust an Menschenleben, aber auch die Verwundung von Zivilpersonen in keinem Verhältnis zum erwarteten konkreten und unmittelbaren militärischen Vorteil stehen. Hierbei handelt es sich um eine Ausprägung des völkerrechtlichen Verhältnismäßigkeitsgrundsatzes, die die Schwelle der Rechtswidrigkeit bei krassem Auseinanderfallen von Zweck (militärischer Vorteil) und Mittel (militärische Aktion mit Beeinträchtigung von Menschenleben) bestimmt („in keinem Verhältnis": *excessive*).[37] Die Abwägung zwischen erwartbarem militärischem Vorteil und erwartbaren zivilen Opfern ist aus einer Ex-ante-Perspektive zu beurteilen („erwarteter" Vorteil: *expected*).[38] Sie stellt eine situative und subjektive Einschätzung des befehlshabenden Soldaten dar, der deswegen mit einem großen Einschätzungsspielraum ausgestattet ist.[39] Bezugspunkt der Überprüfung ist eine angemessen wohlinformierte Person, die vernünftigen Gebrauch von dieser Information macht.[40] Dabei sollte in urbanen Kampfsituationen wegen der grundsätzlichen Gefährdung von Zivilisten ein gesteigerter Sorgfaltsmaßstab gelten.[41]

494 **Hinweis:** In der Terminologie des deutschen Verfassungsrechts wird bei Art. 51 Abs. 5 lit. b ZP I nur die Angemessenheit (hier: beschränkt auf die deutliche Unangemessenheit) von Zweck und Mittel geprüft. Die anderen Stufen der Verhältnismäßigkeitsprüfung finden sich im ZP I ebenfalls: Bei der Frage nach dem militärischen Ziel wurde geprüft, ob ein eindeutiger militärischer Vorteil überhaupt erreicht werden kann (Eignung), und Art. 57 Abs. 2 lit. a ii) und Abs. 3 ZP I verpflichten bei der Planung eines Angriffs sowie bei der Zielauswahl dazu, zivile Kollateralschäden so weit wie möglich zu vermeiden (Erforderlichkeit).

495 Bei der Bestimmung des konkreten und direkten militärischen Vorteils ist die gesamte jeweilige militärische Operation in Betracht zu nehmen und nicht lediglich ein isolierter Teil derselben.[42] Deswegen kann der Einsatz des Betäubungsgases nicht getrennt von der gesamten Operation – also der Hotelerstürmung, mit der sie in unmittelbarem zeitlichem wie örtlichem Zusammenhang steht – beurteilt werden. Der militärische Vorteil der fraturischen Operation liegt hier darin, dass ein strategisch wichtiger Posten der disyschen Armee beseitigt werden konnte (Luftabwehrkanone auf dem Dach des Hotels, Beschuss von einer Anhöhe herab), nach dessen Fall zudem erwartet werden konnte, die Stadt Gembasi voll einzunehmen.

---

37 *v. Arnauld*, Rn. 1152: „Charakter eines Übermaßverbots"; *Fenrick*, The Rule of Proportionality and Protocol I in Conventional Warfare, Military Law Review 98 (1982), 91 (111): „excessive" entspricht „severe"; *Gasser/Dörmann* (Fn. 20), Rn. 509 Nr. 11; *Solf* (Fn. 27), Art. 51, 2.2,6,2.: „plain and manifest breach".
38 Siehe nur *Dinstein* (Fn. 22), 157 f; *Henderson* (Fn. 24), 226; ICTY, Prosecutor v. Stanislav Galić (Trial Chamber), 5.12.2003, Fn. 109 bei § 58.
39 *Dinstein* (Fn. 22), 393 ff; *Fenrick* (Fn. 37), 96, 125; *Gardam* (Fn. 31), 10; *Oeter* (Fn. 31) Rn. 457 Nr. 2; *Solf* (Fn. 27), Art. 57, 2.10.1.
40 ICTY, Prosecutor v. Stanislav Galić (Trial Chamber), 5.12.2003, § 58.
41 *John-Hopkins*, IRRC 878 (2010), 469 (481 f).
42 *Solf* (Fn. 27), Art. 5, 2.6.3. Der Angriffsbegriff in Art. 51, 57 ZP I ist demnach weiter als in Art. 49 I ZP I, siehe *Fenrick* (Fn. 37), 101 f, 107.

496 Auf der anderen Waagschale schlagen die zivilen Opfer zu Buche (hier nur die Personenschäden, da das Hotel militärisches Ziel war, s. o.). Dass der Tod jedes einzelnen Menschen zu beklagen ist, ist nicht die Perspektive des HVR, das hinnimmt, dass in bewaffneten Konflikten Menschen sterben. Den passenden Maßstab für die Abwägung zu finden ist nicht leicht. Nahe liegt es, die zivilen Opfer mit den gefallenen disyschen Soldaten zu vergleichen: Hier überwiegen die Kosten an zivilen Menschenleben die Schwächung des Gegners (21 tote Zivilisten gegenüber 20 toten Soldaten). Allerdings können nicht schlicht soldatische und zivile Opfer verrechnet werden: Erstens handelt es sich um eine wertende Prognose, die sich einer rechnerischen Auflösung verweigert. Zweitens widerspricht eine solche Verrechnung dem positiven Recht:[43] Der militärische Vorteil, von dem Art. 51 Abs. 5 lit. b ZP I spricht, kann nicht bloß in den getöteten Soldaten liegen; im vorliegenden Fall wäre die strategische Bedeutung des Hotels mit einzurechnen. Drittens kann bei der einzunehmenden Ex-ante-Perspektive nicht davon ausgegangen werden, dass einem besonnenen Befehlshaber ein solches Zahlenverhältnis vor Augen stand.

497 Gemessen an der Art des Angriffs ist die Zahl der zivilen Opfer auf den ersten Blick ebenfalls nicht gering: Es handelte sich um eine räumlich und zeitlich begrenzte Operation. Auf der anderen Seite war es ein großes Gebäude, in dem sich rund 300 Personen aufhielten, darunter etwa 200 bewaffnete disysche Soldaten. Bei der Abschätzung der zivilen Kollateralschäden durfte der Kommandeur vor Ort berücksichtigen, dass sich einige der Zivilisten – obgleich auch diese nicht selbst Ziel von Angriffen sein durften (s. o.) – freiwillig in dem Gebäude aufhielten, um über den eigenen Schutzstatus Gebäude und Soldaten vor Angriffen zu schützen.[44] Bei lebensnaher Einschätzung durfte der fraturische Befehlshaber vor Ort auch davon ausgehen, dass zumindest einzelne der Sympathisanten es nicht beim passiven Schutz belassen würden – was ein Problem hinsichtlich der Unterscheidbarkeit feindlicher Kämpfer und friedlicher Zivilpersonen aufwerfen würde.

498 In einer solchen Situation kommt den Vorsichtsmaßnahmen (Art. 57 ZP I) eine gesteigerte Bedeutung zu:[45] Die Zielauswahl (vgl. Abs. 3) ist nicht zu kritisieren – das Hotel war ein wichtiger strategischer Punkt; von strategisch wichtigeren Zielen ist im Sachverhalt nichts mitgeteilt. Die Erstürmung des Hotels war im Vergleich zu anderen möglichen Angriffen, namentlich einer Bombardierung aus der Luft, die schonendere Angriffsmethode (vgl. Abs. 2 lit. a ii)). Fraturien hat darüber hinaus in mehrfacher Weise versucht, der unübersichtlichen Situation gerecht zu werden und zivile Kollateralschäden möglichst gering zu halten: Mittels der (noch gesondert zu prüfenden) Warnung an die Zivilisten im Hotel, durch den – allerdings rechtswidrigen (s. o.) – Einsatz

---

43 *Henderson* (Fn. 24), 223. Kritisch auch *Kimminich*, Schutz der Menschen in bewaffneten Konflikten, 1979, 153.
44 Vgl. UK Ministry of Defence (Fn. 33), 26, 68 (wohl auch für unfreiwillige Schutzschilde!); *Oeter* (Fn. 31) Rn. 446 Nr. 2; a. A. *Henderson* (Fn. 24), 220: „(E)ach civilian is 'worth' the same as every other civilian"; *Sassòli* (Fn. 24), 576 f.
45 Zur Bedeutung prozeduraler Pflichten gerade in urbanen Kampfsituationen *John-Hopkins* (Fn. 41), 483 f.

des Betäubungsgases⁴⁶ sowie durch den Einsatz einer Spezialeinheit. Auch bei Annahme gesteigerter Sorgfaltspflichten in urbanen Kampfsituationen dürften diese Vorkehrungen als ausreichend angesehen werden.

499 Dass es am Ende aufgrund von Schusswechseln gleichwohl zum Tod von 21 Zivilpersonen gekommen ist, ist, soweit sich dies dem Sachverhalt entnehmen lässt, der Gefechtssituation geschuldet. Ein Verzicht auf die Erstürmung des strategisch wichtigen Hotels hätte Fraturien unter diesen Umständen nicht abverlangt werden können. Die zivilen Kollateralschäden stehen nicht außer Verhältnis zu dem zu erwartenden militärischen Vorteil.

3. Die Pflicht zur Warnung

500 Gemäß Art. 57 Abs. 2 lit. c ZP I hat einem Angriff wenn möglich eine „wirksame Warnung" vorauszugehen, wenn hierdurch die Zivilbevölkerung geschützt werden kann. Sie kann im Einzelfall unterbleiben, wenn der Erfolg der militärischen Aktion – mangels Überraschungseffekts – vereitelt würde (vgl. Art. 26 HLKO: keine Benachrichtigung der Behörden bei Sturmangriffen).⁴⁷ Hier kann wegen der offensichtlichen Belagerung nur der Zeitpunkt überraschend sein, nicht der Angriff selbst. Die grundsätzliche Pflicht zur Warnung kann also nicht entfallen.

501 Was eine „wirksame" Warnung ist, hängt von den Umständen des Einzelfalles ab;⁴⁸ den militärischen Entscheidern vor Ort kommt dabei ein relativ großer Einschätzungsspielraum zu.⁴⁹ Das HVR schreibt nicht ausdrücklich vor, wem gegenüber die Warnung erklärt werden muss. Damit ist es nicht *per se* unzulässig, Zivilisten nicht direkt zu informieren, sondern Amtsträger oder einzelne Zivilisten als Boten einzusetzen. Dies kann im Einzelfall wirksamer sein, als Flugblätter oder andere unpersönliche Kommunikationskanäle zu nutzen. Hier wurden mehrere Journalisten gebeten, die übrigen Zivilisten über die Gefahr zu informieren. Zwar könnte man danach fragen, ob nicht verlässlichere Informationskanäle hätten genützt werden müssen, z. B. Lautsprecherdurchsagen. Allerdings ist keine bestimmte Art der Kommunikation vorgeschrieben.

502 Kritisieren ließe sich in einem umkämpften Stadtgebiet der Abstand zwischen Warnung und Angriffsbeginn (die Erstürmung erfolgte „kurz darauf"). Die Warnung muss den Zivilisten genügend Zeit geben, den gefährdeten Ort zu verlassen.⁵⁰ Unter den konkreten Umständen musste den fraturischen Truppen aber daran gelegen sein, dass sich die Zivilisten – der besseren Unterscheidbarkeit wegen und um sich aus dem Schussfeld zu begeben – *innerhalb* des Hotels in Sicherheit bringen; ein womöglich panischer Ausbruch aus dem Gebäude hätte zu einer Eskalation der Situation führen können. Da außerdem das Überraschungsmoment des Angriffs nur in seinem Zeitpunkt liegen konnte und bekannt war, dass einige der Zivilpersonen mit den disyschen Truppen sym-

---

46 Vgl. EGMR (Kammer), Urteil v. 20.12.2011, 18299/03, Finogenov u.a./Russland, §§ 227 ff.
47 *Oeter* (Fn. 31), Rn. 456; *Sandoz/Swinarski/Zimmermann* (Fn. 28), Rn. 2223.
48 Siehe *Fenrick* (Fn. 37), 108.
49 *Gasser/Dörmann* (Fn. 20), Rn. 509 Nr. 9 f.
50 *Rogers* (Fn. 31), 88; UK Ministry of Defence (Fn. 33), 84.

pathisierten, ist angesichts des Ermessensspielraums der fraturischen Offiziere eine ausreichend wirksame Warnung zu bejahen.

Hinweis: Im Hinblick auf schwierige Fluchtmöglichkeiten der Zivilisten und Übertragungsverluste bei der Weitergabe der Nachricht ist auch eine andere Ansicht vertretbar.

C. Ausschluss der Rechtswidrigkeit?

Das HVR nimmt jenseits absoluter Verbote (z. B. Art. 23 lit. d HLKO, Art. 40 ZP I sowie das hier relevante Verbot von Chemiewaffen) den Ausgleich von militärischer Notwendigkeit und Anforderungen der Menschlichkeit bereits in den „Schutzbereich" seiner Normen auf und ist daher weitgehend „repressalienfest"[51]. Allgemeine Rechtfertigungsgründe (vgl. ASR) sind hier nicht anwendbar. **503**

D. Ergebnis

Fraturien hat gegen das Verbot, toxische Waffen einzusetzen (Art. 1, 2 Nr. 2 CWC), verstoßen; andere Normen des HVR wurden nicht verletzt. **504**

Zur Vertiefung

Leitentscheidungen: IGH, Urteil v. 19.12.2005, Armed Activities on the Territory of the Congo (DR Congo v. Uganda), ICJ Rep. 2005, 168 (*v. Arnauld*, Nr. 27); Gutachten v. 9.7.2004, Legal Consequences of the Construction of a Wall in the Occupied Palestinian Territory, ICJ Rep. 2004, 136 (*v. Arnauld*, Nr. 26; ICTY (Berufungskammer), Entscheidung v. 2.10.1995, Prosecutor v. Dusko Tadić, (*v. Arnauld*, Nr. 32), Israeli Supreme Court, Urteil v. 13.12.2006, HCJ 769/02, Public Committee against Torture in Israel v Government of Israel.

Literatur zur Vertiefung: Zum Gewaltverbot: siehe Literatur zu Fall 14. **Zu Besatzung:** *E. Benvenisti*, The International Law of Occupation, 2. Aufl. 2012; *ders.*, Occupation, Belligerent, MPEPIL (5/2009); *Y. Dinstein*, The International Law of Belligerent Occupation, 2009; *A. Gross*, The Writing on the Wall: Rethinking the International Law of Occupation, 2017; *M. Zwanenburg*, The Law of Occupation Revisited: The Beginning of an Occupation, YIHL 10 (2007), 99–130. **Zum Libyen-Konflikt:** *R. Geiß/M. Kashgar*, UN-Maßnahmen gegen Libyen, VN 2011, 99–104; *M. Payandeh*, Die Militärintervention in Libyen zwischen Legalität und Legitimität, FW 87/1 (2012), 67–94; *C. Tomuschat*, Die Rechtmäßigkeit der Resolution 1973 (2011) des UN-Sicherheitsrates, in: Beestermöller (Hg.), Libyen: Missbrauch der Responsibility to Protect?, 2014, 13–29; *C. Verlage*, Die Sicherheitsratsresolution 1973 zum Fall Libyen – ein Meilenstein für die völkerrechtliche Verankerung der Responsibility to Protect, FW 88/1–2 (2013), 63–86. **Zu Anforderungen des Humanitären Völkerrechts allgemein:** *A. Clapham/P. Gaeta* (Hg.), The Oxford Handbook of International Law in Armed Conflict, 2014 (insbesondere *N. Melzer*, 296–331, und *E. Cannizzaro*, 332–352); *Y. Dinstein*, The Conduct of Hostilities under the Law of International Armed Conflict, 3. Auflage

---

51 *Bothe*, Vitzthum, 8. Abschnitt, Rn. 60. Vgl. auch *v. Arnauld*, Rn. 1159: „self-contained regime".

2016; *W. Fenrick*, The Rule of Proportionality and Protocol I in Conventional Warfare, Military Law Review 98 (1982), 91–127; *H.-P. Gasser/K. Dörmann*, Protection of the Civilian Population, in: Fleck (Hg.), The Handbook of International Humanitarian Law, 3. Aufl. 2013, 231–320; *S. Oeter*, Methods and Means of Combat, ebd., 115–230. **Zu urban warfare:** ICRC, International humanitarian law and the challenges of contemporary armed conflicts, Report, 2015, 40–42; *M. John-Hopkins*, Regulating the Conduct of Urban Warfare, IRRC 878 (2010), 469–493; Schwerpunktausgabe IRRC 98 (2016). **Zu menschlichen Schutzschilden:** *M. Sassòli*, Human Shields and International Humanitarian Law, in: FS M. Bothe, 2008, 567–578; *M. Schmitt*, Direct Participation in Hostilities and 21st Century Armed Conflict, in: FS D. Fleck, 2004, 505–529.

Fall 16

Ausgeliefert?

In einer Provinz von Binarien tobt seit längerem ein erbitterter Kampf zwischen den Angehörigen zweier Ethnien. Die binarische Regierung bittet die UNO um militärische Unterstützung. Da der Konflikt auf die Nachbarstaaten überzugreifen droht, stellt der UN-Sicherheitsrat eine Bedrohung für den Frieden in der Region fest und fordert die Mitglieder der Vereinten Nationen auf, die Kämpfe mit „allen erforderlichen Mitteln" zu beenden. An dem Einsatz nimmt auch Alborien teil. Während der zweimonatigen Gefechte häufen sich Berichte über Kriegsverbrechen, an denen Angehörige der multinationalen Streitmacht beteiligt sein sollen. An erster Stelle wird Oberstleutnant O genannt, ein Angehöriger der alborischen Armee. Es liegen zahlreiche Zeugenaussagen sowie Bildmaterial dazu vor, dass O Folterungen von Zivilisten angeordnet und selbst durchgeführt haben soll.

505

Die Regierung von Binarien, das Vertragspartei des Römischen Statuts des Internationalen Strafgerichtshofs (IStGH) ist, erhält ein formgerechtes Ersuchen des IStGH. Darin wird Binarien informiert, dass – nachdem kein Staat Bereitschaft zur Strafverfolgung signalisiert hat – auf Initiative des Anklägers ein Ermittlungsverfahren gegen O eingeleitet worden ist, das der Gerichtshof für zulässig erklärt hat. Binarien wird aufgefordert, O zwecks Durchführung des Strafverfahrens zu verhaften und an den Gerichtshof zu überstellen. Die Richter haben in rechtlich nicht zu beanstandender Weise für O Fluchtgefahr angenommen. Nach Verhaftung des O legt die alborische Regierung scharfen Protest ein und verlangt die Auslieferung des O an Alborien. Der IStGH habe keine Strafgewalt über einen alborischen Staatsangehörigen, da Alborien nicht Vertragspartei des Statuts sei. Außerdem habe Binarien unmittelbar vor dem Einsatz der multinationalen Streitmacht Alborien vertraglich zugesichert, alborische Staatsangehörige nicht an den IStGH zu überstellen, sondern an Alborien auszuliefern oder in Binarien strafrechtlich zu verfolgen. Auf Nachfrage Binariens, ob Alborien selbst die Strafverfolgung plane, verwahrt sich die alborische Regierung gegen jede Einmischung in die inneren Angelegenheiten des Landes: Man wisse, was man Staatsbürgern schuldig sei, die im Dienste der internationalen Gemeinschaft ihr Leben riskierten.

Als die binarische Regierung bekannt gibt, O demnächst dem IStGH überstellen zu wollen, zieht Alborien Flottenverbände in den internationalen Gewässern vor der binarischen Küste zusammen und warnt in einer Note Binarien vor den Konsequenzen des „illegalen Verhaltens".

1. Ist der Haftbefehl gegen O rechtmäßig?

2. An wen ist O durch Binarien zu überstellen bzw. auszuliefern?

3. Prüfen Sie die völkerrechtliche Verantwortlichkeit Alboriens!

Fall 16 *Ausgeliefert?*

Bearbeitungsvermerk: Alborien und Binarien sind Mitglieder der Vereinten Nationen und Parteien der Wiener Vertragsrechtskonvention sowie der Genfer Konventionen von 1949.

Anlage:

Auszug aus dem gemeinsamen Art. 3 der Genfer Konventionen von 1949:

Art. 3: Im Falle eines bewaffneten Konflikts, der keinen internationalen Charakter aufweist und der auf dem Gebiet einer der Hohen Vertragsparteien entsteht, ist jede der am Konflikt beteiligten Parteien gehalten, wenigstens die folgenden Bestimmungen anzuwenden:

1. Personen, die nicht direkt an den Feindseligkeiten teilnehmen, [...] sollen unter allen Umständen mit Menschlichkeit behandelt werden [...]. Zu diesem Zwecke sind und bleiben in bezug auf die oben erwähnten Personen jederzeit und jedenorts verboten:

a) Angriffe auf Leib und Leben, namentlich [...] grausame Behandlung und Folterung; [...]

Ausgeliefert? **Fall 16**

Lösungsskizze

Frage 1: Rechtmäßigkeit des Haftbefehls 506
  I. Jurisdiktion des IStGH
  1. Gerichtsbarkeit *ratione materiae*
     → Straftaten nach Art. 8 Abs. 2 lit. a ii) und lit. c i) IStGH-Statut
  2. Gerichtsbarkeit *ratione personae*
     → natürliche Personen, hier O (+)
     → Problem: *third party jurisdiction* (vgl. Art. 34 f WVK)? A nicht Vertragspartei
     → dagegen: keine Kooperationspflicht für A; Territorialitätsprinzip, Übertragung auf internationales Gericht souveräner Akt; An-sich-Ziehen möglich (Komplementarität, Art. 17 IStGH-Statut)
  3. Gerichtsbarkeit *ratione temporis* (+)
  4. Subsidiarität (Komplementarität) des IStGH-Verfahrens
     → ernsthafte Ermittlungen in A oder B (-)
  II. Rechtmäßiger Erlass des Haftbefehls
     → Antrag (+), begründeter Tatverdacht (+) (Zeugen, Bilder), Haftgrund (+) (Fluchtgefahr)

Frage 2: Pflicht Binariens zur Überstellung bzw. Auslieferung
  I. Verpflichtung gegenüber dem IStGH?
     → (+) gem. Art. 59 Abs. 1 IStGH-Statut
     → Art. 90 IStGH-Statut (-), A fordert Auslieferung nicht wegen Strafverfolgung
  II. Verpflichtung gegenüber Alborien
     → wirksam; kein Verstoß gegen *ius cogens*, da jedenfalls Strafverfolgung in A oder B möglich
  III. Pflichtenkollision
  1. Vorliegen einer Pflichtenkollision (+)
  2. Ausschluss der Rechtswidrigkeit durch Pflichtenkollision?
     → Notstand (-), da selbstverschuldet und anderweitig vermeidbar (Strafverfolgung in A)

Frage 3: Völkerrechtliche Verantwortlichkeit Alboriens
  I. Einsatz der Truppen in Binarien
     → Verstoß gegen Art. 2 Nr. 4 UNCh (-) bei Intervention auf Einladung (str.)
     → hier jedenfalls wirksame Ermächtigung durch UN-Sicherheitsrat
  II. Folterung der Zivilisten
     → Verstoß u. a. gegen Art. 3 Abs. 1 S. 2 lit. a GK I-IV *(minimum yardstick)*
     → Doppelnatur: Staatenverantwortlichkeit + Strafbarkeit
  III. Warnung von Alborien an Binarien
  1. Zurechenbare Pflichtverletzung
     → Warnung + Flottenkonzentration: Verstoß gegen Art. 2 Nr. 4 UNCh und Interventionsverbot
  2. Kein Ausschluss der Rechtswidrigkeit
     → Schutz von Staatsangehörigen? nicht anerkannt; hier i. Ü. keine Bedrohung von Leib und Leben

Fall 16 *Ausgeliefert?*

Lösung

Frage 1: Rechtmäßigkeit des Haftbefehls

507 Der Haftbefehl gegen O ist rechtmäßig, wenn die Jurisdiktion des IStGH eröffnet ist[1] (I.) und die Voraussetzungen für den Erlass eines Haftbefehls nach Art. 58 IStGH-Statut gegeben sind (II.).

I. Jurisdiktion des IStGH

1. Gerichtsbarkeit ratione materiae

508 Zunächst müssten die O vorgeworfenen Straftaten in sachlicher Hinsicht in die Gerichtsbarkeit des IStGH fallen (Katalog in den Art. 5 ff IStGH-Statut[2]). Folter stellt als Verstoß gegen den gemeinsamen Art. 3 der Genfer Konventionen ein Kriegsverbrechen nach Art. 8 Abs. 1 des Statuts dar. Dabei unterscheidet Art. 8 IStGH-Statut nach Verbrechen im internationalen und im nicht-internationalen bewaffneten Konflikt (sog. *two-box approach*). Interveniert – wie hier Alborien – ein Staat in einen Bürgerkrieg, bestimmt sich die Einordnung des Konflikttyps nach dem Verhältnis der jeweiligen Konfliktparteien zueinander.[3] Die Einordnung fällt hier schwer, weil O die Folterung von Zivilisten vorgeworfen wird, die keiner der Bürgerkriegsparteien angehören dürften. Die Einordnung spielt indes im Ergebnis keine Rolle, weil Folter gemäß Art. 8 Abs. 2 lit. a ii) im internationalen und gemäß Art. 8 Abs. 2 lit. c i) im nicht-internationalen bewaffneten Konflikt gleichermaßen strafbar ist und der Jurisdiktion des IStGH unterliegt.

509 **Hinweis:** Es wäre vertretbar, hier bereits das Problem zu erörtern, ob der IStGH die Gerichtsbarkeit auch im konkreten Fall besitzt, d. h. ob die Zustimmung des Heimatstaats des O entbehrlich ist. Da es letztlich um die Frage geht, ob eine bestimmte *Person* vor Gericht gestellt werden darf (an der *Tat* könnten neben O ja auch Staatsangehörige von Vertragsparteien des Römischen Statuts beteiligt sein, für die sich das Problem der *third party jurisdiction* nicht stellen würde), wird es hier erst im Zusammenhang mit der Gerichtsbarkeit *ratione personae* untersucht.

2. Gerichtsbarkeit ratione personae

510 In persönlicher Hinsicht hat der Gerichtshof gemäß Art. 25 Abs. 1 des Statuts Strafgewalt über natürliche Personen, denen eine der Gerichtsbarkeit des IStGH unterliegende Straftat vorgeworfen wird. Dies trifft auf O zu. Alborien wendet jedoch ein, der Gerichtshof dürfe nicht über den Staatsangehörigen eines Staates richten, der nicht Vertragspartei sei. Sofern, wie hier, das Ermittlungsverfahren auf eine Initiative des Anklä-

---

1 Zu den Voraussetzungen der Strafverfolgung durch den IStGH *v. Arnauld*, Rn. 1349 ff.
2 Überblicke bei *v. Arnauld*, Rn. 1330 ff; *Fastenrath*, JuS 1999, 632; *Seidel/Stahn*, Jura 1999, 14; *Wolfrum*, Dahm/Delbrück/Wolfrum, I/3, S. 1043 ff, 1052 ff; *Zimmermann*, ZaöRV 58 (1998), 47. Ausführlich *Ambos*, Internationales Strafrecht, 4. Aufl. 2014, § 7 Rn. 117 ff.
3 *v. Arnauld*, Rn. 1195.

gers zurückgeht, besitzt der IStGH gemäß Art. 12 Abs. 1 lit. a i. V. m. Art. 13 lit. c des Statuts dann die Gerichtsbarkeit, wenn entweder der Tatortstaat oder der Heimatstaat des Täters seine Jurisdiktion anerkennen. Binarien ist als Tatortstaat Vertragspartei des Statuts des IStGH und erkennt dessen Gerichtsbarkeit an. Die Zustimmung von Alborien ist nach dem Statut nicht erforderlich.[4]

Dass das IStGH-Statut solchermaßen über den Staatsangehörigen eines am Vertrag nicht beteiligten Staates verfügt, könnte gegen den in Art. 34, 35 WVK niedergelegten Grundsatz verstoßen, wonach Verträge für Dritte keine Rechtspflichten begründen dürfen *(pacta tertiis nec nocent nec prosunt)*. Allerdings geht es auch nicht um die Begründung von Rechtspflichten für Alborien. Der Drittstaat wird nicht zur Kooperation mit dem IStGH verpflichtet (vgl. Art. 86 des Statuts, der diese Pflicht nur Vertragsparteien auferlegt). Dass ein Staatsangehöriger ohne Zustimmung des Heimatstaates vor Gericht gestellt werden kann, mag dessen Personalhoheit beeinträchtigen, ist aber auch ohne Einschaltung des IStGH möglich. Es ist unbestritten, dass der Tatortstaat auch ohne Zustimmung des Heimatstaates des Täters diesen auf Grundlage des Territorialitätsprinzips vor ein nationales Gericht stellen kann.[5] In der Übertragung auf ein internationales Gericht liegt die souveräne Wahrnehmung dieses Rechts durch den Tatortstaat.[6]

511

Der Drittstaat wird auch nicht zu einer faktischen Anerkennung des IStGH gezwungen, derer dieser nach noch h. M. als „gekorenes" Völkerrechtssubjekt (vgl. Art. 4 Abs. 1 des Statuts) im Gegensatz zu einem Staat bedürfte.[7] Aus Sicht des Drittstaates übt der Gerichtshof die Gerichtsbarkeit *für den Staat* aus, in dem die fragliche Straftat verübt wurde. Dass diplomatische Einflussmittel möglicherweise dem IStGH gegenüber weniger effektiv sind als zwischen Staaten, mag zwar zutreffen; es ist aber zu bedenken, dass es jedem Staat, der über eine völkerrechtlich anerkannte Verbindung zu Tat oder Täter verfügt, gemäß Art. 17 des Statuts freisteht, selbst Ermittlungen einzuleiten und den IStGH von einer Verfolgung der Tat auszuschließen. Insofern sind die Möglichkeiten des Heimatstaates durch das IStGH-Statut sogar verbessert, da ein Gewahrsamsstaat ohne besondere Vereinbarung nicht verpflichtet wäre, einem Auslieferungsersuchen des Heimatstaates des Täters nachzugeben.

512

Hinweis: Im vorliegenden Fall gibt es zwar ein Auslieferungsabkommen zwischen Alborien und Binarien, das Binarien die Überstellung von alborischen Staatsangehörigen an den IStGH untersagt; dieses Abkommen wirkt sich allerdings nicht auf die Jurisdiktion des IStGH aus, sondern betrifft nur die Frage von Überstellungen an den IStGH (dazu Frage 2). Laut Sachverhalt verpflichtet der Vertrag Binarien im Übrigen auch nicht zur Überstellung; vielmehr kann Binarien sich auch für eine Strafverfolgung im Inland entscheiden.

513

---

4 Zu dem folgenden Streit um die sog. *third party jurisdiction* siehe *v. Arnauld*, Rn. 1351. Vertiefend *Cryer*, in: Stahn (Hg.), The Law and Practice of the International Criminal Court, 2015, 260; *Hafner u. a.*, EJIL 10 (1999), 108; *Kaul*, in: Cassese/Gaeta/Jones (Hg.), The Rome Statute of the International Criminal Court, 2002, Vol. I, 607 ff; *Scheffer*, AJIL 93 (1999), 12; *Wedgwood*, EJIL 10 (1999), 93.
5 Statt vieler *v. Arnauld*, Rn. 1298.
6 *Wolfrum*, Dahm/Delbrück/Wolfrum, I/3, S. 1152.
7 Allgemein (und kritisch gegenüber der noch h. M.) *v. Arnauld*, Rn. 117.

Fall 16 *Ausgeliefert?*

514 Weder in dieser verbesserten Position noch in der wegen Art. 17 und 18 des Statuts bestehenden Notwendigkeit, gegebenenfalls selbst Ermittlungen einzuleiten, um ein Verfahren vor dem IStGH zu verhindern,[8] ist eine mittelbare Verpflichtung eines Nichtvertragsstaates zu sehen. Ob dieser zu Gunsten seines Staatsangehörigen das Verfahren an sich zieht (oder einen anderen Staat hierzu bewegt) oder nicht, steht in seinem Ermessen, ohne dass seine Entscheidung als völkerrechtmäßig oder völkerrechtswidrig einzustufen wäre. Faktische Auswirkungen auf andere Staaten haben die meisten völkerrechtlichen Verträge, ohne dass dies ein Verstoß gegen Art. 34, 35 WVK wäre. Der IStGH hat daher die Strafgewalt über O, auch wenn dessen Heimatstaat Alborien die Gerichtsbarkeit nicht anerkennt.

3. Gerichtsbarkeit ratione temporis

515 Gemäß Art. 11 unterliegen der Gerichtsbarkeit des IStGH nur solche Taten, die nach dem Inkrafttreten des IStGH-Statuts am 1. Juli 2002 begangen wurden. Da der Sachverhalt keine gegenteiligen Angaben macht, ist davon auszugehen, dass dies der Fall ist.

4. Subsidiarität (Komplementarität) des IStGH-Verfahrens

516 Der Gerichtshof ist gemäß Art. 17 des Statuts daran gehindert tätig zu werden, wenn ein Staat, der Gerichtsbarkeit hat, willens und in der Lage ist, selbst in derselben Sache zu ermitteln oder die Strafverfolgung einzuleiten.[9] Binarien hat nicht erkennen lassen, dass es selbst die Strafverfolgung anstrebt. Alborien hat sich auf Nachfrage Binariens hierzu nicht geäußert; die Aussage, man wisse, was man Staatsangehörigen schuldig sei, die ihr Leben im Dienst der internationalen Gemeinschaft riskierten, lässt aber ernstliche Zweifel aufkommen, ob Alborien tatsächlich eine Strafverfolgung oder auch nur die Durchführung von Ermittlungen plant. Wie sich aus Art. 17 Abs. 1 lit. a Halbs. 2 ergibt, verlangt das IStGH-Statut die „ernsthafte" Verfolgung der Tat. Es steht zu vermuten, dass es Alborien nur darum geht, seinen Staatsangehörigen vor dem Verfahren zu bewahren. Wo eine solche Schutzabsicht besteht, beseitigt selbst die Einleitung eines Verfahrens pro forma (als „Lippenbekenntnis") gemäß Art. 17 Abs. 2 lit. a des Statuts die Gerichtsbarkeit des IStGH nicht.[10] Der IStGH musste seine Ermittlungen daher nicht zu Gunsten von Alborien zurückstellen.

---

8 Zu dieser faktischen Kooperation *Danilenko*, in: Cassese u. a. (Fn. 4), Vol. II, 1890.
9 Zu diesem sog. Grundsatz der Komplementarität *Ambos* (Fn. 2), § 8 Rn. 10 ff; *Bergsmo/Webb*, International Criminal Courts and Tribunals, Complementarity and Jurisdiction, MPEPIL (11/2010), Rn. 10 ff; *Holmes*, in: Cassese u. a. (Fn. 4), Vol. I, 667; *Wolfrum*, Dahm/Delbrück/Wolfrum, I/3, 1154 ff. Siehe auch v. *Arnauld*, Rn. 1352 f, 1360 m. w. N.
10 *Ambos* (Fn. 2), § 8 Rn. 11; *Bothe*, FW 83/4 (2008), 59 (64 f), der allerdings den Beweis der Schutzabsicht als schwierig ansieht; *Krajewski*, § 11 Rn. 96. Vertiefend *Schabas/El Zeidy*, in: Triffterer/Ambos (Hg.), Commentary on the Rome Statute of the International Criminal Court, 3. Aufl. 2016, Art. 17 Rn. 65 f.

II. Rechtmäßiger Erlass des Haftbefehls

Hinweis: Wie nach § 112 StPO setzt auch Art. 58 IStGH-Statut für den Erlass eines Haftbefehls voraus, dass (1) begründeter (§ 112 StPO: „dringender") *Tatverdacht* und (2) ein *Haftgrund* besteht. Bei den Haftgründen gibt es im Detail Abweichungen, im Grundsatz kennt aber auch das IStGH-Statut die aus dem deutschen Recht bekannten Haftgründe der Flucht oder Fluchtgefahr, der Verdunkelungs- und der Wiederholungsgefahr. Die problematische Vorschrift des § 112 Abs. 3 StPO, wonach bei bestimmten Straftaten auch ohne Vorliegen eines Haftgrundes nach § 112 Abs. 2 StPO die Haft angeordnet werden kann, findet im Römischen Statut keine Entsprechung.

517

Schließlich müssten auch die spezifischen Voraussetzungen für den Erlass eines Haftbefehls vorgelegen haben. Gemäß Art. 58 Abs. 1 IStGH-Statut kann die Vorverfahrenskammer jederzeit nach Einleitung der Ermittlungen auf Antrag des Ermittlers einen Haftbefehl erlassen. Dieser Antrag wurde laut Sachverhalt gestellt. In materieller Hinsicht durfte angesichts der vorhandenen Beweismittel (Zeugenaussagen, Bildmaterial) begründeter Tatverdacht im Sinne von Art. 58 Abs. 1 lit. a bejaht werden. Gemäß Art. 58 Abs. 1 lit. b i) darf die Haft angeordnet werden um sicherzustellen, dass die gesuchte Person zur Verhandlung erscheint. Da der Gerichtshof in rechtlich nicht zu beanstandender Weise Fluchtgefahr angenommen hat, lag auch der erforderliche Haftgrund vor. Laut Sachverhalt war das Ersuchen ferner formgerecht im Sinne des Art. 58 Abs. 2 und damit insgesamt rechtmäßig.

518

Frage 2: Pflicht Binariens zur Überstellung bzw. Auslieferung

I. Verpflichtung gegenüber dem IStGH

Hinweis: Dass der Haftbefehl nach Art. 58 rechtmäßig ist (Frage 1), legt nicht automatisch fest, welche Pflichten Binarien als Gewahrsamsstaat treffen. Daher werden nun die Vertragspflichten nach dem IStGH-Statut und nach dem Vertrag mit Alborien nacheinander geprüft. Sollten die Vertragspflichten einander widersprechen, könnte Anlass bestehen zu prüfen, wie eine etwaige Pflichtenkollision aufzulösen ist. Denkbar wäre auch, die Pflichtenkollision als eine denkbare Rechtfertigung für eine Nichtüberstellung an den IStGH zu prüfen. Dies wäre aber zum einen durch die Inzidentprüfung umständlicher; zum anderen liegt noch keine Entscheidung Bianriens vor, die auf ihre Rechtmäßigkeit hin überprüft werden könnte. Die Frage lautet vielmehr, an wen Bianrien O zu überstellen bzw. auszuliefern hat.

519

Als Vertragspartei des IStGH-Statuts ist Binarien nach Art. 59 Abs. 1 verpflichtet, einem Ersuchen um die Verhaftung und Überstellung einer Person nachzukommen, die sich auf seinem Territorium befindet. Es steht Binarien dabei gemäß Art. 59 Abs. 1 S. 2 des Statuts nicht frei, seinerseits zu prüfen, ob der Haftbefehl in rechtmäßiger Weise erlassen wurde oder nicht. Art. 59 Abs. 1 verweist allerdings zudem auf den 9. Teil des Statuts und damit auf Art. 90, der den Fall konkurrierender Ersuchen um Überstellung

520

bzw. Auslieferung regelt. Im Fall des O sieht sich Binarien den konkurrierenden Ersuchen des IStGH und Alboriens ausgesetzt. Art. 90 Abs. 1 regelt jedoch nur den Fall, dass sich das mit dem Überstellungsgesuch des IStGH konkurrierende Ersuchen auf „dasselbe Verhalten" bezieht. Wie sich aus Art. 90 Abs. 7 ergibt, der den Fall der Auslieferung „wegen eines anderen Verhaltens" regelt, ist dies auch die Voraussetzung für die Anwendbarkeit der Abs. 2–6 der Vorschrift.[11] Alborien verlangt aber die Auslieferung des O allein wegen seiner Staatsangehörigkeit und auf Grund der vertraglichen Absprache mit Binarien. Dass O wegen der Folterungen in Binarien verfolgt werden soll (und damit wegen „desselben Verhaltens"), ist nicht erkennbar und scheint mehr als fraglich (s. o.). Art. 90 Abs. 1–6 sind daher nicht anwendbar. Aus demselben Grunde kommt aber auch die Anwendung des Abs. 7 nicht in Betracht, da hier die Auslieferung „wegen eines anderen *Verhaltens*" begehrt werden muss. Art. 90 regelt demnach nur den Fall konkurrierender Ersuchen wegen Strafverfolgungen i. w. S., nicht indes Ersuchen, die (wie hier) darauf abzielen, einen eigenen Staatsbürger der Strafverfolgung zu entziehen. Es liegt somit kein nach Art. 90 privilegiertes Auslieferungsersuchen seitens Alboriens vor, so dass es bei der schon festgestellten Verpflichtung von Binarien bleibt, den O an den Gerichtshof zu überstellen.

II. Verpflichtung gegenüber Alborien

521 Wenn Binarien, wie angekündigt und wie vom Gerichtshof verlangt, den O an den IStGH ausliefern sollte, so stünde dies im Widerspruch zu der Zusage gegenüber Alborien, alborische Staatsangehörige selbst vor Gericht zu stellen oder an Alborien auszuliefern. Da die Überstellung an den IStGH ausdrücklich ausgeschlossen sein sollte, scheidet auch eine Interpretation des Vertrages aus, derzufolge man die Ausübung der Gerichtsbarkeit durch den IStGH als abgeleitete Strafgewalt von Binarien deuten könnte. Allerdings müsste diese Pflicht überhaupt wirksam begründet worden sein. Der Sachverhalt gibt keinen Anlass, an Art und Weise des Zustandekommens des Vertrages zu zweifeln. Er könnte jedoch aus inhaltlichen Gründen nichtig sein, wenn er gegen *ius cogens* verstieße (Art. 53 WVK). Die vertragliche Kooperationspflicht aus Art. 86 des Römischen Statuts ist gewiss nicht Bestandteil des zwingenden Völkerrechts.[12] Allerdings geht es im Römischen Statut in erster Linie um die Verfolgung schwerer Kriegsverbrechen. Deren Verbot wird zum *ius cogens* gerechnet.[13] Will man effektiv vor schweren Kriegsverbrechen schützen, ließe sich argumentieren, dass auch die Strafverfolgung von Kriegsverbrechern zum zwingenden Recht zu rechnen ist.[14] Ob ein Vertrag, der darauf zielt, massive Kriegsverbrechen ungesühnt zu lassen, gegen *ius cogens* verstieße, kann hier offen bleiben. Da Binarien nach dem Vertrag die Möglichkeit hat,

---

11 *Swart*, in: Cassese u. a. (Fn. 4), Vol. II, 1695 ff.
12 Zur Frage der Vereinbarkeit solcher Abkommen mit den Pflichten von Vertragsparteien des IStGH-Statuts *Ambos* (Fn. 2), § 8 Rn. 76 ff, insb. Rn. 79 f. Mit weiteren Nachweisen zur gängigen Praxis bilateraler Absicherungsabkommen der USA *v. Arnauld*, Rn. 1351 m. w. N.
13 *Heintschel v. Heinegg*, Ipsen, § 16 Rn. 59.
14 Hiergegen spricht allerdings das Yerodia-Urteil des IGH: Urteil v. 14.2.2002, Arrest Warrant of 11. April 2000 (DR Congo v. Belgium), ICJ Rep. 2002, 3. Dazu *v. Arnauld*, Rn. 330.

Kriegsverbrecher auch dann zu verfolgen, wenn Alborien eine Verfolgung nicht selbst beabsichtigt, liegt kein solcher Vertrag vor. Der alborisch-binarische Vertrag verstößt damit nicht gegen zwingendes Völkerrecht. Nach dem Vertrag mit Alborien ist es Binarien danach untersagt, den O an den IStGH zu überstellen.

III. Pflichtenkollision

1. Vorliegen einer Pflichtenkollision

Die Pflichten Binariens nach Art. 59 Abs. 1 IStGH-Statut und nach dem Abkommen mit Alborien stehen demnach in Widerspruch zueinander. Die völkerrechtliche Verantwortlichkeit aufgrund der zwangsläufigen Nichterfüllung einer der beiden Pflichten könnte aber ausgeschlossen sein, sofern eine Pflichtenkollision vorläge, die das Unterlassen Binariens rechtfertigen könnte. Auch wenn keiner der beiden Verträge wegen Verstoßes gegen zwingendes Völkerrecht nichtig ist, könnte eine Pflichtenkollision ausgeschlossen sein, wenn einer der beiden Vertragspflichten Vorrang vor der anderen zukäme. Ein solcher Vorrang ist denkbar, wenn ein Vertrag eine ausdrückliche Vorrangklausel enthält – was vorliegend nicht der Fall ist – oder wenn er über die Grundsätze der *lex specialis* oder der *lex posterior* Vorrang beanspruchen kann.[15] All diese Vorrangregeln beseitigen aber nur dann eine Pflichtenkollision, soweit die Vertragsparteien identisch sind (vgl. für die *lex posterior* z. B. Art. 30 Abs. 4 WVK). Hieran fehlt es im vorliegenden Fall. Somit schuldet Binarien dem IStGH die Überstellung des O, was aber zugleich im Widerspruch zu seiner vertraglichen Verpflichtung gegenüber Alborien steht.

522

2. Ausschluss der Rechtswidrigkeit durch Pflichtenkollision?

Das Völkerrecht kennt keine allgemeine Rechtfertigung über den Gedanken einer Pflichtenkollision. Eine solche kann allenfalls im Rahmen eines Staatsnotstandes *(necessity)* beachtlich sein. Hierfür ist nach Art. 25 ASR, der dem IGH im Fall *Gabčíkovo-Nagymaros* zufolge geltendes Gewohnheitsrecht kodifiziert,[16] zunächst erforderlich, dass die Pflichtverletzung die einzige Möglichkeit ist, eine schwere und unmittelbar drohende Gefahr für ein essentielles staatliches Interesse abzuwehren.[17] Man mag ein eminentes staatliches Interesse an der Verfolgung schwerer Kriegsverbrechen noch bejahen; allerdings stünde Binarien ein anderes Mittel zu Gebote, die Strafverfolgung zu gewährleisten, ohne gegen seine internationalen Verpflichtungen zu verstoßen, nämlich durch Strafverfolgung des O in Binarien. Diese ließe gemäß Art. 17 IStGH-Statut wegen der Subsidiarität die Zuständigkeit des IStGH entfallen. Ob die Zuständigkeit des IStGH durch staatliche Strafverfolgung auch noch beseitigt werden kann, nachdem

523

---

15 Allgemein zu Normenhierarchien im Völkerrecht *v. Arnauld*, Rn. 282 ff; *Verdross/Simma*, §§ 640 ff.
16 IGH, Urteil v. 25.9.1997, Gabčíkovo-Nagymaros Project (Hungary v. Slovakia), ICJ Rep. 1997, 7, § 51. Skeptisch zur Rechtfertigung wegen Notstandes *Sloane*, AJIL 106 (2012), 447, der eine Selbstermächtigung von Staaten befürchtet.
17 Zum Staatsnotstand auch *v. Arnauld*, Rn. 426 ff.

bereits vom Gerichtshof ein Haftbefehl erlassen wurde, erscheint angesichts der Fristregelung in Art. 18 Abs. 2 IStGH-Statut fraglich. Allerdings gibt Art. 19 Abs. 2 lit. b IStGH-Statut einem Staat, der selbst ernsthafte Ermittlungen durchführt, das Recht, bis zur Eröffnung des Hauptverfahrens (vgl. Abs. 4 S. 2) die Zulässigkeit der Sache vor dem IStGH anzufechten. Binarien könnte also selbst Ermittlungen gegen O einleiten und die Zuständigkeit des IStGH anfechten. Tut Binarien dies nicht und unterlässt es zudem, O an den IStGH zu überstellen, verletzt es seine Pflicht nach dem IStGH-Statut. Ein Staat darf sich nicht auf rechtfertigenden Notstand berufen, wenn er die Notstandslage selbst herbeigeführt hat. Binarien wäre in diesem Fall wegen des Abschlusses zweier einander widersprechender Verträge mit unterschiedlichen Partnern verantwortlich für die Verletzung jedes der beiden Verträge und hätte für die Pflichtverletzung völkerrechtlich einzustehen.[18]

Frage 3: Völkerrechtliche Verantwortlichkeit Alboriens

I. Einsatz der Truppen in Binarien

524 Durch den Einsatz ihrer Truppen könnten die an der multinationalen Streitmacht beteiligten Staaten gegen das Gewaltverbot aus Art. 2 Nr. 4 UNCh verstoßen haben. Laut Sachverhalt handelt es sich bei den beteiligten Staaten um Mitglieder der UNO, so dass nicht auf das gewohnheitsrechtlich geltende Gewaltverbot zurückgegriffen werden muss. Unzweifelhaft handelt es sich bei dem Einsatz um eine Anwendung von Gewalt; jedoch verbietet Art. 2 Nr. 4 UNCh den Staaten nur die Anwendung von Gewalt „in ihren internationalen Beziehungen", d. h. von einem Staat *gegen* einen anderen. Nach herkömmlicher Auffassung ist die sog. Intervention auf Einladung, bei der ein Staat der Bitte der Regierung eines anderen Staates nachkommt, sie bei der Bekämpfung von Aufständischen zu unterstützen, keine Anwendung zwischenstaatlicher Gewalt und nach Art. 2 Nr. 4 UNCh nicht verboten. Das Eingreifen zu Gunsten der Aufständischen hingegen soll unzulässig sein, da hier gegen eine fremde Staatsgewalt und damit gegen den fremden Staat Partei ergriffen werde. Eine andere Auffassung hält dagegen wegen der erheblichen Missbrauchsgefahr jedes Eingreifen von außen in einen Bürgerkrieg für unzulässig, gleich, auf welcher Seite.[19] Im 2. Nicaragua-Urteil von 1986 hat der Internationale Gerichtshof (IGH) jedenfalls ein Recht, auf Seiten der Aufständischen einzu-

---

18 *v. Arnauld*, Rn. 286. Zum Thema auch Zum Thema auch *Klabbers*, Beyond the Vienna Convention: Conflicting Treaty Provisions, in: Cannizzaro (Hg.), The Law of Treaties Beyond the Vienna Convention, 2011, 192; *Matz-Lück*, Treaties, Conflicts between, MPEPIL (12/2010).

19 Für die Zulässigkeit eines Eingreifens auf Seiten der Regierung, solange diese noch international (v. a. durch die UNO) anerkannt ist, was regelmäßig der Fall sein dürfte, solange sie die effektive Staatsgewalt inne hat: *v. Arnauld*, Rn. 99 ff, 1039; *Doehring*, Rn. 642; *Heintschel v. Heinegg*, Ipsen, § 52 Rn. 40 ff. Auf die allgemeine Anerkennung der Regierung abstellend *Bothe*, Vitzthum, 8. Abschnitt Rn. 23. Gegen eine die Intervention legalisierende Einladung durch illegitime Regierungen oder durch solche, die das Selbstbestimmungsrecht ihres Volkes verletzen, *Randelzhofer/Dörr*, Simma, 3. Aufl. Art. 2 (4) Rn. 33. Gegen die Zulässigkeit jeder Intervention noch *Randelzhofer*, Simma, 2. Aufl. 2012, Art. 2 (4) Rn. 30 ff.; so auch die (mit knapper Mehrheit beschlossene) Resolution des IDI von 1975: AnnIDI 56 (1975), 544 (546). Ausführlich zu diesem Thema *Nolte*, Eingreifen auf Einladung, 1999.

greifen, verneint.[20] Folgt man der herkömmlichen Auffassung, die der verbreiteten Staatenpraxis entspricht, liegt keine Gewaltanwendung im Sinne des Art. 2 Nr. 4 UNCh vor.

> **Hinweis:** Wenn hier begründet vorgetragen würde, warum die herkömmliche Ansicht den Vorzug verdient, könnte die Prüfung an dieser Stelle bereits abbrechen. Allerdings bliebe dann das Eingreifen der Vereinten Nationen unerörtert, das im Sachverhalt gesondert erwähnt wird. Darum empfiehlt es sich weiterzuprüfen, ob nicht zumindest eine Gewaltanwendung gerechtfertigt wäre.

525

Doch selbst wenn man jede gewaltsame Intervention in einen Bürgerkrieg für eine nach Art. 2 Nr. 4 UNCh verbotene Gewaltanwendung halten sollte, wäre zu bedenken, dass hier der Sicherheitsrat zu dem Einsatz aufgefordert hat. Wegen der Gefahr eines Übergreifens der Unruhen auf die Nachbarstaaten hat er gemäß Art. 39 UNCh eine Bedrohung des Friedens festgestellt und damit den Weg für Maßnahmen nach Kapitel VII UNCh eröffnet. Nach Art. 42 UNCh darf der Sicherheitsrat auch militärische Maßnahmen ergreifen, wenn friedliche Maßnahmen ihm unzulänglich erscheinen. Hiervon ist vorliegend auszugehen. Zwar sieht Art. 42 UNCh vor, dass der Sicherheitsrat unter eigenem Kommando Truppen schickt, jedoch ist es zum Abschluss der in Art. 43 UNCh vorgesehenen Abkommen mit den Mitgliedstaaten über die Bereitstellung von Streitkräften für die Vereinten Nationen nie gekommen. Es wird inzwischen allgemein als zulässig erachtet, wenn der Sicherheitsrat die UN-Mitglieder auffordert, militärische Maßnahmen zu ergreifen, wie dies etwa bei der Befreiung Kuwaits im Jahre 1991 auf Grundlage von Resolution 678 geschehen ist.[21]

526

Der Einsatz der alborischen Truppen in Binarien wäre demnach aufgrund der Einladung der Regierung bereits tatbestandlich nicht als Gewalt einzuordnen,[22] zumindest aber nach Art. 42 UNCh gerechtfertigt und stellt keine völkerrechtswidrige Anwendung von Gewalt dar.

II. Folterung der Zivilisten

Die Folterung von Zivilisten ist nicht nur nach Art. 8 Abs. 1 IStGH-Statut strafbar, sondern verstößt u. a. gegen Art. 3 Abs. 1 S. 2 lit. a der Genfer Konventionen von 1949, und zwar – erneut (vgl. Frage 1) – unabhängig davon, ob es sich um einen internationalen oder einen nicht-internationalen bewaffneten Konflikt handelt. Zwar bezieht sich der gemeinsame Art. 3 der Genfer Konventionen dem Wortlaut nur auf nicht-internationale Konflikte; da sein Sinn aber darin besteht, im Kontext der Regeln des internationalen Konflikts diejenigen Mindestregeln festzulegen, die selbst in internen Konflikten gelten, herrscht Einigkeit darüber, dass Art. 3 zugleich den Minimalschutz *(minimum*

527

---

20 IGH, Urteil v. 27.6.1986, Military and Paramilitary Activities in and against Nicaragua (Nicaragua v. USA), Merits, ICJ Rep. 1986, 14, § 209.
21 *v. Arnauld*, Rn. 1051 ff; *Krisch*, *Simma*, Art. 42 Rn. 11 ff; *Randelzhofer/Dörr*, ebd., Art. 2 (4) Rn. 47.
22 Vgl. *v. Arnauld*, Rn. 1039.

Fall 16 *Ausgeliefert?*

yardstick) für internationale Konflikte darstellt.[23] Auf die Einordnung des Konflikts als international oder nicht-international[24] kommt es hier daher – erneut – nicht an.

528 **Hinweis:** Dieser Streit liegt parallel zu der oben angesprochenen Frage, ob Gewalt in den „internationalen Beziehungen" angewandt wurde, ist aber mit dieser nicht identisch. Es spricht manches dafür bei Eingreifen einer ausländischen Macht in einen Bürgerkrieg auf Seiten der Regierung einen Verstoß gegen Art. 2 Nr. 4 UNCh zu verneinen, wegen der „Internationalisierung" des Konflikts jedoch die Regeln des internationalen bewaffneten Konflikts so weit als möglich und sinnvoll für anwendbar zu halten.[25]

529 Die Folterung der Zivilisten stellt zum einen eine unmittelbar nach Völkerrecht strafbare Handlung des O dar (siehe Frage 1); wegen der Doppelnatur des Humanitären Völkerrechts[26] liegt in einer Verletzung des gemeinsamen Art. 3 der Genfer Konventionen durch einen Angehörigen der alborischen Streitkräfte aber zugleich ein Völkerrechtsverstoß durch Alborien gegenüber dem Heimatstaat der Opfer. Neben die individuelle völkerrechtliche Verantwortlichkeit des O nach den Grundsätzen des Völkerstrafrechts tritt somit die Staatenverantwortlichkeit. Unterstellt, die Anschuldigungen gegen O treffen zu, ist Alborien wegen der Folterungen völkerrechtlich verantwortlich.

III. Warnung von Alborien an Binarien

530 In der Übergabe der Note an Binarien könnte im Verein mit der Flottenkonzentration ein Verstoß Alboriens gegen das Völkerrecht zu sehen sein.

1. Zurechenbare Pflichtverletzung

531 Die Zurechnung von Regierungshandeln ist unproblematisch. Als verletzte Norm kommt Art. 2 Nr. 4 UNCh in Betracht, der Alborien und Binarien als UN-Mitglieder vertraglich bindet. Zwar ist es noch nicht zu einer Anwendung von Gewalt gekommen; Art. 2 Nr. 4 UNCh verbietet aber schon deren Androhung. Damit ist nicht jede mittelbare Drohung durch Rüstung oder das Abhalten von Manövern zu verstehen, wie sich der Staatenpraxis entnehmen lässt, die insoweit großzügig verfährt. Die Drohung muss vielmehr als solche erkennbar sein. Durch sie muss bezweckt sein, den Adressaten zu einem bestimmten Verhalten zu zwingen.[27]

---

23 Siehe etwa IGH, Urteil v. 27.6.1986, Military and Paramilitary Activities in and against Nicaragua (Nicaragua v. USA), Merits, ICJ Rep. 1986, 14, § 218.
24 Zu den Schwierigkeiten der Abgrenzung zwischen internationalen, internationalisierten und internen Konflikten *v. Arnauld*, Rn. 1193 ff; *Doehring*, Rn. 585.
25 *v. Arnauld*, Rn. 1196.
26 *v. Arnauld*, Rn. 1155.
27 Vgl. IGH, Urteil v. 16.3.2016, Alleged Violations of Sovereign Rights and Maritime Spaces in the Carribean Sea (Nicaragua v. Colombia), Preliminary Objections, [noch nicht in der amtlichen Sammlung], §§ 15, 76; *v. Arnauld*, Rn. 1040; *Randelzhofer/Dörr*, Simma, Art. 2 (4) Rn. 42. Ausführlich *Green*, VJTL 44 (2011), 285; *Hofmeister*, AVR 48 (2010), 248; *Kritsiotis*, EJIL 20 (2009), 299; *Roscini*, NILR 54 (2007), 229; *Sadurska*, AJIL 82 (1988), 239; *Wood*, Use of Force, Prohibition of Threat, MPEPIL (6/2013).

Die Note nimmt zwar nicht ausdrücklich Bezug auf die Flottenverbände; die zeitliche **532** Koinzidenz legt es angesichts der zugespitzten Auseinandersetzung um die Überstellung des O aber nahe, dass von Alborien ganz bewusst ein Konnex geschaffen worden ist, um die binarische Regierung mit Druck davon abzubringen, O tatsächlich an den IStGH zu überstellen. Das Zusammenziehen von Militärschiffen deutet auf eine gezielte Drohung mit militärischen Mitteln hin, so dass von einer Drohung mit militärischer Gewalt auszugehen ist. Zwar ist deren Inhalt nicht eindeutig: Alborien könnte auch eine Seeblockade androhen; eine solche Blockade wäre jedoch nach Art. 3 lit. c der Aggressionsdefinition als „Aggression" zu qualifizieren und damit ebenfalls als Anwendung von Gewalt. Neben dem Gewaltverbot verstößt Alborien zugleich gegen das aus der souveränen Gleichheit der Staaten folgende Interventionsverbot[28], indem es Binarien mittels einer Drohung dazu bringen will, von seiner souveränen Entscheidung, O auszuliefern, Abstand zu nehmen.

2. Kein Ausschluss der Rechtswidrigkeit

Eine Rechtfertigung als Gegenmaßnahme in Reaktion auf einen möglicherweise bevor- **533** stehenden Bruch des bilateralen Abkommens scheidet aus, da gewaltsame Gegenmaßnahmen in Friedenszeiten völkerrechtlich nicht zulässig sind.[29] Als Rechtfertigungsgründe für die Androhung oder Anwendung von Gewalt führt die UN-Charta (neben der heute obsoleten Feindstaatenklausel, Art. 107) nur die Selbstverteidigung (Art. 51) und Zwangsmaßnahmen des Sicherheitsrates nach Kapitel VII an. Beide liegen hier nicht vor. Man könnte indes einen ungeschriebenen Rechtfertigungsgrund annehmen, der es erlaubt, die eigenen Staatsangehörigen im Ausland zu schützen. Dies ist aus Anlass des Entebbe-Falles für die Befreiung von Staatsangehörigen aus der Hand von Terroristen ebenso diskutiert worden wie für den Fall von Bürgerkriegen oder Naturkatastrophen.[30] Ob und inwieweit derartige Rettungsmaßnahmen heute bereits gewohnheitsrechtlich etabliert sind, kann jedoch dahin stehen: Beide Konstellationen, in denen es jedes Mal um Leib und Leben der Staatsangehörigen geht, sind mit dem Schutz vor Strafverfolgung vor dem IStGH nicht zu vergleichen – selbst dann, wenn die Überstellung an sich gegen Völkerrecht verstoßen sollte. Die Maßnahme ist also nicht gerechtfertigt und somit völkerrechtswidrig.

---

28 Hierzu *v. Arnauld*, Rn. 349 ff, 370; *Heintschel v. Heinegg*, Ipsen, § 51 Rn. 41 ff.
29 Siehe Art. 50 Abs. 1 lit. a ASR; *v. Arnauld*, Rn. 419 f, 457 f. – Der Sachverhalt sagt zwar nicht, ob der bewaffnete Konflikt in Binarien noch andauert; allerdings bestehen keine bewaffneten Auseinandersetzungen zwischen Alborien und Binarien.
30 Hierzu *v. Arnauld*, Völkerrecht, Rn. 1123 ff; *Heintschel v. Heinegg*, Ipsen, § 52 Rn. 45 ff.

Fall 16 *Ausgeliefert?*

Zur Vertiefung

Literatur zur Vertiefung: *K. Ambos*, Internationales Strafrecht, 4. Aufl. 2014, § 8; *M. Bergsmo/P. Webb*, International Criminal Courts and Tribunals, Complementarity and Jurisdiction, MPEPIL (11/2010); *M. Bothe*, Complementarity: Ensuring compliance with international law through criminal prosecutions – whose responsibility?, FW 83/4 (2008), 59–72; *A. Cassese/P. Gaeta/J. Jones* (Hg.), The Rome Statute of the International Criminal Court, 2002; *U. Fastenrath*, Der Internationale Strafgerichtshof, JuS 1999, 632–635; *G. Hafner u. a.*, A Response to the American View as Presented by Ruth Wedgwood, EJIL 10 (1999), 108–123; *G. Seidel/C. Stahn*, Das Statut des Weltstrafgerichtshofs, Jura 1999, 14–21; *G. Nolte*, Intervention by Invitation, MPEPIL (1/2010); *O. Triffterer/K. Ambos* (Hg.), Commentary on the Rome Statute of the International Criminal Court, 3. Aufl. 2016; *R. Wedgwood*, The International Criminal Court: an American View, EJIL 10 (1999), 93–107; *G. Werle*, Völkerstrafrecht, 4. Aufl. 2016, insbes. 1–50; *M. Wood*, Use of Force, Prohibition of Threat, MPEPIL (6/2013).

Anhang

Anhang I
Völkerrechtliches Delikt: Prüfungsaufbau

1. Deliktsfähigkeit

Deliktsfähig sind nur Völkerrechtssubjekte. Während die Deliktsfähigkeit von Staaten in aller Regel unproblematisch ist, muss sie für andere Akteure, z. B. Internationale Organisationen, De-facto-Regime, Völker, Individuen etc. besonders festgestellt werden. **534**

a) aktiv

Zusätzlich zur Völkerrechtsfähigkeit setzt die aktive Deliktsfähigkeit (also die Fähigkeit, Subjekt/„Täter" eines völkerrechtlichen Delikts zu sein), noch die völkerrechtliche Handlungsfähigkeit voraus. Diese fehlt z. B. bei sog. *failed states*.

b) passiv

Passiv deliktsfähig (d. h. fähig, Objekt/„Opfer" eines völkerrechtlichen Delikts zu sein), ist dagegen jedes Völkerrechtssubjekt.

2. Zurechenbarer Normverstoß

a) zurechenbares Verhalten

Auch im Völkerrecht handeln Menschen. Menschliches Verhalten führt aber nur dann zur Verantwortlichkeit des Deliktssubjekts, wenn es diesem zurechenbar ist. Vgl. hierzu Art. 4–11 ASR (Anhang II zu diesem Buch).

b) Normverstoß

Das zurechenbare Verhalten muss gegen eine völkerrechtliche Pflicht verstoßen, die dem Deliktssubjekt gegenüber dem Deliktsobjekt obliegt (vgl. Art. 12–15 ASR). Eine solche Pflicht kann sich aus Vertrag, Gewohnheitsrecht oder allgemeinen Rechtsgrundsätzen ergeben (u. U. in Verbindung mit einseitigen verbindlichen Erklärungen). In der Regel wird man, falls mehrere Rechtsquellen in Betracht kommen, aus Gründen der Spezialität in der Reihenfolge bilateraler Vertrag – multilateraler Vertrag – Gewohnheitsrecht – allgemeiner Rechtsgrundsatz prüfen.

3. Rechtfertigung

Vgl. Art. 20–27 ASR. Wegen ihres weiten Anwendungsbereichs ist die Gegenmaßnahme (älterer Begriff: Repressalie, Art. 22 und 49–54 ASR) von besonderer Bedeutung: Ein an sich völkerrechtswidriges Verhalten ist als (1) Antwort auf einen vorangegangenen Völkerrechtsverstoß des anderen Teils gerechtfertigt, wenn (2) kein Verbot von Gegenmaßnahmen vorliegt (z. B. sind gewaltsame Gegenmaßnahmen durch das Gewaltverbot in Friedenszeiten ausgeschlossen), (3) die Gegenmaßnahme darauf zielt, den anderen Teil zur Beendigung seines völkerrechtswidrigen Verhaltens oder zur Wiedergutmachung zu bewegen, (4) sie zuvor angekündigt wurde und (5) verhältnismäßig ist.

4. Sonstige Elemente des Deliktstatbestandes?

Ob das Deliktssubjekt nur für schuldhaftes Verhalten einzustehen hat, ist seit langem umstritten. Überwiegend wird heute generell eine (verschuldensunabhängige) Erfolgshaftung angenommen, wobei bei Unterlassungsdelikten die geschuldete Sorgfalt im Einzelfall geprüft werden muss (hierzu Fall 5 und Fall 6).

Dass ein Schaden notwendige Voraussetzung für ein völkerrechtliches Delikt ist, wird heute überwiegend verneint. In einem immateriellen Sinne ist das Deliktsobjekt immer in seinem Anspruch auf Achtung seiner Rechtssphäre „geschädigt". Der Schaden lässt sich kurz im Zusammenhang mit der Rechtsfolge ansprechen, denn Art und Umfang der zu leistenden Wiedergutmachung hängen von dem zugefügten Schaden ab.

5. Rechtsfolge: Wiedergutmachung

Vgl. Art. 34–39 ASR. Das Deliktssubjekt schuldet in erster Linie Wiederherstellung des vorigen Zustands (hiervon zu unterscheiden ist die Pflicht zur Einstellung eines andauernden Völkerrechtsverstoßes, die Primärpflicht ist!), gegebenenfalls Schadensersatz. Art und Umfang der Wiedergutmachung werden meist zwischen den Beteiligten vereinbart. Ein rein immaterieller Schaden kann durch Genugtuung (z. B. förmliche Entschuldigung) ausgeglichen werden.

Anhang II
ILC-Artikel zur Staatenverantwortlichkeit (2001)[1]

Anlage zu Resolution A/56/83 vom 12.12.2001
Verantwortlichkeit der Staaten für völkerrechtswidrige Handlungen

Erster Teil: Die völkerrechtswidrige Handlung eines Staates

Kapitel I: Allgemeine Grundsätze

Artikel 1: Verantwortlichkeit eines Staates für seine völkerrechtswidrigen Handlungen

Jede völkerrechtswidrige Handlung eines Staates hat die völkerrechtliche Verantwortlichkeit dieses Staates zur Folge.

Artikel 2: Elemente der völkerrechtswidrigen Handlung eines Staates

Eine völkerrechtswidrige Handlung eines Staates liegt vor, wenn ein Verhalten in Form eines Tuns oder eines Unterlassens

a) dem Staat nach dem Völkerrecht zurechenbar ist und

b) eine Verletzung einer völkerrechtlichen Verpflichtung des Staates darstellt.

Artikel 3: Beurteilung der Handlung eines Staates als völkerrechtswidrig

Die Beurteilung der Handlung eines Staates als völkerrechtswidrig bestimmt sich nach dem Völkerrecht. Diese Beurteilung bleibt davon unberührt, dass die gleiche Handlung nach innerstaatlichem Recht als rechtmäßig beurteilt wird.

Kapitel II: Zurechnung eines Verhaltens zu einem Staat

Artikel 4: Verhalten von Staatsorganen

1. Das Verhalten eines jeden Staatsorgans ist als Handlung des Staates im Sinne des Völkerrechts zu werten, gleichviel ob das Organ Aufgaben der Gesetzgebung, der vollziehenden Gewalt, der Rechtsprechung oder andere Aufgaben wahrnimmt, welche Stellung es innerhalb des Staatsaufbaus einnimmt und ob es sich um ein Organ der Zentralregierung oder einer Gebietseinheit des Staates handelt.

2. Ein Organ schließt jede Person oder Stelle ein, die diesen Status nach dem innerstaatlichen Recht des Staates innehat.

Artikel 5: Verhalten von Personen oder Stellen, die hoheitliche Befugnisse ausüben

Das Verhalten einer Person oder Stelle, die kein Staatsorgan im Sinne von Artikel 4 ist, die jedoch nach dem Recht des betreffenden Staates ermächtigt ist, hoheitliche Befugnisse auszuüben, ist als Handlung des Staates im Sinne des Völkerrechts zu werten, sofern die Person oder Stelle im Einzelfall in dieser Eigenschaft handelt.

Artikel 6: Verhalten von Organen, die einem Staat von einem anderen Staat zur Verfügung gestellt werden

Das Verhalten eines Organs, das einem Staat von einem anderen Staat zur Verfügung gestellt wird, ist als eine Handlung des ersteren Staates im Sinne des Völkerrechts zu werten, wenn das Organ in Ausübung hoheitlicher Befugnisse des Staates handelt, dem es zur Verfügung gestellt wird.

Artikel 7: Kompetenzüberschreitung oder weisungswidriges Handeln

Das Verhalten eines Staatsorgans oder einer zur Ausübung hoheitlicher Befugnisse ermächtigten Person oder Stelle ist als Handlung des Staates im Sinne des Völkerrechts zu werten, wenn das Organ, die Person oder die Stelle in dieser Eigenschaft handelt, selbst wenn sie ihre Kompetenzen überschreiten oder Weisungen zuwiderhandeln.

---

1 Übersetzung des Deutschen Übersetzungsdienstes bei den Vereinten Nationen.

Anhang II ILC-Artikel zur Staatenverantwortlichkeit (2001)

Artikel 8: Von einem Staat geleitetes oder kontrolliertes Verhalten

Das Verhalten einer Person oder Personengruppe ist als Handlung eines Staates im Sinne des Völkerrechts zu werten, wenn die Person oder Personengruppe dabei faktisch im Auftrag oder unter der Leitung oder Kontrolle dieses Staates handelt.

Artikel 9: Verhalten im Falle der Abwesenheit oder des Ausfalls der staatlichen Stellen

Das Verhalten einer Person oder Personengruppe ist als Handlung eines Staates im Sinne des Völkerrechts zu werten, wenn die Person oder Personengruppe im Falle der Abwesenheit oder des Ausfalls der staatlichen Stellen faktisch hoheitliche Befugnisse ausübt und die Umstände die Ausübung dieser Befugnisse erfordern.

Artikel 10: Verhalten einer aufständischen oder sonstigen Bewegung

1. Das Verhalten einer aufständischen Bewegung, die zur neuen Regierung eines Staates wird, ist als Handlung des Staates im Sinne des Völkerrechts zu werten.

2. Das Verhalten einer aufständischen oder sonstigen Bewegung, der es gelingt, in einem Teil des Hoheitsgebiets eines bestehenden Staates oder in einem seiner Verwaltung unterstehenden Gebiet einen neuen Staat zu gründen, ist als Handlung des neuen Staates im Sinne des Völkerrechts zu werten.

3. Dieser Artikel berührt nicht die Zurechnung eines Verhaltens zu einem Staat, gleichviel in welcher Beziehung es zu dem der betreffenden Bewegung steht, wenn dieses Verhalten auf Grund der Artikel 4 bis 9 als Handlung dieses Staates zu gelten hat.

Artikel 11: Verhalten, das ein Staat als sein eigenes anerkennt und annimmt

Ein Verhalten, das einem Staat nach den vorstehenden Artikeln nicht zugerechnet werden kann, ist gleichwohl als Handlung des Staates im Sinne des Völkerrechts zu werten, wenn und soweit der Staat dieses Verhalten als sein eigenes anerkennt und annimmt.

Kapitel III: Verletzung einer völkerrechtlichen Verpflichtung

Artikel 12: Vorliegen der Verletzung einer völkerrechtlichen Verpflichtung

Eine Verletzung einer völkerrechtlichen Verpflichtung seitens eines Staates liegt vor, wenn eine Handlung dieses Staates nicht im Einklang mit dem steht, was die Verpflichtung, unabhängig von ihrem Ursprung oder ihrem Wesen, von ihm verlangt.

Artikel 13: Gültige völkerrechtliche Verpflichtung eines Staates

Eine Handlung eines Staates stellt nur dann eine Verletzung einer völkerrechtlichen Verpflichtung dar, wenn die Verpflichtung zum Zeitpunkt der Handlung für den Staat bindend war.

Artikel 14: Dauer der Verletzung einer völkerrechtlichen Verpflichtung

1. Die Verletzung einer völkerrechtlichen Verpflichtung durch eine nicht fortdauernde Handlung eines Staates tritt in dem Zeitpunkt ein, in dem die Handlung stattfindet, selbst wenn ihre Auswirkungen andauern.

2. Die Verletzung einer völkerrechtlichen Verpflichtung durch eine fortdauernde Handlung eines Staates erstreckt sich über den gesamten Zeitraum, während dessen die Handlung andauert und nicht im Einklang mit dieser völkerrechtlichen Verpflichtung steht.

3. Die Verletzung einer völkerrechtlichen Verpflichtung eines Staates, ein bestimmtes Ereignis zu verhindern, tritt ein, wenn das Ereignis stattfindet, und erstreckt sich über den gesamten Zeitraum, während dessen das Ereignis andauert und nicht im Einklang mit dieser Verpflichtung steht.

Artikel 15: Verletzung durch eine zusammengesetzte Handlung

1. Die Verletzung einer völkerrechtlichen Verpflichtung eines Staates durch eine Reihe von Handlungen oder Unterlassungen, die in ihrer Gesamtheit als rechtswidrig definiert werden, tritt ein, wenn die Handlung oder Unterlassung stattfindet, die zusammen mit den anderen Handlungen oder Unterlassungen ausreicht, um den deliktischen Tatbestand zu erfüllen.

2. In einem solchen Fall erstreckt sich die Verletzung über den gesamten Zeitraum, der mit der ersten Handlung oder Unterlassung beginnt, und dauert so lange an, wie diese Handlungen oder Unterlassungen wiederholt werden und nicht im Einklang mit der völkerrechtlichen Verpflichtung stehen.

Kapitel IV: Verantwortlichkeit eines Staates im Zusammenhang mit der Handlung eines anderen Staates

Artikel 16: Beihilfe oder Unterstützung bei der Begehung einer völkerrechtswidrigen Handlung

Ein Staat, der einem anderen Staat bei der Begehung einer völkerrechtswidrigen Handlung Beihilfe leistet oder Unterstützung gewährt, ist dafür völkerrechtlich verantwortlich,

a) wenn er dies in Kenntnis der Umstände der völkerrechtswidrigen Handlung tut und

b) wenn die Handlung völkerrechtswidrig wäre, wenn er sie selbst beginge.

Artikel 17: Leitung und Kontrolle bei der Begehung einer völkerrechtswidrigen Handlung

Ein Staat, der einen anderen Staat bei der Begehung einer völkerrechtswidrigen Handlung leitet und ihn kontrolliert, ist dafür völkerrechtlich verantwortlich,

a) wenn er dies in Kenntnis der Umstände der völkerrechtswidrigen Handlung tut und

b) wenn die Handlung völkerrechtswidrig wäre, wenn er sie selbst beginge.

Artikel 18: Nötigung eines anderen Staates

Ein Staat, der einen anderen Staat nötigt, eine Handlung zu begehen, ist für diese Handlung völkerrechtlich verantwortlich,

a) wenn die Handlung bei Abwesenheit von Nötigung eine völkerrechtswidrige Handlung des gezwungenen Staates wäre und

b) wenn der nötigende Staat dies in Kenntnis der Umstände der Handlung tut.

Artikel 19: Wirkung dieses Kapitels

Dieses Kapitel lässt die nach anderen Bestimmungen dieser Artikel bestehende völkerrechtliche Verantwortlichkeit des Staates, der die betreffende Handlung begeht, oder jedes anderen Staates unberührt.

Kapitel V: Umstände, welche die Rechtswidrigkeit ausschließen

Artikel 20: Einwilligung

Die gültige Einwilligung eines Staates in die Begehung einer bestimmten Handlung durch einen anderen Staat schließt die Rechtswidrigkeit dieser Handlung in Bezug auf den ersteren Staat aus, soweit die Handlung im Rahmen dieser Einwilligung bleibt.

Artikel 21: Selbstverteidigung

Die Rechtswidrigkeit der Handlung eines Staates ist ausgeschlossen, wenn es sich bei der Handlung um eine rechtmäßige Maßnahme der Selbstverteidigung handelt, die im Einklang mit der Charta der Vereinten Nationen ergriffen wird.

Artikel 22: Gegenmaßnahmen auf Grund einer völkerrechtswidrigen Handlung

Die Rechtswidrigkeit der Handlung eines Staates, die mit einer völkerrechtlichen Verpflichtung gegenüber einem anderen Staat nicht im Einklang steht, ist ausgeschlossen, wenn und soweit die Handlung eine Gegenmaßnahme gegen den anderen Staat nach Kapitel II des Dritten Teils darstellt.

Artikel 23: Höhere Gewalt

1. Die Rechtswidrigkeit der Handlung eines Staates, die mit einer völkerrechtlichen Verpflichtung dieses Staates nicht im Einklang steht, ist ausgeschlossen, wenn die Handlung auf höhere Gewalt, das heißt das Auftreten einer unwiderstehlichen Gewalt oder eines unvorhergesehenen Ereignisses, zurückzuführen ist, die außerhalb des Einflussbereichs des Staates liegt und die Erfüllung der Verpflichtung unter den gegebenen Umständen tatsächlich unmöglich macht.

2. Absatz 1 findet keine Anwendung,

a) wenn die Situation höherer Gewalt entweder ausschließlich oder zusammen mit anderen Umständen auf das Verhalten des Staates zurückzuführen ist, der höhere Gewalt geltend macht, oder

b) wenn der Staat die Gefahr des Eintretens dieser Situation in Kauf genommen hat.

Artikel 24: Notlage

1. Die Rechtswidrigkeit der Handlung eines Staates, die mit einer völkerrechtlichen Verpflichtung dieses Staates nicht im Einklang steht, ist ausgeschlossen, wenn der Urheber der Handlung in einer Notlage keine andere geeignete Möglichkeit hat, sein eigenes Leben oder das Leben anderer Personen, die seiner Obhut anvertraut sind, zu retten.

2. Absatz 1 findet keine Anwendung,

a) wenn die Notlage entweder ausschließlich oder zusammen mit anderen Umständen auf das Verhalten des Staates zurückzuführen ist, der sich auf die Notlage beruft, oder

b) wenn die Handlung geeignet ist, eine vergleichbare oder größere Gefahr herbeizuführen.

Artikel 25: Notstand

1. Ein Staat kann sich nur dann auf einen Notstand als Grund für den Ausschluss der Rechtswidrigkeit einer Handlung, die mit einer völkerrechtlichen Verpflichtung dieses Staates nicht im Einklang steht, berufen, wenn die Handlung

a) die einzige Möglichkeit für den Staat ist, ein wesentliches Interesse vor einer schweren und unmittelbar drohenden Gefahr zu schützen, und

b) kein wesentliches Interesse des Staates oder der Staaten, gegenüber denen die Verpflichtung besteht, oder der gesamten internationalen Gemeinschaft ernsthaft beeinträchtigt.

2. In keinem Fall kann ein Staat sich auf einen Notstand als Grund für den Ausschluss der Rechtswidrigkeit berufen,

a) wenn die betreffende völkerrechtliche Verpflichtung die Möglichkeit der Berufung auf einen Notstand ausschließt oder

b) wenn der Staat zu der Notstandssituation beigetragen hat.

Artikel 26: Einhaltung zwingender Normen

Dieses Kapitel schließt die Rechtswidrigkeit der Handlung eines Staates nicht aus, die mit einer Verpflichtung, die sich aus einer zwingenden Norm des allgemeinen Völkerrechts ergibt, nicht im Einklang steht.

Artikel 27: Folgen der Geltendmachung von Umständen, welche die Rechtswidrigkeit ausschließen

Die Geltendmachung eines Umstands, der die Rechtswidrigkeit nach diesem Kapitel ausschließt, berührt nicht

a) die Erfüllung der betreffenden Verpflichtung, wenn und soweit der die Rechtswidrigkeit ausschließende Umstand nicht weiter besteht;

b) die Frage der Entschädigung für jeden durch die betreffende Handlung verursachten erheblichen Schaden.

Zweiter Teil: Inhalt der völkerrechtlichen Verantwortlichkeit eines Staates

Kapitel I: Allgemeine Grundsätze

Artikel 28: Rechtsfolgen einer völkerrechtswidrigen Handlung

Die völkerrechtliche Verantwortlichkeit eines Staates, die sich aus einer völkerrechtswidrigen Handlung nach den Bestimmungen des Ersten Teils ergibt, zieht die in diesem Teil beschriebenen Rechtsfolgen nach sich.

Artikel 29: Fortbestehen der Erfüllungspflicht

Die Rechtsfolgen einer völkerrechtswidrigen Handlung nach diesem Teil berühren nicht die fortbestehende Verpflichtung des verantwortlichen Staates zur Erfüllung der verletzten Verpflichtung.

Artikel 30: Beendigung und Nichtwiederholung

Der für die völkerrechtswidrige Handlung verantwortliche Staat ist verpflichtet,

a) die Handlung, falls sie andauert, zu beenden;

b) angemessene Zusagen und Garantien der Nichtwiederholung zu geben, falls die Umstände dies erfordern.

Artikel 31: Wiedergutmachung

1. Der verantwortliche Staat ist verpflichtet, volle Wiedergutmachung für den durch die völkerrechtswidrige Handlung verursachten Schaden zu leisten.

2. Der Schaden umfasst jeden materiellen oder immateriellen Schaden, der durch die völkerrechtswidrige Handlung eines Staates verursacht worden ist.

Artikel 32: Unerheblichkeit des innerstaatlichen Rechts

Der verantwortliche Staat kann sich nicht auf sein innerstaatliches Recht berufen, um die Nichterfüllung der ihm nach diesem Teil obliegenden Verpflichtungen zu rechtfertigen.

Artikel 33: Umfang der in diesem Teil aufgeführten völkerrechtlichen Verpflichtungen

1. Die in diesem Teil aufgeführten Verpflichtungen des verantwortlichen Staates können gegenüber einem anderen Staat, mehreren Staaten oder der gesamten internationalen Gemeinschaft bestehen, insbesondere je nach Wesen und Inhalt der völkerrechtlichen Verpflichtung sowie den Umständen ihrer Verletzung.

2. Dieser Teil berührt kein sich aus der völkerrechtlichen Verantwortlichkeit eines Staates ergebendes Recht, das einer Person oder einer Stelle, die kein Staat ist, unmittelbar erwächst.

Kapitel II: Wiedergutmachung des Schadens

Artikel 34: Formen der Wiedergutmachung

Die volle Wiedergutmachung des durch eine völkerrechtswidrige Handlung verursachten Schadens erfolgt durch Restitution, Schadenersatz und Genugtuung, entweder einzeln oder in Verbindung miteinander, in Übereinstimmung mit diesem Kapitel.

Artikel 35: Restitution

Ein für eine völkerrechtswidrige Handlung verantwortlicher Staat ist verpflichtet, Restitution zu leisten, das heißt den vor der Begehung der Handlung herrschenden Zustand wiederherzustellen, sofern und soweit die Restitution

a) nicht tatsächlich unmöglich ist;

b) nicht mit einer Belastung verbunden ist, die außer allem Verhältnis zu dem Nutzen steht, der durch Restitution anstelle von Schadenersatz entsteht.

Artikel 36: Schadenersatz

1. Der für eine völkerrechtswidrige Handlung verantwortliche Staat ist verpflichtet, den durch die Handlung verursachten Schaden zu ersetzen, soweit dieser Schaden nicht durch Restitution wiedergutgemacht wird.

2. Der Schadenersatz umfasst jeden finanziell messbaren Schaden, einschließlich des entgangenen Gewinns, soweit ein solcher ermittelt wird.

Artikel 37: Genugtuung

1. Der für eine völkerrechtswidrige Handlung verantwortliche Staat ist verpflichtet, für den durch die Handlung verursachten Schaden Genugtuung zu leisten, soweit er nicht durch Restitution oder Schadenersatz wiedergutzumachen ist.

2. Die Genugtuung kann in Form des Geständnisses der Verletzung, eines Ausdrucks des Bedauerns, einer förmlichen Entschuldigung oder auf andere geeignete Weise geleistet werden.

3. Die Genugtuung darf nicht außer Verhältnis zu dem Schaden stehen und darf keine für den verantwortlichen Staat erniedrigende Form annehmen.

Artikel 38: Zinsen

1. Zinsen auf jede nach diesem Kapitel geschuldete Hauptforderung sind zahlbar, soweit dies notwendig ist, um eine vollständige Wiedergutmachung zu gewährleisten. Der Zinssatz und die Berechnungsmethode sind so festzusetzen, dass dieses Ergebnis erreicht wird.

2. Die Zinsen laufen von dem Tag, an dem der Kapitalbetrag hätte gezahlt werden sollen, bis zu dem Tag, an dem die Zahlungsverpflichtung erfüllt wird.

Artikel 39: Mitverschulden am Schaden

Bei der Festsetzung der Wiedergutmachung ist zu berücksichtigen, inwieweit der verletzte Staat oder eine Person oder Stelle, bezüglich deren Wiedergutmachung verlangt wird, den Schaden durch vorsätzliches oder fahrlässiges Tun oder Unterlassen mitverschuldet hat.

Kapitel III: Schwerwiegende Verletzungen von Verpflichtungen, die sich aus zwingenden Normen des allgemeinen Völkerrechts ergeben

Artikel 40: Anwendungsbereich dieses Kapitels

1. Dieses Kapitel findet Anwendung auf die völkerrechtliche Verantwortlichkeit, die begründet wird, wenn ein Staat eine sich aus einer zwingenden Norm des allgemeinen Völkerrechts ergebende Verpflichtung in schwerwiegender Weise verletzt.

2. Die Verletzung einer solchen Verpflichtung ist schwerwiegend, wenn sie eine grobe oder systematische Nichterfüllung der Verpflichtung durch den verantwortlichen Staat bedeutet.

Artikel 41: Besondere Folgen der schwerwiegenden Verletzung einer Verpflichtung nach diesem Kapitel

1. Die Staaten arbeiten zusammen, um jeder schwerwiegenden Verletzung im Sinne des Artikels 40 mit rechtmäßigen Mitteln ein Ende zu setzen.

2. Kein Staat erkennt einen Zustand, der durch eine schwerwiegende Verletzung im Sinne des Artikels 40 herbeigeführt wurde, als rechtmäßig an oder leistet Beihilfe oder Unterstützung zur Aufrechterhaltung dieses Zustands.

3. Dieser Artikel berührt nicht die anderen in diesem Teil genannten Folgen und alle weiteren Folgen, die eine Verletzung, auf die dieses Kapitel Anwendung findet, nach dem Völkerrecht nach sich ziehen kann.

Dritter Teil: Durchsetzung der völkerrechtlichen Verantwortlichkeit eines Staates

Kapitel I: Geltendmachung der Verantwortlichkeit eines Staates

Artikel 42: Geltendmachung der Verantwortlichkeit durch einen verletzten Staat

Ein Staat ist berechtigt, als verletzter Staat die Verantwortlichkeit eines anderen Staates geltend zu machen, wenn die Verpflichtung, die verletzt wurde,

a) allein diesem Staat gegenüber besteht oder

b) gegenüber einer Gruppe von Staaten, die diesen Staat einschließt, oder gegenüber der gesamten internationalen Gemeinschaft, und die Verletzung der Verpflichtung

i) speziell diesen Staat betrifft oder

ii) so beschaffen ist, dass sie die Lage aller anderen Staaten, gegenüber denen die Verpflichtung besteht, hinsichtlich der weiteren Erfüllung der Verpflichtung grundlegend ändert.

Artikel 43: Anzeige des Anspruchs durch den verletzten Staat

1. Macht der verletzte Staat die Verantwortlichkeit eines anderen Staates geltend, so zeigt er diesem Staat seinen Anspruch an.

2. Der verletzte Staat kann insbesondere angeben,

a) welches Verhalten der verantwortliche Staat befolgen soll, um die völkerrechtswidrige Handlung, sofern sie andauert, zu beenden;

b) in welcher Form die Wiedergutmachung nach den Bestimmungen des Zweiten Teils erfolgen soll.

Artikel 44: Zulässigkeit von Ansprüchen

Die Verantwortlichkeit eines Staates kann nicht geltend gemacht werden,

a) wenn der Anspruch nicht im Einklang mit den anwendbaren Regeln über die Nationalität von Ansprüchen geltend gemacht wird;

b) wenn auf den Anspruch die Regel über die Erschöpfung der innerstaatlichen Rechtsmittel Anwendung findet und nicht alle verfügbaren und wirksamen innerstaatlichen Rechtsmittel erschöpft wurden.

Artikel 45: Verlust des Rechts, die Verantwortlichkeit eines Staates geltend zu machen

Die Verantwortlichkeit eines Staates kann nicht geltend gemacht werden,

a) wenn der verletzte Staat wirksam auf den Anspruch verzichtet hat;

b) wenn auf Grund des Verhaltens des verletzten Staates anzunehmen ist, dass er wirksam in das Erlöschen seines Anspruchs eingewilligt hat.

Artikel 46: Mehrheit verletzter Staaten

Werden mehrere Staaten durch dieselbe völkerrechtswidrige Handlung verletzt, so kann jeder verletzte Staat gesondert die Verantwortlichkeit des Staates geltend machen, der die völkerrechtswidrige Handlung begangen hat.

Artikel 47: Mehrheit verantwortlicher Staaten

1. Sind mehrere Staaten für dieselbe völkerrechtswidrige Handlung verantwortlich, so kann in Bezug auf diese Handlung die Verantwortlichkeit eines jeden Staates geltend gemacht werden.

2. Absatz 1

a) gestattet einem verletzten Staat nicht, einen Schadenersatz zu erlangen, der den von ihm erlittenen Schaden übersteigt;

b) berührt nicht das Recht, bei den anderen verantwortlichen Staaten Rückgriff zu nehmen.

Artikel 48: Geltendmachung der Verantwortlichkeit eines Staates durch einen anderen Staat als den verletzten Staat

1. Jeder andere Staat als der verletzte Staat ist berechtigt, nach Absatz 2 die Verantwortlichkeit eines anderen Staates geltend zu machen,

a) wenn die Verpflichtung, die verletzt wurde, gegenüber einer Gruppe von Staaten besteht, die diesen Staat einschließt, und zum Schutz eines gemeinschaftlichen Interesses der Gruppe begründet wurde, oder

b) wenn die Verpflichtung, die verletzt wurde, gegenüber der gesamten internationalen Gemeinschaft besteht.

2. Jeder Staat, der nach Absatz 1 berechtigt ist, die Verantwortlichkeit eines Staates geltend zu machen, kann von dem verantwortlichen Staat verlangen,

a) im Einklang mit Artikel 30 die völkerrechtswidrige Handlung zu beenden sowie Zusagen und Garantien der Nichtwiederholung zu geben und

b) die Verpflichtung zur Wiedergutmachung nach den vorstehenden Artikeln zu Gunsten des verletzten Staates oder der Begünstigten der Verpflichtung, die verletzt wurde, zu erfüllen.

3. Die in den Artikeln 43, 44 und 45 genannten Bedingungen für die Geltendmachung der Verantwortlichkeit durch einen verletzten Staat finden Anwendung auf die Geltendmachung der Verantwortlichkeit durch einen Staat, der nach Absatz 1 dazu berechtigt ist.

Kapitel II: Gegenmaßnahmen

Artikel 49: Zweck und Begrenzung von Gegenmaßnahmen

1. Der verletzte Staat darf gegen den für die völkerrechtswidrige Handlung verantwortlichen Staat Gegenmaßnahmen nur zu dem Zweck ergreifen, ihn zur Erfüllung seiner Verpflichtungen nach dem Zweiten Teil zu veranlassen.

2. Gegenmaßnahmen sind auf die vorübergehende Nichterfüllung völkerrechtlicher Verpflichtungen begrenzt, die der die Maßnahmen ergreifende Staat gegenüber dem verantwortlichen Staat hat.

3. Gegenmaßnahmen sind möglichst in einer Weise zu ergreifen, die die Wiederaufnahme der Erfüllung der betreffenden Verpflichtungen zulässt.

Artikel 50: Verpflichtungen, die von Gegenmaßnahmen nicht berührt werden

1. Gegenmaßnahmen lassen folgende Verpflichtungen unberührt:

a) die in der Charta der Vereinten Nationen verankerte Verpflichtung, die Androhung oder Anwendung von Gewalt zu unterlassen;

b) die Verpflichtungen zum Schutz der grundlegenden Menschenrechte;

c) die Verpflichtungen humanitärer Art, die Repressalien verbieten;

d) andere Verpflichtungen, die sich aus zwingenden Normen des allgemeinen Völkerrechts ergeben.

2. Der Staat, der Gegenmaßnahmen ergreift, ist nicht von seinen Verpflichtungen entbunden,

a) die ihm nach einem Streitbeilegungsverfahren obliegen, das zwischen ihm und dem verantwortlichen Staat Anwendung findet;

b) die Unverletzlichkeit der diplomatischen und konsularischen Vertreter, Räumlichkeiten, Archive und Dokumente zu achten.

Artikel 51: Verhältnismäßigkeit

Gegenmaßnahmen müssen in einem angemessenen Verhältnis zu dem erlittenen Schaden stehen, wobei die Schwere der völkerrechtswidrigen Handlung und die betreffenden Rechte zu berücksichtigen sind.

Artikel 52: Bedingungen für die Anwendung von Gegenmaßnahmen

1. Bevor der verletzte Staat Gegenmaßnahmen ergreift,

a) hat er den verantwortlichen Staat im Einklang mit Artikel 43 aufzufordern, die ihm nach dem Zweiten Teil obliegenden Verpflichtungen zu erfüllen;

b) hat er dem verantwortlichen Staat jeden Beschluss, Gegenmaßnahmen zu ergreifen, zu notifizieren und ihm Verhandlungen anzubieten.

2. Ungeachtet des Absatzes 1 Buchstabe b kann der verletzte Staat die dringlichen Gegenmaßnahmen ergreifen, die zur Wahrung seiner Rechte erforderlich sind.

3. Gegenmaßnahmen dürfen nicht ergriffen werden, und bereits ergriffene Gegenmaßnahmen müssen ohne schuldhaftes Zögern suspendiert werden,

a) wenn die völkerrechtswidrige Handlung nicht länger andauert und

b) wenn die Streitigkeit vor einem Gericht anhängig ist, das befugt ist, für die Parteien bindende Entscheidungen zu fällen.

4. Absatz 3 findet keine Anwendung, wenn der verantwortliche Staat die Streitbeilegungsverfahren nicht nach Treu und Glauben anwendet.

Artikel 53: Beendigung der Gegenmaßnahmen

Gegenmaßnahmen sind zu beenden, sobald der verantwortliche Staat die ihm nach dem Zweiten Teil obliegenden Verpflichtungen in Bezug auf die völkerrechtswidrige Handlung erfüllt hat.

Artikel 54: Ergreifung von Maßnahmen durch andere Staaten als den verletzten Staat

Dieses Kapitel berührt nicht das Recht eines Staates, der nach Artikel 48 Absatz 1 berechtigt ist, die Verantwortlichkeit eines anderen Staates geltend zu machen, rechtmäßige Maßnahmen gegen diesen Staat zu ergreifen, um die Beendigung der Verletzung und die Wiedergutmachung zu Gunsten des verletzten Staates oder der Begünstigten der Verpflichtung, die verletzt wurde, sicherzustellen.

Vierter Teil: Allgemeine Bestimmungen

Artikel 55: Lex specialis

Diese Artikel finden keine Anwendung, wenn und soweit die Voraussetzungen für das Vorliegen einer völkerrechtswidrigen Handlung oder der Inhalt oder die Durchsetzung der völkerrechtlichen Verantwortlichkeit eines Staates speziellen Regeln des Völkerrechts unterliegen.

Artikel 56: Fragen der Staatenverantwortlichkeit, die nicht durch diese Artikel geregelt sind

Soweit Fragen der Verantwortlichkeit eines Staates für eine völkerrechtswidrige Handlung durch diese Artikel nicht geregelt werden, unterliegen sie weiterhin den anwendbaren Regeln des Völkerrechts.

Artikel 57: Verantwortlichkeit internationaler Organisationen

Diese Artikel lassen Fragen der völkerrechtlichen Verantwortlichkeit einer internationalen Organisation oder eines Staates für das Verhalten einer internationalen Organisation unberührt.

Artikel 58: Individuelle Verantwortlichkeit

Diese Artikel lassen Fragen der individuellen völkerrechtlichen Verantwortlichkeit von Personen, die im Namen eines Staates handeln, unberührt.

Artikel 59: Charta der Vereinten Nationen

Diese Artikel lassen die Charta der Vereinten Nationen unberührt.

Sachregister

Die Angaben verweisen auf die Randziffern.

acquiescence 41, 43, 95 f, 445
Aggressionsdefinition 532
Allgemeine Rechtsgrundsätze 26, 196
Allgemeine Regeln des Völkerrechts (Art. 25 GG) 196 ff, 210 ff
Alvarez-Machain-Fall 110, 122 f
Anerkennung 106
Anschlusszone 343
Anti-Folter-Konvention 83 ff
Argoud-Fall 110, 122
Asyl
– diplomatisches 219 ff
– humanitäres 220
Atomenergie 353 ff
Auslieferung 110, 115, 182 ff, 520 ff
Ausschließliche Wirtschaftszone 337, 341 ff

Barcelona-Traction-Fall (IGH) 245, 248, 250, 269, 271
Belilos-Urteil (EGMR) 92
Besatzung 471 ff
Billigflaggen 328 f
Botschaftsgebäude, Unverletzlichkeit 227 ff, 231, 235
Bush-Doktrin 452 ff
BVerfG 182 ff

Caire-Fall 134
Calvo-Doktrin 258
Calvo-Klausel 250
Camenzind-Urteil (EGMR) 274 ff
Caroline-Fall 453
Chemiewaffenkonvention 491 f
Chorzów-Fall (StIGH) 139, 351
clausula rebus sic stantibus 64 f
Cyberoperationen 160 ff
– Zurechnung 168

De-facto-Organe 144
De-facto-Regime 460
Delikt, völkerrechtliches 15, 17, 104 ff, 125 ff, 257 ff, 366 ff, 534
  s. a. Verantwortlichkeit
Deliktsfähigkeit 104 ff
desuetudo 37, 40 f
Diplomat 230 ff
Diplomatenrecht 216 ff
Diplomatische Streiterledigung 129
Diplomatischer Schutz 11, 110, 129, 245 ff, 328 ff
Diskriminierungsverbot 74 f, 392 ff, 403, 405 ff
domaine réservé 109, 234, 462
Drei-Elementen-Lehre 104
Drohung 531 f
due diligence 146, 171 f, 179 f, 367, 460

EC-Asbestos-Fall 402
Effet-utile-Regel 88, 292
EGMR 92, 274 ff
Eichmann-Fall 110, 122
Einfuhrbeschränkungen 392 ff
Einseitige Rechtsakte 29, 45
Einwilligung 113
ELSI-Fall (IGH) 245, 258, 272, 335
EMRK 92, 197, 210, 213, 215, 274 ff
Entebbe-Fall 533
Enteignungen 239 ff
Entführung 101 ff
equitable apportionment 381, 387
Erga-omnes-Pflichten 5, 234
estoppel 27, 38
EU-Grundrechtecharta 199

failed state 13, 101 ff
Feindstaatenklausel 438, 533

251

Fischerei-Fall, britisch-norwegischer (IGH) 41
Fischereirechte 30 ff, 344
Flaggenhoheit 329 ff
Folter 83 ff, 508, 527 ff
Fremdenrecht 13, 110, 135, 140, 146, 239 ff
Friedensbedrohung 469

Gabčíkovo-Nagymaros-Fall (IGH) 112, 120, 139, 346, 523
GATT 389 ff
Gebietshoheit 109 ff, 370 ff
Gefährdungshaftung 371, 378 f
Gegenmaßnahme 114, 118, 129, 227, 503
Generalversammlung (UNO) 357 ff, 450
Genfer Konventionen 475, 482 ff
Genugtuung 139, 388
Geschäftsführung ohne Auftrag 113
Gewaltverbot 34, 109, 165, 349, 434 ff, 466 ff, 524 ff, 531 f
Gewohnheitsrecht 7, 20, 22 ff, 36 f, 44, 196, 424
– derogierendes 39, 89, 463
– regionales 196, 200, 220 f
Gleichheit, souveräne 109, 234, 462, 532
Gründungstheorie 247 f, 269

Haftbefehl 517 f
Harmon-Doktrin 370
Hausdurchsuchung 305 ff
HLKO 474 f
Hohe See 340, 342 ff
Hull-Formel 262 f
Humanitäres Völkerrecht 13, 464 ff, 474 ff, 479 ff, 505 ff
– Unterscheidungsgebot 482 ff
– verbotene Mittel und Methoden 488 ff
– Verhältnismäßigkeit 493 ff
– Waffen mit unterschiedsloser Wirkung 489
– Warnungspflicht 500 ff

I'm-Alone-Fall 349
IGH 129, 139, 241 ff, 353 ff

– Gutachtenverfahren 353 ff
– streitiges Verfahren 241 ff
ILC 22 f, 73, 94, 133, 198, 273, 353, 381, 385, 535
Immunität 157, 159
Immunität, diplomatische 227 f
implied powers 439
Individualbeschwerde (EGMR) 274 ff
Informationspflichten 384 ff
Inländerbehandlung 392 ff
Interhandel-Fall (IGH) 245
International Law Commission s. *ILC*
Internationale Organisationen 18, 28, 150 ff
Interpretationserklärung 80
Intervention
– auf Einladung 524 ff
– humanitäre 113, 462, 464 ff
– Verbot der 109 ff, 117 ff, 163, 166 ff, 174 ff, 234, 462, 532
– zum Schutz eigener Staatsangehöriger 533
Investitionsschutz 239 ff
IPBPR 70 ff, 197
Irak-Krieg (2003) 434 ff
ISGH 322 ff
IStGH 198, 505 ff
ius cogens 5, 34, 57, 233, 235, 463, 521, 526
ius standi 247 f, 328 ff

jurisdiction to prescribe 416

Ker-Frisbie-Doktrin 123
Kernenergie 353 ff
Kinderrechte 389 ff, 424 ff
Kombattanten 489
Konflikt, bewaffneter 464 ff, 505 ff
Konsultationspflichten 384 ff
Kontrolltheorie 247, 269 ff
Krieg, gerechter 462
Kriegsverbrechen 505 ff
Kriegsverhütungsrecht 434 ff
s. a. *Gewaltverbot; Sanktionen, militärische*

Sachregister

Kuriergepäck 222 ff
Küstenmeer 32, 340

Lac-Lanoux-Fall 381, 387
lex posterior 522
lex specialis 522
lifting of the corporate veil 269 ff
Lotus-Fall (StIGH) 2, 109
lump sum agreements 263

male captus bene detentus 123 f
Massenvernichtungswaffen 453 f
Material-breach-Doktrin 447 ff
Mediatisierung (des Individuums) 10 f, 103, 250 f, 529
Meistbegünstigungsgrundastz 405 ff
Menschenrechte 12 f, 18, 67 ff, 103, 251, 389 ff, 413
Mindeststandard 135, 146, 258 ff

Nachbarrecht 353 ff, 380 ff
Nacheile 336, 340 ff, 348 f
ne bis in idem 182 ff
Nicaragua-Fall (IGH) 458, 524
Nichtkombattanten 489
Normenhierarchien 522
Notstand 112, 115, 120, 224, 346 f
Nukleartest-Fälle (IGH) 29, 45

offshore-bunkering 322 ff
ordre public 416 ff
Organleihe 142
Ostgrönland-Fall (StIGH) 29, 45
Ostkarelien-Fall (StIGH) 362, 364

pacta tertiis nec nocent nec prosunt 511 ff
Personalhoheit 110
  s. a. Staatszugehörigkeit
Pflichtenkollision 519, 522 f
Pulp-Mills-Fall 385

qui tacet consentire videtur 41, 43

Rechtsquellen 20 ff, 30 ff, 67 ff
Rechtsschutzgarantien 203 ff, 319 f

Rechtswegerschöpfung 129, 159, 188, 249, 281 f, 334 ff
Red-Crusader-Fall 349
regime change 462, 477
Repressalie s. Gegenmaßnahme
responsibility to protect 469
Retorsion 129
Rio, Erklärung von (1992) 353, 375, 385 f
Römisches Statut (IStGH) 505 ff

safe haven 118 f, 458
Saiga-Fall (ISGH) 322 ff
Sanktionen, militärische 437 ff, 470 ff, 524 ff, 533
Schutzpflicht 137, 146, 148, 237 f
Schutzschilde, menschliche 485 ff
Schutzverantwortung s. responsibility to protect
Seerecht 32, 322 ff
Selbsthilfe 114 f, 461
Selbstverteidigung 118 f, 224, 452 ff, 533
– präventive/präemptive 452 ff
self help s. Selbsthilfe
self-contained régime 224, 227, 229
Sicherheitsrat (UNO) 359, 365, 437 ff, 464 ff, 468 f
Sitztheorie 247 f, 269
Sklaverei 233 ff
soft law 7, 23, 368, 375, 385
Sorgfaltspflicht s. due diligence
Souveränität 2, 32, 370 f
Spanische Zone in Marokko (Schiedsspruch) 146
Sperrzaun-Gutachten (IGH) 365
Spionage 173 ff
SRÜ 322 ff
Staat 104 ff
– Anerkennung 106
– failed state s. dort
– Staatsgebiet s. Gebietshoheit
– Staatsgewalt 104
Staatenverantwortlichkeit
  s. Verantwortlichkeit

253

Sachregister

Staatsangehörigkeit (Staatszugehörigkeit)
– juristische Personen 247 f
– Schiffe 329 ff
Staatsbesuch 148 f
Stockholmer Erklärung (1972) 371 f

Teheraner Geisel-Fall (IGH) 148, 227, 245
Telefongeheimnis 291 ff
Terrorismus 117 ff, 457 ff
third party jurisdiction 509, 511 ff
Trail-Smelter-Fall 371
Treu und Glauben 27, 45

ultra-hazardous activities 374, 379
Ultra-vires-Handeln 56, 108, 134, 142, 144, 150
Umweltrecht 353 ff
Uniting for Peace Resolution 450
unwilling and unable 119, 460
ut res magis valeat quam pereat 88 s. a. *Effet-utile*-Regel

venire contra factum proprium 27, 38
Verantwortlichkeit, völkerrechtliche 125 ff, 169, 535
– Gefährdungshaftung *s. dort*
– Internationale Organisationen 150 ff
– Mitverschulden 149
– *ultra-hazardous activities s. dort*
– Unterlassen 137, 156 s. a. Schutzpflicht
– Verschulden *s. Verschuldenshaftung*
– Völkerstrafrecht *s. dort*
– Wiedergutmachung *s. dort*
– Zurechnung 11, 107 ff, 125 ff, 150 ff, 168, 170, 176, 178 s. a. Delikt
Vereinte Nationen 6, 9, 13, 434 ff, 464 ff
Verfassungsbeschwerde (BVerfG) 182 ff
Verschuldenshaftung 137 f
Verträge, völkerrechtliche 17, 21, 23, 30 ff, 67 ff
– Anwendbarkeit 21
– Auslegung 21, 440 ff
– Beendigung 41 ff, 58 ff
– Erlöschen 36 ff
– historische 30 ff

– normsetzende 424
– Rücktritt 61
– Staatennachfolge 60
– Vertragsschlusskompetenz, innerstaatliche 54 ff
– Vorbehalte 67 ff
– Wirksamkeit 53 ff
– Zustandekommen 34, 50 ff
Vertrauensschutz 27, 38
Verwirkung 38, 223, 227, 454 f
Völkermordkonventions-Gutachten (IGH) 73, 78
Völkerrecht
– als Werteordnung 3 f, 103
– Fragmentierung 423
– genossenschaftlicher Charakter 2 ff
– indirekter Charakter 10 ff
– intertemporales 21, 515
– politischer Charakter 7 ff
– Verhältnis zum innerstaatlichen Recht 182 ff
– zwingendes *s. ius cogens*
Völkerrechtskommission *s. ILC*
Völkerrechtssubjekte 104 ff, 117, 251
Völkerstrafrecht 12, 18, 103, 505 ff
Vorbehalte 67 ff
Vorsorgeprinzip 375

Webster-Formel 453
Welthandelsrecht 389 ff
– *EC-Seals*-Fall 416 ff
– gleichartige Waren 396 ff
– *Process and Production Methods* 413 ff
– *Process and Production Methods (PPM)* 400
– und Menschenrechte 413 ff
Westsahara-Gutachten (IGH) 362, 364 f
Wiedergutmachung 133, 137, 139 ff, 155, 180, 267, 351, 383, 388
WTO 389 ff
WÜD 216 ff
WVK 34 f, 46 ff, 67 ff

Zollhoheit 339 ff
Zurechnung *s. Verantwortlichkeit*